JN173530

アンドリュー・ナゴルスキ　島村浩子 訳

隠れナチを探し出せ

THE NAZI HUNTERS

Andrew Nagorski

忘却に抗ったナチ・ハンターたちの戦い

AKISHOBO

アレックスとアダム、ソニア、エヴァ、
そしていつものように、クリーシャに

目次

登場人物紹介

▼狩る側

フリッツ・バウアー（一九〇三～一九六八年）
ドイツ人判事・検事。宗教的側面を重視しないユダヤ人家庭の出身。ナチ時代の大半をデンマークとスウェーデンに亡命して過ごした。戦後ドイツに戻ってから、アドルフ・アイヒマン逮捕につながる重要な情報を提供した。一九六〇年代にフランクフルト・アウシュヴィッツ裁判を指揮。

ウィリアム・デンソン（一九一三～一九九八年）
ダッハウ、マウトハウゼン、ブーヘンヴァルト、およびフロッセンビュルクの収容所職員を裁いたダッハウ裁判における米軍首席検事。一七七名を起訴し、全員に対して有罪判決を勝ちとった。最終的に九十七名が絞首刑になったが、彼の戦術が論議を呼んだ公判もあった。

ラフィ・エイタン（一九二六年～）
アドルフ・アイヒマンを一九六〇年五月十一日にブエノスアイレスの自宅近くで拉致したモサド工作員チームの責任者。

ベンジャミン・フェレンツ（一九二〇年～）
AP通信呼ぶところの〝史上最大の殺人裁判〟すなわちガス室が導入される前、ユダヤ人やロマといった民間人の〝敵〟を東部戦線で大量に殺害した特別部隊アインザッツグルッペンの指揮官を裁いたニュルンベルク裁判で二十七歳にして首席検事を務めた。被告人二十二名全員が有罪となり、十三名に死刑判決が言い渡された。のちに減刑された者もおり、絞首刑に処せられたのは四名のみ。

トゥヴィア・フリードマン（一九二二～二〇一一年）
ホロコーストを生き延びたポーランド系ユダヤ人。戦後、ドイツ人捕虜と元占領軍に協力したとされる者たちに復讐するため、共産主義体制下のポーランドで保安部隊の一員となる。その後、ウィーンにユダヤ人迫害記録センターを設立し、ナチ親衛隊（ＳＳ）将校とそのほかの戦犯を有罪にする証拠を集めた。一九五二年、センターを閉鎖してイスラエルへ移住したが、イスラエルでもアイヒマンら戦犯の追跡を続けていると述べた。

イサル・ハルエル（一九一二～二〇〇三年）

一九六〇年にアイヒマン拉致を成功させたモサド長官。ブエノスアイレスからエル・アル航空（訳注　イスラエルの国営航空会社）の特別機でアイヒマンを移送させたため、エルサレムでの裁判・処刑が可能になった。

エリザベス・ホルツマン（一九四一年～）

ニューヨーク、ブルックリン出身の民主党員。一九七三年に下院議員になるとすぐ、多くの戦犯がアメリカ国内で安穏に暮らしているとの申し立てについて調査を開始。下院移民小委員会のメンバーとして、のちに委員長として、一九七九年の司法省特別調査部（ＯＳＩ）創設を推し進めた。ＯＳＩはナチ戦犯の発見、市民権剝奪、強制移送の中心的役割を果たした。

ベアテ・クラルスフェルト（一九三九年～）

卓越したリスクテイカー。フランス人の夫とともにナチ狩りを行ったが、彼女のほうがより派手な手法を好んだ。父は国防軍（訳注　第二次大戦中のドイツ軍）の一員だった。オペア・ガール（訳注　語学習得のため住み込みで働く外国人留学生）としてパリで働きはじめ、夫となるセルジュに出会うまで第三帝国の忌まわしい過去についてほとんど知らなかった。一九六八年、元ナチ党員の西ドイツ首相クルト・ゲオルク・キージンガーに平手打ちを食らわしたことはよく知られている。ユダヤ人の強制移送そのほかの犯罪行為を占領下のフランスで行ったＳＳ隊員を夫とともに追跡し、対決した。

セルジュ・クラルスフェルト（一九三五年～）

ルーマニアで生まれ、その後家族とともにフランスへ移住したユダヤ人。フランスからユダヤ人を移送し、死に至らしめたナチを追跡する強い個人的動機があった。父親がアウシュヴィッツで死亡したのである。きわめて入念に罪証を集め、ナチに関する記録を公表し、なおかつ、妻ベアテと同様に、危険をものともせず、元ナチ党員と直接対決することを恐れなかった。

イーライ・ローゼンバウム（一九五五年〜）

インターンとしてOSIでのキャリアをスタートし、一九九五年から二〇一〇年まで部長を務めたが、これはOSI部長の最長記録である。一九八六年、世界ユダヤ人会議（WJC）の法律顧問だったとき、元国連事務総長クルト・ヴァルトハイムがオーストリア大統領に立候補すると反対運動を展開した。その結果、かつては崇拝していたジーモン・ヴィーゼンタールと激しく対立することになった。

アラン・ライアン（一九四五年〜）

一九八〇年から一九八三年までOSIの部長を務め、誕生間もない組織を率いてナチ戦犯の正体を暴き、アメリカ市民権を剥奪することに努めた。

ヤン・ゼーン（一九〇九〜一九六五年）

ポーランド人調査判事。ドイツ系の家庭で育つ。アウシュヴィッツ収容所の設立経緯および運営について初めて詳細な報告書を作成した。アウシュヴィッツで最長期間、所長を務めたルドルフ・ヘースの尋問を担当し、ヘースが一九四七年に絞首刑になるまで回想録を書かせた。一九六〇年代に行われたフランクフルト・アウシュヴィッツ裁判に証言を提供し、ドイツのフリッツ・バウアー検事長を助けた。

ジーモン・ヴィーゼンタール（一九〇八〜二〇〇五年）

ガリツィアの小さな町に生まれ、マウトハウゼンなどでの収容所生活を生き延びた。ウィーンのユダヤ人迫害記録センターを拠点として活動し、最も有名なナチ・ハンターとなる。著名な戦犯を何人も追いつめたとされるが、その役割や功績は誇張だと非難されることもたびたびあり、アイヒマン逮捕については特にそうである。また、クルト・ヴァルトハイムをめぐる論争では、世界ユダヤ人会議と衝突した。

エフライム・ズロフ（一九四八年〜）

ジーモン・ヴィーゼンタール・センターのエルサレム支局設立者であり所長。ブルックリン生まれだが、一九七〇年にイスラエルに移住。しばしば最後のナチ・ハンターと呼ばれ、まだ存命中の強制収容所看守の追跡と起訴のために、大々的で時に議論を呼ぶこともある運動を展開してきた。

▼狩られる側

クラウス・バルビー（一九一三〜一九九一年）

〝リヨンの虐殺者〟として知られた元ゲシュタポ責任者。数千人の死に責任を有すると同時に、数えきれない犠牲者を自ら拷問した。バルビーの犠牲者としてよく知られているのは、フランス・レジスタンスの英雄ジャン・ムーランと、イジューという小村に隠れていた――そしてアウシュヴィッツで亡くなった――四十四名の子供である。彼をボリビアまで追跡したクラルスフェルト夫妻が、フランスで裁判にかけるために長きにわたって運動を行った。一九八七年に終身刑を言い渡され、その四年後に刑務所で死亡。

マルティン・ボルマン（一九〇〇〜一九四五年）

ヒトラーの個人秘書、ナチ党官房長官。一九四五年四月三十日、ヒトラーが自殺したあと、ベルリンの総統地下壕から姿を消していた。直後に死亡もしくは自殺したとの報告があった一方で、ベルリンから脱出したという説も根強く、南米やデンマークでの目撃情報や銃撃戦の噂も流れた。一九七二年にベルリンの建設現場からボルマンのものとされる人骨が発見され、一九九八年にDNA鑑定により、彼のものであることが確認された。一九四五年五月二日に死亡したというのが真相だった。

ヘルミーネ・ブラウンシュタイナー（一九一九〜一九九九年）

女性収容者をひどく蹴ったため〝牝馬（コビヴァ）〟とあだ名されたマイダネクとラーフェンスブリュックの強制収容所

看守。戦後アメリカ人と結婚し、ニューヨークに住んでいたが、一九六四年にヴィーゼンタールに見つかり、「ニューヨーク・タイムズ」紙に記事が掲載されたのをきっかけに、彼女から市民権を剝奪するための長い法廷闘争が始まった。西ドイツに送られたのち、一九八一年に終身刑を言い渡された。一九九六年に健康上の理由から釈放。三年後に介護施設で死亡。

ヘルベルト・ツクルス（一九〇〇〜一九六五年）

第二次世界大戦前は国民的英雄として名声を博していたラトビア人空軍将校。ドイツ占領下で〝リガの処刑人〟として悪名を馳せ、約三万人のユダヤ人を死に追いやった。戦後はブラジルのサンパウロに移住してマリーナを経営し、自家用機を飛ばしていた。一九六五年二月二十三日、ウルグアイのモンテビデオにおびき出され、モサドの暗殺チームに殺される。逃亡中の戦犯をイスラエルの諜報機関が暗殺したとして知られる唯一の例である。

ジョン・デミャニュク（一九二〇〜二〇一二年）

一九七〇年代から二〇一二年に死亡するまで、アメリカとイスラエル、ドイツで展開された戦後最も複雑な法廷闘争の的となった。クリーヴランド在住の元自動車機械工は死の収容所の看守だった――しかし、当初は〝イワン雷帝〟として特に悪名の高かったトレブリンカの看守と間違われた。二〇一一年、ドイツ法廷はデミャニュクをソビボルの看守だったことを理由に有罪とした。本人は判決から一年たらずで死亡。デミャニュクの事例は、残り少なくなっている戦犯の起訴にドイツ法廷がどのように対処すべきかの新たな前例となった。

アドルフ・アイヒマン（一九〇六〜一九六二年）

アウシュヴィッツをはじめとする収容所へのユダヤ人強制移送を統括したホロコースト主導者の一人。一九六〇年五月十一日、ブエノスアイレスでモサド工作員に拉致され、エルサレムで裁判にかけられて死刑を言い渡された。一九六二年五月三十一日に絞首刑執行。アイヒマン裁判にかかわることはすべてニュースとして大きく取りあげられ、〝悪の凡庸さ〟をめぐる激しい論争をはじめとして議論を呼んだ。

アリベルト・ハイム（一九一四〜一九九二年）

マウトハウゼン強制収容所で医師として残忍な殺人行為を行い〝死の医師〟と恐れられた。戦後は行方をくらまし、数年前までその捜索が大々的に報道されていた。南米で目撃された、カリフォルニアで暗殺されたなど空想的な物語も流布していたが、実際は二〇〇九年に「ニューヨーク・タイムズ」紙とドイツのテレビ局ZDFが報じたとおり、タレク・フサイン・ファリドと名前を変えてイスラム教に改宗し、カイロに身を隠していた。一九九二年にカイロで死亡。

ルドルフ・ヘース（一九〇〇〜一九四七年）

アウシュヴィッツで最長期間、所長を務めた。一九四六年にイギリス軍に捕らえられ、ニュルンベルク裁判で証人台に立ったのち、ポーランドで裁判にかけられた。調査判事ヤン・ゼーンに促されて自叙伝を記した。大量殺人のプロセスをいかに〝改善〟していったかという詳述は、数あるホロコースト文献のなかでも特に血の凍る証言録となっている。

イルゼ・コッホ（一九〇六〜一九六七年）

ブーヘンヴァルト収容所の初代所長の妻。ダッハウで米軍により裁判にかけられ、〝ブーヘンヴァルトの雌犬〟とあだ名された。裁判では彼女が囚人を打ち据え、殺す前に性的にいたぶったという証言が注目を集めた。死んだ囚人の皮膚を剝いでランプシェードにしたという説とあいまって、最もセンセーショナルな戦後裁判となったと言える。終身刑を言い渡されたが、ルシアス・D・クレイ将軍により四年の懲役に減刑された。一九五一年、ドイツ法廷から再度終身刑を言い渡され、一九六七年に刑務所内で自殺した。

クルト・リシュカ（一九〇九〜一九八九年）

ヘルベルト・ハーゲン（一九一三〜一九九九年）

エルンスト・ハインリヒ・ゾーン（一九二〇〜一九九四年）

セルジュとベアテのクラルスフェルト夫妻がこの元SS将校三人を標的にしたのは、彼らが戦時中フランスからのユダヤ人強制移送に深く関わったからだった。一九七〇年代に夫妻が告発活動を始め、リシュカに対しては拉致すら試みるまでは、三人とも西ドイツで平穏に暮らしていた。一九八〇年二月十一日、ケルンの裁判所はフランスのユダヤ人五万人を死の収容所へ追いやったとして、三人に六年から十二年の懲役を言い渡した。

ヨーゼフ・メンゲレ（一九一一～一九七九年）

〝死の天使〟として知られ、特に悪名の高かったSS医師。アウシュヴィッツで双子をはじめとした囚人に人体実験を行い、到着した囚人をガス室に送る選別を行った。南米に逃れたメンゲレの捜索は、その死後まで続けられた。一九七九年にブラジルの海岸で遊泳中に溺死したが、一九八五年に遺骸が発見されるまで、家族はこれを隠しつづけた。

エーリヒ・プリーブケ（一九一三～二〇一三年）

元SS大尉。一九四四年三月、ローマ近くのアルデアティーネ洞窟で七十五人のユダヤ人を含む三百三十五人の男性と少年を処刑した。三十三人のドイツ兵を殺されたことへの報復だった。一九九四年までアルゼンチンのリゾート、サン・カルロス・デ・バリローチェで安楽に暮らしていた。しかし、アメリカのテレビ局ABCの取材班に居場所を突きとめられ、記者サム・ドナルドソンに路上で数分間、質問攻めに遭った。その結果、一九九五年にイタリアに引き渡され、一九九八年に終身刑を言い渡される。高齢のため自宅軟禁となり、二〇一三年に死亡。

オットー・レーマー（一九一二～一九九七年）

一九四四年七月二十日のヒトラー暗殺未遂事件をめぐる騒動の中心人物。事件当時は少佐でベルリンの警護大隊グロースドイチュラントの司令官だった。当初は暗殺計画に従おうとしたが、ヒトラーが生き延びたと知ると方針転換し、首謀者たちを逮捕した。一九五一年、西ドイツの極右政党の党首であったときに、暗殺首謀者たちを反逆者と断じた。一九五二年にフリッツ・

バウアーが、暗殺を計画した者たちこそ真の愛国者だと証明するためにレーマーを名誉毀損で起訴して勝つ。レーマーは三カ月の刑を言い渡され、党も活動禁止となったため、エジプトへ逃亡した。一九八〇年代、恩赦により西ドイツに帰国。極右の煽動活動を再開し、一九九四年に人種的憎悪を煽ったとして告発され、スペインへ脱出した。そこで三年後に死亡。

アルトゥール・ルドルフ（一九〇六〜一九九六年）

第二次大戦後アメリカへ渡ったドイツ人ロケット技術者の一人で、宇宙飛行士を初めて月に送ったサターンVロケットを開発した。しかし戦時中V2ロケットの生産に強制収容所の囚人を使用したとの証拠に基づき、OSIのイーライ・ローゼンバウムからアメリカ市民権を放棄し、アメリカを離れるよう圧力をかけられた。ハンブルクで死亡。

クルト・ヴァルトハイム（一九一八〜二〇〇七年）

元国連事務総長。一九八六年にオーストリア大統領選に出馬すると、彼が戦中の重要な経歴、すなわちバルカン半島での軍務を隠していたことを示す証拠が出てきた。戦後ユーゴスラビアで戦犯として絞首刑に処せられたアレクサンダー・レーア将軍の部下だったことがあったのだ。世界ユダヤ人会議が激しい反対運動を繰り広げたにもかかわらず、ヴァルトハイムは大統領に選出された。反ユダヤ主義的反動を誘発したとして、ヴィーゼンタールが世界ユダヤ人会議を非難し、ナチ・ハンターが一枚岩ではないことが白日の下にさらされた。

はじめに

第二次世界大戦直後に最もよく知られたドイツ映画は『殺人者はわれわれのなかにいる』だった。ヒルデガルト・クネフ演じる強制収容所生還者ズザンネ・ヴァルナーが廃墟と化したベルリンの自宅アパートメントに戻ってみると、そこには元ドイツ陸軍外科医ハンス・メルテンスが住み、アルコールと絶望に溺れていた。メルテンスはある日、いまは羽振りのいい実業家となっている元大尉とばったり再会するが、それは一九四二年のクリスマスイブにポーランドの村で一般市民百人を虐殺するよう命じた男だった。その記憶にさいなまれたメルテンスは、終戦後初めてのクリスマスイブに元大尉を殺そうと決意する。

土壇場になって、ヴァルナーからそんな自警団的正義を下すのは間違っていると説得される。「それじゃ刑を宣告できないでしょ」と。メルテンスは納得する。「そうだな、ズザンネ」。映画のラストで彼は言う。「しかし、われわれは告発しなければならない。殺された何百万もの罪なき犠牲者のために、償いを求めなければならない」

この映画は多数の観客を動員し、大成功をおさめた。しかし、メッセージとして誤った印象を与えがちだった。初期の戦争犯罪裁判はドイツ国民ではなく、連合国が行うものであると。戦勝国の関心はまもなく、冷戦という新たな危機のほうに移っていった。ドイツ国民に関して言えば、罪の償いについてじっくり考えるよりも、遠くない歴史を忘れたいと願う人々が大半だった。

主要戦争犯罪人のなかですぐには連合軍に逮捕されなかった者、当初見過ごされた者のあいだでも、もちろん償いについては話し合われなかった。あったのは逃げなければという衝動のみだ。アドルフ・ヒトラーの場合は、それが結婚したばかりの妻エヴァ・ブラウンとの自殺という形になった。宣伝相ヨーゼフ・ゲッベルスは六人の子供を毒殺したのち、妻のマクダとともにヒトラーのあとを追った。一九七六年に刊行されたベストセラー小説『ヴァルハラ最終指令』では、ゲッベルスは次のように説明している。「残りの人生、永遠の亡命者のように世界中を逃げまわって暮らしたくない」

しかし、ナチ戦犯のほとんどはヒトラーのあとを追う気などなかった。低い位の者は隠れようとすらせず、新生ヨーロッパで人生を建て直そうとする何百万もの人々のなかにすばやく紛れこんだ。もう少し危機感の強い者は大陸を離れた。どちらもカメラーデンと呼ばれるナチ残党のネットワークや忠実な家族の助けを借りて、長いあいだ戦犯としての責任を逃れることに成功した。

本書では、世界がナチスの犯罪を忘れないように、彼らの当初の成功を覆すことに尽力した比較的少数の人々に焦点を当てる。こうした追跡者は、戦勝国の政府や世界の人々がナチ戦犯に対する関心を急速に失っていくなかでも、多大なる決意と勇気を持って戦いつづけた。その過程で悪の本質にまで踏みこみ、人間の行動について難題を提起した。

殺人者に裁きを受けさせようとした人々は、まとめてナチ・ハンターと呼ばれている。だが、共通の戦略や、戦法に関する基本合意を持っていたわけではない。対立することも多く、非難し合ったり、たがいを妬んだり、あからさまに張り合ったりした。こうした傾向が間違いなく活動の効果を削（そ）いだケースもあった。

しかし、ナチ戦犯の追及に関わった人々すべてが意見の違いを捨てたとしても、結果はさして変わらなかっただろう。どんな究極の手段を使おうが、正義がなされたと言いきることはできない。「犯された罪と刑罰のあいだにつり合いを求める者は誰しも、結局は欲求不満を覚えるだろう」とデイヴィッド・マーウェルは述べた。マーウェルは司法省特別調査部（OSI）、合衆国ホロコースト記念博物館、ベルリン迫害記録センターに勤務した経験があり、現在はユダヤ伝統文化博物館館長を務める歴史学者である。戦争犯罪人は一人残らず訴追するという戦勝国の当初の誓約に関して、マーウェルは「あまりに困難だった」と短く言い足した。

全面的な成功はたしかに困難だったが、ナチ戦犯のたとえ一部にでも責任を問おうとした人々の努力は、人類史上例を見ない年代記（サーガ）となっている。

過去の戦争において、勝者は敗者を殺したり、奴隷にしたり、略奪や即時の報復を行ったりした。有罪無罪を決めるために証拠を検（あらた）める裁判や、そのほかの法的な手続きは実施されず、即決処刑が一般的だった。単純に復讐が動機だった。

ナチ・ハンターの多くも当初は復讐感情に突き動かされていた。強制収容所生還者や、その解放に立ち会ってナチの息を呑むような悪行の跡――死体、瀕死の囚人、焼却炉、〝医療施設〟という名の拷問部屋――を目の当たりにした戦勝国の人間は特にそうだった。結果として、ナチとその協力者は戦争末期に即決で報復される側となった。

しかし、ニュルンベルク裁判から今日に至るまで、ヨーロッパで、南米で、アメリカで、中東で、散発的に続いている戦犯狩りにおいて、ナチ・ハンターは獲物に法の裁きを受けさせることに重点を置いてきた――有罪であることが自明である者も法廷に立たせるべきである、と。最も有名なナチ・ハンターであるヴィーゼンタールの回想録が『復讐ではなく正義を』という題なのは、偶然ではない（訳注　邦訳『ナチ犯罪人を追う――S・ヴィーゼンタール回顧録』）。

有罪の者がきわめて軽い刑罰ですまされたり、制裁を受けること自体がなかったりと、処罰が明らかに不十分な場合も、ナチ・ハンターたちは過去の例による教育という別の目標を持つようになった。人生の終わりが近い老いた元看守をなぜ追跡するのか？　戦犯が静かに世を去るのをなぜ許さないのか？　アメリカの役人は喜んで許しただろう。新たな敵ソ連へと関心が移っていたからなおのことだ。しかしナチ・ハンターたちは、個々の事例が貴重な教訓になると主張し、決してあきらめようとしなかった。

彼らが教訓として示そうとしたのは次のようなことである。第二次世界大戦中のホロコーストという恐ろしい犯罪は忘れられないし、決して忘れてはならないものだ。その旗振り役となったり実行に関わったりした者は――将来、同様の罪を犯す者がいればその人間も――絶対に法の手を逃れることはできない。少なくとも原則としては。

一九六〇年にモサドの工作員チームがアルゼンチンでアドルフ・アイヒマンを拉致してイスラエルへ移送したとき、わたしは十三歳だった。当時、この出来事にどれくらい関心を持っていたか、そもそも報道に注意を払っていたか、まったく記憶にないが、何かが胸に刻まれたのは間違いない。なぜなら翌年の夏、アイヒマンがエルサレムで裁判にかけられたときの鮮明な思い出があるからだ。

家族でサンフランシスコを訪れている最中で、わたしは父と軽食堂にいた。カウンターの端に腰かけている男性の顔が気になり、父のほうに身を乗り出すと、男性を指さして囁いた。「あの人、ヒトラーかもしれないよ」。父はにっこり笑って、やさしく否定した。もちろん当時は、半世紀後に自分が本書を執筆することになり、アイヒマン裁判の検事のなかでただ一人存命中のガブリエル・バッハや、拉致に関わったモサド工作員二人にインタビューする機会を得るとは夢にも思わなかった。

アイヒマンの拉致、裁判、そして絞首刑は、ナチ戦犯が多数処罰されないままであることに人々が気づき、彼らの犯した罪にあらためて関心を寄せるきっかけとなった。また、ナチ・ハンターたちに関する本や映画が続々と世に送り出される契機にもなったが、その多くは事実ではなく作り話に基づいたものだった。わたしは熱心にそうした本を読んだり、映画を見たりして、ノンストップのアクションと同じくらいに登場人物たちに魅了された。ヒーローにも、悪役にも。

そこに描かれていたのは大衆の心をつかむ激しい追跡劇だけではなかった。特に戦後世代にとっては、その追跡の対象となっている人々の本性、さらにはその家族や隣人に関する疑問が、頭から離れなくなった。なぜ何百万人ものドイツ人、オーストリア人が、そして占領地域の協力者たちが大量殺人を目的とした運動に進んで加わったのか。今日に至っても、その疑問に簡単には答えられない。

一九八〇年代から一九九〇年代にかけてボン、ベルリン、ワルシャワ、モスクワで「ニューズウィーク」誌の支局長を務めていたわたしは、気がつくと戦争とホロコーストの遺産（レガシー）について調べていることがよくあった。もうこれ以上驚かされることはないだろう、似たような話が出てくるだけだろうと思うたび、思いもしなかった新事実に出会い、はっとさせられた。

一九九四年の終わりに、わたしは「ニューズウィーク」の特集記事を書く準備をしていた。一九九五年一月二十七日にアウシュヴィッツ解放から五十年を迎えることを記念した特集だった。ヨーロッパのさまざまな国出身の生還者に何人もインタビューした。当時のおぞましい日々を思い起こしてくれと頼むのは心苦しく、つらくなったらいつでも中断してくださいと断った。しかし、ほとんどの場合、思い出は溢れるように語られた。いったん話しはじめたら、先を促す必要はまったくなかった。何度聞いても、そうした話にはかならず唖然とさせられ、文字どおり言葉を失うこともたびたびだった。

あるオランダ系ユダヤ人の物語はとりわけ心を揺さぶるものだったので、これほど細かく思い出していただいて申し訳ないと、謝らずにいられなかった。家族や友人には、この苦難に満ちた経験を何度も語っていらっしゃるでしょうが、と。「誰にも話したことはありません」という言葉が返ってきた。信じられないというわたしの顔を見て、彼は言い足した。「誰にも尋ねられなかったので」。その人は五十年間ずっと一人で重荷を背負ってきたのだ。

三年後、ある出会いを通じて、まったく異なる種類の重荷を背負ってきた人々がいることを知らされた。ドイツ占領下でポーランド総督を務め、死の帝国を治めたハンス・フランクの息子、ニクラス・フランクにインタビューしたときだ。自らを典型的なヨーロッパ自由主義者と語るジャーナリストであり作家でもあるニクラスは、民主主義的な価値を非常に大切にしている。ポーランドに特別の関心を持ち、とりわけ自主管理労組〝連帯〟が人権闘争を展開し、最終的には共産主義体制の転覆へとつながっていった一九八〇年代に対する関心が強い。

一九三九年生まれのニクラスは、ニュルンベルクで最後に父に会ったとき、まだ七歳だった。父が絞首刑になる少し前で、母とともに刑務所を訪れた。父は何も問題はないというふりをし、「ニキ、もうすぐ、クリスマスにはみんなで一緒に暮らせるようになるからな」と言った。少年は父が絞首刑になることを知っていたので、「怒りで煮えくり返った」そうだ。「父はみんなに、息子にさえ嘘をついたんだ」。のちに、彼はあのとき父親になんと言ってほしかったか考えた。「愛しいニキ、わたしはひどいことをしたから処刑される。お父さんのような生き方はするな」だった。
ニクラスとの取材で、わたしが決して忘れられない言葉がもう一つある。父を〝怪物〟と評して彼は断言した。「わたしは死刑に反対だが、父が処刑されたのはきわめて当然だったと思う」

外国特派員として長年働いてきたが、父親についてそんなふうに語る人には一度も会ったことがなかった。ニクラスはもう一つの結論に達した。フランクというのはありふれた姓なので、こちらから言わないかぎり、ほとんどの人は彼が主要戦争犯罪人の息子だとは気がつかないそうだ。それでも、彼は真実を知っているし、それを忘れることができない。「父のことと、とりわけドイツ人がしたことを考えない日は一日とてない。世界は絶対に忘れない。外国へ行き、わたしはドイツ人だと名乗るたび、人々が〝アウシュヴィッツ〟と考えるのがわかる。それはまったく正しいことだ」

わたしは、彼のように罪の継承者であるという意識を持たずに済んで幸運だと思うと話した。一九三九年にドイツがポーランドに侵攻した際、わたしの父は敗者の側だったからだ。生まれは道徳的な優劣を感じる根拠にならない。それはよくわかっている。ニクラスもそうだ。しかし、彼にとって人生でただ一つの望みが、恥に思わなくて済む父親を持つことだというのも充分理解できる。

ニクラスの姿勢は、ナチ戦犯の家族として典型的とは言いがたい。しかし、彼の容赦ないまでの誠実さは、今日のドイツ国民に見られる最良の面の実例である——ドイツ国民の多くは日々、自国の過去と向き合おうとしている。しかし、こうなるまでには長い時間がかかったし、ナチ・ハンターのつらく、しばしば孤独な闘いが、ドイツやオーストリアだけでなく、世界中で繰り広げられなければ、達せられることも多くはなかっただろう。

ナチ・ハンターの闘いは終わりを迎えようとしている。ナチ・ハンターのほとんどはまもなくわたしたちの集合的な記憶のなかにしか存在しなくなる。それは狩られた側のほうもそうだ。虚構と事実が、今日よりもいっそう渾然となる可能性が高い。だからこそ、いま彼らの物語が語られるべきなのである。

第1章　絞首刑執行人の仕事

夫は生涯軍人でした。軍人らしく死ぬ資格があったんです。わたしはそう訴えました。夫のためにそれを実現しようと。それだけは。夫が名誉を持って死ねるように。

アビー・マン作ブロードウェイ版「ニュルンベルク裁判」より、絞首刑に処せられたドイツ人将軍の未亡人がニュルンベルクのアメリカ人判事に訴える場面。

一九四六年十月十六日、国際軍事裁判所から絞首刑を言い渡されたナチ最高幹部十二人のうち十人が絞首台に送られたが、その絞首台はニュルンベルク刑務所の体育館に急遽こしらえられたもので、体育館ではほんの三日前にアメリカ人警備兵がバスケットボールに興じていた。

アドルフ・ヒトラーの右腕、マルティン・ボルマンは終戦数日前にベルリンの地下壕から脱出し、その後姿を消していたので、十二人のうちただ一人、被告不在で有罪判決が下された。国会議長、空軍総司令官などさまざまな役職でヒトラーに仕え、総統の後継者となることを熱望していたヘルマン・ゲーリングはニュルンベルク裁判にかけられた最高位のナチとして、一番に処刑されるはずだった。疑いの余地なき罪状は判決文に明記されたとおりだった。「減刑すべき理由は何一つなかった。ゲーリングはしばしば、それどころかほとんどつねに首謀者であり、ヒトラーに次ぐ地位にあった。政治的にも軍事的にも戦争と侵略を指導した。奴隷労働計画を指揮し、自国および外国でユダヤ人とその他の人種を迫害する計画を立案した。こうした罪状はすべて、本人が率直に認めている」

しかし、ゲーリングは処刑が行われる前にシアン化合物のカプセルを嚙み、絞首刑執行人の手から逃れた。二週間前、判決が読みあげられたあと、独房に戻った彼は「顔が凍りついたように青白く、目が飛び出しそうだった」と、刑務所付き精神科医G・M・ギルバートは述べている。「平静を装おうとしていたが、両手が震えていた。目が潤み、精神的ショックを抑えようとして喘(あえ)いでいた」

ゲーリングら数人が特に憤慨したのは、処刑方法だった。メンフィス出身で二十四歳のハロルド・バーソン伍長は、米軍放送通信網のために裁判のレポートとして日誌を書くよう命じられていたが、次のように回想した。「ゲーリングが何よりも守りたかったのは軍人としての名誉だった。

彼は一度ならず、軍人にふさわしく銃殺すればいいではないか、それならなんの異論もないと言った。絞首刑は軍人にとって最大の不名誉だと考え、彼にとってはそこが問題だった」

奴隷労働を監督したフリッツ・ザウケルも同様の考え方だった。「絞首刑……そこまでされる筋合いはわたしにはない」と、彼は抗議した。「死刑に関しては……しかたがない。しかし、あの方法で……処刑されるいわれはない」

陸軍元帥ヴィルヘルム・カイテルと副官の大将アルフレート・ヨードルは、絞首刑の容赦を嘆願し、銃殺隊による処刑を求めたが、それはカイテルの言葉を借りれば、銃殺が「世界中の軍隊で、軍人を極刑に処す場合に用いる方法」であるからだった。海軍元帥エーリヒ・レーダーは終身刑を宣告されたが、連合国管理理事会に「減刑と称して銃殺刑への変更」を求めた。エミー・ゲーリングはのちに、夫がシアン化合物のカプセルを使おうと考えていたのは「銃殺への変更願いが却下された場合」だけだったと主張したそうだ。

こうして、アメリカ陸軍曹長ジョン・C・ウッズに絞首刑を執行される者は十名になった。若きユダヤ人米兵ハーマン・オーベルマイヤーは終戦時にウッズと働き、初期の絞首刑で使用した絞首台用に材木やロープを調達した。彼の回想によれば、肉づきのいいカンザス出身の三十五歳だったウッズは「あらゆる規則を無視し、靴も磨いてなければひげも剃ってなかった」という。

その外見はたまたまではなかった。「服装はいつもだらしなかった」とオーベルマイヤーはつけ加えた。「ズボンはいつも汚れてアイロンがかかっていなかったし、ジャケットは何週間も着たまま寝たみたいに見えた。一等曹長の袖章は、黄色い糸で隅が縫いとめられているだけだった。ひしゃげた帽子はいつも曲がっていた」

欧州戦域でただ一人の米軍死刑執行人だったウッズは、十五年の軍務を通じてこのときまでに三百四十七人を処刑したと述べていた。ヨーロッパで当初彼に処刑された者は、殺人、強姦で有罪となった米軍兵士や、撃墜された連合軍パイロットを殺害したなど戦時の罪を犯したドイツ人だった。オーベルマイヤーの表現を借りると、この「黄色い乱ぐい歯をした、息のくさい、首の汚れたアル中の怠け者」は、自分は上官から必要とされているため、これ見よがしにだらしない格好をしても平気だと承知していたという。

ニュルンベルクで彼は特に必要とされた。オーベルマイヤーによれば、ウッズは突然「世界中で最も重要な人物の一人」となったが、任務を遂行するにあたって緊張の色はまったく見せなかったそうだ。

体育館には木製の黒塗りの絞首台が三台設置された。二台を交互に使用し、その二台の動作に不具合が生じた場合の予備が三台目だった。絞首台には各々階段が十三段あり、二本の支柱に渡された横桁からロープがさがっている。ロープは毎回、新しいものが使われた。代表取材記者のキングズベリー・スミスは次のように書いている。「落とし穴が開くと、受刑者は絞首台のなかへ落ちて見えなくなる。絞首台の下部は三方が板張りになっていて、一方が黒っぽい布のカーテンで覆われている。首の骨が折れ、宙吊りになっている者の死のあがきが誰にも見えないようにだ」

午前一時十一分、ヒトラー内閣の外相を務めたヨアヒム・フォン・リッベントロップがまず体育館に到着した。当初は囚人に手枷（てかせ）をかけずに連行する予定だったが、ゲーリングが自殺したことを受け、規則が変更された。リッベントロップは手錠がかけられた状態で体育館に入り、そこで手錠が革紐に交換された。

絞首台にのぼると、皮肉のこもったスミスの表現を借りれば、元「ナチ支配体制における外交の奇才」は集まった証人たちに向かって言った。「神よ、ドイツを守りたまえ」。ドイツが他国をつぎつぎ攻撃するにあたって決定的役割を果たした男は、短い声明をつけ加えることを許され、こう締めくくった。「わが最後の願いはドイツがその本質を見きわめ、東西間に理解が成立することである。世界に平和がもたらされんことを」

ウッズがリッベントロップの頭に黒いずきんをかけ、ロープを調節し、落とし穴のレバーを引いてリッベントロップを死に至らしめた。

二分後、陸軍元帥カイテルが体育館に現れた。彼は、スミスが記しているように「国際法の新たな考え方、すなわち職業軍人は、上官の命令を忠実に実行したと主張しても侵略戦争や人道に対する罪への処罰を免れることはできないという原則に基づき、処刑される最初の軍指揮官となった」。

カイテルは最後まで軍人らしい態度を崩さなかった。輪縄を首にかけられる前に、絞首台から大きな声ではっきりと、不安をおくびにも出さずに言った。「全能の神がドイツ国民に慈悲をもたらされんことを。わたしの前に二百万人以上のドイツ軍人が故国のために命を落とした。わたしはいま、わが息子たちに続く――すべてはドイツのために」

リッベントロップとカイテルがまだロープからぶらさがったままの状態で、進行が一時中断された。連合国管理理事会を代表するアメリカの将軍が、体育館にいる三十人かそこらに喫煙を許すと、ほとんど全員がすぐさま火をつけた。

アメリカ人とロシア人の医師が聴診器を持ってカーテンをくぐり、二名の死亡を確認した。医師らが出てくると、ウッズが第一の絞首台にのぼり、ナイフでロープを切った。リッベントロップの遺体が頭に黒い頭巾をかぶせられたまま、黒布で仕切られた隅へと担架で運ばれた。この手順が、遺体ごとにくり返されることになる。

休憩が終わり、米軍大佐が言った。「みなさん、たばこの火を消してください」

一時三十六分。今度はエルンスト・カルテンブルンナーの番だった。カルテンブルンナーはオーストリア親衛隊(SS)の指導者であり、暗殺されたラインハルト・ハイドリヒの後任として国家保安本部(RSHA)長官となった。RSHAは大量殺人と強制収容所、あらゆる種類の迫害を監督した機関である。カルテンブルンナーの部下にはユダヤ人課で〝最終的解決〟の実行に携わったアドルフ・アイヒマンやアウシュヴィッツ所長のルドルフ・ヘースがいた。

カルテンブルンナーは戦争末期にオーストリア・アルプスの隠れ家でアメリカの部隊に捕らえられたものの、アイヒマンはいまだ行方不明だった。イギリス軍によってドイツ北部で捕らえられたヘースは、ニュルンベルク裁判で証言したが、のちに別の絞首刑執行人の手で処刑されることになる。

カルテンブルンナーは、絞首台に立っても、アメリカ人精神科医ギルバートに対して主張したように、告発された罪状はまったく身に覚えがないと述べた。「わたしはドイツ国民とわが祖国を心から愛している。わたしは国の法律に従い、務めを果たしたまでで、今回わが国の人々が軍人ではない人々に率いられ、わたしの関知しないところで罪が犯されたことを遺憾に思う」

ウッズが彼にかぶせるために黒い頭巾を取りだすと、カルテンブルンナーは言い足した。「ドイツよ、幸運を祈る」

アルフレート・ローゼンベルクは最初期にナチ党員となり、党が憎悪に満ちた人種差別主義的〝文化〟を持つよう導いた事実上の主唱者だった。彼の処刑は最も手早く執り行われた。辞世の言葉を尋ねられても、ローゼンベルクは返事をしなかった。無神論者を自認していたが、ウッズが絞首台のレバーを引いたとき、かたわらではプロテスタントの牧師が祈りを捧げていた。

ふたたび短い休憩を挟んでから、ポーランド総督を務めたハンス・フランクが引き出された。死刑判決を受けたあと、彼はほかの者たちと異なり、精神科医のギルバートにこう語った。「妥当な判決であり、こうなると予想していた」。収監中にカトリックに改宗し、処刑された十人のうちただ一人、笑顔を浮かべて体育館に入ってきた。何度もつばを呑み、緊張している様子だったが、スミスによれば「自らの悪行を償えることにほっとしているように見えた」という。

辞世の言葉からも、そのとおりだったと思われる。「収監中の情け深い処遇に感謝するとともにに、神が慈悲を持ってわたしを迎えてくださるよう願う」

次のヴィルヘルム・フリック――ヒトラー内閣の内務大臣――が残した言葉は「ドイツよ、永遠なれ」だけだった。

二時十二分、スミスの表現を借りると「醜いこびとのような男」ユリウス・シュトライヒャーが、顔をひくつかせながら絞首台へと向かった。彼は悪意に満ちたナチ党新聞「デア・シュテュルマー」の編集者兼発行人だった。名乗るよう求められると、「ハイル・ヒトラー！」と叫んだという。

自身の感情にはめったに言及しないスミスが、「あの甲高い声を聞いて、ぞっとした」と告白している。

絞首台へと最後の階段を昇らされながら、シュトライヒャーは証人らをにらみつけて叫んだ。「一九四六年版プリム祭だ」。プリム祭はペルシャ帝国の大臣ハマンの処刑を記念するユダヤの祭りで、旧約聖書にはハマンがユダヤ人を皆殺しにしようとしたとある。

正式な辞世の言葉を尋ねられると、シュトライヒャーは大声で言った。「いつかボルシェヴィキがおまえたちを吊し首にするだろう」

ウッズが黒い頭巾をかぶせるあいだに、シュトライヒャーが「アデーレ、わが愛しの妻」と言うのが聞こえた。

しかし、ドラマはそこで終わらなかった。バンッという音とともに落とし穴が開き、シュトライヒャーはもがきながら落ちていった。ロープがぴんと張ったあとも激しく揺れつづけ、立会人らにはうめき声が聞こえた。ウッズが処刑台からおりてきて、死にかけている男を隠している黒いカーテンの向こうへ姿を消した。うめき声が突然止まり、ロープの揺れがおさまった。スミスら証人たちは、ウッズがシュトライヒャーの体をつかみ、力いっぱい引きさげて、首を絞めたのだと確信した。

何か手違いがあったのか――それとも、事故ではなかったのだろうか？　ニュルンベルクおよびそれに先立つ絞首刑の調整役だったスタンリー・ティルス中尉はのちに、ウッズがわざとシュトライヒャーの輪縄を少しずらし、落下の際に首が折れないようにしたのだと主張した。即死ではなく、窒息するように。「あの場所にいた全員がシュトライヒャーの愚かな言動を目撃し、ウッズも何一つ見逃さなかった。ウッズはドイツ人を憎んでいた……彼の顔が赤らみ、顎に力が入るのをわたしは見た」とティルスは記し、ウッズの意図は明らかだったとつけ加えている。「処刑台のレバーを引くとき、あの男の口元には小さな笑みが浮かんでいた」

悔い改めない者が続き――見かけは不運に見える出来事が続いた。広大なナチス占領地で奴隷労働を監督したフリッツ・ザウケルは、挑むように叫んだ。「わたしは無実だ。判決は間違っている。神よ、ドイツを守り、いま一度、偉大なる国にしたまえ。ドイツよ永遠なれ！　神よ、わが家族を守りたまえ」。ザウケルもまた、落とし穴に落ちたあと大きなうめき声をあげた。

国防軍の制服姿で、上着の襟をなかば立てて現れたアルフレート・ヨードルの最期の言葉は「さらばわが祖国、ドイツ」だけだった。

　最後となる十人目はアルトゥール・ザイス＝インクヴァルトで、祖国オーストリアでナチスによる統治を助け、のちに占領下のオランダを治めた人物だ。内反足でよたよたと絞首台まで歩いていくと、リッベントロップのように落ち着いた態度を見せた。「この処刑が第二次世界大戦最後の悲劇となることを、この戦争から諸国民のあいだに平和と理解が必要だという教訓が得られることを願う」「わたしはドイツを信じる」

　二時四十五分、彼は絞首刑により絶命した。

　ウッズが計算したところ、一人目から十人目までの処刑にかかった時間は百三分だった。「手早く片づいた」と、彼はのちに述べている。

　死刑囚二人の体がロープからはずされる前に、ストレッチャーに載せられた十一番目の遺体が看守によって運びこまれた。米軍の毛布で覆われていたが、裸足の二本の大きな足が突き出していて、黒いシルクのパジャマを着た腕が一本、横から垂れさがっていた。

　誰の遺体が加わったのか、疑問の余地が残らぬように、陸軍大佐の命令によって毛布が取り払われた。ヘルマン・ゲーリングの顔は「死に際の苦悶と最後の抵抗を見せてゆがんだままだった」とスミスは記している。「遺体にはすばやく覆いがかけられ、ナチ最高司令官はボルジア家の一員のように血と美に溺れたのち、キャンバスのカーテンをくぐって歴史の黒い一ページとなった」

処刑のあと、「星条旗新聞」(訳注　米軍の準機関紙)の取材に応じてウッズは、刑の執行が計画どおりに進んだと述べた。

「ニュルンベルクで十人のナチの絞首刑を執行し、そのことを誇りに感じている。自分はいい仕事をした。何もかもが最上のできだった。あれよりもうまくいった処刑は……一つとしてない。ゲーリングの野郎をこの手で処刑できなかったことだけが心残りだ。最上の対応をしてやったのに。いや、神経過敏にはならなかった。神経なんて持ってない。この仕事じゃ、邪魔なだけだ。だが、このニュルンベルクの仕事は、まさにこの手でやりたかった仕事だった。やりたくてたまらなかったから、本当はもっと早く帰れたのに、帰国を少し延ばしたくらいだ」

　しかし、ウッズの主張は激しい議論の的となった。代表取材記者スミスの記事を読めば、シュトライヒャーの処刑に関して何か不具合が起きたのは疑いの余地がなかった。おそらくザウケルの場合も。ロンドンの「ザ・スター」紙に掲載された記事には、絞首台が低すぎ、そのうえロープが正しく結ばれておらず、すなわち死刑囚は落とし穴に落ちるときに頭を打ち、「ゆっくりと窒息死した」とあった。テルフォード・テイラー将軍は国際軍事裁判所がナチス最高幹部を裁いた公判の準備を手伝い、その後首席検事となったが、回想録のなかで、体育館に並べられた遺体の写真を見ればその疑いはあると指摘している。何体かは顔が血で汚れているように見えた。

　これにより、ウッズの仕事に一部不手際があったのではないかとの憶測が流れた。英国陸軍の経験豊富な死刑執行人アルバート・ピエレポイントは、アメリカ人同業者を直接批判することは避けようとしたが、新聞報道に触れて「拙いところがあったかもしれない……落下距離が百五十センチで一定だった点と、わたしからすると古い、ロープを四回巻きつけるカウボーイ式の結び方をしているためだ」と語った。ドイツ人の歴史学者ヴェルナー・マーザーは、ニュルンベルク裁判に関する記述のなかで、ヨードルは死亡するまでに十八分、カイテルは「二十四分も」かかったと述べている。

これらの主張はスミスの記事と食い違うし、のちの説明のなかには意図的に誇張されたり、センセーショナルに語られたりしたものがあったかもしれない。それでも、ウッズが主張するほど円滑な処刑だったとは考えにくい。死刑囚のなかには処刑中に舌を噛む者がおり、顔が血で汚れているのはそのせいだとウッズは説明し、写真がもとになった批判を封じようとした。

ウッズの仕事ぶりが論議の的となったことを考えると、もともと死刑囚の一部から投げかけられた疑問についてあらためて考えずにいられない。なぜ銃殺刑ではなく絞首刑だったのか？　ウッズは自身の仕事を高潔なものと心から信じていた。ニュルンベルク以前のウッズを知るオーベルマイヤーによれば、ほかの兵士から首を吊るのとそれ以外の方法で死ぬのとどっちがいいかと訊かれて、「やや酒に酔っていた」ウッズは次のように答えたという。「あれはすごくいい死に方だと思う。実のところ、おれ自身、たぶんあの方法を選ぶね」

「おいおい、冗談はやめろよ。ふざけるところじゃないぞ」。別の兵士が口を挟んだ。

ウッズはまじめだった。「本気で言ってるんだ。苦しまずにすむ、きれいで伝統的な死に方だ。

絞首刑執行人は、年取ると首を吊るのが伝統なんだ」

絞首刑がほかの処刑方法にまさるという話に、オーベルマイヤーは納得がいかなかった。「絞首刑はとりわけ屈辱的な経験だ」「どうしてかって？　死ぬときに括約筋が緩むからだよ。くそまみれになるんだ」。ニュルンベルクでナチの最高幹部が銃殺刑を必死に求めたのは、少しも意外ではなかった。

とはいえ、オーベルマイヤーによれば、ウッズが自分の職務を非常に手際よく上品に実行すべきものと真剣に考えていたのは確かだった。父もおじも同じ仕事に就いていたイギリス人の絞首刑執行人ピエレポイントは、離職時に同じようなことを述べた。「自分は国のために死刑を執行したが、絞首刑は罪人にとって最も情け深く、品位ある死に方だと信じている」と彼は記している。ピエレポイントがドイツで処刑した死刑囚のなかには「ベルゼンの野獣たち」ことベルゲン＝ベルゼン収容所の元所長ヨーゼフ・クラーマーと悪名高いサディスティックな看守イルマ・グレーゼがいた。イルマは処刑されたとき、まだ二十一歳だった。

ウッズと異なり、ピエレポイントは長生きをし、最終的には死刑反対の意見に転じた。「わたしからすれば、極刑が果たすのは復讐だけだ」

ニュルンベルクで絞首刑が執行される前にアメリカに帰国したオーベルマイヤーは、物議をかもしたものも含めてすべての処刑で、ウッズはプロらしく泰然として任務に臨んだと信じていた。「ウッズにとっては仕事の一つにすぎなかった」とオーベルマイヤーは記している。「ウッズの仕事に対する態度は、コンコルド広場でマリー・アントワネットを得意になってギロチンにかけた狂信的なフランス人よりも、カンザスシティの食肉工場で働く組合労働者に近かったと思う」

しかし、死刑執行人の動機がどのようなものであれ、あの戦争とホロコーストの直後に、復讐と正義がたびたび混同されたことは驚くに値しない。

ウッズは自身が予言したのとは異なる死に方をした。一九五〇年、マーシャル諸島で電気系統の修理をしていたときに誤って感電死したのである。

米陸軍曹長ジョン・C・ウッズ

米陸軍曹長ウッズは1946年10月16日ニュルンベルクでナチ幹部11名を処刑するはずだったが、ヘルマン・ゲーリング（1段目左）は自殺により絞首刑から逃れた。
残る10名は（1段目ゲーリングの隣から）ハンス・フランク、ヴィルヘルム・フリック、ユリウス・シュトライヒャー、（2段目左から）フリッツ・ザウケル、ヨアヒム・フォン・リッベントロップ、アルフレート・ローゼンベルク、エルンスト・カルテンブルンナー（3段目左から）アルフレート・ヨードル、アルトゥール・ザイス＝インクヴァルト、ヴィルヘルム・カイテル。
「ウッズは一人二人の処刑を故意に失敗したのか？」という疑問はいまも残る。

第2章　目には目を

ユダヤ人にしたことにこの世で復讐がなされるとしたら、われわれドイツ人に慈悲がかけられんことを。

占領下ポーランドで悪名を馳せたドイツ軍殺人部隊の一つ、第一〇一警察予備大隊司令官ヴィルヘルム・トラップ少佐の言葉。

ドイツへ向けて連合軍の最後の侵攻が始まったとき、復讐を求める声が高まったのは、この「ユダヤ人にしたこと」のせいだけではなかった。ある人種を絶滅させようとする組織的な狂気である〝最終的解決〟計画の実施が、ほかに並ぶもののないのは事実である。しかしヒトラー軍の侵略を受け、国民が恐怖に陥れられ、殺され、都市を瓦礫の山にされた国々は一つ残らず、報復を求めて当然の動機を持っていた。とりわけスラヴ系〝劣等人種〟を奴隷化したり、強制労働させたり、飢え死にさせたことはソ連赤軍の激しい怒りを買った。

新たに征服した土地でヒトラーが行った大量殺人、ソ連軍戦争捕虜に対する残虐行為――その噂を聞きつけた赤軍兵士の大半は、捕虜になったらほぼ確実に死ぬと信じるようになった――は、侵略者への憎しみをかき立てようとするスターリンのプロパガンダに大いに役立った。

一九四二年八月、赤軍新聞「クラスナヤ・ズヴェズダ」の戦争特派員イリヤ・エレンブルグが記した文章は非常に有名である。「いまや明らかだ。ドイツ人は人間ではない。〝ドイツ人〟は最も侮辱的な罵り言葉となった。語るな。憤る側にまわるな。殺せ。ドイツ人を殺さなければ、こちらが殺される……もしすでに一人殺したことがあるなら、もう一人殺せ。ドイツ人の死体ほど愉快なものはない」

ナチ・ハンターという言葉が使われるようになる前から、ナチ狩り――より正確に言うなら、ドイツ人狩りは行われていた。兵士と市民、軍幹部、政治指導者のあいだに線を引くいとまもそうしようという意思もほとんどなかった。動機は単純だ。勝者による復讐である。しかし、抵抗運動がますます激しくなり、最終的にはヒトラー軍の敗色が濃厚になってくると、連合国の指導者たちは原則として報復をどこまでやるか、国が犯した罪のために、何名に究極の代償を払わせるべきかを議論しはじめた。

一九四三年十月。モスクワで米英ソの三大国の外相が会談した際、ドイツの主要戦争犯罪人については共同で裁判を行う一方、局地的な残虐行為に関わった戦犯は「その厭わしい行為が実行された国へ移送する」ことが合意された。このモスクワ宣言がのちの裁判の土台となったが、アメリカの国務長官コーデル・ハルが政治的指導者に対する司法手続きは形式にすぎないと考えていたのは間違いない。「思いどおりにできるなら、わたしはヒトラーとムッソリーニ、東条、そして彼らの主立った共犯者を略式軍法会議にかける」と述べて、ホスト国のソ連を喜ばせた。「そうすれば、翌日の日の出には歴史に残る出来事が起きるだろう」

六週間後のテヘラン会議で、ヨシフ・スターリンは、モスクワ宣言の草案を作成したウィンストン・チャーチルを、ドイツ人に寛大すぎると非難した。代案としてスターリンが提案したのは、自国でためらいなく適用している解決法だった。「最低で五万人——おそらくは十万人——のドイツ人司令官の物理的粛清を行わねばならない」と彼は述べた。「ドイツ人戦犯全員に可能なかぎり速やかに正義を下すことを提案する——銃殺隊による正義を！　ドイツ人を捕らえたら——全員を！——すぐさま処刑する一致団結した姿勢を支持する」

即座にチャーチルが憤りをあらわにした。「わたしは冷酷な虐殺に加担するつもりはない」と述べ、「償いをすべき」戦犯と、ただ国のために戦った者を区別する姿勢を崩さなかった。「そのような破廉恥な行為でわが国の名誉を傷つけるくらいなら」銃で自殺する、ともつけ加えた。フランクリン・D・ローズヴェルトは下手なジョークで場の空気をやわらげようとし、銃殺するドイツ人の数に関していくらかの歩み寄りができるのではないかと提案した。「たとえば、四万九千五百人とか」

ところが、一九四五年二月のヤルタ会談のころには、ナチ戦犯の処罰をめぐるチャーチルとスターリンの立場は、表面上驚くほど変化していた。ＭＩ５（訳注　イギリスの国内保安組織。元来は陸軍情報部第五課の略）の防諜工作の長ガイ・リデルが戦時につけていた日誌が二〇一二年に機密扱いからはずれた。それによると、チャーチルはある官吏から提案された計画を支持し、その計画ではニュルンベルク裁判は行わずに「特定の人々を死刑に処し」、そのほかは収監することになっていた。〝特定の人々〟とはナチスの首脳を指した。この提言の背景となる論理を、リデルは次のようにまとめている。「このほうが提案としてより明確であり、法的手続きをとやかく言われる恐れがなかった」

リデルの日誌で指摘されているとおり、このことから三大国の関係に奇妙な変化が生じた。「チャーチルはヤルタでこの計画を提案したが、ローズヴェルトはアメリカ国民が裁判を望むと感じていた」と、会談の数カ月後にリデルは記している。「ロシア人にとっては公開裁判のほうがプロパガンダに利用しやすいというきわめてあからさまな理由から、スターリンはローズヴェルトを支持した。わたしからすれば、ソ連で過去二十年にわたり行われてきた正義のまねごとのレベルまで、われわれが堕落させられるに等しい事態だった」

言い換えるなら、スターリンはローズヴェルトが裁判を求めたことを、一九三〇年代に行われたソヴィエト裁判ショーの再演のチャンスと見てとったのだが、それこそまさにチャーチルが避けたいことだった。たとえ、いっさいの司法手続きを省いた即決処刑を認めることになったとしても。

しかし、結局はアメリカの主張が通り、ニュルンベルク裁判が行われることになるのだが、一連の法的手続きに対する疑念の種は、このときすでに蒔かれていたのである。

戦争の最終段階に入ると、赤軍兵士の多くはたまりにたまった怒りを噴出させた。彼らは四年近く自国の領土で戦い、ドイツ人侵略者によって国が荒らされるのを見ながら、多大な損失に耐えてきた。赤軍がベルリンへの侵攻を開始すると、敵は避けられない運命に抗おうとした。ドイツ軍は記録的な数の死者を出した——一九四五年一月はソ連がこの戦争で最大の攻撃をしかけた月だが、一カ月だけで四十五万人以上のドイツ兵が死んだ。この数字は、アメリカが第二次大戦の前線全体で出した死者数を上回る。

これは偶然の結果ではない。ナチス指導者は国民が最後までヒトラーの命令に従い、抵抗を続けるように、恐怖政治をさらに強化していた。敵軍が迫っている地域へ〝移動軍法会議〟が赴き、脱走や士気の低下が疑われた兵士の即決処刑を命じたので、ほとんど誰でも銃殺される危険があった。これは、ドイツの侵攻を受けたスターリンが、士気の低下が疑われれば自国の将校や兵士でもかまわず処刑せよと命じたのと無気味なほど似ている。兵力が不足し、武器も圧倒的に少なかったにもかかわらず、ドイツ軍は敵に多くの犠牲者を出させた。

こうしたことが、狂乱的な暴力行為を招き——それはソ連最高幹部にも是認されていた。一九四五年一月、ポーランドおよびドイツへと攻撃をかける直前、第一ベロロシア（訳注　ベラルーシ）前線の兵士に向かってゲオルギー・ジューコフ元帥は次のように宣言した。「殺人者の国に災いを。何ごとにも手加減せず報復してやれ」

ドイツ中央部に入る前から、赤軍部隊は女性を強姦すると噂されるようになっていた。ハンガリー、ルーマニア、そしてシレジアでは、この歴史的紛争地帯に留まるほかなかったポーランド女性とドイツ女性とのあいだに区別はほとんど設けられなかった。ソヴィエト軍がドイツ領奥深くへと侵攻しはじめると、占領された街や村のほぼすべてから強姦に関するおぞましい話が聞かれるようになった。ロシア人小説家で戦争特派員だったワシーリー・グロスマンは記している。「ドイツ女性は恐ろしい目に遭っている。ドイツ人の教養ある男性が身ぶりと片言のロシア語で、妻が十人の男に強姦されたと語った」

もちろん、こうした報告はグロスマンの公式の特電には入れられなかった。上官が乱暴行為を止める場合もあったし、五月八日にドイツが降伏してから数カ月のうちにはある程度の秩序が徐々に回復されていったが、完璧というにはほど遠かった。戦争末期から直後のあいだにソ連兵に強姦されたドイツ女性の数はおよそ百九十万人とされている。複数回強姦された女性も多く、自殺者が数多く出た。

一九四五年十一月六日と七日、ボリシェヴィキ革命の記念日に、占領軍はさらなる報復の許可を公に与えられたようだったと、ドイツ人共産主義者でソ連当局からケーニヒスベルク市長に任命されたヘルマン・マツコウスキーは記している。「男は殴られ、大半の女は強姦された。わたしの七十一歳の母も含めて。母はクリスマスが来る前に亡くなった」。町で栄養を摂れているのは「ロシア兵の子を身ごもっている女だけ」ともマツコウスキーはつけ加えている。

ドイツの女性を強姦したのはソ連兵だけではない。黒い森（訳注　バーデン地方のシュヴァルツヴァルトのこと）の村でドイツ人の夫と暮らしていたイギリス女性によれば、フランス軍のモロッコ人部隊が「夜にやってきて村の家々を取り囲み、十二歳から八十歳までの女性を一人残らず強姦した」という。アメリカの部隊も強姦事件を起こしたが、赤軍占領地域のような規模ではなかった。東部とは事情が異なり、たいていは個別の事件で、少なくとも一部の事例では強姦者に懲罰が加えられた。米軍絞首刑執行人ジョン・C・ウッズはニュルンベルクの前に、殺人や強姦の罪を犯したアメリカ兵を処刑している。

ドイツに対する報復は、戦勝国により新たに描き直された地図に基づき、ポーランド、チェコスロヴァキア、ソ連（ケーニヒスベルクはカリーニングラードと改称された）に分配される領土からのドイツ系住民の大量駆逐という形でも行われた。赤軍の進軍が始まった時点で、数百万のドイツ人がそうした地域から慌てて逃げだした。そのなかにはほんの六年前、ヒトラー軍の東進についてきて地元住民への残虐行為に加担した者もおり、その過去が仇となるのは必至だった。

スターリンと就任間もないアメリカ大統領ハリー・トルーマン、就任間もないイギリス首相クレメント・アトリーにより一九四五年八月一日に締結されたポツダム協定では、戦後の人口移動は「人道的かつ規律正しい方法で」実行されることになっていた。しかし現実は、そのような安心感を与える言葉とは大きく異なった。西へと必死に逃げる人々は、飢えと疲労で死にかかっている者を除いて、かつての被支配者――強制労働を課されたり、収容所に入れられたりしながらも死の行進や戦争終結の数日前まで続いたナチによる処刑を生き延びた人々も含まれていた――にたびたび攻撃された。比較的苦難を強いられなかった人々でさえ復讐に燃えていた。

あるチェコ人民兵は一人の犠牲者のことを回想した。「ある町で、市民が一人のドイツ人を四つ辻の真ん中に引きずり出して火をつけたんだ……おれは何もできなかった。何か言ったら、こっちが襲われたにちがいないから」。最後に赤軍兵士がそのドイツ人を撃ち、息の根を止めたという。一九四〇年代後半に東中欧から追放されたドイツ系住民の総数は千二百万人と言われ、死者数の概算は調査によって大きく異なる。一九五〇年代に西ドイツ政府は百万人以上が死亡したと主張したが、少しあとの概算では五十万人となっている。正確な数字がどれくらいであれ、ドイツ人がたどった運命に東欧の戦勝国が良心の呵責を覚えることはほとんどなかった。「手加減せず報復してやれ」というジューコフ元帥の言葉がそのとおりに実行されたのである。

一九四五年四月二十九日、米軍第四十二歩兵師団――当初は二十六の州とワシントンDCの州兵により編成されていたのでレインボー師団と呼ばれていた――がダッハウに入り、収容所の中心施設からおよそ三万二千人の生存者を解放した。理論上は絶滅収容所ではなかったし、一つしかない火葬場は一度も使われたことがなかったが、中心施設と補助施設網では無数の囚人が強制的に働かされ、拷問を受け、餓死させられた。ナチ政権初の本格的な強制収容所であったため、囚人の多くは政治犯だったが、戦時中にユダヤ人の占める割合が増えた。

米軍部隊が目にしたのは、想像をはるかに超えたおぞましい光景だった。副師団長ヘニング・リンデン准将は公式の報告書のなかでダッハウを初めて見たときのことを次のように説明している。「収容所の北端を走る線路に沿って、三十から五十の鉄道車両が見つかった。客車もあれば有蓋貨車や無蓋無側の貨車もあり、どれも囚人の遺体が二十から三十ずつ載せられていた。列車の脇の地面に放置されている遺体もあった。見たかぎり、ほとんどに殴打か飢餓、銃撃、もしくはそのすべての痕跡があった」

リンデンの副官ウィリアム・J・カウリング中尉は、両親への手紙のなかで自分が目にした光景をもっと写実的に描写している。「車両には遺体が満載されていました。ほとんどが裸で、すべて骨と皮ばかりになっていました。大げさではなく、腕も脚も五センチほどしかなく、尻には肉がまったくついていませんでした。後頭部に弾痕が見える遺体がいくつもありました。われわれは吐き気と強烈な怒りに襲われて、こぶしを握りしめることしかできませんでした。ぼくは口をきくこともできなかった」

リンデンを出迎えたのは、白旗を持ち、スイス赤十字の代表に伴われた親衛隊（SS）将校たちだった。将校らが収容所とSS看守を引き渡す役目であることを説明するあいだに、なかから数発の銃声が聞こえた。リンデンはカウリングに調べに行かせた。アメリカ人記者のジープの前部座席に乗りこみ、カウリングが門を抜けると、人気のないコンクリート敷きの広場に出た。「と、突然、人（とは呼べないような状態でした）が四方から湧いてきたのです」カウリングは手紙の続きに書いている。「やせさらばえた汚い体にぼろぼろの服を纏い、金切り声や大声をあげたり、泣いたりしていました。駆け寄ってくると、彼らはぼくと新聞記者たちの手や足にキスし、全員がわれわれに触れようとしました。われわれをつかみ、胴上げし、声をかぎりに叫びました」

リンデンらが到着すると、悲劇に見舞われた人々がいた。リンデンらを抱きしめようと押し寄せた囚人の一部が、電気が流れている有刺鉄線にぶつかり、即死したのだ。

米軍が収容所の奥へと進み、身の毛もよだつ裸の死体の山と、飢えてたいていはチフスにかかった生存者を見てまわるあいだに、進んで降伏する看守もいたが、柵を打ち破ろうとする囚人に発砲する者も何人かいた――米兵に抵抗しようとする者さえも。抵抗した場合はすみやかに報復がなされた。

「そのSSはわれわれにマシンガンを向けようとした」とウォルター・J・フェレンツ中佐は報告している。「しかし、われわれは発砲しようとする者が現れるたび、すみやかに殺した。十七名のSS全員を殺した」

ほかの兵士は囚人が看守らを追いかけるのを見守り――止めようという気にはならなかったと報告されている。ロバート・W・フローラ伍長によれば、米軍兵士につかまった看守は運がよかった。「われわれが殺しも捕らえもしなかった者は、解放された収容者に追われ、殴り殺された。ある収容者はＳＳ隊員の顔を踏みつけにしていた。ほとんど形がわからなくなるまで」

フローラは激高している囚人に向かって、自分も「激しい憎しみ」に襲われていると語った。囚人は言葉を理解し、うなずいた。

「あなたたちを責めはしない」とフローラは言い足したそうだ。

ジョージ・Ａ・ジャクソン中尉は二百人ほどの囚人の一団が一人のドイツ兵を取り囲んでいるところに行き会った。そのドイツ兵は完全装備で銃も持っていたが、骸骨のような囚人二人に捕らえられそうになったとき、ほとんど何もできなかった。「完全な静寂が訪れた」とジャクソンは述べている。「まるで儀式が執り行われているようで、実際そうだったのだ」

とうとう、体重三十キロぐらいにしか見えない囚人がそのドイツ兵の上着の裾をつかんだ。もう一人の囚人がライフルをつかんで兵士の頭を殴りはじめた。「その時点で、彼らを止めようとすれば大騒ぎになると判断した。任務としてはそうするべきだったにしても」。ジャクソンは背を向けて立ち去り、その場を十五分ほど放置した。「戻ると、兵士の頭は叩きつぶされていた」という。囚人の一団は姿を消していた。そこで劇的事件が繰り広げられた証として残されていたのは、死体だけだった。

カウリング中尉はダッハウの収容所解放に立ち会ったことで、それまで自分がドイツ兵をいかに機械的に捕虜にしていたか――今後はどうすべきか考えた。「武器を持っていようがいまいが、もう二度とドイツ兵は捕虜にしません」。この激烈な体験の二日後、両親に書いた手紙のなかで、彼は誓った。「あれほどひどい仕打ちをしておきながら、自分はもうやめたから無罪放免になるなどとどうして思えるのでしょう。奴らを生かしておくべきではありません」

赤軍が侵攻してくるなか、ポーランド中部のラドムにいた若きユダヤ人、トゥヴィア・フリードマンは奴隷労働をさせられていた強制収容所から脱出するだけでなく、ホロコーストで命を落とした身内の仇を討つ計画を立てた。「気がつくと、わたしは復讐について、われわれユダヤ人がナチに借りを返させる日について考えていることが多くなっていた。目には目を、だ」と彼は回想している。

ドイツ軍が撤退の準備をしているあいだに、フリードマンと囚人仲間二人は工場の下水道を通って逃げ出した。汚物のなかを這い進み、収容所の有刺鉄線の外に広がる森に出た。小川で体を洗い、三人だけで出発した。フリードマンはそのときの興奮をこう語っている。「怖かったが、われわれは自由だった」

その地域ではすでにさまざまなポーランド・パルチザンが活動しており、ドイツ軍相手だけでなくパルチザン同士で戦っていた。狙いはドイツによる占領が終わったあとの覇権だった。占領地域で最も大きく有力だったのはポーランド国内軍（AK）で、反共主義を掲げ、ロンドンの亡命政府に従っていた。規模の小さい人民警備隊（GL）のほうは共産主義者によって結成され、ソ連主導の統治を目指す先鋒隊だった。

フリードマンは当時、ドイツ人だけでなく反ユダヤ主義の地元民からも身元を隠すため、タデク・ヤシンスキという偽名を使っていたが、共産主義パルチザンのアダムスキ中尉が結成した民兵組織に志願した。彼らの任務は国内軍の「無政府主義的活動を終わらせ」、「戦時中にポーランドの国と民に不利益をもたらしたドイツ人、ポーランド人、ウクライナ人を狩り出し、捕まえることだった」

「わたしはやる気に燃えて、いま挙げた任務のうち最後の面倒な仕事に取りかかった」とフリードマンは語った。「配下となった民兵数人とともに銃をホルスターにおさめて、よく知られた戦犯を一人また一人と捕まえていった」

フリードマンと仲間は確かに、正真正銘の戦犯を数人追いつめた。たとえば、「覚えていられないほど大勢のユダヤ人を殴った」シュロンスキという名のウクライナ人現場監督を見つけ、それがきっかけとなって、のちに絞首刑になる別のウクライナ人を発見した。しかし、「国民に不利益をもたらした」という定義は、戦争が終わると、ソ連による支配を歓迎しない者をも意味するようになり、そのなかにはドイツ占領下で勇敢に戦ったポーランド人レジスタンスも含まれた。

撤退するドイツ軍との戦闘を続けながら、ソ連政府はワルシャワでポーランド国内軍の指導者十六人を逮捕し、モスクワの悪名高きルビャンカ刑務所へ送った。十六人はポーランドの〝解放者〟に拷問され、ヨーロッパで戦争が正式に終結した直後の六月、見せしめ裁判の法廷に立たされた。六年間ナチスと戦いつづけた報いが「ソヴィエトに不利な陽動活動」を行ったかどでの投獄だったのである。

フリードマンは、そうした差別をほとんど気にかけなかった。ポーランド人の反ユダヤ主義を不快に感じた経験が一度ならずあり、赤軍を純粋なる解放者と見ていた一人だった。しかし、彼が惹かれたのはまもなくポーランドの新たな征服者となる国のイデオロギーではなかった。フリードマンにとって真の優先事項はドイツへの報復だった——共産主義者は彼にその機会を与えてくれただけだった。

フリードマンとラドム出身の五人はバルト海沿岸の港湾都市ダンツィヒが任地となり、そこでドイツ軍が脱出できるうちに脱出しようと、西へ向かうのを見守った。「みじめなありさまの者もい

トゥヴィア・フリードマン。
ヴィーゼンタール同様、オーストリアで戦犯の追跡を開始したホロコースト生還者。2人のナチ・ハンターはときおり協力し合ったが、フリードマンがイスラエルへ移ってからはおおむね別々の道を歩んだ。

た。歩くこともできず、血に染まった包帯を頭に巻いて」とフリードマンは記している。「感じようとしても、同情や哀れみはまったく湧いてこなかった。やつらは暴虐のかぎりを尽くした。自業自得だ」

赤軍とポーランド警察が崩壊の恐れのある建物を爆破したので、街の大部分が赤く燃えていた。「まるで有名な皇帝ネロの時代の、大火で燃えるローマにいるようだった」

急な運命の逆転に、フリードマンらは喜び勇んだ。「地球に来襲し、住人を恐怖に陥れる異星人になった気分だった」。ドイツ人が大慌てで避難したあとのアパートメントに乗りこむと、服やドイツ貨幣が床に散らばっていた。ある家では磁器の花瓶――「おそらくドレスデン」とフリードマンは指摘している――を見つけ、サッカーボールのように蹴って粉々にしたという。

その後はもう少し抑制のきいたやり方で「殺戮を行ったナチ」を見つけ、「一定の復讐を果たして彼らを裁く」という自ら掲げた任務を続行した。国家保安省に出頭した彼らは、十五歳から六十歳までのドイツ男性を一人残らず捕らえるよう命じられた。「ナチのクズ野郎を見つけて、この町を浄化するんだ」と新たな上官は言った。

回想録のなかで、フリードマンはラドムから初めてユダヤ人が強制移送されたときの姉ベラの感想を書いている――「食肉処理場へ向かう羊のようだ」と感じたと。これはホロコーストを語る際に長いあいだついてまわることになる指摘だった。しかしフリードマンは、ダンツィヒで尋問、収監したドイツ人の怯え方に自身が満足感を覚えたことを記すときに、同じ比喩を使っている。「形勢が逆転したのと、ポーランドのしゃれた制服のおかげで、かつては誇り高かった支配者たちを、怯える羊のように駆けずりまわらせることができた」

フリードマンは囚人を尋問するに当たって「まったく情け容赦なかった」こと、白状させるために彼らを殴ったことを認めている。「わたしの心は憎しみに満ちていた。敗北した彼らを、勝利の瞬間の残忍な彼らに劣らず憎んでいた」

戦後長い時間がたってから、彼は次のように書いている。「いま振り返ってみると、いささかの恥ずかしさを覚えるが、これは一九四五年の春、ドイツ軍がまだ二カ所の前線で連合軍とロシア軍と戦争末期の苦しい戦いを続けていたときの話だということを忘れてはならない。さらにわたしは、身内にナチの収容所から生還した者がいるかどうか、消息をひとつも聞いていなかった」。当時は組織的拷問の痕がひと目でわかる裸の遺体で溢れた部屋など、ドイツ人によるさらなる凶行の証拠を見つけている最中でもあった。しかし〝無慈悲な男〟と呼ばれるようになり、そのことに初めて胸の痛みを覚えたのもこのころだと彼は述べている。

姉ベラがアウシュヴィッツから生還したとの知らせが届いたのをきっかけに、フリードマンは制服を脱ぎ、ラドムに戻った。姉と再会すると、二人は揃ってポーランドを出ることにした。故国はますます異質な国に感じられるようになっていた。反ユダヤ主義的暴力も相変わらず横行していたし、ほかの家族は収容所から生還しなかった。当初の目的地はパレスチナで、ユダヤ人生還者のヨーロッパからの違法な脱出を手助けする地下組織ブリチャ（ヘブライ語で〝飛翔〟の意味）の力を借りる計画だった。のちのイスラエル建国の基礎となる戦後の民族大移動が起きていたのだ。

ところが、フリードマンの旅は途中で足止めを食い、数年をオーストリアで過ごすことになった。そこでナチ狩りへの情熱が再燃し、復讐を果たそうと決心した――しかし、ポーランドの新たな共産主義支配者たちが後押しした、暴力的で無差別なやり方とは異なる手法で。

一九四五年五月五日、星条旗をなびかせた大きな戦車がオーストリアのリンツ近くのマウトハウゼン強制収容所に入ってくるのを見て、縞模様の囚人服を着たやせ衰えた男は、戦車の横に描かれた白い星に触れようとした。しかし、数メートル手前で力尽き、がくっとくずおれたかと思うと、顔から倒れこんだ。米軍兵士に助け起こされた男は戦車を指さし、なんとか星に触れてから――気絶した。

意識が戻ると、ジーモン・ヴィーゼンタールという名のこの男は寝棚に一人で寝かされていて、自分が解放されたことを知った。SS看守の多くは前夜のうちに逃走しており、寝棚は一人に一つずつ与えられていた。朝まであった何体もの遺体は片づけられ、周囲にはDDTのにおいが満ちていた。もっと大事だったのは、米軍が大きなスープ鍋を持ちこんでいたことだった。「本物のスープで、すばらしく旨かった」とヴィーゼンタールは回想している。

ヴィーゼンタールら多くの囚人は、栄養のある食べものを消化することができず、激しい吐き気に襲われた。しかし、生き延びるための戦いだった毎日を経て、彼が「心地よい無気力」期と言い表した期間、スープと野菜、肉のしっかりした食事と、白衣を着たアメリカ人医師から出された錠剤が、ヴィーゼンタールを生者の国に連れもどした。一方で大勢の人々――ヴィーゼンタールによれば三千人――にとっては手遅れだった。彼らは解放されたあとに極度の疲労と飢えが原因で亡くなった。

第二次世界大戦やホロコーストが始まる前から、ヴィーゼンタールは暴力や悲劇と無縁ではなかった。一九〇八年十二月三十一日に、当時はオーストリア・ハンガリー帝国の一部だったガリツィア東部の小さな町ブチャチで、彼は生まれた。ブチャチは第一次大戦後にポーランド領となり、現在はウクライナの一部となっている。ユダヤ人が多い町だったが、地方全体ではさまざまな民族や言語が混ざり合っていて、ヴィーゼンタールはドイツ語、イディッシュ語、ポーランド語、ロシア語、ウクライナ語を耳にしながら成長した。

彼が生まれてまもなく、ガリツィアは第一次大戦とボリシェヴィキ革命、それに続く内戦の嵐に巻きこまれた。ヴィーゼンタールの父は日用雑貨商として成功していたが、オーストリア軍に入隊し、戦争初期に命を落とした。ヴィーゼンタールの母は息子二人を連れてウィーンに避難したが、一九一七年にロシア軍が撤退するとブチャチに戻った。十二歳のとき、ジーモンはウクライナの騎兵に腿を切られ、生涯傷痕が残った。ジーモンがまだ十代のとき、弟のヒルレルが転落して背骨を傷め、死亡した。

ヴィーゼンタールはプラハで建築を学んだが、高校時代につき合っていたツラ・ムラーと結婚するために故郷に戻り、住宅専門の設計事務所を開いた。学生時代もブチャチに戻ってからも、ユダヤ人と否とを問わず友人が大勢いて、当時の多くの若者のように極左思想に傾倒することはなかった。彼が信奉した政治思想は、別の大義に関係していた。「若いころ、わたしはシオニストだった」と、彼はわたしを含むインタビュアーにたびたび語っている。

ヴィーゼンタールにとってのホロコーストは、フリードマンやそのほかの生還者にとってと同じく抽象的な概念ではない。ヴィーゼンタールと家族は、戦争初期をリヴォフ（現在のリヴィウ）で過ごしたが、町はドイツとソ連のあいだでポーランド分割を決めた独ソ不可侵条約の結果としてまずソ連軍に占領され、その後まもなく一九四一年のヒトラーによるソ連侵攻で制圧された。

ヴィーゼンタール一家は最初はゲットーに閉じこめられ、次に近くの強制収容所へ、さらに東部鉄道修理工場へと移された。工場でジーモンはソ連から奪った車両にナチの記章を描いたり、看板を製作したりという仕事をさせられた。それは戦争終結までのあいだにいくつもの強制収容所を経験し、脱出したり、危険な目に遭ったりをくり返したなかでのひとときにすぎなかった。ツラだけはなんとか脱出させることができ、彼女はポーランド系カトリック教徒の名を騙って、ワルシャワに身を隠した。しかし運命は、ヴィーゼンタールの母に対してはそこまでやさしくなかった。

一九四二年、ヴィーゼンタールは母に、また強制移送が行われるらしいから、連行されないためにまだ手元に残っている金の腕時計を渡してしまうようにと指示した。ウクライナ人警官がやってきたとき、母は息子に言われたとおりにした。ところが、「三十分後、別のウクライナ人警官がやってきた。母の手元にはもう渡せるものが何もなかったため、連行されてしまった。母は心臓が弱かった。せめて列車のなかで亡くなってくれたことを祈っている。裸にされ、ガス室へ歩かされることがなかったようにと」とヴィーゼンタールは苦しげに振り返っている。

ヴィーゼンタール自身は奇跡的に死を免れたエピソードをいくつも語っている。たとえば、一九四一年六月六日にユダヤ人が一斉に捕らえられたとき、彼はウクライナ人補助部隊によってほかの人々と一緒に壁に一列に並ばされたという。ウクライナ人たちはウォッカを飲みながら、人々の首を撃ちはじめた。処刑人が近づいてくるなか、彼が目の前の壁をうつろに見つめていると、突然教会の鐘が鳴りだし――ウクライナ人がこう叫ぶのが聞こえた。「そこまで！　夕方のミサの時間

ジーモン・ヴィーゼンタール。彼ほど有名になった、というよりは論議の的となり、ときに怒りを買ったナチ・ハンターはいない。しかし、いったんは法の裁きを免れたヒトラーの部下たちをヴィーゼンタールが追いつづけた重要性については、彼を批判する人々でさえ認めている。

だ！」

のちにヴィーゼンタールが世界的名士となり、ほかのナチ・ハンターと論争になることが増えると、こうしたエピソードの正確性にたびたび疑問が投げかけられた。ヴィーゼンタールにおおむね好意的な伝記の著者トム・セゲフでさえ、彼の談話を事実として受けいれるには注意が必要だとしている。「文筆家志望のヴィーゼンタールは、想像の翼を羽ばたかせる傾向があり、一度ならず過去の出来事を実際よりも劇的に語ったことがあった。実話では聴衆に充分なインパクトを与えられないと思っているかのようだった」とセゲフは書いている。

しかし、ホロコーストの間にヴィーゼンタールが経験した苦難の悲惨さと、幾度もすんでのところで命拾いしたことは疑いの余地がない。フリードマンをはじめとしたあまたの生還者同様に、彼が「復讐への強い欲求を覚えた」ことも。遠からずしてヴィーゼンタールとオーストリアで出会い、当初は何件かのナチ狩りで協力したフリードマンの次の言葉がはっきりと裏書きしている。「戦争末期に、彼はナチ戦犯に容赦なく復讐することを心に誓って収容所をあとにした」

とはいえ、解放直後のヴィーゼンタールは、フリードマンが告白したような残忍な行為には走らなかった。体力的に誰かを暴行するなど考えられない状態だったし、たとえしたくてもそのような立場になかった。さらに、比較的早い段階に単なる復讐心とは異なる意識を持つようになったと思われる。

それでも、フリードマンと同じく、彼もまた戦争末期の立場の逆転に愕然とした。マウトハウゼンの収容所内を歩きまわれるまでに回復したとき、彼はかつて特権を与えられていたポーランド人模範囚に暴行されたことがあった。これといった理由もなしに殴られたのだ。そこで、この件を米兵に訴えることにした。苦情申し立てのために待っているあいだ、ヴィーゼンタールは米兵がＳＳを尋問するのを眺めていた。とりわけ残忍だった看守が連れてこられたときは相手に気づかれないようとっさに顔をそむけた。

「その男を見るとかならず、首すじに冷や汗が湧いてきた」と彼は回想している。しかし、そのとき、信じられない光景を目にしたという。ユダヤ人収容者につき添われた「そのＳＳは震えていたのだ。われわれが彼を前にして震えたのとまったく同じように」。あれほどの恐怖を感じさせた男がいまや「怯えた卑しむべき臆病者になっていた……守ってくれる銃がなくなったとたん、超人が腰抜けになったのだ」

ヴィーゼンタールは即座に決心した。マウトハウゼンの戦争犯罪事務局に歩いていき、そこにいた中尉に仕事を手伝いたいと申し出た。中尉は疑いの目でヴィーゼンタールを見たあと、彼には関連業務の経験がないことを指摘した。

「それに、ついでに訊くが、体重はいくらある？」

ヴィーゼンタールが五十六キロあると答えると、中尉は笑いだした。「ヴィーゼンタール、戻ってしばらく体を休めるんだ。本当に体重が五十六キロになったら、また来てくれ」

十日後、ヴィーゼンタールはふたたび中尉を訪ねた。体重はいくらか増えたもののまだ五十六キロにはほど遠かったし、赤い紙で頬をこすって顔色の悪さをごまかそうとしていた。

中尉はその熱意に感銘を受けたのだろう。ヴィーゼンタールはタラキューシオという大尉の下に配属され、まもなくシュミットという名のSSの逮捕に出向いた。シュミットの住まいは二階にあったので階段をのぼらなければならなかった。もし抵抗されたら、元囚人のヴィーゼンタールは何もできなかったはずだ。階段をのぼったせいで体力を消耗し、震えていた。震えは、緊張のせいもあったかもしれない。しかし、シュミットも震えており、ヴィーゼンタールが息を整えるために座りこむと、腕をつかみ、彼が階段をおりるのに力を貸したという。

タラキューシオ大尉が待つジープに着いてから、シュミットは自分は小物だし、過去に多くの囚人を助けてきたとして、泣いて慈悲を乞うた。

「たしかに、おまえは囚人を助けた」とヴィーゼンタールは答えた。「何度も見たことがある。おまえは彼らが火葬場へ向かうのを助けた」

こうして、ヴィーゼンタールのナチ・ハンターとしての仕事は始まった。彼の娘と義理の息子、そして孫たちはいまイスラエルで暮らしているが、彼は最後まで移住しなかった。ヴィーゼンタールにとって、イスラエルは〝選ばなかった道〟（訳注　ロバート・フロストの詩の題）だったのだ。しかし、ヴィーゼンタールは人生の途中でイスラエルの人々と協力し、時には戦うことになる。ホロコーストの中心的立案者の一人、アドルフ・アイヒマンを裁くために。

ヴィーゼンタールもフリードマンも、アウシュヴィッツをはじめとした収容所へのユダヤ人強制移送を計画した男を、すぐさま追跡しはじめたと述べている。しかし、終戦直後は、すでに逮捕されたか捕まえるのが容易な者たちと、その裁判がおもなニュースとなった。ナチを狩り、彼らを処罰するのは、まだ主として戦勝国の仕事だった。

第3章　共謀の意図

われわれは従順な国民なんだ。それが最大の長所でもあり、短所でもあるのだがね。イギリス人が破産に瀕しているのを尻目に、奇跡の経済繁栄をなしとげたのもその民族性だし、ヒトラーのような男に盲従して墓穴に落ち込んだのも、この同じ特性ゆえなのだ。

フレデリック・フォーサイスによる一九七二年のベストセラー小説『オデッサ・ファイル』より、架空の雑誌社オーナー経営者ハンス・ホフマンの言葉

ドイツが敗北すると、ヒトラーの元臣下は彼らの名前で行われた大量殺人や残虐行為との関係をやっきになって否定しようとした。戦勝国の軍人や強制収容所生還者が、自分は――行動こそしな

かったが心のなかで――ずっとナチに反対していたと主張するドイツ人に出くわすのは日常茶飯事だった。ユダヤ人をはじめとしてナチ体制下で迫害を受けた人々の力になったと言う者も大勢いた。「わたしが聞かされたとおりにユダヤ人が助けられていたら、終戦時には、開戦時よりもユダヤ人の数が増えていたはずだ」とヴィーゼンタールは皮肉を込めて語っている。

多くのドイツ人は当初ニュルンベルクなどの裁判を〝戦勝国側が考える正義〟と見て、あまり関心を示さなかった。その一方、ドイツの破滅を招いた黒幕が即決裁判で処罰されることに、慰めを見いだす者もいた。オーストリア生まれの歴史学者・政治学者で、ノルマンディー上陸からドイツ侵攻まで米軍に従軍したソール・パドーヴァーはドイツ人の態度について豊富なメモを取った。ヒトラーユーゲントもしくはヒトラー青少年団として知られる組織の少女版、ドイツ少女団のリーダーだった若い女性との会話が、彼のノートに記録されている。

少女団での役割を訊かれて、彼女はリーダーになることを「強制された」と「嘘をついた」とパドーヴァーは書いている。ナチ最高幹部をどう処罰すべきだと思うか、との質問に彼女は「わたしに言わせれば、全員絞首刑にすればいいのよ」と答えた。

ナチスのお偉方には命をもって償わせればいいという考え方は、この女性に限ったことではなかったし、現実に行われたことと自分のあいだに距離を置く助けにもなった。多くのドイツ人同様に、彼女は第三帝国が行った残虐行為の大半を知りもしなかったと言い張った。

戦争末期をドイツ軍パラシュート部隊の一員としてイタリアで過ごし、短期間、捕虜となったペーター・ハイデンベルガーは、強制収容所が解放されてからまもない時期にダッハウに到着した。故郷ドレスデンが二月十三日に空襲を受けたあと、友人を頼って避難したという婚約者を捜すためだった。「ダッハウはとてもいい町だ。城があって」数十年後に記憶を呼び起こしながら、彼は語った。城へと坂をのぼっていくと、米軍の歩哨に、下の収容所で何が行われていたか知っているかと尋ねられた。「行ったことがないし、捕虜収容所だったということしか知らない」と彼は答えた。「歩哨は信じなかったがね」

しかし、まもなく、ハイデンベルガーは多くを——ドイツ少女団の若い女性と同じ気持ちになるのに充分すぎるほど——知った。「全員が銃殺されるべきだったんだ。そのほうがずっと公正な処罰になった」。事実を聞かされたあと最初に考えたことを、彼はそう語った。

ニュルンベルク裁判と並行して行われた一連の公判に触れることで、ハイデンベルガーの考えは変わっていった。ダッハウは、ナチ最高幹部の政策を実行に移した者たち、すなわちダッハウ以外も含めた強制収容所の運営に関わったSS将校ら実行犯が米軍によって裁かれる舞台となった。米軍は戦勝国が開局した新しいラジオ局、ラジオ・ミュンヘンにダッハウ裁判のレポートをするフリーランスの通信員を捜していた。ナチスと無関係で教養のあるドイツ人として、ハイデンベルガーが地元の役人から推薦された。

若きハイデンベルガーは報道の経験は皆無で通信員とは何かということから学ばなければならなかったが、二つ返事で引き受けた。「駐屯地は食事がすばらしかった」そうだ。彼はすぐに優秀なレポーターであることがわかり、記事を発表する場が増え、そのなかにはドイツ通信社やロイターが含まれていた。ニュルンベルク裁判に比べるとあまり知られていないが、ダッハウの公判は第三帝国の現実に関して注目すべき詳細を明らかにした。

そうした詳細を明らかにすることこそ、トルーマンが大統領の任期を終えて何年も経ってから、戦犯裁判の当初の目的として挙げたことだった。つまり、「どんなに時が経とうと、誰も〝ああ、そんなのは実際に起きたことじゃない。単なるプロパガンダ、嘘八百だ〟とは言えないようにするため」だ。言い換えるなら、戦後の裁判は罪人を処罰することだけが目的ではなかった。歴史的記録を残すうえできわめて重要だったのである。

ウィリアム・デンソンは同世代の大半と異なり、ヨーロッパの戦場で戦った経験がなかった。アラバマ州出身で、曾祖父は南部連合国側について南北戦争を戦い、祖父は排斥される危険を冒しながらも黒人を擁護した州最高裁判事、父は地元で尊敬を集める弁護士・政治家だった。デンソンはハーバード・ロースクールを卒業したあと、陸軍士官学校で法学を教えていた。ところが、一九四五年前半、ドイツで軍法務部の一員になるよう指名された。三十二歳のデンソンは、荒廃した国へ同行する意思のまったくない妻を故郷に残し、初めて訪れた占領国で訴追に向けて準備を開始した。

ダッハウにほど近いフライジンクにほかの法務部員と駐在し、当初は収容所生還者から提出されたおぞましい報告に疑念を抱いていた。「強制収容所でひどい扱いを受けた一部の人々が復讐しようとしているのだと、事実ではなく派手に脚色した空想を描き出したのだと考えた」と、数十年後に彼は説明している。しかし、集まってくる証言には一貫性があったため、信じるようになった。証人たちは「おおむね同じことを語っていたので、これは事実なのだとわかった。証人たちには前もって口裏を合わせる機会などなかったからだ」

わずかに疑念が残っていたとしても、それはダッハウやそのほかの収容所を解放した人々の身の毛もよだつ証言によって一掃された。と同時に、大量殺人と拷問に関わった者ははたして即決で処刑される以外の権利を有するのかという議論が再燃した。ブーヘンヴァルトの補助収容所オーアドルフをジョージ・S・パットン将軍が急遽視察したとき、ヒエロニムス・ボスの絵を思わせる悪夢のような死の光景を前にして、ジープからこう叫んだという。「あの人でなしどもがやったことを見たか？　あの人非人どもが！　捕虜にするなど生ぬるい！」

しかし、デンソンと軍法務部の同僚たちは絶対に裁判を行うべきだと確信していた――罪人を罰するためと、陰惨な事実を将来にわたって万人に知らしめるために。米軍部隊がダッハウで目撃した詳細とさらなる証言を聞くと、「最終的にはほぼどんなことでも信じる気になった」とデンソンは断言している。可能なかぎり迅速に罪人を起訴せよと命じられたときには、やる気に燃えていた。即決処刑か裁判かという議論は決着した。

デンソンの主任取調官はポール・グースだった。ウィーンのユダヤ人家庭に生まれたグースは、

ウィリアム・デンソン。
強制収容所職員を裁いたダッハウ裁判で米陸軍首席検事を務めたデンソンは、被告 177 人全員を有罪にするという並外れた勝利を記録した。しかし、この勝率の高さが原因でのちに判決が拙速だったと批判された。

イギリスで学び、のちにアメリカへ渡るとすぐにスカウトされ、ドイツおよびオーストリアからのユダヤ系亡命者が数多く訓練を受けていたメリーランド州のリッチー駐屯地で諜報活動に従事する特訓を受けた。首席で卒業後、イギリスでさらなる訓練を受け、最終的にフライジンクへ送られた。米軍屈指の有能な取調官となった人物である。

しかし、収容所棟――先日まで迫害の被害者たちが入れられていた場所――の囚人たちの前に現れたグースは、威圧的な印象を与えなかった。その正反対である。元SSたちは処刑されると思っていたが、グースがしたのは米軍軍事裁判にかけられる四十名の名前を読みあげることだった。さらに、被告らは弁護人を選ぶことができ、費用は戦勝国側が負担する、本人の意思に反して証言を強要されることはないと告げられた。デンソンの伝記を執筆したジョシュア・グリーンが書いたように、「ドイツ人たちはわが耳を疑った」。

一九四五年十一月十三日に裁判が始まると、法廷は満席になった。一週間後にニュルンベルクで国際軍事裁判所による公判が始まる予定だったので、アイゼンハワーの参謀長ウォルター・ベデル・スミス将軍やフロリダ州選出の上院議員クロード・ペッパーなどのお偉方が顔を揃えていた。ジャーナリストも多数詰めかけ、そのなかにはウォルター・リップマンやマーガリート・ヒギンズといった有名人もいた。しかし、リップマンとヒギンズは午までも傍聴しなかったし、その週が終わるころにはジャーナリストのほぼ全員が、もっと大きな関心を呼んでトップ記事になること間違いなしのニュルンベルクへ移動した。まもなくダッハウの公判をすべて取材する記者は、ハイデンベルガーと「星条旗新聞」の記者だけになった。

四十人の被告人が公判の行われ方に驚いたのと同じく、傍聴人はデンソンの首席検事としてのプレゼンテーションに驚いた。「アメリカの法律実務に不案内なドイツ人傍聴人は法廷弁護士の芝居がかった言動に驚きを禁じえなかった」とハイデンベルガーは語った。デンソンは裁判官席に近づくと、南部訛りで次のように始めた。「まず申し上げさせていただくなら……」。聴衆をとらえたのは南部訛りだけではなかった。「彼の話し方は耳に心地よく、事件の提示にとても効果的だった」とハイデンベルガーは言い足した。

若きドイツ人レポーターは初めてデンソンのオフィスを訪れた日、さらに感銘を受け、満足した。デンソンから、一人前のジャーナリストとして受け入れられたからだ。「アメリカ人は机に足を載せる習慣があるだろう」。数十年後に、ハイデンベルガーは語った。「彼は机に足を載せ、わたしを新聞記者のように扱ったんだ」

しかし、穏やかな物腰の裏には被告全員を有罪にするという鉄の意志が隠れていた。ニュルンベルク裁判と異なり、ダッハウで裁かれるのは政策立案者ではなかった。人道に対する罪の計画を罪状にはできない。そこでデンソンが証明しようとしたのは、強制収容所の職員が運営目的を正確に把握していたことであり、それならば彼らはそうした犯罪行為の〝共謀の意図〟、もしくは〝意思集団〟の一部だったということだ。個々の容疑者が具体的にどんな罪を犯したか、証明する必要はない。

冒頭陳述で、アラバマ出身のひょろりとした男は、裁判の概要をこう述べた。

まず申し上げさせていただくなら、容疑の期間に、ダッハウでは絶滅計画が進行していたことが立証されるでしょう。計画されていた絶滅の犠牲者が一般市民、戦争捕虜、ナチズムへの屈服を拒んだ人々であることが立証されるでしょう。そうした人々がモルモットさながら人体実験に使われ、死ぬほど飢え、それでいながら肉体の限界まで過酷な労働に従事させられていたことが立証されるでしょう。そうした人々の居住環境が病と死を免れないものであり……被告人が一人残らず、大量殺人システムの歯車であったことが。

被告弁護人はこの「大量殺人システムの歯車」という告発に強く抗議したが、認められなかった。のちになると、このような十把ひとからげのアプローチは却下され、裁判は個々の容疑者によって犯されたとされる特定の行為に焦点が当てられるようになる。

ニュルンベルクでは検察により提出された証拠のほぼすべては、ドイツ側が自ら提出した有罪を示す文書であった一方、ダッハウ裁判では大量殺人システムのしくみについてつぎつぎと背筋の凍る証言をする証人たちが頼りだった。ダッハウからの最後のユダヤ人強制移送に関する証言もあった。アルバニア人の元囚人アリ・クチによれば、四月二十一日に二千四百人のユダヤ人が貨車に乗りこむよう命じられた。四月二十九日に米軍が収容所を解放したとき、死体で溢れていたのはそうした貨車だった。発車せずに終わったその列車を、クチら囚人は〝死体保管所急行〟と呼んだ。生き残った囚人は六百人のみ。SS看守は車内の人々が餓死していくなか、誰も列車に近づかせなかったという。

デンソンはグースら取調官が被告の一部から得た自白も訴追の拠り所としたが、自白は強要されたものだとの申し立てに遭った。グースはそのような告発を強く否定したものの、ダッハウ裁判がすみやかに結審したことと判決内容が原因となって、法的手続きがどこまで注意深く守られたのか疑問が残る形になった。デンソンは陳述の終わりに次のように述べている。「この四十名が殺人罪で告発されているのではないことを、強調します。罪状は人を殺し、打ち据え、拷問し、餓死させた〝共謀の意図〟です」。言い換えるなら、本件で重要なのは個々の殺人ではなく〝共謀の意図〟であるということだ。

同時にデンソンは、命令に従っただけだという被告の訴えをすべて退け、「明らかに間違った行為の実行を拒否しなかった」として厳しく非難した。「〝命令されたからだ〟という答えは本件では認められない」。これにより、その後の公判における方針が確立された。陳述を締めくくるに当たって、デンソンはこう宣言した。「提示された行状を当法廷がいかなる形でも容赦するようなことがあれば、これら被告人は文明の時計の針を少なくとも千年は逆戻りさせるでしょう」

ドイツ人の〝元支配者現囚人〟の置かれた状況が、寛大な戦勝国に彼らが甘やかされているという誤解を招くこともあった。英陸軍ライン軍団の副法務官を務めたリバプールのラッセル卿は、ダッハウを訪れた際にドイツ人の囚人を見て驚いた。「全員が明るく風通しのいい独房に暮らし、電気照明、暖房、ベッド、テーブル、椅子、本を与えられていた。栄養が行きわたり、身ぎれいにしていて、顔にはかすかな驚きの表情が浮かんでいた。自分たちに対する処遇を不思議に思っていたにちがいない」

しかし、一九四五年十二月十三日に軍事裁判所が刑の宣告をしたとき、そうした誤解は消え去った。四十人全員が有罪となり、三十六人に死刑が言い渡された。死刑判決を下された三十六人のうち二十三人が一九四六年五月二十八日、二十九日に絞首刑に処せられた。

収容所を訪れたラッセル卿は、建物から出てきたときにあるものを目にしてとりわけ奇異に感じた。「火葬場の屋根に野鳥用の素朴な小さな巣箱がひとりのSS隊員によって取りつけられていたのだ」

それを見たことから、彼は視察に関して次のように振り返っている。「あれを見てようやく理解できた。ゲーテやベートーベン、シラー、シューベルトを生んだ国が、なぜアウシュヴィッツやベルゼン、ラーフェンスブリュック、ダッハウをも生んだのか」

軍法務部員の多くと異なり、デンソンは最初のダッハウ裁判が終わってもアメリカに戻ることはなく、一九四七年まで続いたその後の公判でも検察班を率いた。こうした裁判ではブーヘンヴァルトやフロッセンビュルク、マウトハウゼンの収容所における殺人システムに焦点が当てられたが、それはダッハウの強制収容所でも行われたことだった。デンソンは百七十七人の強制収容所看守、将校、医師を訴追し、全員について有罪を勝ちとった。うち九十七名が絞首刑に処せられた。

一九四七年十月、民間人に戻るために帰国の準備をしていたところ、「ニューヨーク・タイムズ」が彼の記録を賞賛した。「デンソン大佐はダッハウの戦争犯罪委員会の検察班として徹底的に任務に取り組み、めざましい成果をあげた。昼間は大きな公判を担当し、夜は遅くまで別の公判の準備を進めた。二年のあいだに彼は、アドルフ・ヒトラーの強制収容所の運営に携わった元SS隊員や女性職員にとって正義の象徴となった」

しかし、過労に加え、日々たゆまず再現しなければならない陰惨な事実が、デンソンの体に大きな負担となった。七十三キロあった体重が五十五キロまで落ちた。「わたしは証人台に立たせた誰よりも、強制収容所生還者のように見えると言われた」と彼はのちに回想している。一九四七年一月には倒れて、ベッドで二週間過ごした。それでも、新たな案件に出会うたび、この仕事を続けようという決意がさらに固くなったようだ。

アメリカに留まった妻のロビーナは離婚を申請した。デンソンの伝記を書いたグリーンによれば、ロビーナは「上流階級出身の社交パートナーを得たつもりだった。ナチスを告発しに遠くへ飛んでいってしまう司法の伝道者と結婚したとは考えていなかった」

ダッハウでデンソンらアメリカ人と非常に親しくなったハイデンベルガーは、ロビーナが決断した理由はそれだけではないと言う。「デンソンの結婚が破綻したのはドイツ女性（フロイライン）たちのせいだ。アメリカ人はなんでも持っていた。彼らはストッキングを持っていて、女も手に入れた。われわれは貞淑なはずのドイツ女性に少しばかりショックを受けていた。ミュンヘンで行ったパーティのことをビルから聞いた。とても奔放なパーティだったようだ」。ロビーナ・デンソンはそうした乱痴気騒ぎについて聞きおよんだ結果、子供もおらず、すでにおおむね破綻していた結婚に終止符を打つことにしたのだ、とハイデンベルガーは主張した。

まもなく、デンソンは同じく愛のない結婚をしていた若きドイツ女性にとりわけ心惹かれた。本物の伯爵夫人で友人からフシと呼ばれていたその女性は、赤軍が攻めてくる前に生後六カ月の娘を連れて荷馬車でシレジアの領地から逃げ、その後ドレスデン空襲を生き延びた。戦争末期、バイエルン地方の村に身を寄せていた、最初にやってきた米軍の戦車を完璧な英語で迎えたという。「わたしたちはこの村をあなたがたに引き渡します！」こうしたエピソードを聞いて、デンソンは彼女に魅了された。しかし、彼女とふたたび連絡をとったのは、ずっとあとになってから、フシも離婚し、アメリカに移住したことを知ってからだった。二人は一九四九年十二月三十一日に結婚した。誰に聞いても、あらゆる面で幸せな結婚だったようだ。

のちに、デンソンはドイツで過ごした日々を「わがキャリアのハイライト」と振り返っているが、論議と無縁だったわけではない。ダッハウ裁判のあと、彼が担当した公判は非常にセンセーショナルなニュースとなり、白熱した議論のきっかけとなった。一九四七年春のブーヘンヴァルト裁判の場合が特にそうだった。

デンソンは法廷で、収容所の記録は「文書として残された、人類史上並ぶもののない破廉恥でサディスティックな行いの連続」だと述べた。最も忌まわしかったのが、ブーヘンヴァルトの初代所長の未亡人、イルゼ・コッホの事例だった。ハイデンベルガーによれば、公判が始まる前から、証言したくてうずうずしていた者たちが「セックス・モンスターとしての彼女にまつわるとっぴなエピソード」を広めたという。デンソンに尋問された元収容者たちは、彼女が囚人を性的に挑発することを楽しみ、その後彼らを打ち据え、殺したと証言した。

元囚人のクルト・フロベスはある日、配線のために溝を掘っていたとき、目をあげるとコッホがいたと述べた。「短いスカートをはき、溝をまたいで立っていた。下着を着けずに」。彼女は囚人たちに何を見ているのかと強い口調で訊き、乗馬鞭で彼らを打擲（ちょうちゃく）したとフロベスは続けた。イルゼは人間の皮膚で作ったランプシェードやナイフの鞘（さや）、ブックカバーを持っていたと証言する者もいた。「作業班にいてタトゥーを彼女に見られた囚人は、病院へ送られると有名だった」と、戦時中ずっとブーヘンヴァルトに収容されていたクルト・ジッテは語った。「彼らは病院で殺され、タトゥーは剝ぎ取られた」

こうした証言をすべて報じたハイデンベルガーは、コッホが計画的に残虐行為を行っていたことに疑いの余地はないが、確証のない噂の的になっていたとも考えていた。〝性欲過剰〟なサディストという評判は裁判前から知られていたし、性的挑発と権力誇示をしたせいで、元収容者たちから特別に憎まれていた。自身の公判で証人席に現れた彼女がひと目で妊娠中であると――逮捕されてからずっと収監されていたにもかかわらず――わかったことも法廷での騒ぎに油を注ぐ結果になった。ジャーナリストのあいだでは、彼女にぴったりのあだ名をつけることが競争になった。ハイデンベルガーによると、「星条旗新聞」のレポーターが記者室に駆けこんでくるなり宣言したそうだ。「思いついたぞ。コッホは〝ブーヘンヴァルトの雌犬〟だ」

そのあだ名が定着し、公判でのコッホの毒婦役が決定した。囚人だったポーランド人の縮んだ頭部が検察側によって証拠として提示されたことも、彼女の不利に働いた。収容所から逃げ、捕らえられ、処刑されたとされる囚人の頭部である。証人によれば、収容所幹部は訪問者に見せるためにそれを飾っていたということだった。コッホの関与は立証されていないことを検察側は指摘したが、それは証拠として認められた。

ブーヘンヴァルト裁判でデンソンのチームにいたアメリカ人弁護士ソロマン・サロヴィッツは、コッホをめぐる大騒ぎのせいで適正な司法手続きがおろそかになっていると確信し、この裁判から手を引いた。「耐えられません」と彼はデンソンに話した。「われわれの証人が信じられない。何もかも噂じゃないですか」

二人は憎み合うことなく別れ、持てる証拠を提示すべきというデンソンの信念は揺らがなかった。きわめて煽情的な証言の一部が認められるかどうかに関係なく、彼女を有罪にできると確信していた。コッホは終身刑を言い渡されたが、戦犯裁判をめぐる社会的雰囲気が変化していくなかで、彼女の事例は紆余曲折を見ることになる。デンソンはアメリカに戻ってから、とりわけ人間の皮膚を使ったランプシェードの件がますます疑わしくなってからは、コッホのケースに関して守勢に立たされた。

ハイデンベルガーは確証のない話を記事にしたせいで、公判をめぐる社会的雰囲気を煽ってしまったのではないかと懸念した。しかし、コッホらブーヘンヴァルトの被告が有罪になったのは当然の報いであると確信していた。さらに、欠点がなかったとは言えないが、裁判のおかげで確信に至ったのは、当初、主要戦犯は裁判を経ずに処刑されるべきだと考えていた自分は間違っていたという点だった。「法的な問題が持ちあがったのは事実だが、戦犯裁判によってホロコーストのあい

イルゼ・コッホ。
“ブーヘンヴァルトの雌犬” とあだ名されたコッホは収容所所長の未亡人で、囚人を性的に挑発したとして悪名が高かった。彼女が囚人の皮膚でランプシェードを作ったという疑わしい内容も含めて身の毛もよだつ証言をした人々をデンソンは証人として呼んだ。

だに実際に何が行われたのか、最も信頼できる最良の証拠が集まった」というのが彼の結論だった。

一九五二年にハイデンベルガーは妻と息子二人とともにアメリカに移住した。戦後ワシントンで活躍したドイツ人記者の第一世代として、ホワイトハウスでトルーマンの記者会見にも出席した。しかしドイツで法律を学んでいた彼は、まもなくジョージ・ワシントン大学のロースクールに入学した。卒業後はワシントンで弁護士を開業し、ドイツ政府からの補償を求めるホロコースト被害者の代理人となったり、のちにはホロコースト案件に関してドイツ政府に助言を与える立場となったりした。当初、彼の同僚やメンターとなった人々のなかに、旧知の友ウィリアム・デンソンもいた。

第4章　ペンギン・ルール

深みのある声、形がよく手入れの行き届いた手、そして優雅で自信に満ちた身のこなし。玉に瑕だったのが、彼は九万人を殺していたという点だ。

東部戦線における特別処刑部隊アインザッツグルッペンの指揮官を裁いた公判中、マイケル・マスマノ判事が被告オットー・オーレンドルフについて語った言葉。

二〇一三年にわたしがベンジャミン・フェレンツを訪ねたとき、フロリダ州デルレイビーチにある寝室一つの質素なバンガローの外で水兵帽に青い半袖シャツ、紺色のズボンに黒いサスペンダーという格好でデッキチェアに座った彼は、いかにも典型的な引退後の高齢者に見えた。

しかし、身長が百五十センチあるかないかの九十三歳が、毎日ジムで運動している成果を見せるために立って力瘤を作ってみせると、典型的とはとうてい言えなくなった。もっと重要で型破りだったのは、彼がニューヨークの〝ヘルズキッチン〟として知られる危険な地域で育ち、奨学金を得てハーバード・ロースクールへ進んだことや、オマハビーチで上陸用舟艇から降りたとき、仲間の膝までの水が彼の場合は腰まで達したという回想だ。

さらに、彼は運と粘り強さとが相まって、AP通信が〝史上最大の殺人裁判〟と呼ぶ公判の首席検事を二十七歳にして務めるにいたった。しかしニュルンベルクで行われたこの公判は、大きなニュースとなった主要ナチ指導者に対する国際軍事裁判所の公判の影響をダッハウ裁判以上に受け、歴史の本ではたいてい短く言及されるだけである。

フェレンツはトランシルヴァニア地方に暮らすハンガリー系ユダヤ人の家庭に生まれ、幼いころに家族に連れられてアメリカに渡った。小さいころから喧嘩っ早く、どんな挑戦にも怖じ気づくことがなかった。父が清掃員をしているアパートメントの地下で暮らしていたが、当初は地元の公立学校への入学を許可されなかった。小さすぎて六歳に見えなかったのと、イディッシュ語しか話せなかったことが理由だった。しかし、ほかの地域のさまざまな学校に通ったあと、〝英才児〟の一人に選ばれ、一族で初めて大学に進学し、その後ハーバードで法学の学位を取った。一度も学費を払ったことはなかった。

一九四四年の終わりにフェレンツ伍長は歩兵連隊からパットン将軍率いる第三軍の法務部門へ異動になり、新設される戦争犯罪班の一員になると聞かされてとりわけ興奮した。ドイツへ侵攻する途中、米軍に寄せられた報告のなかには、ドイツ領へパラシュート降下した連合軍飛行士が、地元住民によって殺されたというものが非常に多かった。フェレンツの任務はそうした事件を調査し、必要な逮捕を行うことだった。「わたしに与えられた権威といえば、腰にさげた四十五口径の銃と、町じゅうに米軍がうようよいるという事実だけだった」と彼は語った。「そのような状況では、ドイツ人はとても従順で、わたしは一度も抵抗されなかった」

体こそ小さかったが、フェレンツはニューヨーク・スタイルの厚かましさをたっぷり持ち合わせていた。パットン将軍の本部がミュンヘン郊外に置かれていたとき、マレーネ・ディートリヒが慰問公演のために訪れたのだが、その日、彼は風呂当番に当たっていた。下級隊員として、ディートリヒが最初に風呂を使うあいだ、邪魔が入らないよう見張りを命じられた。「相応の時間――少なくとも彼女が確実に浴槽に入ったはずだと思われるだけ――待ったあと、わたしは任務に対する熱意から、なかに入っていったんだが、彼女はその輝きだけを身にまとって静かに湯につかっていた」という。フェレンツは自身のずうずうしさにいささか動揺したにちがいない。外に出る際に「失礼しました、サー」と言ったそうだ。

これをディートリヒは怒ることなくおもしろがり、特に〝サー〟には声をあげて笑ったという。ハーバード出身の法律家だと知ると、ディートリヒは彼を将校たちとの昼食の席に招待した。志願兵だったフェレンツは、ディートリヒにヨーロッパ時代からの古い友人だと説明してくれるように頼み、彼女は喜んでそのとおりにした。その結果、風呂当番だったフェレンツが昼食のテーブルでスーパースターの向かいの席に座ることになった。パットンに案内されてテーブルを離れる前に、彼女はフェレンツに名刺をくれたという。

撃墜された飛行士たちについて調べるにあたり、フェレンツは熱心に仕事をしたが、復讐心は抱かなかった。ときには自分の決断が招いた結果に複雑な感情を抱きさえした。空襲のあとフランクフルト近郊で撃墜機の飛行士が殴打された事件で、フェレンツは飛行士を襲撃した暴徒の一人の若い女性を尋問した。彼女は罪状を認めたが、空襲でわが子二人が殺されたことを涙ながらに説明した。彼女の後悔を感じたフェレンツは、その女を自宅軟禁にするにとどめた。「実を言うと、彼女に同情したんだ」と彼は回想した。一方、致命傷を与え、米兵の血を浴びたことを自慢したと言われる消防士に対しては、そのような感情はいささかも湧いてこなかった。

数カ月後、二人の戦犯裁判にフェレンツは足を運んだ。消防士は死刑。若い女は二年の懲役を言い渡されると気を失った。彼女を診た衛生兵に容態を確認したところ、衛生兵は大丈夫だと言ったが、女が妊娠しているという驚くべき情報ももたらした。父親は女を監視していた米兵の一人だという。「戦時には奇妙なことが起きるものだ」とフェレンツは語った。

しかし、解放直後の強制収容所に足を踏み入れたとき、フェレンツの気持ちは劇的に変化した。この納骨堂のような場所を運営していた者たちを有罪にする証拠を集めることが彼の任務になった。初めのころは収容所を訪ねるたび目にする散乱した死体や骸骨のような生存者がほとんど信じられなかった。「目で見たものを頭が受けつけなかった」とフェレンツはのちに記している。「わたしが覗いたのは地獄だった」。ブーヘンヴァルト強制収容所ではSS将校が飾っていた囚人の縮んだ頭部を押収した。それはデンソンにより裁判で証拠品として使われることになった。

フェレンツの怒りは募っていった。その怒りは即座に行動したいという熱い衝動に昇華するときもあったが、被害者が虐待者に仕返しをするのを目撃したときなどは何もしようと思わなかったという。エーベンゼー強制収容所に到着すると、彼は通りすがりの市民に死体の回収と埋葬を命じた。怒りに駆られた元囚人たちが収容所長と思しきSS将校をつかまえ、殴り、火葬場へと死体を滑らせるために使われていた金属の荷台に縛りつけるのを、フェレンツは目撃した。元囚人たちはSS将校を炎にくべて焼き殺した。「一部始終を見守りながら、わたしは何もしなかった。何かしようという気も起こらなかった」

マウトハウゼンでは石切場の底に人骨の山を見つけた。奴隷労働させられていた人々が、働けなくなるや、崖から突き落とされたのだ。リンツまで車で移動したフェレンツは、自分たちが泊まるために、あるアパートメントからナチ一家の住人を追い出した。翌朝、マウトハウゼンに戻る際、彼はたんすやクロゼットに入っていた服をすべて運び出し、裸同然の収容者たちに与えた。その日の夜、アパートメントに住んでいた若い娘が戻ってきて、服を一部返してほしいと言った。「好きにするがいい」とフェレンツは言った。空っぽのクロゼットを見た娘は、服が盗まれたと騒ぎだした。

「誰だろうとドイツ人に泥棒呼ばわりされる気分じゃなかった」とフェレンツは回想した。わめきつづける娘の手首をつかみ、階下へ引っぱっていくと、彼女が直接収容者たちに服を返してくれと言えるように、これから収容所へ連れていくと説明した。震えあがった娘は、さらに大きな声で放してくれとわめいた。フェレンツは言われたとおりにした——が、それは娘に服は盗まれたのではなく贈りものだったと言わせてからだった。彼は自身の怒りを昇華させ、真に不当に扱われたのは誰かを娘に教えたのである。

短期間帰国したあいだにフェレンツは結婚し、その後またドイツへ戻って、ニュルンベルクの戦犯裁判の準備を進めるテイラー将軍のチームに加わった。国際軍事裁判所による最初の、そして最も有名な軍事裁判は、一九四六年十月一日にゲーリングやリッベントロップ、カイテルといったナチの有名幹部に判決が言い渡されたときに最高潮に達した。しかし、ニュルンベルク裁判はその後も米国軍事裁判所によってさらに十件あまりの公判が続けられることになる。そのうちの一つは、ベルリンで偶然発見された事実がきっかけになり、フェレンツの人生を変えることになった。

新妻を連れてドイツに戻ったフェレンツは戦争犯罪調査の分室を設置するためにベルリンに派遣された。一九四七年の春、敏腕調査員の一人がオフィスに駆けこんできて、大きな発見があったことを知らせた。テンペルホーフ空港近くの外務省別館にて、ゲシュタポへ送られた驚くべき秘密報告書一式を見つけたというのだ。そこにはアインザッツグルッペンがユダヤ人やロマなど、市民の〝敵〟を大量銃殺もしくは初めての試験的ガス殺に及んだ記録が日ごとに非常に詳しく残されていたのである。アインザッツグルッペンとは、収容所でガス室の使用が始まる前、殺人任務を負っていた特別処刑隊のことである。

小さな計算機を使って、フェレンツはその簡潔な報告書にある銃殺刑の犠牲者の数を足していった。「数字が百万を超えたところで、わたしは加算をやめた」と彼は振り返った。「それ以上、計算する気になれなかった」。ニュルンベルクへ大急ぎで戻り、この証拠を新たな裁判で活用すべきだとテイラーに訴えた。この偶然の発見により、一九四一年にドイツがソ連を攻撃した際、どの部隊――さらにはどの司令官――がユダヤ人やロマの大規模虐殺を行ったのか、正確な情報が手に入ったのである。

テイラーの最初の反応は、フェレンツが予想したよりも冷めた、そして打算的なものだった。すでに予定されている裁判以外には、陸軍司令部は資金も人員も割り当てるつもりはないだろう。さらに、大衆はこれ以上の裁判にあまり興味がなさそうだ、と将軍は説明した。フェレンツはあきらめず、ほかに誰もこの件を担当しないなら、自分がほかの任務に加えて担当すると主張した。「わかった、まかせよう」。テイラーは同意し、フェレンツを首席検事に任命した。当時、彼はまだ二十七歳だった。

フェレンツは裁判の準備のためにニュルンベルクへ戻った。難題だったのが、東部戦線で市民を組織的に殺していったアインザッツグルッペンの隊員約三千人にとって不利な証拠の山をどう扱うかだった。そこで、最も地位が高く、高等教育を受けていたSS将校に的を絞ることにした。そもそもニュルンベルクの法廷は被告人席に二十四名しか座れなかった。「正義はつねに不完全だ」と、フェレンツはこれが「ごく一部の主要な被告人」にすぎなかったことを認めた。起訴することに決めた二十四人のうち、一人は公判前に自殺し、一人は起訴状を読みあげているあいだに倒れたため、残ったのは二十二名だった。

裁判は一九四七年九月二十九日から一九四八年二月十二日まで続いたが、フェレンツによる検察側の陳述はたった二日で終わった。「あれだけ重大な裁判としては最速の検察側陳述としてギネスブックに登録されてもおかしくない」と彼はのちに書いている。文書はどんな証人よりも決定的な証拠だと、フェレンツは確信していた。「証人を一人も呼ばなかったのには、相当な理由があった」と彼は説明する。「経験はなかったが、ハーバード・ロースクールの刑事法の授業で、わたしはめっぽう優秀な成績を修めた。目撃証言は最悪な証言となりうることを知っていた……わたしには例の報告書があり、その法的効力を、もちろん異議申し立てはあったが、証明することができた」

冒頭陳述で、フェレンツは起訴内容について「百万人を超える罪のない無防備な男女、子供を故意に虐殺し……それは軍事的必要性からではなく、自分たちは支配民族であるというナチスの極度にゆがんだ思想に従った結果であった」と述べた。さらに、犯行が具体的にはどのようにして行われたか、詳しく数字で分析した。証拠によれば、それぞれ五百から八百人の隊員から成る四隊のアインザッツグルッペンが「二年間に一日平均、千三百五十件の殺人を行った。平均して毎日

ベンジャミン・フェレンツ。
東部戦線で大量殺人を行った特別部隊アインザッツグルッペンの司令官22名を裁き、AP通信が「史上最大の殺人裁判」と呼んだニュルンベルク裁判で首席検事を務めたのはまだ27歳のフェレンツだった。

千三百五十人が週七日、百週間にわたって虐殺されたのである」。

　被告の犯行を言い表すのに、フェレンツは新しい用語を使った。集団大虐殺（ジェノサイド）である。これはポーランド系ユダヤ人の亡命法律家ラファエル・レムキンによる造語だった。レムキンは一九三三年から早くも、ヒトラーがひとつの人種を絶滅させると述べているのは掛け値なしの本気であると警鐘を鳴らしていた。フェレンツはニュルンベルク裁判所の廊下で、ジェノサイドが国際犯罪の新たなカテゴリーとして認められるようロビー活動をしていたレムキンと出会った。フェレンツの表現を借りれば「どこか途方に暮れ、薄汚れた外見の、目に荒々しさと悲しみをたたえた人物」だった。

「コールリッジの詩に登場する老水夫ではないが、彼は引き留められる相手なら誰でも、家族をドイツ人によってどのように殺されたか、話して聞かせていた」という。「ユダヤ人はユダヤ人であるというだけで殺されたのだ」。フェレンツは冒頭陳述の最後に、ジェノサイドを特別な犯罪として認めてほしいと訴えた。ジェノサイドを「ある人種をまるごと絶滅させること」と定義してほしいと、レムキンから強く嘆願された結果、意図的にこの用語を冒頭陳述に含めたのである。

若き検察官の締めくくりの言葉は、その後何十年にもわたって、歴史的な犯罪に正義を求める人々のあいだで共感を呼ぶことになった。実際、五十年後にユーゴスラビアおよびルワンダの事件に関して新たに設置された国連の特別裁判所のトップはフェレンツの言葉を引用した。「ここにいる被告らが罰せられないなら、法は意味を失い、人は恐怖のなかで暮らさなければならなくなる」。二日目に検察側の陳述が終わると、何カ月もの残りの日々は被告側の宣誓証言に当てられた。

ペンシルベニア州出身の裁判長マイケル・マスマノはまもなく、フェレンツが「言葉による表現ではなく、数字という揺らぐことのない現実にこだわっている」ことに納得した。さらに、この小柄な検察官を「巨人ゴリアテに立ち向かったダヴィデ」と表現した。殺し放題に殺した罪を自分以外の人間に押しつけようとしたり、殺人の任務を遂行する際はできるかぎり「人道的に」行おうとしたと主張したりする被告側の証言を、フェレンツがことごとく突き崩していったからだ。

マスマノを補佐する裁判官が二人いたが、裁判は完全にマスマノが一人で取り仕切っていたと、フェレンツは語った。イタリア移民の息子であるマスマノは、一九二〇年代に有名な無政府主義者ニコラ・サッコとバルトロメオ・ヴァンゼッティを弁護し、劇的な演出を得意としていた。一九三〇年代には刑事裁判官として飲酒運転撲滅運動を打ちあげ、飲酒関連の罪を犯した二十五名の男を酒酔い運転の犠牲となった炭鉱労働者の葬儀に参列させた。さらに、サンタ・クロースの存在を疑う者――マスマノの言葉を借りれば、子供たちに胸の張り裂けるような思いをさせる人々――は法廷侮辱罪に問うと警告したりもした。「本名不明（ジョン・ドウ）が法律上認められるなら、サンタ・クロースだって認められて当然だ」

フェレンツは当初、派手な行動を好むこの人物をどう捉えたらよいものか、考えあぐねていた。彼に言わせれば「遠い伝聞、明らかに偽造された文書、あるいは排除されてしかるべき偏見のある証人」に基づく被告側の証拠提出に、異議申し立てをしてもくり返し却下され、苛立っていた。しまいにマスマノはフェレンツのチームが予想していたことをはっきり言明した。被告側が提出する証拠は「ペンギンの性生活にいたるまで」すべて受けつけると。ここから〝ペンギン・ルール〟という用語が誕生した。

しかし、マスマノがオットー・オーレンドルフのような被告の証言に並々ならぬ関心を引かれていることにも、フェレンツは気づいていた。オーレンドルフは五人の子の父親で法学と経済学を学び、法学の博士号を有していることを自慢にし、アインザッツグルッペンのなかでもおそらく最も悪評高い殺人部隊であるＤ隊を指揮した。史上最も高学歴な大量殺人犯だからこそ、若き検察官は彼を被告の一人に含めたのである。

マスマノはオーレンドルフのほうを向き、言葉を慎重に選びつつ直接語りかけた。「戦争に行く兵士は人を殺さなければならないことを知っている。しかし、それは等しく武装した敵との戦いにおいてだ。ところが、被告人は無防備な人々を撃ち殺した。その命令の倫理性という問題は頭に思い浮かばなかったのだろうか？　仮にその命令が、この質問に気を悪くしないでもらいたいが、被告人の姉妹を殺せという命令だったら、どうだったろう。その命令が正しいか間違っているか、すぐさま倫理的に考えなかったか？　政治的、軍事的にではなく、倫理的に。人間性、良心、正義の問題として」

オーレンドルフは動揺した様子だった。手を開いたり握ったりし、目は法廷をさまよった。のちにマスマノが述べたように「自分自身の姉妹を殺す男は人間と言えないことを承知していた」のだ。オーレンドルフにとっては、質問に答えずにすますのが精いっぱいだった。「裁判官、わたしはこの件だけを特別に取りあげて答える立場にありません」

しかし、検察側に対しては、命令に疑問を差しはさむ権利を持たなかったと主張したばかりか、自身が行った処刑を自衛行為と説明しようとした。のちにフェレンツが要約したところによると、「ドイツは共産主義の脅威にさらされており、ユダヤ人はボルシェヴィズムの信奉者として知られ、ジプシーは信用がならなかった」からだそうだ。

このような理論はオーレンドルフの、さらにはほかの被告の弁護に少しもプラスに働かなかった。彼らはもっと分別があってしかるべき立場にあったし、その事実をマスマノは見逃さなかった。「ニュルンベルクのアインザッツグルッペン裁判で被告人席に集められたほど多くの教養人は、公共図書館の閲覧席でもなかなか見つからないだろう」と彼はのちに記している。

検察側の最終弁論はテイラー将軍が行ったが、被告人たちは「この大規模殺戮計画における実行者たち」のリーダーであり、記録を見れば「起訴状にあるジェノサイドおよびそのほかの戦争犯罪、人道に対する罪」が行われたことは明らかである点が強調された。フェレンツだけでなく、これから始まる裁判全般を監督するテイラーもまた、レムキンの造った新語、ジェノサイドを使ったことは暗示的である。

ペンシルベニア州の裁判官時代に、マスマノは一度も死刑判決を下したことがなかった。信心深

オットー・オーレンドルフ。
オーレンドルフは殺人部隊として悪名高いアインザッツグルッペンD隊を率いた高学歴の司令官だった。テルフォード・テイラー将軍はオーレンドルフら被告を「この大規模殺戮計画における実行者たち」のリーダーと呼んだ。オーレンドルフは1951年に処刑。

いキリスト教徒として、そのような判決を出す可能性を考えただけでも心乱され、近くの僧院に数日間こもるほどだった。フェレンツははっきりと死刑を求刑はしなかった。死刑に反対というわけではなかったが、のちに説明しているように「あの犯罪にふさわしい刑罰を思いつけなかった」のだ。

裁判官が判決を言いわたすために現れると、フェレンツは耳を疑った。「マスマノはわたしの予想よりもずっときびしかった。彼が〝絞首刑〟と言うたび、ハンマーで殴られたような衝撃を脳髄に受けた」という。十三名が絞首刑、残りの被告は十年から終身の懲役刑となった。

フェレンツはマスマノがなぜ〝ペンギン・ルール〟を主張したのか、ようやく理解した。フェレンツの言葉を借りれば「被疑者に可能なかぎりの権利を与える」ためだったのだ。「マスマノには自分は見せかけの恭順には騙されないし、最終的な決定権は法廷が持つという自信があったのだ」。判決が言いわたされたとき、「マイケル・マスマノ裁判官に対する尊敬の念と親愛の情が急激に増した」とフェレンツは語った。

ずっとあとになって、ダッハウの判決と同様に刑が見直され、軽減されたケースもあった。九十三歳になったフェレンツは、振り返って最終的な数字をあげた。「毎日、殺せるだけのユダヤ人を撃ち殺し、ジプシーについても同じことをしたアインザッツグルッペンの隊員が三千人いた。わたしは二十二人を裁判にかけ、二十二人を有罪にし、十三人が死刑判決を受け、うち四人が実際に処刑された。残りは数年後に釈放された」。暗い顔で、彼は続けた。「そのほかの三千人については……いっさいお咎めなしだ。毎日、大量殺人を行ったにもかかわらず」

自分の記録を誇りに思うと同時に、フェレンツはニュルンベルクでの経験、特に被告および共犯者の態度に苛立ちも覚えていた。法廷を出たら、自分が起訴した相手とは誰とも口をきかないようにしていたが、例外が一件だけあった――オーレンドルフだ。彼とは死刑判決が出たあとに短く言葉を交わした。「このせいでアメリカにいるユダヤ人が苦しむことになるだろう」と、有罪判決を受け、その後処刑された四人のうちの一人となる男は言ったそうだ。フェレンツは次のように語った。「オーレンドルフは、正しいのは自分であり、わたしが間違っていると信じて死んでいった」

戦勝国の人間に、ここまでぶしつけに自分の考えを述べたドイツ人はほとんどいなかったものの、悔恨の情が示されることもめったになかった。「ドイツにいたあいだに、わたしに近寄ってきて後悔の言葉を述べたドイツ人は一人もいなかった」とフェレンツは指摘した。「それが一番残念だったことだ。誰一人、わたしが起訴した大量殺人犯も含めて、一度たりとも〝悪かった〟とは言わなかった。そこに彼らの精神構造が表れていた」

「正義はどこにある？」フェレンツは言葉を継いだ。「あれは象徴にすぎず、単なる始まりだった。あれで精いっぱいだった」

ニュルンベルクで国際軍事裁判所によるナチ最高幹部らの公判を取材した米軍放送通信網の二十四歳の工兵ハロルド・バーソン伍長は、ドイツ人が自分たちはナチを支持しなかったし、彼らが何をしたかも知らなかったとくり返し主張するのに憤りを覚えていた。「ナチ党員や、強制収容所がどういう場所か知っている人間を一人も知らなかったそうだ」とバーソンは皮肉っぽく回想した。ドイツ系ユダヤ人のリヒャルト・ゾンネンフェルトは母国を脱出してアメリカ陸軍に入り、ニュルンベルクで首席通訳を務めたが、次のように語った。「おもしろいことに、戦後ドイツでは、ユダヤ人だけじゃなくナチも大量に姿を消していてね！」

戦勝国に対して、ドイツ人が自分たちを正当化しようするのは非常によくあることだったので、劇作家・映画脚本家のアビー・マンは『ニュルンベルク裁判』（訳注　一九五九年放映のTVドラマ。のちに映画化・舞台化）のなかでそれをあざけったほどだ。「ドイツにナチは一人もいない」と、裁判が始まる前に架空のアメリカ人検事が裁判官に怒りを吐露する。「知らなかったんですか、裁判官？　エスキモーが侵略してきて、ドイツを乗っ取ったんですよ。ああいうひどいことが起きたのは、全部そのせいなんです。ドイツ人は悪くない。いまいましいエスキモーのせいだったんです！」

ニュルンベルク裁判は第三帝国の身の毛もよだつ記録を、余すところなく詳細にドイツ人に描き出してみせる意味で非常に重要だとバーソンは確信していた。「絶対に忘れられないよう、彼らに事実を無理やりにでも直視させる必要があると感じた」。裁判の主要な役者は自分たちの任務をさらに広義にとらえていた。英国の首席検事サー・ハートリー・ショークロスは、国際軍事裁判所での冒頭陳述で、この裁判は「現代の基準となり、将来、真実を求める歴史学者にとって、戒めを求める政治家にとっても、信頼できる公正な記録となるだろう」と厳かに述べた。

画期的な出来事に立ち会っているのだという畏怖の念が、バーソンの日々のラジオ放送原稿に表れている。「傍聴人は自分たちが現代史を形成する意識的な参加者であることを知っていた」と裁判の開始にあたり記している。四戦勝国――アメリカ、イギリス、フランス、ソ連――を代表する裁判官によって、「諸国間で実際に適用される法律としての国際法を定める世界初の試みが始まったのである」。

同僚の米軍兵士からは、ナチ幹部を即決で処刑するほうが手っ取り早いし簡単だという文句が日常的に聞かれた。こうした考えに対する反論として、バーソンは原稿のなかで米国の首席検事を務めた最高裁判事ロバート・H・ジャクソンの考え方を引用した。「忘れてはならない。きょうわれわれがここにいる被告を裁くにあたって拠り所とする記録は、近い将来、歴史がわれわれを裁く拠り所となるのだ」。バーソン自身の言葉としては原稿に次のようにある。「われわれが望むのは〝やつらを引きずり出して撃ち殺せ〟というナチスのやり方ではない……なぜなら、リンチを認めていないからだ。われわれは証拠により要求されるとおりの刑罰を与える」

のちに世界的な巨大広告会社〈バーソン・マーステラ〉の共同設立者となったバーソンは七十年近く昔を振り返って、「わたしの原稿には、いまはもう失ってしまったかもしれない純真さが顔をのぞかせている」と述べた。新設された国連が将来同種の犯罪を防いでくれると信じていたことについては特にそう感じる部分が大きかったようだ。しかし、ジャクソンの決意が真摯なものであったと信じる気持ちは変わっていなかった。ニュルンベルクでとられた戦法の基礎を形づくったジャクソンは「勝者が敗者を裁くにあたり、できるかぎり公正な裁判を行い」、正義の新たな国際基準を設定すると心に決めていた。

ウィリアム・シャイラーやウォルター・リップマン、ジョン・ドス・パソスといった著名人も含めて、経験豊富な記者のあいだでは、当初、懐疑的な見方――バーソンの言葉を借りれば「これは見世物だ、長くは続かない、どのみち大半は絞首刑になる」――をする者がかなりいた。さらにアメリカ本国では、懐疑論だけでなく、政治的に分裂した二者が真っ向から対立するという事態も招いた。

「プログレッシヴ」誌のコラムにミルトン・マイヤーは「復讐しても拷問で殺された人々は生き返らない」、強制収容所から見つかった証拠は「通常のアメリカの司法の場では極刑判決の決め手となりえない」と書いた。「ネイション」誌では批評家ジェイムズ・エイジーが、ダッハウの収容所解放の映像はプロパガンダ目的の誇張だとほのめかしすらした。国際軍事裁判所が判決を言いわたしたのち、まだ処刑は行われていない時点で、共和党上院議員ロバート・A・タフトは「この裁判全体に復讐心がまとわりついているが、復讐が正義たることはめったにない」と述べ、十一人の死刑囚を処刑すれば「アメリカ史上の汚点としてわれわれは末長く後悔することになるだろう」とつけ加えた（前述のように、ゲーリングが自殺したため、最終的に絞首刑になったのは十名だった）。

裁判は正義の新たな国際規準を定める重要な第一歩だと考える人のなかにも、その価値に疑問を投げかける人はいた。ジェノサイドという新語を造ったポーランド人法律家ラファエル・レムキンは「ドイツ人戦犯を罰したことで、市民社会のみならず国際社会においても、犯罪が割に合わないことを証明しなければならないとの気運が生まれた」「しかし、裁判の純粋に法律的な結果だけではまったく不充分だった」と述べた。彼の根気強いロビー活動は一九四八年、国連総会における集団殺害罪の防止および処罰に関する条約（ジェノサイド条約）の採択に結実した。

ニュルンベルクの法律家チームの多くは、裁判が持つもっと深い意義について熟考している時間はなかった。「ニュルンベルク裁判の歴史的価値を、関係者たちはほとんど認識していなかった」というのがフェレンツの意見だ。「われわれの多くがとても若く、勝利に陶酔し、新たな冒険に興奮していた」。公判中ですら、辺りにはお祭り気分が漂っていた。絞首刑執行人ジョン・C・ウッズの同僚だったこともあるフランクフルト駐留の若きユダヤ人米兵、ハーマン・オーベルマイヤーは主要犯罪人の裁判を一日傍聴に訪れ、ゲーリングら被告人を観察した。その日の夜は部隊の慰問に来ていたダンスカンパニー、ザ・ラジオシティ・ロケッツの公演を楽しんだという。

とはいえ、短期間でも公判に関わった人々が、裁判の重要性と象徴的意義を見逃すことはほぼありえなかった。長い目で見た意義は見えにくかったにしてもだ。ユダヤ人のジェラルド・シュワッブは一九四〇年に家族とともにドイツからアメリカへ亡命し、陸軍に入隊後、機関銃手としてイタリア方面作戦に従軍し、上官からドイツ人捕虜の通訳を任じられた。除隊になるとすぐ、ニュルンベルクで軍属として同様の職務に志願した。「またとない機会だと思った。歴史的な出来事に関われたのだから」

シュワッブは自分がドイツ系ユダヤ人であることをたいていは被告らに明かさなかった。彼らにはすでに熟考すべきことが充分あるだろうと考えたからだ。しかし、証言する番を待つドイツ陸軍元帥アルベルト・ケッセルリンクと同じ部屋にいたとき、どこでドイツ語を覚えたのか訊かれたことがあった。シュワッブは自分の生まれと、土壇場での脱出劇について語った。「この場にいられるのは、きみにとって大変満足だろうな」とケッセルリンクは言った。シュワッブは「そのとおりです、元帥」と答えた。

ドイツ人のあいだで一番よく聞かれた不満が、裁判は勝者の正義にすぎないというものだった。「それは違う」とフェレンツは強く反論した。「われわれが勝者の正義を望んだら、単純に五十万人ほどのドイツ人を殺害していただろう」。復讐が動機ではなかったと、彼は続けた。目的は「どれだけひどい行為が行われたかを知らしめ、ほかの人々が同じことをくり返すのを思いとどまらせる」ことだった。

国際軍事裁判の開廷にあたり、ジャクソンは真の功績を指摘した。「勝利に沸き、戦禍に苦しむ四大国が復讐の手を止め、自ら捕らえた敵兵を法の裁きに委ねたことは、権力が理性に払ったこのうえなく重い敬意である」。裁判の前に行われた――特に赤軍による報復の規模を考えれば、ジャクソンのこの宣言は自画自賛が過ぎると思えるかもしれない。しかし、それは間違いだ。〝復讐の手〟がきわめて強力で、いっそう破壊的になりえたからこそ、ジャクソンはおおむね正しかった。

ゆえに、裁判は不完全ではあっても、必要であったし目的を達成したと主張するほかの裁判関係者も正しかった。「戦時国家の公文書があそこまで余すところなく衆目にさらされたのは、ニュルンベルク裁判のナチスドイツを措いてない」と、被告のなかで最高位の治安当局者だったエルンスト・カルテンブルンナーの裁判を担当したホイットニー・R・ハリスは書いている。「結果的に史上どの大戦でも見られなかった量の文献がまとめられた」。軍政府長官のルシアス・D・クレイ将軍は、敗戦直後に「裁判がドイツにおけるナチズムを完全に打ち砕いた」と述べている。

戦後数十年のあいだに、フェレンツは次のように信じるにいたった。すなわち、第三帝国の戦争犯罪人のごく一部しか罰せられず、いかに象徴的なものに過ぎなかったにせよ、裁判は「人間的な良心を徐々に目覚めさせていく」ことに貢献した、と。そうかもしれない。しかし、戦争裁判の実施を支持するもっと説得力のある論拠が、裁判のために尽力したすべての人々の行動に表れていた。ドイツ系ユダヤ人弁護士のロバート・ケンプナーはアメリカへ亡命し、その後、ジャクソンの検察班の一員としてドイツへ戻ったが、それについてはっきり述べている。「裁判が行われなければ、殺された人々はみな、なんの理由もなく死んだことになり、罪を問われる者は一人もなく、歴史はくり返される」

実のところ、ダッハウおよびニュルンベルク裁判はナチの断罪の最終章というにはほど遠かった。その後何十年にもわたり、ナチを追跡し、起訴するかせめて身元を暴露する必要があることが明らかになった。ドイツでもほかの地域でも、急速に関心が薄れていくなかで、大衆を教育しつづけていくことも必要だった。

戦犯裁判は、ナチ時代が投げかけた疑問すべてに答えを出したとも言えなかった。特に、一番大きな疑問は未解決のまま残る結果となった。マスマノ裁判長はニュルンベルクでの経験を振り返り、次のように要約している。

「アインザッツグルッペンの公判でわたし個人が直面した大きな問題は、被告人の有罪無罪を決することではなかった。それは公判が終わりに近づくにつれ、自然と解決していった。人としてわたしが悩んだのは、あれだけ高い教育を受けた人々がなぜ、どうして、あそこまで完璧に、幼いときの教え、すなわち正直さ、博愛、清らかな精神という聖書由来の美徳に対する敬意からかけ離れたことができたのか、という疑問だった。そうした教えを完全に忘れてしまったのか？　もはや倫理観というものをなくしていたのか？」

これはその後、何度もくり返し問われることになる疑問だった。

第5章　忘れられたナチ・ハンター、ヤン・ゼーンの物語

ドイツ人はそれをよきドイツ人としての死に方と考える。赤信号で待ち、青信号になってから渡ったなら。交通違反かもしれないトラックが突っこんできて、轢き殺されることを重々承知していても。

ヒトラーに従う同国人に苛立つドイツ女性が一九四〇年一月二十五日に書いた日記。アメリカ人ジャーナリスト、ウィリアム・シャイラーが引用。

当初、ナチを裁くことを自らの任務と感じた人々の多くはユダヤ人ではなかった。最もよく知られているのが、ニュルンベルクの首席検事ロバート・H・ジャクソンとテルフォード・テイラー、アインザッツグルッペン裁判の裁判官マイケル・マスマノ、ダッハウの首席検事ウィリアム・デン

ソンである。しかし、ニュルンベルクでもダッハウでも、法務班のそのほかのメンバーがベンジャミン・フェレンツのようにユダヤ人であったことや、ジーモン・ヴィーゼンタールやトゥヴィア・フリードマンのようなホロコースト生還者が戦犯の検挙、起訴に熱心に協力したことは意外ではない。彼らの動機について説明は必要はないだろう。

しかし、ヤン・ゼーンはまったく異なる範疇に入り、ナチ・ハンターとしてこれ以上ないほど独特な存在だった。彼は今日にいたるまで同国人のポーランド人にさえほとんど知られていない。ワルシャワの国民記憶院およびワシントンのホロコースト記念博物館には、調査判事としてゼーンが署名した強制収容所生還者の証言が数えきれないほど残っている。ホロコーストと同意語となったアウシュヴィッツ強制収容所の歴史、組織、人体実験、ガス室について初めて詳細に記した人物でもある。

アウシュヴィッツの所長だったルドルフ・ヘース（ヒトラーの副官でニュルンベルクで終身刑を言いわたされたルドルフ・ヘスとは別人）の公判を準備したのがゼーンだった。ヘースは一九四七年四月十六日、アウシュヴィッツの〝死の区画〟で絞首台にのぼったが、彼が多くの人々を死なせた場所で処刑されたのは意図されたことだった。ゼーンの最も重要な功績は、処刑までにヘースに自分史を書かせたことだ。ヘースの自分史は大量殺人者の心をのぞく文献としておそらく人類史上最も身の毛がよだつものだ。ところがこの自叙伝も第三帝国の犯した罪に関する膨大な文献のなかで見過ごされがちで、その衝撃もほとんど忘れ去られている。

ゼーンとその功績がほとんど注目されてこなかった理由は、彼が個人的な記録をなに一つ残さなかったからかもしれない。日記も回想録も、人となりがわかる記事すらもない。書き残したのは、ポーランドにおけるナチスの犯罪を調査する高等弁務団およびドイツによる戦争犯罪を調査するポーランド軍事委員会の一員として、そしてもちろんヘース裁判およびそれに続くSS隊員も含めたアウシュヴィッツ職員の裁判における調査判事として集めた証言や証拠に基づく報告書や記録の謄本のみである。ゼーンはスティーヴン・スピルバーグの映画『シンドラーのリスト』に描かれた、クラクフのプワシュフ強制収容所のサディスティックな所長アーモン・ゲートの公判も指揮した。一九六五年に五十六歳という若さで亡くならなければ、もう少し自らの物語を語ってくれてい

ヤン・ゼーン。
ポーランド人調査判事ゼーンは、アウシュヴィッツで最長期間にわたり所長を務めたルドルフ・ヘースを尋問し、ヘースが1947年に絞首刑に処せられる前に回想録を書かせた。回想録でヘースが収容所の殺人システムを“改善”したことを誇らしげに語るくだりからは大量殺人犯の心理がうかがえ、背筋が寒くなる。ヘースの回想録はのちのナチ・ハンターたちにとって必読書となった。

ただろうか。

いや、語ってくれなかったかもしれない。彼が自分の歩んだ道を振り返るより仕事に集中したのには、深い理由があった。彼には隠さなければならないと信じていたことがあり、最も親しい同僚にすらそれを死ぬまで隠しとおしたのだ。

ゼーン一家がドイツ系であることは秘密ではないが、正確な来歴は明らかになっていない。国境や帝国の領土がたびたび変わった地域ではよくあることだ。ヤン・ゼーンは一九〇九年にガリツィア地方の村トゥシュフで生まれ、現在そこはポーランド南東部となっている。しかし当時はオーストリア・ハンガリー帝国の一部で、彼の家ではドイツ語とポーランド語の両方が話されていた。ヤンの兄の孫息子で半世紀後に生まれたアルトゥール・ゼーンは、一族の歴史をさかのぼったことがあり、ゼーン家の祖先は十八世紀後半に神聖ローマ皇帝ヨーゼフ二世――ポーランド南部の大半を吸収したハプスブルク王朝の統治者――の政策でガリツィア地方へ移住したドイツ人だろうと考えている。ポーランドは、ロシア、プロシア、オーストリア・ハンガリー帝国にくり返し分割され、一世紀以上のあいだ、国家として地図上から姿を消していた。

第一次世界大戦後、ポーランドはふたたび独立国家となった。ゼーン家の人々は大半が南東部の田園地帯に残り、農業で平均的な暮らしを立てていた。しかしヤンは首都クラクフへ出て、一九二九年から一九三三年までヤギェウォ大学で法律を学び、法曹界で働くようになった。一九三七年にはクラクフ裁判所の調査部門で働きはじめた。元同僚によれば、ヤンはすぐに「犯罪科学への情熱」を見せたそうだ。しかしその二年後、ドイツのポーランド侵攻により第二次世界大戦が勃発したため、すべてを保留にせざるをえなくなった。

戦争中はクラクフに残り、レストラン協会の〝秘書〟の仕事に就いた。ポーランドの地下レジスタンスに加わったという証拠も、なんらかの形でドイツ当局に協力したという証拠もない。ドイツ占領下の六年という長い月日を生き延びようとしただけだった。一方、ポーランド南東部で農業を続けていた家族は、まったく異なる経験をした。

ポーランド南東部のボブロバという村に住んでいたヤンの兄ヨーゼフはドイツ占領時代の初期に致命的な決断をした。占領軍が最初にしたのは、ドイツ系ポーランド人に民族ドイツ人（フォルクスドイチェ）（訳注　二十世紀初めに使われた言葉で、ドイツ帝国外に住むドイツ民族を指す）としての登録を奨励することだった。ヨーゼフの孫にあたる前出のアルトゥールによれば、ヨーゼフが即座に家族全員すなわち妻、三人の息子、父を登録した記録が見つかったそうだ。勝者側につくことで、自身と家族を守ろうとしたのはほぼ間違いない。まもなく、彼は民族ドイツ人として村長に指名された。

ドイツの敗戦が濃厚になり、軍の撤退が始まると、ヨーゼフは村から姿を消した。三人の息子でさえ、父がどうなったのか知らなかった。「子供は知ることを許されなかったのです」と、やはりヨーゼフと名づけられた息子は回想する。息子のうち二人はクラクフへ行かされ、ヤンおじさん夫妻と数カ月一緒に暮らした。彼らには何年も経ってから知らされたことだが、父親はポーランド北西部へ逃げ、名前を変え、隔絶地――アルトゥール・ゼーンの言葉を借りれば「文明からできるかぎり遠い場所」——で森林官として働いて、一九五八年に亡くなった。埋葬も偽名で行われた。死ぬまで、ポーランドの新統治者に占領軍協力者として罰せられることを恐れていたそうだ。

ヨーゼフとヤンは若くして異なる道を歩みはじめたが、占領下での兄の役目をヤンは知っていたようだ。戦争末期に二人の甥を引き取ったことからもそれは明らかだ。ヤンには姉妹も一人いて、彼女は逃亡者となったヨーゼフと間接的に連絡をとっていたらしく、ヤンは彼女から兄の近況を知らされていたものと思われる。

ヤンと妻に子供はなかったが、だからといって甘い代理父母にはならなかった。「おじはとてもきびしかった」と甥のヨーゼフは語った。妻から甥の行儀が悪かったと聞かされると、ためらうことなくベルトを使った古めかしい懲罰を加えた。しかし、同時に甥がレストランの臨時雇いの仕事に就けるよう力添えし、一番必要なときに彼らに住むところを与えた。

戦争がまだ完全には終わらないうちから、ヤンはドイツ人を断罪するための証拠を捜しはじめた。彼が一九四九年から亡くなるまで所長を務めた犯罪科学研究所の従業員で、隣人でもあったマリア・コズウォヴスカは、ヴロツワフで彼は「まだ煙をあげている廃墟から文書を捜し出そうとしました。証拠を求めて、ポーランド中を旅しました」と語った。

コズウォヴスカをはじめ、のちにゼーンと働いた人々は、彼がナチの戦争犯罪の証拠をあれほどの決意と粘り強さで集め、多くの戦犯が裁判によって絞首台へ送られるようにしたのは法と正義に対する情熱からだと考えていた。ゼーンは新生ポーランドが占領時代の荒廃と六百万人という人口減少から立ち直るのに全身全霊をかけて協力しようとした。この六百万人という数は戦前の人口の十八パーセントという驚異的な比率であり、そのうちおよそ三百万人がポーランド系ユダヤ人で、ポーランド系ユダヤ人は九十パーセント近くが命を落としたことになる。

こうした事実はゼーンがなぜそこまで自身の務めに打ちこんだかというもっともな理由ではあるが、百パーセントの説明にはならない。姓を見ただけでも明らかなように、同僚たちは彼の遠い祖先がドイツ人であったことを知っていたが、それが動機になったとは考えられなかった。ポーランド人の多くが同じような血筋であり、ゼーン一家が特別なわけではなかった。ただし、一家の最近の歴史を知られないかぎりはだが。コズウォヴスカは彼の姉妹がブロツワフにいることは知っていたが、姿を消した兄については何も知らなかった。占領下およびドイツ敗北後の彼の波瀾万丈な遍歴については、間違いなく知らなかった。

それは偶然ではない。先祖の歴史を調べたアルトゥールは、大叔父の動機について明言を避けたものの、兄に関する秘密――それはポーランドの新たな共産主義政権には確実に知られていたはずだ――も、ゼーンが懸命に正義を追求した要因だったのではないかと考えている。「大叔父は正しい側につき、悪人を指弾することに人一倍熱心だったかもしれない」「いささか日和見主義と見られる可能性があるが、大叔父の動機は明確で純粋だったのではないか」

動機がなんであったにしろ、ヤン・ゼーンはまもなく劇的な成果をあげた。

ルドルフ・ヘースは一九四〇年のアウシュヴィッツ創設期から一九四三年後半まで所長を務めた。ドイツ語でアウシュヴィッツと呼ばれるオシフィエンチムの町の近くに建つ陸軍兵舎だった中心施設は、一九四〇年六月に初めて七百二十八人のポーランド人を収容した。彼らは政治犯で、たいていは抵抗運動に関与していた。ユダヤ人の強制移送はまだ始まっておらず、ほとんどがカトリック教徒だった。

元政治犯のジグムント・ガウダシンスキーが指摘したように、「収容所はポーランド社会の最も貴重な部分を破壊することを目的とし、その目的は一部成功したと言える」。囚人のなかにはガウダシンスキーの父のように射殺された者もいた。拷問は頻繁に行われ、初期の死亡率はきわめて高かった。この時期に命を落とさなかった囚人は、厨房、倉庫などで仕事を得られれば、日常的な避難場所ができ、生還の可能性が高まった。アウシュヴィッツへ送られた十五万人のポーランド人政治犯のうち、七万五千人が死亡した。

一九四一年六月にドイツがソ連に侵攻すると、ソ連の戦争捕虜がアウシュヴィッツへ送られた。SS長官ハインリヒ・ヒムラーはさらに多くの捕虜が送られてくることを予見し、三キロほど離れたビルケナウに第二の大きな収容所を建設する計画を立てた。最初の戦争捕虜たちは、筋金入りの政治犯でさえおののくような労働環境で新収容所の建設に従事させられた。捕虜用医務室で看護士として働いていたミェチスワフ・ザヴァツキーによれば「捕虜はほかのどの囚人よりもひどい扱いを受けていた」という。カブとわずかなパンしか与えられず、飢えと風雨、殴打が原因で死者が続出した。「あまりの飢えに、彼らは死体保管所で死体の尻を切り取り、食べていた」とザヴァツキーは回想した。「その後、捕虜がなかに入れないよう、死体保管所には鍵がかけられた」

ソ連軍捕虜はつぎつぎと死んでいき、その後大量に送られてくることもなかったので、ヒムラーはヘースに、ヨーロッパのユダヤ人問題の〝最終的解決〟にアウシュヴィッツが中心的役割を果たすよう準備を進めよと指示した。アドルフ・アイヒマンの指揮によってヨーロッパ中からユダヤ人が移送されてくるようになり、アウシュヴィッツ・ビルケナウ強制収容所は最も国際色豊かな収容所となった。しばらくは強制労働収容所と死の収容所の両方の役割を果たしたが、まもなくしてホロコースト最大の、かつ単一目的の殺人工場へと化し、ビルケナウのガス室と火葬場はフル稼働させられた。百万人を超える人々が殺され、その九十パーセントがユダヤ人だった。

一九四三年後半、ヘースは強制収容所検閲官に任命され、アウシュヴィッツの所長ではなくなった。しかし、一九四四年の夏には四十万人を超えるハンガリー系ユダヤ人の到着に備えるため、ふたたびアウシュヴィッツに赴任した。国別では移送人数が最多となった集団（ポーランド系ユダヤ人の大半はアウシュヴィッツ・ビルケナウ強制収容所がフル稼働に入る前にほかの収容所で殺された）を処理するにあたり、ヘースが目覚ましい成功をおさめたため、この計画は上官と同僚から〝ヘース作戦〟とあだ名された。

一九四五年四月、赤軍がベルリンに入り、ヒトラーが自殺すると、ヘースと妻のヘドウィグは指導者のあとを追うことを考えた。「総統なくしてわれらが世界はない」とヘースは悲嘆した。「生きつづけることに意味があるだろうか？」毒は入手していたものの、五人の子供たちのために自殺の道は選ばなかったという。そこで、ドイツ北部へ向かい、身元が割れないよう別行動をとることにした。フランツ・ランクという死亡した水兵の名を騙り、ヘースはジルト島の海軍情報兵学校に出頭した。

兵学校を接収したイギリス軍は、ハンブルク北の即席の収容所に学校職員を移した。上級将校は別に刑務所へと送られたが、戦勝国側がフランツ・ランクと信じる男に注意を払うことはなかった。ヘースはまもなく解放され、デンマークとの国境に近いゴットルペル村の農場で働きはじめた。八カ月間、農場の納屋で暮らし、まじめに働き、地元住民には少しも疑われなかった。ヘドウィグと子供たちは百キロほど離れたザンクト・ミヒャエリスドンに住んでいたので、ときおり間接的に連絡を取ることができた。

それがヘースの墓穴を掘った。開戦前にロンドンへ脱出したドイツ系ユダヤ人で、その後イギリス軍に入り、戦争犯罪調査官となったハンス・アレクサンダー中尉が一九四六年三月、一家の足取りをつかみ、元収容所長の居所を知っているにちがいないと確信した。駐留中のイギリス軍がすでに一家を監視しており、ヘースから妻へ送られた手紙を見ていたので、ヘドウィグは即座に牢屋に入れられた。アレクサンダーが夫についてきびしく尋問したが、ヘドウィグは何も話そうとしなかった。母親を拘置したまま、アレクサンダーは子供たちに会いに行った。子供たちも父が隠れている場所を明かそうとしなかった。苛立ったアレクサンダーが、誰かが進んで情報提供をしないかぎり、母親を殺すと脅してもだめだった。

アレクサンダーは大戦が始まるとすぐ、故国を倒す戦いに加わりたい一心でイギリス軍に入隊した。終戦後は、新たな祖国を代表するナチ・ハンターとして、そう簡単にあきらめるつもりはなかった。脅しの言葉に一番動揺していた十二歳のクラウスを、母親と同じ牢屋へと連れていき、別の独房に入れた。

最初、ヘドウィグは反抗的な態度をとりつづけ、夫は死んだと言い張った。しかし、アレクサンダーの最後の切り札が、彼女を打ち砕いた。列車が近づいてくるのがはっきり聞こえるなかで、クラウスをその列車でシベリアへ送る、息子には二度と会えなくなるだろうと告げたのだ。ほんの数分で、ヘドウィグは夫の居場所と偽名を白状した。アレクサンダーは奇襲部隊を率い、三月十一日の夜遅く、納屋にいたヘースを逮捕した。本当にヘースかどうか疑いが残っていたとしても、それは結婚指輪によって解消された。言うとおりにしないと指を切り落とすぞと脅されて、元収容所長は指輪を渡した。そこには〝ルドルフ〟と〝ヘドウィグ〟という文字が彫られていた。

初期のナチ・ハンターの多くがそうであったように、アレクサンダーも軍事裁判にすべてをゆだねようという気にはなれなかった。わざと部下たちから離れ、十分後に戻るから、それまでにヘースを「無傷で」車に乗せておくようにと命じた。兵士たちはそれが報復行為の許可であることを心得ていて、すばやく実行に移し、斧の柄でヘースを打ちのめした。終わったときには、ヘースはパジャマが脱げてしまっていたが、靴も靴下も履かず毛布を巻いただけの格好でトラックに乗せられ、町まで連れていかれた。そこでは、アレクサンダーと部下がバーで祝杯をあげるあいだ待たされた。目的地に到着したときには、最後の侮辱としてアレクサンダーに毛布を剝がれ、まだ雪に覆われている広場を裸で牢屋まで歩かされた。

イギリスによる最初の尋問が終わった段階で、連合国側は四カ月後に主たる裁判が始まるニュルンベルクにヘースを移送するべきだと判断した。米軍精神科医のレオン・ゴールデンソンは、四月の初旬にやってきたこの囚人に質問する機会を与えられたが、独房に入ったとき目にした光景に衝撃を受けた。「彼は冷たい水の入ったたらいに両足をつけ、膝の上で手をこすりあわせていた」とゴールデンソンは記している。「二週間前からしもやけになり、冷たい水に足をつけていると痛みがやわらぐというのだった」

このいくぶん哀れを誘う四十六歳の男は、彼よりも上級のナチ将校の裁判が続くあいだ、突然引っぱりだことなった。歴史に残る大物犯罪者が複数収容されている施設にあって、アウシュヴィッツ強制収容所の元所長は、ヒトラーの計画実行者の精神状態を調べるよう命じられた人々からとりわけ注目された。

アメリカ検察班の一員、ホイットニー・ハリスはヘースの供述を引き出すのに苦労しなかった。ハリスによれば、ヘースは「静かで印象が薄く、充分に協力的だった」という。供述を始めるやいなや、ヘースは爆弾を落とした。「少なくとも二百五十万人があそこ（アウシュヴィッツ）で毒ガスや火あぶりによって処刑、駆除され、少なくとも五十万人が飢えと病で死んだ。死者の合計はおよそ三百万人になる」と概算したのだ。

ヘースがのちにゴールデンソンに話したところによると、その数字はアイヒマンからヒムラーに報告されたというものの、「大きすぎる」可能性があった。というより、その数字は水増しされていたことがのちに証明される。しかし、言うまでもないが、実際のアウシュヴィッツ犠牲者数――現在は一般的に百十万から百三十万人と信じられている――も充分恐ろしい数字だ。ともあれ、ヘースがハリスに述べた数字を国際軍事法廷の証言でくり返すと、被告席のナチ最高幹部も含めてすべての出席者が衝撃を受けた。占領下のポーランドで総督を務めたハンス・フランクはアメリカ人精神科医ギルバートに次のように言った。「あれは公判全体で最悪の瞬間だった――一人の男が自分は二百五十万人を冷酷に殺したと自ら語るのを聞いたのは。あれは今後、千年にわたって語り継がれていくだろう話だ」

しかし、もう一つヘースの証言を聞いた人々が震えあがった点は、アウシュヴィッツをきわめて効率的な絶滅収容所にするため、いかに几帳面に命令を遂行していったかを説明する彼の語り口だった。そうした命令が意味するところを、本人が理解していたのは疑いの余地がない。供述のなかで、ヘースははっきり述べている。「ユダヤ人問題の〝最終的解決〟とは、ヨーロッパにおけるユダヤ人を一人残らず完全に絶滅させることを意味した」

新設されたガス室の試験についても、彼は詳しく語った。「処刑室のなかの人間が死ぬまでには、天気によって、三分から十五分かかった。死んだら叫び声が止まるので、それとわかった」。アウシュヴィッツで自分が監督した「改善点」に関しては明らかに誇りを持っている様子で、先行のトレブリンカのガス室が一度に二百人しか収容できなかったのに対し、アウシュヴィッツの四つのガス室はそれぞれ二千人を収容できたと語った。

犠牲者の大半がこの先に何が待ち受けているか知っていたトレブリンカと比べて「もう一つ改善された点」は、「アウシュヴィッツでは犠牲者にシラミ駆除の処置を受けるだけだと信じこませた」点だった。しかし、収容所の目的に関して噂が漏れるのを防ぐには限界があったことを認め、「絶え間なく死体を焼却しているせいで吐き気をもよおす悪臭があたりにたちこめ、近隣の住民はみな、アウシュヴィッツで大量殺人が行われていることを知っていた」と指摘した。

ヘースがニュルンベルクで裁かれなかったのは、アメリカ側が彼はナチス幹部を有罪に追いこむのに役立つと考え、被告ではなく証人として召喚することにしたからだった。国家保安本部長官エルンスト・カルテンブルンナーの弁護人は、被告側の証人としてヘースを証言台に立たせる決断をした。これを首席検事のテイラー将軍は「尋常ならざる決断」と呼んだが、弁護人の狙いは、カルテンブルンナーが恐怖政治と大量殺人のシステム全体に包括的な責任を持つとはいえ、アウシュヴィッツは一度も訪れなかったと証言させることだった。ヘースはその事実と、そのほか些末な点について期待されたとおりの証言をした。しかし、彼の証言は全体として衝撃が強すぎたせいで、カルテンブルンナーらの死刑判決を決定づけただけだった。

ヘースはアウシュヴィッツで果たした役割のために「史上最悪の殺人者」になったと、ホイットニー・ハリスは結論している。任務の遂行に当たっては、なんら感情を抱かなかったようでもあった。「倫理観がなく、人を虐殺せよとの命令に、まるで対象が倒木であるかのように従った」とハリスは言い足している。

アメリカ側の精神科医二人は、ニュルンベルクでヘースと別々に話をし、彼の人格を分析しようとしたが、同じような結論に達した。G・M・ギルバートは最初のセッションで、ヘースの「静かで無感情な淡々とした口調」にすぐさま衝撃を受けた。なぜあれほど多くの人を殺すことができたのか、答えを引き出そうとすると、元所長は技術的なことだけを話したという。「それほどむずかしいことではなかった——もっと大量に殺すこともむずかしくなかったはずだ」。続いて、一日に一万人を殺す際の数学について説明した。「殺すこと自体にはそれほど時間はかからなかった。一時間に二千人を始末できた。ただ、焼却するほうに時間がかかったんだ」

ギルバートはもう少し質問の幅を広げて、ヒトラーから〝最終的解決〟の命令が下ったとヒムラーに聞かされたとき、なぜ懸念を表明したり、良心の呵責を感じたりしなかったのかと質問してみた。「何も言うことはなかった。〝はい(ヤヴォール)〟と答えるしかなかった」というのがヘースの返事だった。命令を拒否することはできなかったのか？「できなかった。訓練を通じて、命令を拒否するという考えが、頭に浮かばないようになっていた」。命令を拒否した者は絞首刑になっていただろう、とヘースは主張した。実行した結果に対して責任を取らされるとも考えなかったという。「ドイツでは、何か失敗をしたら、命令を下した人間が責任を取ることになっている」。ギルバートはもう一度、人としての感情について尋ねてみた。ヘースはさえぎって答えた。「そんなものは関係なかった」

レオン・ゴールデンソンにも、ヘースは似たような説明をしたが、表現がさらに衝撃的だった。「自分は正しいことをしていると思っていた。わたしは命令に従っていた。いまはもちろん、必要のない、間違ったことだったとわかっている。しかし、ああしたことに動揺するという意味がわからない。なぜなら、わたしは個人的に誰かを殺したわけじゃない。わたしはアウシュヴィッツにおける絶滅計画の責任者だっただけだ。命令したのはヒトラーで、それがヒムラーによって伝えられ、移送に関してはアイヒマンから指示があった」

ヘースは精神科医たちが彼をなんらかの型に分類しようとしていることを理解していた。「あなたがたはこうすることで、わたしの思考と習慣が正常かどうか知りたいのだろう」と、あるときギルバートに向かって言った。彼は自身の答えを披露した。「わたしはまったく正常だ。絶滅計画を実行しているあいだですら、家庭生活をはじめ、ふつうの生活を送っていた」

会話はますますシュールになっていった。妻との性生活についてギルバートが尋ねると、ヘースは次のように答えた。「そうだな、ふつうだった――しかし、わたしの仕事の内容を妻が知ってからは、二人とも性交に対する欲求をめったに感じなくなった」

ひょっとして自分は間違ったことをしているのではと考えたのは、ドイツが戦争に負けてからだと、ヘースはギルバートに語った。「前は誰もこういうことを言わなかった。少なくとも、われわれは聞いたことがなかった」。このあとヘースはポーランドへ戻ることになる。アメリカ側は彼を空路ワルシャワへ送り、裁判のために現地の当局に引き渡すことを決めた。元収容所長はこれが自分にとって最後の旅だと気づいていたが、その生気のない態度はまったく揺るがなかったという。

ヘースとのセッションを終えて、ギルバートは次のように結論している。「あまりに無感情で、ほんのかすかな良心の呵責もうかがわれなかったし、絞首刑になる見通しに激しく悲嘆することもなかった。一見、知性に関しては正常との印象を受けるが、統合失調症的無感情、鈍感、共感の欠如が見られ、それは明らかな精神異常者でもありえないほどの極端さであった」

ヤン・ゼーンはニュルンベルクの検察班が使ったアウシュヴィッツ生還者の証言の準備に協力したが、ヘースらアウシュヴィッツ職員をポーランドで裁く下準備も担当した。クラクフで元収容所長を尋問する機会を得るまでに、有罪を勝ち取れる証言をたっぷり集めていた。それでも彼は、国内で最も有名な囚人からできるかぎりすべてを引き出すことにこのうえない情熱を燃やしていた。

甥や同僚がすぐに悟ったとおり、ゼーンは目下の者に非常にきびしかった。犯罪科学研究所の所長となったときには、細かな点にうるさかったという。職員が八時きっかりに出勤してくるかどうかチェックし、遅れた者は譴責（けんせき）を受けた。しかし、困っている者にはすぐに救いの手を差し伸べたともいう。ゾフィア・フウォボウスカはある朝、息子が入院したので遅刻した。事情を説明すると、ゼーンは息子が退院するまで毎朝見舞いのために研究所の運転手付きの車を使うように言ったそうだ。

小粋でハンサムな法律家は、ヤギェウォ大学で教鞭をとってもいたので、職員たちから〝教授〟と呼ばれていた。これは少しよそよそしさを含んだ敬意の表れと取られるかもしれないが、ゼーンはクラクフのエリートとも部下とも気安く交わった。チェーンスモーカーで、ほとんどいつも吸いかけのシガレットを差した翡翠や木でできたホルダーを手に客を迎えた。執務室のクロゼットから上物のウォッカを取り出して一杯ふるまうこともたびたびだったという。研究所の薬学者マリア・パシュコウスカなどが自家製の酒を取りだすと、ゼーンも喜んで味見に加わった。そうした酒の多くは苺やチェリー、プラムなど旬の素材を使って研究所で造られたものだった。

一九四六年の十一月に尋問が始まると、ゼーンはヘースをつねに礼儀正しく扱った。彼が目指したのはアウシュヴィッツの運営、そしてヘース個人の来歴についてもできるかぎり情報を集めることだった。アメリカの精神科医らと同じように、史上最大の殺人工場をつかさどっていた男の人格を理解したいという気持ちがあった。元収容所長は朝、監獄からゼーンの執務室へと連れてこられ、尋問は正午まで続いた。

ゼーンはヘースが「取調官の質問すべてに対し、協力的に余すところなく回答した」と満足げに報告している。ゼーンから、覚えているかぎりのことを書き記してくれと頼まれ、ヘースが同意することに少しでも迷いを感じていたとしても、それはすぐに消え去った。たいていはゼーンの自腹で昼食をふるまわれたあと、調査判事の質問に導かれて、広範にわたって記述した。セッションの間隔が数日空いた場合、「取調べの端々で触れられたことが取調官の興味の的だと気がつくと、ヘースはそれについて自発的に書いてきた」とゼーンは述べている。

絞首刑執行人とまみえる日が近づいてきたとき、ヘースは自分が死んだら、結婚指輪――終戦直後、イギリスの捜索班が身元確認の決め手としたあの指輪である――を妻に届けてほしいとゼーンに頼んだ。ゼーンは引き受けた。元収容所長は「ポーランドでの勾留期間にあんなに礼儀正しく情け深い扱いを受けるとは思いもしなかった」と告白している。また、ゼーンに課題を与えられたことを大いにありがたがった。「やるべきことができたおかげで、無益で気力を奪われる自己憐憫にひたらずにすんだ」と記している。ヘースにとって書くことは「夢中になり、満足感を得られる」作業で、毎晩「これでまた一日をやりすごせただけでなく、意味ある仕事をしたという充実感を得られた」

この「意味ある仕事」が最終的にはヘースの自伝の基礎となり、彼が処刑されてから四年後の一九五一年にポーランドで最初に出版された。

「これから、わたしは心の最も内なる部分について語ってみようと思う」。ヘースはのちにドイツ語、英語、その他の言語で出版されることになる回想録の冒頭にそう記している。バーデンバーデンのはずれ、森の近くに農家がぽつぽつと建っている場所で送った寂しい子供時代について、彼は書いている。「なんでも打ちあけられる友達はポニーだけだったが、わたしは彼がわたしを理解してくれていると確信していた」。姉妹たちと遊びたいとは思わなかった。両親はたがいに「愛情のこもった尊敬」を持っていたとヘースは主張するが、愛情を表に出すことは決してなかった。

ヘースは一人で森に入ることを禁じられていた。「小さかったころ、一人で遊んでいたわたしを通りがかりのジプシーが連れ去ったことがあったのだ」。ヘースの記述によれば、一家を知る小作人がロマの一行と行き合い、少年に気づいて家まで送り届けてくれたのだそうだ。

真実であったにしろなかったにしろ、家族から聞かされたこの話が、世の中には悪意を持った危険な人間がいるという考えをヘースに植えつけたのは、心理学者でなくても推測できる。生い立ちのほかの部分には、父親がヘースを聖職者にするつもりだったことが書かれている。父親は敬虔なカトリック教徒で、ドイツ領東アフリカで兵役についた経験があった。ヘースが幼いころはセールスマンとして働き、家を空けることが頻繁にあったが、マンハイムへ引っ越してからは行商に出ることが大幅に減った。息子と一緒に過ごす時間が増え、篤い信仰心を身につけさせようとし、アフリカへ派遣された宣教師たちの功績を話して聞かせた。これは少年時代のヘースに狙いどおりの影響を与えた。「わたしは自分もいつの日か宣教師となり、未開のアフリカ大陸へ、草木が鬱蒼と生い茂るジャングルへ行こうと決意した」と彼は振り返っている。「わたしは恵まれない人々を助けることが人生で最も大切な義務だと教えられた」

意外なことではないが、その後宗教に幻滅する瞬間がめぐってきた。そのときのことをヘースは、まるでその後の人生をすべて決めた出来事であるかのように語っている。十三歳のとき、ヘースは「うっかり」同級生を学校の階段から突き落としてしまった。同級生は足首を折った。同じ階段から落ちた生徒は数えきれないほどいたはずだし、同級生が怪我をしたのは単に運が悪かったからだと、ヘースは自分を正当化した。それに、彼はすぐさま懺悔に行き「その出来事について洗いざらい打ちあけた」。贖罪司祭はヘースの父の友人で、その夜、夕食に招かれた席で、ヘースの悪さを父親に告げた。翌日、父親はその件を黙っていたことを理由に息子を罰した。

贖罪司祭の思いがけない裏切りに、ヘースはショックを受けた。懺悔の内容を司祭は決して漏らしてはならない、それはカトリックの基本教義ではないかと指摘した。「聖職者を信じる気持ちが打ち砕かれた」と彼は記している。一年後に父が亡くなり、第一次世界大戦が勃発すると、戦地で戦いたいと熱望した。十六歳で年齢を偽って入隊し、まもなくトルコへ、続いてイラクへと派遣された。英印軍との初めての戦闘では「恐怖に襲われた」ことを認めている。仲間の兵士が銃弾に倒れるのを見ながら、何もできなかったそうだ。しかし、インド軍兵士が近づいてくると、恐怖を克服し、一人を撃つことができた。「初めて人を殺した！」とヘースは書いているが、感嘆符に誇らしさが表れている。その後は、死に直面しても二度と同じような恐怖は感じなかったという。

これが未来の大量殺人者の物語でなければ、注目すべき点はまったくなかっただろう。それこそが重要な点だ。ヘースは戦争の渦へと投げこまれたがために早く大人にならざるをえなかった、ごくふつうのティーンエイジャーとして自身を描いている。二度負傷したが、そのせいで、幼いころからの「あらゆる愛情表現」を反射的に避ける癖を克服し、警戒心を緩める必要に迫られた。最初は彼の世話をしてくれた看護婦の「やさしく愛情のこもった触れ方」に落ち着かなくなったが、すぐに何かが変化した。「完全に克服できるまで、彼女が少しずつ導いてくれたおかげで」、ヘースは「夢にも思わなかったすばらしい経験をし……ついに、恋の魔法にかかったのだった」。

ただの肉体関係を結ぶ「勇気」は絶対に出せなかったと言い、このことは彼の考え方に大きな影響を与えたそうだ。「あのとき経験したやさしさ、彼女の魅力は、その後のわたしの人生にずっと影響しつづけた。こういうことに関して二度と軽薄な口はきけなくなった。本当の愛情を感じずに性交することは考えられなくなった。だから、わたしは気軽な火遊びや売春宿と無縁でいられたのだ」

ヘースは、描きだそうとしている自画像に反することはすべて、単純に無視した。アウシュヴィッツで彼は文書偽造の罪で収容されていたオーストリア人のお針子エレアノア・ホディスに特別な関心を示すようになった。非ユダヤ人の彼女はヘースの住まいで働いていたときにヘースに唇にキスをされたため、浴室に立てこもった。まもなく、彼女は尋問棟の独房に閉じこめられ、ヘースは看守たちに見つからないよう気をつけながら、ひそかに彼女を訪ねるようになった。最初は抵抗したホディスだったが、すぐに屈服した。妊娠し、暗く小さな地下の独房に移されると、そこではつねに裸で置かれ、ごくわずかな食事しか与えられなかった。ようやく釈放されたときには妊娠六カ月になっており、所長の命令で医師のところへやられ、堕胎手術を受けさせられた。

ヘースの回想録では当然ながら、この卑劣なエピソードについてはひと言も触れられていない。処刑の日を待ちながら人生を振り返るとき、彼は自分の成長物語が彼を信念の人、そして少しばかり古風なロマンチストとして見せてくれることをひたすら信じていた。第一次世界大戦の終わりには十八歳にして三十代の兵士たちを率い、一級鉄十字章をもらったと誇らしげに書いている。「肉体的にも精神的にも、わたしは年齢よりもずっと早く大人になった」

母親は彼が戦争に行っているあいだに亡くなっていたため、おじが後見人となったが、いまだに彼が聖職者になることを望んでいた親戚たちと、ヘースはすぐさま衝突した。遺産の受け取りを拒否し、親戚と訣別してバルト諸国の義勇軍（フライコール）に加わることにしたとき、彼は「怒りに満ちて」いた。フライコールとは、敗北した故国の名誉を守るという大義を掲げ、元兵士により結成された民兵組織だ。「わたしは一人で道を切り拓き、生きていこうと決めた」とヘースは記している。新しく仲間となったのは、彼と同じように「民間の生活に適合できない者たち」だった。一九二二年にはナチ党に入党し、党の目指すところには「なんら疑問を持たなかった」という。

フライコール流の正義を行うためなら、どんなことでもやる気だった。「裏切りは死をもって罰せられたが、罰せられるべき裏切り者は大勢いた」と彼は記している。概して無法状態で、無数の政治的殺人が罰せられなかったなかで、ヘースは一九二三年にそうした殺人事件に関わった罪で有罪判決を受け、十年の重労働の刑を科せられた。ヘースは「あの裏切り者は殺されて当然だったと信じて疑わず」後悔することはなかった。

「プロシアの刑務所で刑期を勤めた日々は、安静療法とはほど遠かった」と、当時のことをあからさまな自己憐憫とともに記している。規則も、違反したときの懲罰もきびしかったと不満を述べている。アウシュヴィッツを運営し、そのほかの強制収容所で勤務したあとでも、あのとき刑務所で置かれた環境は、自分が囚人に強いたものに比べたらはるかにましだったという事実には思い至らなかったらしい。

ほかに注目すべきは、囚人仲間に対する憤り、それと自分のほうが道徳的にまさっているという感覚だ。一人の囚人が妊娠中の女と使用人の娘を斧で殺し、泣きわめく子供たちの頭を壁にたたきつけ、黙らせたと話したことがあった。「このぞっとする話を聞いたときは、そいつに飛びかかって首を絞めてやりたくなった」とヘースは記し、自分は本来、人道主義者であるかのように見せようとしている。囚人全般については「精神的な落ち着きを欠いていた」と述べ、看守のことも「知性が低い者ほど権力をふるうことに喜びを感じていた」と同様に軽蔑していた。

自己憐憫と道徳的優越の意識を持ったまま、ヘースは大赦の一環として一九二八年に釈放された。その後まもなく、一九二九年の株価大暴落で多くのドイツ人が経済的に困窮したことをナチ党は利用する。一九三三年にヒトラーが政権を掌握してから一年後、ヘースはSSに入隊し、政治犯を対象として作られたばかりのダッハウ強制収容所に配属され、若い隊員の訓練に当たった。農家に転身しようかと考えたこともあったそうだが、軍職にとどまることに決めた。「強制収容所に関しては何も考えなかった。わたしにとってはふたたび現役兵士となり、軍歴を再開するかどうかという問題でしかなかった……兵士としての生活から、わたしは離れられなくなっていた」

　ＳＳ隊員としての生活は、ナチ強制収容所の最初期においてさえ、日々残酷さが増していった。武装した敵と戦う必要はない。その代わり、無力な囚人を威嚇し、多くの場合は殺すことが仕事だった。ゼーンのために書いた回想録のなかで、ヘースは自分がほかのＳＳ看守より繊細な感覚の持ち主だったとくり返し主張している。初めて鞭打ちに加わったときは、囚人の悲鳴に「全身が熱くなると同時に冷たくなった」ように感じたという。一方、ほかのＳＳ隊員たちはその手の体罰を「すばらしい見世物、楽しいお祭り騒ぎの一種」と見ていた。「わたしは断じてその一人ではなかった」

　しかし、囚人たちは看守をまんまと出し抜くことがあるので、「親切心や善意を見せすぎる」のは危険だと警告されてもいた。一九三八年、ヘースはザクセンハウゼンの副所長に昇進した。まもなく毎日のように、処刑隊を伴って囚人を銃殺刑に処し、とどめの一発は彼が撃ちこんだ。殺されたのはヒトラー政権の転覆を謀った「破壊活動家」や戦争抵抗者だったという。共産主義者、社会主義者、エホバの証人、ユダヤ人、そしてホモセクシュアルも、すべて国内の敵と見なされた。

　ヘースはそのことになんら問題を感じなかった。自分は「この種の任務に向いていなかった」と主張するが、それは「弱さを見せない」よう二重に努力しなければならなかったという意味だ。どんな弱さだろうか？　「わたしは人の苦しみに無頓着でいられるような育ち方をしなかった」。しかし彼は、ヒトラーの初期の成功はナチの「方法と目的」が正しいことを示していたと主張する。

一九三九年に彼はザクセンハウゼンの所長に昇進し、その翌年、アウシュヴィッツへの転属を命じられる。

ヤン・ゼーンは、自分は熱心に任務を実行したわけではないと述べた彼の有名な囚人を、必ずしも不正直とは言えないとしている。少なくともヘースは極端に残虐な部下たちとは違ったというのがゼーンの意見だ。「国家社会主義の強制収容所における理想的な所長とは、気ままに残忍なことをする下劣なSS隊員ではなく、ヘースのような人物だった」。すなわち、与えられた仕事を遂行して出世したいとの野望を持つ官僚であり、彼らを突き動かしていたのは囚人を拷問、殺害したいという燃えるような欲求ではなかった。しかし、拷問と大量殺人が職務の一部ならしかたがない、と彼らは考える。

ゼーンに促されて書いた回想録のなかで、ヘースはニュルンベルクでの証言や供述よりもずっと屈託なくアウシュヴィッツでの日々を振り返っている。彼の任務は既存の建物を利用して収容所とし、ビルケナウに新たな収容施設を増築することだった。当初は既存の収容所よりも「食住を向上させ」て「待遇を改善」し、囚人の生産性をあげるつもりだったと、ヘースは主張する。

ところが彼の善良な意図は「配属された将校や部下の大半が人として欠陥があり、愚かとしか言いようがなかったせいで打ち砕かれた」という。要するに、部下の暴力行為を封じることができなかったのだ。もちろん、ヘースはそれを自分の責任とは考えなかった。結果として、彼は異常なほど職務に打ちこむことに慰めを見いだした。「何があっても挫けるものかと決意していた」と彼は書いている。「プライドが許さない。仕事だけがわたしの生きがいだった」

不要な暴力の少ない、もっと効率的な収容所をあきらめたことには代償が伴った。「わたしはアウシュヴィッツで別人となり……あらゆる人間的な感情はどこかへ押しやられてしまった」。上官からのプレッシャーに部下の「消極的抵抗」が重なったせいで酒量が増えた。妻のヘドウィグがパーティを開いて夫の気分を明るくしようとしたが、うまくいかなかった。「よく知らない人までわたしに同情した」とヘースは振り返り、回想録の大部分がそうであるように自己憐憫にひたっている。

一九四一年にヒムラーから大量殺人のためにガス室を作れと命じられると、彼はためらうことなく作業に着手した。「確かに異常でおぞましい命令だった」が、「それでも絶滅計画の背景にある異常な理由がわたしには正しく思えた」という。これもまた従うべき新たな命令にすぎず、そのおぞましさに気づいたのは、処刑に立ち会ったときだった。「当時、わたしはその点を考えていなかった……視野が狭かった」

ヘースは、大量殺人への利用を目的とした毒ガス、ツィクロンBの性能を確かめるために行ったソ連軍捕虜の処刑に立ち会った。「初めてガス室に人々を送りこんだとき、わたしは何がなされようとしているか完全には理解していなかった。全体的プロセスに感動しすぎていたのかもしれない」と彼は書いている。実験が開始されると、囚人たちが死にものぐるいでドアに体当たりする音が聞こえてきた。換気をしてから死体を見たときは「恐ろしくなって体が震えたが、毒ガスによる死はわたしが想像していたよりはむごくなかった」そうで、この結果を見て「安心した」とヘースはつけ加えている。来るべきユダヤ人の大量殺人は可能だと証明されたからである。

まもなく収容所の殺人システムはフルタイムで稼働させられるようになり、ヘースは定期的に現場を視察した。ガス室に送られた人々の多くはシャワーを浴びるだけだという嘘に騙されたものの、真相に気づいていた人々もなかにはいた。気づいていながら「勇気を奮って子供たちに冗談を言い、ガス室に入らせる母親もいたが、その目には死への恐怖がまざまざと浮かんでいた」という。ある女性はガス室へ向かう途中でヘースに歩み寄ると四人の子供を指し、囁き声で言った。「こんなにかわいく愛らしい子供たちを、どうして殺せるの？　あなたには心がないんですか？」別の母親はガス室のドアが閉まりだした瞬間、子供たちを外に投げ出そうとした。「せめてわたしの大切な子たちは助けて」と訴えたが、むろん願いは聞き入れられなかった。

ヘースと看守たちは「そのような衝撃的な場面」に胸を揺さぶられ、「ひそかな疑念」に苦悩したという。しかし、だからこそ、感情を殺さなければならなかった。「みながわたしを見ていた」から、ためらいや慈悲の心を見せるわけにはいかなかったという。彼はまた、「自分には憎しみという感情がなく」だからユダヤ人を憎んだことは一度としてないと主張する。それでも、次のことは認めた。「彼らをわれわれの敵と見なしていたのは事実である」

内心の疑念について語っていても、ヘースが自分の構築した殺人システムに誇りを持っていたのは明らかである。ゼーンのために書いた回想録のなかで、選別の過程で多くの病人が残され「収容所が混雑していた」ことを残念がり、上官は彼の助言に従ってもっと少数の健康な作業要員を残せばよかったのだとさえ述べている。つまり、もっと多くのユダヤ人を殺害すべきだったというわけだ。

アウシュヴィッツでは退屈することがなかったと無頓着に記す一方で、大量殺人が始まると「もはや幸せを感じられなかった」と主張する。本人が挙げている理由が、回想録のなかで何より彼の性格を表している。アウシュヴィッツの誰もがヘースは「すばらしい暮らしをしている」と信じ、実際に妻は「花の天国」のような庭を持ち、子供たちは甘やかされ、亀や猫、トカゲを飼い、厩舎や犬舎を訪れては動物好きの欲求を存分に満たしていたという。家で働いていた囚人たちまでが彼らを喜ばせようと躍起になったとヘースは自慢する。その理由にはまるで気がついていなかったようだ。しかし「子供たちのためにもっと時間を割けばよかったと、いまは深く後悔している。以前は四六時中、勤務態勢でいなければいけない気がしていた」とつけ加えている。

こういう文章をヘースは、ガス室送りになる母親たちが子供だけは助けてほしいと懇願したり、せめて子供の気持ちを落ちつけてやろうとしたりする姿を描いた直後に書いている。両者のあいだになんの関連性も見出していないのは明らかだった。回想録のポーランド語版序文のなかで、ゼーンは「大量殺人に関する記述」は「まったく無関係な傍観者によって」書かれたように見えると述べている。

ヘースは自身がしたことの責任を取るし、命をもって贖うべき理由も理解しているとゼーンらに述べたが、本当の責任は命令を下したヒトラーとヒムラーに転嫁しつづけた。それでいながら、終戦に際しても「わたしの心は総統とその理想とともにあった。なぜなら、それは滅びてはならぬものだからだ」と誇らしげに説明している。

イタリア系ユダヤ人作家でアウシュヴィッツ生還者のプリーモ・レーヴィはヘース回想録ののちの版に次のような序文を書いた。「本書は罪悪に満ちている。その罪悪が当惑するほどの官僚的愚鈍さをもって語られている」。著者は「粗野で愚か、傲慢で冗長、ときにあからさまな嘘をつく悪党」に思える。しかし、この本は「これまでに出版されたなかで最も教訓に富む」ものだ。環境が異なれば「熱心に規律を守り、命令に従うだけのさえない役人」になっていたはずの男が「史上最悪の罪人」に変化した過程がつまびらかにされているからである。

レーヴィは「悪がいかに簡単に善に取って代われるか、善を包囲し、最終的には覆い隠してしまえるか――それでいて、整然とした家庭生活や自然を愛する心、ヴィクトリア朝的道徳観などがグロテスクな小さな点となって残る」ことをこの本は教えてくれる、と続けている。また、ヘースが人を痛めつけることに悦びを感じるサディストではなかったという主張も含めて、彼の記述にはおおむね嘘がないとも。そういう意味では、ヘースは「怪物ではなく、アウシュヴィッツ所長というキャリアの頂点においても怪物にはならなかった男」なのである。

これはのちにホロコーストの主導者の一人として名高いアドルフ・アイヒマンの裁判でふたたび

論じられたテーマである。主犯格の人々は怪物だったのか、それとも一見したところはふつうの人間だったのか？　後者の見方を支持する人々にとって、ヘースは多くの点でアイヒマンよりも説得力のある論拠となった。これはのちに「悪の凡庸さ」として知られるようになるテーマである。

前述のとおり、ヘースはニュルンベルクとクラクフの裁判で証言をしたが、アウシュヴィッツの犠牲者数に関して誤解を招いた。ヘースの当初の概算は二百五十万から三百万人だったが、これは新たに到着した人々をガス室へと誘導するために編成されたユダヤ男性の四人部隊ゾンダーコマンドの生還者の証言によって信憑性が高められた。ゾンダーコマンド隊員は大半がその後殺されたが、数名が生還し、終戦直後に二人がアウシュヴィッツのガス室で死んだ人数を四百万人と証言したのだ。これがソ連とポーランドの当局により正式な数字として提出され、収容所についてゼーンが書いた本にもこの数字が使われている。それどころか、共産主義体制のポーランドは一九八九年の崩壊まで、この数字を修正しなかった。かなりの誇張であることを示す証拠が山のようにあったにもかかわらずである。

ホロコーストなどなかった、もしくは総犠牲者数が大幅に誇張されていると信じる人々のあいだで、ゼーンと彼の記述はしばしば攻撃の的となり、「ソ連のまわし者」と呼ばれることもあった。しかし、最初にアウシュヴィッツを調査したソ連とポーランドの委員会が、最も悲惨な証言を採用したのはうなずけるし、当初の数字が意図的な改竄（かいざん）であったことを示す証拠はない。

ヘースと生還者の両方が当初の数字をあげたことを考えれば、それが信じられたのは意外ではないだろう。アウシュヴィッツ・ビルケナウ博物館の現館長ピョートル・ツヴィンスキーは、収容所を放棄する前にSSが記録の九十パーセントを焼却した事実を指摘しつつ、正確な数字を算出するにはたいへんな時間がかかったと述べた。「戦争犯罪委員会に悪意があったとは思わない」「一時期、ソ連の委員会は〝多ければ多いほうがよい〟という考え方だった」。それがスターリン時代に公の路線となると、「共産党政治局の声明に反論を試みるなんて頭のおかしな人間のすることだった」。

共産主義体制の時代からその崩壊後までアウシュヴィッツ・ビルケナウ博物館に勤務したポーランド人歴史学者フランチシェク・ピペルは苦労しながらも初めて収容所の犠牲者数を百十万から百五十万人と大幅に少なく計算した。共産主義体制崩壊後の一九九二年になってようやく、その発見を書籍として刊行できた。犠牲者数が正式に変更されるずっと前から、ピペルは間違いに気づいていたが、「ジェノサイド全般、アウシュヴィッツで行われた犯罪行為については特に、その程度を小さく見積もる」ように見えかねない措置は、当局がとろうとしなかったはずだと述べた。さらに「あのころ、犠牲者数の見積もりを小さくしようとしたりすれば、人殺しの擁護者として攻撃されただろう」。

四百万という数は、実際には東部戦線でアインザッツグルッペンが百万人以上を殺したあと、すべての殺人収容所とゲットーで亡くなったユダヤ人の総数とほぼ同じである。これは偶然によるところが大きいが、アウシュヴィッツの犠牲者数が修正されても、ホロコースト全体の犠牲者数が変えられていない事実が目立つ。

ゼーンに関しては、新体制の信奉者というわけではなかった。それどころか、彼は一九四九年に犯罪科学研究所の所長となってからも共産党（訳注　この時期正確には統一労働者党）に入党しなかったが、これはそのような地位の人間としては異例だった。彼は自ら共産主義者の「婚外子」と呼んだ民主主義同盟に入った。要するに、体制側が多元主義の建前を保つために大目に見ていた小政党である。興味深いことに民主主義同盟は一九八九年に共産党と訣別した二つの小政党の一つで、議会で〝連帯〟を支持して共産党支配に終止符を打った。

確かに、それはゼーンが亡くなってからずっとのちのことだ。しかし、彼は直感的に、新たな支配者と良好な関係を維持しながらも、できるところでは距離を置こうとした。一九四九年から一九六五年まで犯罪科学研究所所長を務めたあいだ、彼は所内に共産党組織が作られるのを防いだ。同様の研究所にはほぼ例外なく、そうした内部組織ができたにもかかわらずである。「彼の在任期間、政治的な圧力がかかることは決してありませんでした」と元同僚のゾフィア・フウォボウスカは述べた。

同時にゼーンは、戦前のポーランド社会党党首にしてアウシュヴィッツ生還者であり、共産主義体制下のポーランドで首相になったヨゼフ・シランキエウィッツと親しい友人関係にあった。こうした人脈がなかったら、彼がアウシュヴィッツの調査や裁判を担当する機会も与えられなかっただろうし、国外へ出ることも許されなかっただろう。当時としては当然だったが、国外へ出るとき、特にドイツへ裁判の証拠を届けに行くときには、〝ボディガード〟がつねに伴った。ナチ戦犯の追跡を行う彼に匿名で殺害脅迫が届いていたのは事実だが、ボディガードの本当の役目はゼーンが許可なく外国人と接触しないようにすることだった。

ヘースらを尋問する際、ゼーンは復讐心をあらわにしたことがなかった。「彼は戦犯たちに人道的な態度で向き合いました。どんな運命が彼らを待っているか知っていたからです」とフウォボウスカは指摘する。ゼーンは囚人たちをきちんと扱ったほうが、彼らが行った極悪非道の行為をすみやかに告白させられると知っていた。元収容所長から、彼の有罪を決する陳述をできるかぎり引き出すことがゼーンの仕事であり、巧みに誘導されたヘースはほとばしるように告白し、結果はゼーンの狙いどおりになった。

はっきりとは意識していなくても、ゼーンが戦争犯罪の調査を始めたのは、ドイツ占領下で進んで民族ドイツ人（フォルクスドイチェ）としての登録を行い、村長を務めた兄とはまったく違うことを示したかったからかもしれない。しかし、そうした動機があったとしても、戦犯を有罪にすること、生還者から証言を集めることに対する彼の決意は、それだけに突き動かされたものではなかった。

ゼーンは陰惨な経験を語ってくれた収容所生還者には特に配慮を欠かさなかった。一度などは政治的なリスクを冒してまで彼らの力になった。ラーフェンスブリュック強制収容所で人体実験の被験者にされたポーランド人女性から証言を得たときのことを元同僚のコズウォヴスカは次のように振り返った。「彼女たちは精神的に打ちのめされていましたが、ゼーンさんは、それでも人生は生きるに値すると信じさせたんです」。彼は共産主義体制の初期に、当局を説得してそうした生還者十名ほどを療養目的でスウェーデンに旅行させるという離れ業をやってのけたのだ。

当時、一般市民はふつうソ連圏外へ旅する機会がなかった。当局が亡命を恐れたからだ。実際、ラーフェンスブリュック生還者のうち、ポーランドに帰国したのは二、三人で、ゼーンは更迭されてもおかしくなかった。彼がこの危機を乗り切れたのはシランキエヴィッツ首相と親しかったおかげだ。

別のラーフェンスブリュック生還者は、収容所で受けた打擲(ちょうちゃく)が原因で足を引きずっており、たびたび研究所に現れては「自分は不当な扱いを受けたとわめいた」そうだ。「彼女がそう主張するのもまったく当然でした」とコズウォヴスカは言い添えた。ゼーンはやさしく応対するよう部下に命じた。その生還者は紙と鉛筆、座る場所を与えられ、何時間も猛然と書きつづけた。書いたものはたいてい判読できなかったが、彼女は平静を取りもどし、二週間はふたたび現れることがなかったという。

戦犯を告発するにあたり、ゼーンは本当に苦しんだのは誰かを決して忘れなかった。ヘースがいかに自分を同情に値する人間として描こうとしても、その手には乗らなかった。元収容所長は徹底的に研究されるべき対象であり、自らを有罪に追いこむ内容を洗いざらい話させ、究極の代償を払わせるべき相手であった。そうすることが、ゼーンの考える自らの使命だった。

第6章　より邪悪でないほう

当連邦として戦犯に懲罰を加えるのは、有罪の個人に報復するためというよりは将来世代が同種のことを行わないようにするためだ。さらにドイツにおける今後の政治展開を考えると（中略）可及的すみやかに過去を忘れることが必要である。

一九四八年七月十三日、ロンドンの英連邦関係省からカナダ、オーストラリア、ニュージーランド、南アフリカ、インド、パキスタン、セイロンへ送られた秘密電報。

終戦前からすでに、戦勝国内ではナチ戦犯を追跡、起訴することの意味を疑問視する向きがあった。ニュルンベルクの裁判官や検事、またジーモン・ヴィーゼンタールやトゥヴィア・フリードマンのような戦争犯罪調査を行うホロコースト生還者は、正義を追求するという指導者のレトリックが現実のものとなることを強く信じていた。しかし、早くも戦後世界を見越し、新たな全体主義国家ソ連との対立を避けがたいものと考える人々もいた。

一九四五年の春、オーストリア生まれの歴史学者で政治学者のソール・パドーヴァーは、ドイツ領に侵攻した米軍に従軍し、地元住民や現地の統治をまかされたアメリカ人との会話を詳細に記録した。彼の仕事の一部は、どんな考え方が支持されているかを判断すると同時に要職に就いているナチを見つけ、排除することだった。パドーヴァーは実名を伏せているが、ライン地方の工業都市で自らMG（軍政府長官）と名乗った中佐と出会い、その中佐が抱いていた疑念について記録している。メモは大まかだが、趣旨は明確である。

ドイツ人がどう考えてるかなんてどうでもいい。民主主義者を見つける？　アメリカにだっていないだろう。この国を誰が統治し、誰が住もうと知ったことじゃない。MGに面倒をかけないかぎり。ドイツの問題よりロシアの脅威のほうが心配だ。ロシアと戦う力があるのはアメリカだけだ。イギリスなんてお呼びじゃない。この街の委員会はナチをかばっているようだ。どうでもいい。MGに楯突かないかぎり、ナチに特別反感はない。もらったナチの弁護士リストが使えるかどうかは不明だが。ナチ党員が悪人とはかぎらない。

ジョージ・パットン将軍もナチに懲罰を加えるか、少なくとも戦後ドイツのさまざまな要職からはずそうとする上官を痛烈に批判した。一九四五年、バイエルンの軍政府長官だった彼は妻に次のように書き送っている。「われわれがしているのは、ヨーロッパで唯一、やや近代化されている国を徹底的につぶすことだ。ロシアがヨーロッパ全体を呑みこんでしまえるように」

一九三〇年代に母国を脱出したドイツ系ユダヤ人のなかにも、なりたてほやほやのアメリカ人として戻った制圧後のドイツで直面した問題を、冷めた実際的な目で見る者がいた。ペーター・ジッヒェルは一九三五年、十二歳のとき両親にベルリンからイギリスの学校へと送られた。その年、ヒトラー政権によりニュルンベルク法（訳注　ユダヤ人排斥のための法律）が制定されると、母が「ユダヤ人は全員殺されることになる」と警告したという。一家の友人のほとんどは、そんなことを口にする彼女をいかれていると考えたそうだ。一九三八年には両親もドイツから脱出を果たし、ジッヒェルは一九四一年にアメリカへ移住した。その半年後、真珠湾が攻撃され、陸軍に志願した。

戦時中、彼はCIAの前身であるOSSこと戦略情報事務局に勤務した。ドイツ人捕虜をスパイとして徴募するのが仕事で、終戦時には若き大尉としてハイデルベルク駐留の第七軍OSS部隊の最後の隊長を務めていた。しかし、パドーヴァーが出会った中佐と同じく、ヒトラー政権の最高幹部以外のナチまで捜し出し、罰しようとする方針には否定的だった。「われわれの任務はナチの高官、保安部門のメンバー、SS幹部を見つけることだった」とジッヒェルは述べたが、その任務には身が入らなかった。「誰をというか何者を捕らえたかは訊かないでくれ」と彼は肩をすくめた。

終戦の一年ほど前、ロンドンの会議で、ジッヒェルは上官らに、戦争が終わったら筋金入りのナチからの抵抗を心配する必要はないと述べた。「第一次世界大戦とは違います」「彼らが非道なことをしたのはまったく疑いの余地がない。身を隠そうとするでしょうが、われわれを困らせることはないでしょう」。彼のかつての同国人は集団として戦うときわめて強力だが、「個々に戦うことは得意ではない」ともつけ加えた。彼の言うとおりで、ヴェアヴォルフ――連合国軍にゲリラ攻撃をかけるために訓練された部隊――からの強力な抵抗に遭うという不安はすぐに消えた。

ドイツの降伏後まもなく、ジッヒェルはベルリンへ異動となり、またOSS解体後には新たに組織されたCIAで秘密工作を続行した。在西独CIA支局へ情報を送る基地がベルリンに設置され、一九五〇年までにその責任者に就任した。最優先の任務は、ロシアに関する情報を入手し、ドイツ人科学者と技術者が誘拐され、ソ連へ連れ去られないよう守ることだった。同時に、そうした科学者がナチに協力していた過去があっても、西独へ、そこから一部はアメリカへと脱出させる手はずも整えた。「最後の戦いを挑む者はあまりいなかった」という。

戦犯については、次のように語った。「ひどい言い草に聞こえるだろうが、わたしはたいして気にかけなかった。犯罪者は銃殺されるべき、そしてわれわれはすべてを忘れるべきというのが、昔からわたしの考え方だった。本当に悪い人間は排除されるべきで、それ以外の弱かった者たちについては、前を見て、後ろを振り返らないことだ」。ジッヒェルにとっては、ニュルンベルクをはじめとした一連の裁判で問題はほぼ解決していたのである。

それはドイツの新たな支配者たちが想定したこととは大いに異なっていた。一九四五年五月十日、トルーマン大統領は敗戦国ドイツの野心的な〝非ナチ化〟プロセスを概説した宣言に署名した。そこには「名前だけのナチ党員にとどまらなかった者、ナチズムや軍国主義の積極的支持者、そのほか連合国の意思に逆らう者を一人残らず公職および公共に準じる組織、民間企業の要職から排除、除外する」とある。社会的に追放される人々の種類が、非常に広い範囲の第三帝国支持者を含める形で定義されていたのである。

ドイツを占領したアメリカ、イギリス、フランス、ソ連の四カ国は、非ナチ化が必須ということで原則合意した。ほとんどの職種で、就職を希望するドイツ人はまもなく悪名を馳せることになったフラーゲボーゲンの提出を義務づけられた。これは身体的特徴から過去の所属政党まで、広範にわたる百三十一の質問が書かれた調査票で、これに基づき非ナチ化審査団が公職および民間の仕事にふさわしくない人々を決定した。ドイツ人作家エルンスト・フォン・ザロモンはのちに『身上調書』という作品を発表し、そのなかでナチ体制下での活動に関する質問をばかにした回答を長々と書きつづった。

しかし、おおむねナチスの言うがままになっていた国民をどのように扱うかは、戦勝国が直面した重く厄介な課題だった。八百五十万人のドイツ人がナチ党員だった過去を持ち、その党員名簿は、溶かしてパルプにしてしまえという指示をミュンヘンの製紙工場経営者が故意に無視したため完全な状態で残っていた。さらに数百万人がナチ関連組織に入っていた。なんらかの形で第三帝国のために働いたことのある者を一人残らず、公職および民間の仕事に就かせないなら、残る人々は非常に少なかった。イギリス占領地域の上級情報将校だったノエル・アナンは、熱烈な非ナチ化支持者でさえ直観的に理解していたことを次のようにうまく表現している。「ドイツにおける民主主義は、非ナチ化という鉗子(かんし)を用いなければ生まれ得なかった。しかし、嬰児を押しつぶさないよう注意することも大事だった」

　ドイツ国民は従順にフラーゲボーゲンを提出したが、占領国側は山積みになっていく書類の処理が追いつかなかった。当初アメリカは特に野心的で、十八歳以上の国民全員に調査票への回答を命じ、できるだけ念入りに目を通そうとした。一九四六年末までに百六十万人分の調査票を処理し、三十七万四千人の元ナチを解雇した。しかし、未処理の調査票は数百万にのぼり、アメリカ人スタッフだけでそれを処理するのはとうてい無理だった。アメリカ占領地域の軍政府長官ルシアス・D・クレイ将軍は「百年かかってもすべてに目を通すことはできなかったろう」と語った。非ナチ化は「ドイツ人の手によって」なされなければならないとの結論が下された。

　そのほうが、ナチ時代に比較的大きな汚点を残さなかった人々については徐々に地元の責任ある仕事に就かせたいという彼の願いとも合致した。アメリカ占領地域に設置された非ナチ化裁判所であるシュプルフカマンは厳密な意味での法廷ではなかったが、検察側と被告側が設けられ、主罪、中級罪、軽級罪、伴走罪、無罪を決する任を負っていた。

その作業は最初から問題だらけだった。元ナチの多くが、自分は党員になることを強制されたが実際は反ナチスの考えを持った〝強制ナチス〟だと主張した。戦勝国がたびたび冗談にしたように、ヒトラーには一人も支持者がいなかったらしい。裁判所員のなかには任務をしっかり遂行しようとする者もいれば、きわめて疑わしい証言をもとに元ナチを無罪にする者もいた。ドイツ国民のあいだでは、当時蔓延していた〝信用のごまかし〟という言葉がはやりだした。ペルジルという洗濯洗剤にちなんでつけられた保証書（訳注　元ナチの被告の減刑を助けるために教会などが書いた）の名前である。それでも、この作業は当初、ドイツ国民から支持された。一九四六年の調査では、アメリカ占領地域の住民の五十七パーセントが賛成と回答している。しかし、公正さに対する信頼は低下しつづけ、一九四九年になると賛成は十七パーセントになった。裁判所の建物や所員の車、自宅が襲撃されることもあった。

のちにクレイは調査票も非ナチ化裁判所もおおむね失敗だったと認めている。「しかし、ほかにやりようがなかった」と言い切ったが、それも無理のないことだった。ヒトラーとその運動による強力な支配が続いた社会では、こと非ナチ化となると、成功の処方箋などなかったのである。それでもクレイは、非ナチ化に携わったドイツ国民について、明らかな力不足があったにせよ、数多くのナチの正体を暴き、指導的立場から排除することに成功したとも述べている。「彼らはわが家を徹底的に掃除することはできなかったにしても、大きな汚れを取り除いた」

占領国側はそろってすぐに例外を設けだした。ソ連とアメリカが特別熱心に引き入れようとしたロケット科学者らがその例だ。イギリスとフランスはと言えば、裏目に出た決定をすばやく翻した。一九四六年、イギリス占領地域にあったフォルクスワーゲンの工場では百七十九人の重役および従業員が解雇されたが、その工場がおもに生産していたのはイギリスへ輸出する車だった。一九四七年二月には、百七十九人のうち百三十八人が再雇用された。一方フランスは占領地域で教師の四分の三を解雇したが、九月の始業が近づくと再検討の結果、全員を復職させた。

ソ連当局は西側勢力が元ナチと結託し、多くの要職を彼らに与えていると非難した。一九四九年に占領が公式に終了し、東ドイツと西ドイツが誕生してからも、ソ連政府は西ドイツをナチの天国と呼びつづけた。確かに西側の非ナチ化プロセスを多くの元ナチが無傷で乗り越え、新生民主主義国家で経済的に不自由しない職にすみやかにありついていた。しかし記録を見れば、ソ連もとうてい模範的だったとは言いがたい。

赤軍はベルリンに侵攻する途上、残虐な報復をしたし、ソ連の戦争捕虜となったドイツ兵の生き残りは一九五六年まで解放されなかった。さらに一九四九年、新生東ドイツの法廷では多くの裁判がスターリン主義に則ったやり方で行われ、驚くような速さで被告を有罪にしていった。ほんの二カ月半のあいだに、元ナチの役人三千二百二十四人に有罪が言い渡されたが、その裁判は一件平均二十分で終わった。

しかし、西側と同じく、ソ連側の統治者も自分たちの占領地域およびその後誕生した東ドイツで、膨大な数の職務を誰にまかせるかという現実的問題に直面した。そして西側諸国と同じく、都合のよいときには過去の所属政党を不問に付したのである——場合によって、この傾向はさらに強まった。元ナチ党員にとって新たに結成された共産主義政党、ドイツ社会主義統一党（SED）に鞍替えするのは容易だった。一九四六年の時点で、地方SED団体の成員は三十パーセントが元ナチ党員だった。クレイ将軍が辛辣に述べたように「SEDに加われば、加入者の過去から〝ナチズム〟が抹消された」

ドイツ人歴史学者のヘンリー・ライデは東ドイツの膨大な資料にあたり、かの国がナチの過去にどのような対処をしたかについての詳細な研究を行った。彼によれば、一九四六年の統計には少しも驚くところがなかった。「有罪を言い渡された数多くの無実の人々だけでなく、重罪で告発されたナチ有罪犯もほぼ全員が釈放され、自分の犯した罪を悔い改めたと（不当な）主張をすることができた」

共産主義を信奉するという形で悔悛、贖罪をすれば、新生東ドイツ社会のあらゆる分野、特に大学、医学界、政界、そして公安関係ですばやく職を得られた。ソ連占領地域を統治する者からすれば、本物の敵はどんな形でも反共産主義者の疑いがあるドイツ人であり、彼らのほうが元ナチよりもずっと危険であると見なされていた。

一九四八年六月、ドイツ国内の西側統治地域から西ベルリンへ向かう道路、鉄道、水路すべてがソ連政府によって封鎖された。狙いはソ連占領地域の真ん中にある西側の飛び地を孤立させ、事実上吸収すること、米英仏を追い出すことにあった。これに対し、西側同盟国はベルリン大空輸作戦を開始し、一九四九年五月十二日にソ連が封鎖を解除するまで貨物機を二十七万回飛ばし、二百万トン以上の生活必需品を継続的に供給した。この派手な意思表示が西ベルリンを救い、二つのドイツの正式な建国に向けた動きを加速させた。冷戦が本格的に始まったのである。

西側諸国がこれ以上の戦犯訴追に関心をなくし、すでに有罪判決を受けた者の減刑を始めたのも一九四八年だったのは偶然ではない。英連邦関係省が一九四八年七月十三日に世界各地に送った秘密電報には、「過去を可及的すみやかに処理する」方法に関してきわめて明確な指示が記されていた。すでに予定されている裁判はその年の八月三十一日までに終わらせるよう促す一方で、同日を過ぎて「新たな裁判を始めてはならない」とつけ加えている。「現時点で逮捕されておらず、このあと勾留することになった戦争犯罪容疑者についてはなおさらである」と電報は締めくくっている。

ワシントンでも空気が変わりつつあった。戦犯裁判を批判する人々にとっては、既決囚の弁護人たちが減刑を求めたことが新たな攻撃材料になった。アメリカ人捕虜が殺害されたマルメディ虐殺事件に関して、武装ＳＳの隊員らが実行犯として有罪を言い渡されたが、決定的な証言を得るために、暴力を加えるという脅しや策略が用いられたとの告発があった。ウィリアム・デンソンがダッハウで担当した裁判の大半についてはそのような批判は起こらなかったが、すでにアメリカに帰国していた彼の記録も、まもなく新たな目で精査されることになった。

米軍は五つの審査委員会を設置してそれまでに決定された刑罰を検め、クレイ将軍に勧告を出した。理論上、これは正義が行われたことを確認する所定の手続きにすぎなかったが、時代の政治的空気によって、減刑は前向きなシグナルになるという考え方が後押しされたのは間違いない。ダッハウ裁判全件を審査した委員会から出された減刑提案の多くを受け入れることで、クレイは戦犯に甘くなったという批判こそ猛烈な勢いではねつけたものの、時代の精神に従った。

ダッハウ裁判では千六百七十二人の被告のうち千四百十六人が有罪になっていた。「わたしは六十九人の有罪を無効にし、百十九人の刑を変更し、百三十八人を減刑、千九十人の刑をそのままとした」とクレイは指摘している。強制収容所生還者の証言に信憑性が疑われるものがあるという理由で、四百二十六人の死刑囚のうち百二十七人を終身刑に減刑した。しかし、ダッハウ裁判で最も悪評が高かった被告――「ブーヘンヴァルトの雌犬」ことイルゼ・コッホを終身刑から懲役四年に減刑した判断は、デンソンを啞然とさせ、本国ワシントンで即座に激しい反発を招いた。

クレイはのちに、コッホは「あさましく卑劣な人となり」のために彼女が「性器を見せつけた」と証言した囚人たちの「激しい憎しみ」を買ったが、「ブーヘンヴァルトで行われた犯罪行為の主要関係者」であるとの証拠には説得力がなかったと説明した。囚人の皮膚でランプシェードを作ったという話は、実際はヤギの皮だったと判明した時点で信用できないと判断したともつけ加えた。

デンソンはクレイの決定を「司法に対する嘲り」と呼んだ。コッホの事件があらためて世間を騒がせたことから、ミシガン州選出のホーマー・ファーガソン率いる上院小委員会が調査を行うことになった。公聴会でデンソンは当初の人物評を変えず、コッホは数えきれないほど多くの囚人を苦しめた類を見ないサディストであると述べた。彼女が皮を剝ぐべき囚人を選び、その皮をランプシェードにしたという申し立ては、きわめておぞましいニュースとなったとはいえ、自分が注目したのはそこではなかったと説明した。「皮を剝いだ云々はそれほど重要だと思っていませんでした」「最も重要な点は彼女が囚人たちを打擲（ちょうちゃく）し、死ぬまで打擲させたことです。本当の判決理由はそこだったと、わたしは確信しています」

　ブーヘンヴァルトのほかの被告よりもコッホは責められる点が少ないかと問われて、デンソンは彼女が収容所の初代所長の妻であったこと、要するに公式にはなんの職責も負っていなかった事実を指摘した。「彼女が行使した権限には根拠がなかった……わたしが事情聴取した人々は、刑罰が死刑ではなく終身刑になったのは、彼女が妊娠中だったからにすぎないと考えていました」と言い切った。また、ドイツ国内で連合国による処罰はもう終わりにすべきとの声が大きくなっているなかでも、クレイの決断は現地で批判を呼ぶだろうとも述べた。「慎みのあるドイツ人はこの減刑に衝撃を受けています」

　小委員会のなかには、ダッハウ裁判の対応に疑問を唱える者もいたが、誰もコッホに同情はしなかった。「この件に関してわたしが知るかぎり、あの女は首をへし折られるべきだ」と、アーカンソー州選出の上院議員ジョン・マクレランは述べた。小委員会はコッホの減刑にはなんら正当な理由がないと結論した。デンソンの弁をくり返す形で、ファーガソン上院議員は最終報告書にこう書いている。「イルゼ・コッホの行いは証言により示されたとおり、すべて自発的なものだった。そうした自発的行動はあらゆるまともな人間の本能に反するものであり、徹底的に軽蔑されるべきであって、減刑に値しない」

クレイはコッホを減刑にする決定が激しく批判されたことに苦悩し、コッホに不利な証拠にもっと目を通すことができたら、異なる結論に達していたかもしれないと述べた。上院小委員会では「減刑が全会一致で批判されたが、彼らはわたしが目を通した記録に含まれていなかった証言を聞くことができた」とクレイは指摘した。

デンソンに非がなかったことは別の面からも立証できる。建国されたばかりの西ドイツの初代首相コンラート・アデナウアーは、訴追された人々の大半に何らかの恩赦を与える方針を即座に支持した。彼は初期の閣議で「過ぎ去ったばかりの混乱期を考えると、全般に心を白紙状態にすることが求められる」と述べている。しかし、クレイが命じた四年の刑期をコッホが勤め終えたあと、西ドイツの法廷は彼女をドイツ人囚人の殺害および虐待を煽動した容疑で起訴し、終身刑を言い渡した。これはまさにデンソンが起訴したときに勝ちとった量刑である。デンソンが予見したとおり、ドイツ国民はコッホの釈放をアメリカ国民同様に喜ばなかったのである。

ダッハウ裁判を取材したドイツ人記者ペーター・ハイデンベルガーは、あらためて収監されたコッホにインタビューを行ったが、かつては謎めいた恐るべきエロティック・モンスターと見られていたずんぐりした女に同情を覚えそうになったという。過去に言われたような魅力がなくなった彼女は「少しばかり性欲が強すぎ、誰も関わりたがらない小さな町の秘書」といった印象だった。何十年もたってコッホのことを振り返った彼は、彼女も〝悪の凡庸さ〟の定義に当てはまる、と彼女の有罪判決よりもずっとあとになって考案された用語を使った。

一九六三年、ほとんどすべての人から忘れられていたコッホのもとに十代の息子ウヴェが訪れた。ダッハウで初めて法廷に立たされたとき彼を身ごもっていた母のことを聞き知ったのだった。ウヴェはときどき母を訪ねるようになったが、一九六七年に刑務所を訪れた際、彼女が首つり自殺したことを知らされた。母は息子に遺書を残していた。「こうするしかないのです」と彼女は記していた。「死はわたしにとって解放です」

コッホの件では大衆感情は明らかにデンソンを支持していたが、ダッハウ裁判全般となるとそこまでの意見の一致は見られなかった。デンソンは被告が強制収容所の〝共謀の意図〟に一役買っていたこと、すなわち犯罪を行う〝意思集団〟の一部であったことを証明することでつぎつぎと有罪判決を勝ちとった。批判的な人々は、この分類は大雑把すぎるし、ダッハウ裁判はしかるべき手順を踏んでいない部分があると主張した。

最もきびしく批判した一人は、ニュルンベルクでアインザッツグルッペンの主要指導者二十二人を有罪にした若き検事ベンジャミン・フェレンツその人だった。ダッハウ裁判は「情けないとしか言いようがない」と彼は言い切った。「法の支配らしきものがまったく存在しなかった。軍法会議に近く……わたしの理想とする司法手続きとは違った。何しろ、わたしはまだ若く、理想に燃えるハーバード・ロースクール卒業生だったから」

デンソンは亡くなる一九九八年まで一貫して、ダッハウ裁判は当時の状況で可能なかぎり公正だった、そして絶対に必要だったと主張しつづけた。自分が勝ちとった有罪判決や執行された死刑にはなんら特別な誇りを感じないとする一方で、一九九一年にドリュー大学の授業でこう述べている。「だが、誇らしさと言っていいものを感じることはある。収容所の生還者がわたしのところへ来て〝あなた方がしてくださったことに感謝します〟と言ってくれるときだ」

フェレンツとデンソンには共通点が多い。ヒトラー体制下で最も残酷な決定を実行に移した人々を訴追する歴史的な裁判を担当したとき、二人はともにまだ若かった。思いのままに人を殺したり、拷問したりした者はその代償を払うべきだと信じていた。これには、デンソンが指摘したように、後世のために先例を作る目的と、犠牲となった人々に報いるには最低限必要なことだという理由があった——この点についてはフェレンツも間違いなく同じ考えだった。

しかし、フェレンツはつねに、ニュルンベルク裁判はダッハウやその後のナチ断罪を目指したどんな活動よりも、そうした目的の達成度が高かったと主張した。彼が有罪にしたのは「日々、何千人もの人々、何千人もの子供を撃ち殺した少佐や大佐」だった。彼らがどのように大量殺人を行ったのか、文書による充分な証拠があったので、〝共謀の意図〟を論じる必要はなかった。これは実際に引き金を引いた者だけでなく、その上に立つ指揮官たちについても言えることだった。フェレンツに言わせれば、おかげで断罪の基準が可能なかぎり高くなった。

フェレンツには確固たる言い分があったが、彼の態度にはのちにナチ・ハンターとして知られるようになる人々の特性が表れている。自分の仕事をつねに最重要と見なし、同業者があげた成果やその動機に疑問を投げかけ、侮辱することもしばしばある、という傾向だ。

皮肉なことに、アインザッツグルッペンの指揮官のなかには、ダッハウで裁きを受けた、クレイ将軍呼ぶところの「小物のナチ」よりも減刑の恩恵を受けた者がいた。多くの罪人について大幅な減刑をせよとの圧力が増すなか、クレイは一九四九年の初期に、フェレンツが担当したアインザッツグルッペンの司令官二十二人に関して再検討を行ったが、十三件の死刑を断固として減免しなかった。しかしその後、ウォール街の弁護士で陸軍省副長官の経験のあるジョン・J・マクロイがクレイの後任として、米国高等弁務官になった。一九五〇年、彼は酌量諮問委員会を設置し、アインザッツグルッペンとそのほかの裁判の判決について量刑を再検討させた。アデナウアー首相らから死刑はすべて減刑にするように迫られて、諮問委員会もマクロイも、完全にではないもののかなりの割合でその要求に従った。

一九五一年の前半、マクロイは諮問委員会の勧告をほぼすべて受け入れたうえに、服役囚の刑期をさらに短くし、勧告よりも多くの死刑囚を減刑にした。アインザッツグルッペン裁判でフェレンツが勝ちとった十三件の死刑判決のうち、最終的に減刑されなかったのは四件だけだった。大国間の対立が激しくなると、西ドイツを反共の戦いにおける味方とすることが最優先課題となった。それでも、マクロイは死刑を減免するには重すぎる犯罪もあるという考えを貫き、四人の処刑をすみやかに執行した。彼らは一九五一年六月七日に絞首刑に処された。

フェレンツの上司でアインザッツグルッペン裁判の論告求刑を行ったテルフォード・テイラーはマクロイのしたことを「政治的ご都合主義そのもの」と断じた。取り立てて死刑を求刑したわけではなかったフェレンツは、企業法務弁護士だったマクロイが死刑宣告を下す訓練を受けていなかった点を指摘し、「絞首刑に処す、と書かれた書類にサインするのは、むずかしかったと思う」と、テイラーよりも理解を示した。しかし、次のように続けた。「充分な理由があって課された刑罰なら、減免にも充分な理由がなければならない。ほとんどの減刑に関して、充分な理由をわたしは見出せなかった」

一九八〇年にフェレンツに宛てた手紙で、マクロイは自分の考えが変わっていた可能性を示唆している。「いま知っている事実を当時すべて知っていれば、もっと公正な結論に達していたかもしれない」。ニュルンベルクで有罪になったアインザッツグルッペン指揮官の残り全員が一九五八年までに釈放され、そのなかには当初死刑判決を受けた者もいた。彼らは大量殺人を行ったかつての仲間の多くがそうだったように、残りの人生を自由市民として生きた。

〝史上最大の殺人裁判〟のあと、フェレンツは戦犯の訴追を続けることを望まなかった。彼の関心は別のところへ向けられた。すなわち、収容所生還者を物質的に援助することである。クレイとマクロイの両者から計画を実行する資金の貸し付けを受けたフェレンツは「ドイツ国民に対して役職名で箔をつけるため」にユダヤ返還継承機関事務局長と名乗った。スタッフを雇って全国の不動産登記所へ派遣し、一九三三年以降の、もしくはユダヤ人の名前が記載された譲渡資産をすべて請求するよう命じた。次に返還請求連合の設立に協力して、事務所を十九カ国に開設し、アデナウアーの新政府、諸外国、ユダヤ人にかぎらない多数の犠牲者と複雑な交渉を行った。フェレンツはこの仕事を続けるために一九五六年まで家族とともにドイツに留まり、子供は四人全員がニュルンベルクで生まれた。

ドイツ国民が反ユダヤ主義を捨て、ホロコーストを事実として認めるには長い時間がかかったとフェレンツは強調するが、その一方で先例のない補償の実施に新生ドイツ当局が前向きだったことに感銘を受けたそうだ。「国家が犠牲者一人一人に賠償をするというのは歴史上初めてのことだった──きっかけとなったのは、アデナウアーの、ドイツ国民の名においておぞましい罪が犯されたという発言だ」という。

しかし九十代になってもフェレンツの情熱が衰えなかったのは、ニュルンベルクのアインザッツグルッペン裁判で首席検事を務めたからこそだった。機会あるごとに、紛争は「戦争ではなく法」によって解決されなければならないと論じ、国際刑事裁判所への支持を促した。二〇一一年八月二十五日、フェレンツはハーグで開かれた国際刑事裁判所第一回公判、児童の徴兵の罪で起訴されたコンゴ反政府組織指導者トマ・ルバンガ・ディロの裁判で論告求刑を行った。このとき九十一歳だったフェレンツは、ニュルンベルクの教訓を引き合いに出した。二〇一二年六月、ディロは有罪となり、懲役十四年を言い渡された。

今日、フェレンツは年老いた、比較的下級のナチ看守や役人を追跡しても意味はないとしている。「放っておけ」と彼は言う。「あんな雑魚は池に戻してやるがいい」

フェレンツのあとに続いたナチ・ハンターの大半は、ニュルンベルク級の被告だけが訴追に値すると考える彼とは意見を異にした。それでは大量殺人犯の大半が償いを免除されることになってしまう。フェレンツは、大物に関してはいつの時代に罪を犯したかに関係なく裁かれ、前例として全世界の見せしめとなるべきだと考えていると述べた。しかし、ナチについては、自分の獲物は本当の大物だけだという主張を変えなかった。

戦争犯罪裁判を実施した大きな動機はまさにそれ、正義が行われていることの実例を全世界に知らしめるためだった。第三帝国の行った侵略、大量殺人、残虐行為の記録を一つ一つ提示することにより、実際に何が起きたのかを検証し、命令をどう理解していたかにかかわらず、戦犯たちにはそうした犯罪に直接的な責任があったと立証する上で、裁判はきわめて重要だった。その証拠が広く大衆に知られるよう、連合国の代表者はニュルンベルク裁判に撮影部隊を配置し、国際軍事法廷における主要な被告の裁判をドキュメンタリー映画としてまとめようとした。

驚くには値しないが、アメリカとソ連の代表はアプローチに関して意見が割れ、別々に作品を制作することを決めた。意外だったのは二本がたどった運命のほうだ。ソ連が制作した映画は比較的早く公開されたが、アメリカの映画制作者はどのような作品にするべきかをめぐって激しい国内論争に巻きこまれ、結局できあがった労作をアメリカでは上映できなかった。一九四〇年代後半にドイツで上映されたあと、『ニュルンベルク裁判　現代への教訓』というこのアメリカ映画はおおむね忘れ去られた。

映画が忘却の彼方に葬られた理由――それは、ようやく完成に漕ぎ着けたのが一九四八年で、この年、ワシントンでは政治的優先順位に大きな変動があったからだった。「冷戦が大きな要因でした。わが国はドイツの再建に投資していたからです」と映画プロデューサーのサンドラ・シュルバーグは語る。「ドイツをヨーロッパのコミュニティに復帰させようとしているとき、ニュルンベルク裁判やナチスの残虐行為を人々に思い出させるのは非常に都合が悪かったのです」

シュルバーグは一九五〇年生まれだが、このドキュメンタリー映画にはきわめて個人的な因縁がある。彼女の父は映画監督・脚本家のスチュアート・シュルバーグで、真珠湾攻撃後に海兵隊に入隊し、名監督ジョン・フォード率いる戦略情報事務局（OSS）映画撮影隊に配属された。兄のバド・シュルバーグは当時すでに小説家として成功しており、のちに『波止場』（訳注　一九五四年、エリア・カザン監督の映画）の脚本でアカデミー賞を受賞したが、弟より先に海軍に入隊し、やはりOSS映画撮影隊に配属されていた。兄弟は終戦直後、ドイツ国内および元占領地域を走りまわり、ナチスの非道さを告発する映像を探した。

ナチスはそうした映像証拠の大半を破棄するよう指示していたため、残っているフィルムを回収するには第三帝国の元役人らに協力を命じなければならなかった。バイエルン北部の街バイロイトで、スチュアートら少人数のチームは隠匿されていた大量のフィルムの輸送準備を憤然とした元SS隊員の囚人らに手伝わせたことがあった。米兵二人が銃を突きつけ、彼らに重い木箱を積みこませた。スチュアートによれば「囚人たちはまだ黒い制服を着て、気取った舟型略帽をかぶっていた」そうだ。「アーリア人のSS隊員たちは作業を不快に思っていた――それは見ればわかった。われわれから命令されるたび、唇がちょっと歪んだ。サーカスで怒りをたたえ、打ちのめされた様子でむっつりと芸をするトラやライオンを思い出したよ」

それらのフィルムはニュルンベルク国際軍事裁判所できわめて貴重な証拠となり、衝撃的な映像を見せることで検察側の主張の裏付けに役立った。OSSは米軍と英軍が収容所を解放したときに撮影した映像を使って『ナチの計画　国家社会主義運動の歴史』と『ナチの強制収容所』を制作した。法廷で上映されたとき、特に後者は被告人にも言葉を失わせた。

一九四五年後半に除隊となり、アメリカに帰国したバド・シュルバーグはニュルンベルク裁判を題材にした映画の脚本執筆を依頼されたが断り、代わりにスチュアートを推薦した。「フランクリン・デラノ・ローズヴェルトの映画制作者」として知られるペア・ロレンツが、陸軍省の映画舞台音楽部門の長だったことから、ニュルンベルク・プロジェクトの責任者となった。バドの推薦を受けて、ロレンツはスチュアートに脚本の執筆を依頼し、クレイ将軍の軍政府に映画制作の権限を奪われないように闘った。ワシントンでは陸軍省と国務省がこの争いに加わり、この内部抗争と資金調達などの問題にうんざりしたロレンツは、一九四七年に陸軍省を辞した。

スチュアートは依頼された脚本の草稿を書いては、作品に自分の足跡を残したい人々から何度も怒りに満ちた批判を受けた。しかし、最終的にはスチュアートの案が通り、映画は四つの訴因に焦点を当てて制作されることになった。共謀、平和に対する罪、戦時犯罪、人道に対する罪である。率直ながらも胸を揺さぶる言葉で、この映画はこの四つの領域における第三帝国の記録を、裁判の映像から紡ぎ出した。アメリカ首席検事だったロバート・ジャクソンが裁判シーンの監修をした。

一九四七年半ば、ようやく映画制作が開始されたころ、アメリカはソ連の作品がすでに完成したことを知る。ソ連版は当然ながらドイツを破るうえで赤軍が果たした役割に焦点を当て、西側連合軍の貢献にはほとんど触れなかった。この結果、アメリカのマスコミでは厄介な見出しが躍ることになり、六月十一日の「ヴァラエティ」誌は「軍の内輪揉めのせいでニュルンベルク映画では米軍が赤軍に惨敗」と書いた。

ドイツ駐在のアメリカ高官のなかには、いまだにドキュメンタリー映画の制作が遅れるか、頓挫することすら期待する者もいたなか、ソ連版がアメリカ版の完成、公開を早めたと言えるかもしれない。アメリカ版は一九四八年十一月二十一日、シュツットガルトで初上映され、一九四九年に西ドイツ各地で上映された。スチュアートは批評家の反応が「予想外によかった」と報告している。劇場は満杯になった。「観客は上映中、衝撃を受けて静まり返り、帰りは言葉をなくし、動揺していた」と彼は記し、さらに米軍政府情報官の言葉を引用している。「われわれはナチズムについて三年かけてドイツ国民に語ってきたが、この八十分の映画のほうがより多くのことを伝えられる」

ニュルンベルクから帰国していたジャクソン最高裁判事らは、この映画がドイツで成功をおさめる前から、アメリカでも公開されることを強く求めていた。ニューヨーク州法曹協会は上映会の開催を要請したが、ワシントンに退けられた。彼らに入手できたのはソ連版だけだった。これを知って憤ったジャクソンは一九四八年十月二十一日、ケネス・ロイヤル陸軍省長官にアメリカでの公開を訴える荒々しい手紙を書き送った。そのなかで彼は、ニューヨーク州法曹協会の会長ハリソン・ツイードにもすでに手紙を送ったことを伝えていたが、ツイードからはあとで電話があり、彼の怒りの手紙を「罵り言葉を抜いて」会員たちの前で読みあげてもよいかと尋ねられたという。ジャクソンは「罵り言葉を抜かないなら、読みあげてもよい」と答えたそうだ。

ジャクソンの訴えの主旨は、この映画には複数の効果があるということだった。すなわち、ドイツ国民が民主主義の必要性を理解するのを助け、「ソ連が一国で勝利し、ニュルンベルク裁判を取りしきったかのような印象」を与えるプロパガンダ映画に対抗し、そして、そもそもなぜ戦争になり、戦犯が裁かれたのか、正しい歴史的記録を提示して説明することで、ローズヴェルトとトルーマン両大統領の目指したところに近づける、というのである。「この映画はアメリカのためになるのだから、それをどうして利用しないのか理解できない」とジャクソンは締めくくった。

ロイヤルはジャクソンの訴えにも考えを変えず、「わが国での一般公開は検討されていない」と返信した。「映画の主題は政府の現在の政策、目指すところに反するというのがわたしの意見だ。

それゆえ、現時点でこの映画は軍と国家全体にとってなんら重要な価値を持たないと思われる」

そもそも陸軍将校の多くはドイツ人将校を裁判にかけることに反対だったのだが、この場合の決め手は冷戦の始まりだろう。アメリカ国民は西ドイツ国民を盟友と見なすべきであり、映画はそこに水をさすと考えられたのだ。この映画を観ていたユニバーサル・ピクチャーズの広報責任者ウィリアム・ゴードンは、いかなる形の一般公開にも反対で、特に収容所をはじめとした残虐行為の映像は「おぞましすぎて吐き気を催す。文字どおりの意味で」と述べた。

この検閲行為が見過ごされることはなかった。一九四九年三月六日、「ニューヨーク・デイリー・ミラー」紙に掲載されたコラム「恥の殿堂」で、ウォルター・ウィンチェルは、この映画がアメリカ国内の反独感情を煽るという説明を笑った。「これ以上ばかげた理由があるだろうか？」「ナチズムを根絶することが任務であった人間が、いまやナチの残虐行為の証を根絶しようと努力し、それゆえナチの共犯者になろうとしている」

当初、ドキュメンタリー映画プロジェクトの責任者だったペア・ロレンツは辞職後、民間人に戻っていたが、自身で劇場に配給するためにこの映画を軍から買い取ろうとまでした。彼の申し出もすぐに却下された。一九四九年九月十九日の「ワシントン・ポスト」紙は次のように示唆した。「合衆国当局には、アメリカ国民は単純すぎて一度に一つの敵しか憎めないと考える者がいるようだ。〝ナチは忘れろ〟と彼らは勧める。〝そしてアカに集中しろ〟と」。のちに『第三帝国の興亡』を著した著名ジャーナリスト、ウィリアム・シャイラーは記者と批評家を対象とした特別上映会に足を運び、この映画の公開を妨害した陸軍の行為を「恥知らず」と非難した。

しかし、何があろうと軍と政府の考えは変わらず、この映画がアメリカ国内で一般公開されることはなかった。落胆しながらも、スチュアート・シュルバーグは駐独米軍政府のために非ナチ化と再教育に関する映画を作りつづけ、一九五〇年から五二年にかけてはパリでマーシャル・プラン映画部門の責任者を務め、独仏間の和解を促進するための作品に携わった。

スチュアート・シュルバーグが他界して四半世紀後の二〇〇四年、サンドラはこのマーシャル・プラン映画の回顧上映会をベルリン映画祭で行った。その上映に先立ち、映画祭総合監督のディーター・コスリックのたっての願いで、サンドラの父が作ったニュルンベルク映画のドイツ語版が上映された。それを観たことがなかったサンドラは、深い感銘を受けた。

帰国してからアメリカ版を観てみると、法廷での録音の代わりに英語のナレーションが使われていた。このことから、彼女は映画制作者・音声編集者のジョシュ・ワレツキーとともに、実際の法廷録音を使って映画を修復し、裁判の発言者がそれぞれの母語——ドイツ語、英語、ロシア語、フランス語——で話しているのが聞こえるようにするという野心的な試みに取り組んだ。スチュアートが書いたオリジナルの英語のナレーションは、俳優のリーヴ・シュライバーに依頼した。修復された作品は二〇一〇年の秋に初めてアメリカ国内の映画館で公開され、二〇一四年には高解像度のブルーレイ版も発売された。

こうしてようやく、スチュアート・シュルバーグの作品はアメリカ国民に鑑賞される機会を得たのである。冷戦後の世界では、もはや反対する者は一人も残っていなかった。

第7章　不屈のハンターたち——ヴィーゼンタールとバウアー

過去に属することなどない。あらゆることはいまも現在の一部であり、ふたたび未来の一部になりうる。

ブラウンシュヴァイクおよびヘッセン州検事長を務めたフリッツ・バウアーが、第三帝国時代にドイツ国民の名で犯された罪をなぜそこまで同国人に認めさせようとするのかを説明して。

ナチを訴追しよう、十二年間の恐怖政治のあいだに行われたことを暴こうという意識が急速に薄れていくのを感じていたのは、戦争犯罪裁判やその結果に深く関わったアメリカ人ばかりではなかった。ホロコースト生還者として恐怖を直に体験したり目撃したりしてフリーランスのナチ・

ハンターとなった人々も、世間の無関心が増したり、ナチ狩りへの反感にすら直面したりするなかで、決意が揺らぐこともあった。彼らもまた、新たな個人的、政治的課題にエネルギーを注ぐべきか悩んだ。一九四〇年代後半に始まった冷戦、一九五〇年に勃発した朝鮮戦争から予想されたとおり、一九五〇年代は一九四〇年代とはきわめて異なる十年となり、マスコミの見出しを賑わせたのもきわめて異なる問題だった。

一九四五年五月五日にマウトハウゼンから解放されたヴィーゼンタールは、近くのリンツの街に留まり、戦略情報事務局（ＯＳＳ）の仕事をした。ＯＳＳの現地最高指令官のはからいで、必要なサポートを得ることができた。すなわち彼はＯＳＳのために「秘密調査活動」をしているので「アメリカ占領下のオーストリア国内を自由に動きまわる」ことを許可するという通行証である。一九四五年末にＯＳＳのリンツ事務所が閉鎖されると、米軍の対敵諜報部隊（ＣＩＣ）に転じた。仕事の内容は変わらずナチを見つけ出して捕らえる手伝いだった。しかし、多くの場合、戦勝国はナチを勾留しておくことに興味がなく、ほとんどすぐに釈放した。

ヴィーゼンタールはＣＩＣの将校らとともにナチを逮捕し、裁判で使う証拠集めをした。同時に、強制移住させられた人々と緊密に連携しはじめた。その多くがホロコースト生還者で、各地にちりぢりになっていた。彼らは戦犯を有罪にするのに貴重な証人になりうると、ヴィーゼンタールは早いうちから気づいていた。医療の手配から米国ビザ申請の手伝い、さらに重要だった行方不明の身内の捜索まで、あらゆることに協力したおかげで、幅広い情報網を持つようになった。彼らに質問票を送って身の上話を集めたが、これは当人の素性を検めるのに役立つだけでなく、戦犯追跡の新しい手がかりとなる可能性もあった。

議論を恐れないヴィーゼンタールは、アメリカ占領地域で難民の再定住に関わるユダヤ人組織に就職を希望する人々には、収容所でナチに協力しなかったこと、とりわけカポ、すなわちSSから任命されて仲間の囚人を監督した囚人班長ではなかったことを証言する保証人を二人用意するよう主張した。おかげで生還者仲間のあいだに「大勢の敵を作ってしまった」と、彼は率直に認めた。そういうことは初めてではなかったし、最後であるはずもなかった。数えきれないほどの難民から感謝された一方で、さまざまな難民グループ間の避けがたい反目に巻きこまれ、かつての被害者同士のあいだに新たな生存競争を引き起こす結果になることもたびたびあった。

リンツにできたばかりのユダヤ人委員会で、ヴィーゼンタールらは生還者名簿を作成し、よそから独自の名簿を持って家族や友人を捜しにきた人々と交換した。しかし、そうした名簿が増えていくなかで、彼にとって一番気がかりな人物は見つからないだろうとあきらめていた。妻のツラである。ツラとは彼女がポーランド系カトリック教徒の偽名を使ってワルシャワに身を隠して以来、連絡が取れなくなっていた。一九四四年のワルシャワ蜂起の際、ツラがポーランド人詩人の妻と一緒に住んでいたトピエル通りの建物が、ドイツ軍の火炎放射器によって破壊されたという情報もあった。「わたしは奇跡を信じなかった。身内はみんな死んだものと確信していた」「妻が生きていると は期待しなかった」

しかし、奇跡的としか言いようがないが、ツラは通りが攻撃される直前に脱出していた。ほかの生存者とともにライン地方の機関銃工場へ強制労働のために連れていかれ、そこでイギリス軍により解放されたのである。彼女も夫は死んだと聞きおよんでいたが、ジーモンが手紙のやりとりをしていたクラクフに住む共通の友人から、夫が生きて彼女を待っているとの驚くべき吉報を受けた。一九四五年十二月、ジーモンがポーランドへ帰るアウシュヴィッツ生還者にツラをリンツまで連れてきてくれるよう頼み、夫婦は再会を果たした。翌年の九月、ツラは二人にとって初めての、そして唯一の子となる娘パウリンカを出産した。

ヴィーゼンタールはそのほかの面でも新しい生活をスタートさせたいと願っていた。彼をマウトハウゼンから解放し、ナチを狩るチャンスを与えてくれた米軍には敬意を抱いていたが、状況と人々の態度の急速な変化を受け入れるのはむずかしかった。ＣＩＣの将校からそっけなく言われたことがあった。「状況なんてあっという間に変わる。ロシア人に対抗するにはドイツ人が必要だ。善良なドイツ人だけでは数が足りないんだよ」

元ナチが占領軍の機嫌を取ろうと必死になるさまに、ヴィーゼンタールは唖然とした――彼らが西側とソ連との新たな戦いにおけるエキスパートとして自分たちを売り込む巧みさにも。「アメリカ人は特に長身、金髪碧眼のドイツ人に弱かった。彼らが映画に出てくるアメリカ人将校にそっくりだというだけで」とヴィーゼンタールは回想している。戦勝国の人間は「ナチス最高の秘密兵器、すなわち女性（フロイライン）」に、仲間を解放してほしいと懇願された場合も弱かったそうだ。「若いアメリカ人は当然ながら、かわいらしく従順な娘のほうに興味があった。誰もが悪夢のように忘れたがっているSS隊員などよりも」

しかし、ヴィーゼンタールはナチスとその犯罪を忘れるつもりはさらさらなかった。一九四六年には強制収容所での経験に基づいた白黒の素描画集『マウトハウゼン強制収容所』を出版した。翌年にはリンツにユダヤ人迫害記録センターを設立して運営に当たり、戦後の混乱期にまだ定住先が決まっていなかった収容所生還者たちから証言を集めてまわった。センターの資金は一九四六年にバーゼルで開かれたシオニスト会議で出会った、故郷ガリツィア地方ブチャチの元教師アフラハム・ジルバーシャインを説得して出させた。ジルバーシャインが出した額はごくわずかだったが、精力的なヴィーゼンタールは本格的に活動を開始した。

彼の活動を快く思わない人々は多かった。第三帝国の熱狂的な支持者ではなく、第一の犠牲者として見られることを望んでいたオーストリアでは特にそうだった。現実には、ナチの恐怖政治機構のなかで、オーストリア人は不相応な割合で高官職を占め、強制収容所運営に関しては特にその傾向が強かった。「オーストリア人は第三帝国の人口のたった八パーセントにすぎなかったが、ヒトラー政権下で行われたユダヤ人殺害の半数はオーストリア出身のナチによるものである」とヴィーゼンタールは記している。その結果、ナチ狩りが本格的に行われると、彼らは失うものが多かった。オーストリアでヴィーゼンタールが展開した「巷にはびこるナチズム」を根こそぎにしようという呼びかけや活動は予想されたとおり反発を招き、脅迫状が送られてくるようになったため、彼は一九四八年に拳銃の携帯許可を得た。

この時期、ブリチャはヨーロッパからパレスティナへユダヤ人を密航させており、ヴィーゼンタールはオーストリア国内にいる彼らの工作員に協力していた。遠からず自分も同じ道をたどるつもりで、まもなくイスラエルとなる土地へユダヤ人を送る活動を支援していたのである。しかし、ナチの戦犯に暴力で仕返しをするべきだと主張する工作員とはつねに対立した。

皮肉なことに、ヨーロッパからユダヤ人が脱出するルートはオーストリアを抜け、イタリアの港から船に乗る場合が多く、南米へ脱出するナチ逃亡者の〝ラットライン〟と呼ばれた逃走路と重なっていた。たいていナチは、カトリック教会が組織した表向きは人道目的の団体に助けられていた。オーストリア司教アロイス・フーダルは親ナチ派として知られ、多数の戦犯の逃亡を助けた。ヴィーゼンタールは亡くなるまで、ヴァチカンに関係文書の公開や説明を求めつづけた。しかし、カトリック教会がユダヤ人も多数救ってくれたことを指摘するのは忘れなかった。

「カトリック教会は分裂していたのではないか。ヒトラーを反キリストと見なし、それゆえキリスト教徒としての慈悲を実践した聖職者や信徒と、ナチスを道徳の衰退とボルシェヴィズムに対抗する秩序と見なした人々に」とヴィーゼンタールは記している。「前者は戦争中にユダヤ人を助け、後者は戦後にナチを隠したにちがいない」

オーストリア国内におけるナチ戦犯の逮捕と有罪判決につながる証拠を捜し求める過程で、ヴィーゼンタールは新たに派遣されてきた米軍兵士の経験の浅さに苛立つことがたびたびあったが、進駐英軍の態度にはもっといらついた。戦犯に不利な証拠を集めるためにイギリス占領地域に足を踏み入れたとき、ナチ狩りには「まったく関心がなさそうな」軍曹に尋問されたことがあった。「イタリア経由でパレスチナに向かう密航についてどう考えるか」と軍曹は即座に訊いた。ヴィーゼンタールが結論しているように、イギリスにとっては「自分たちの占領地域内にいるナチ戦犯」よりもパレスチナへの難民流出を食い止めることのほうが大事だった。

野放しになっている戦犯を追跡することにあらゆる方面で関心が失われていくなか、ヴィーゼンタールは一九四八年に独立国家となったイスラエルへの移住を考えることが多くなった。娘のパウリンカによれば、ツラは当初から移住に賛成だった。「一九四九年に両親はイスラエルへ行く準備ができていました」とパウリンカは語った。その年、ジーモンはそこが新たな祖国になると信じて、初めてかの地を訪れた。

ブリチャに協力しただけでなく、ヴィーゼンタールはほかの面でもシオニズム運動を間接的に支援していた。一九四七年に二冊目となる著書を刊行したが、その本は英国に任命されたエルサレムの最高顧問官でパレスチナの指導者、ハジ・アミン・アル＝フセイニに焦点を当てたものだった。一九三六年、アル＝フセイニはユダヤ人移民を嫌って暴動を起こし、その結果、地位を追われ、パレスチナからも追放された。しかし、国外からユダヤ人に対する抵抗を呼びかけつづけ、ナチスの支配するドイツを支持するよう訴えた。一九四一年十一月にヒトラーと会い、次のように述べた。「アラブ人は生来、ドイツの友人だ。なぜならドイツと敵を同じくするからだ……ユダヤ人のことである」。ヒトラーはこれに対し、ドイツはアラブを支持すると誓った。

ヴィーゼンタールによれば、アル＝フセイニはアイヒマンとともにアウシュヴィッツとマイダネクの強制収容所を訪れ、〝最終的解決〟のシステムを学んだという。ヴィーゼンタールの伝記作家トム・セゲフは「それ（この話）が真実であることを示す信頼できる証拠は存在しない」と指摘しているし、ヴィーゼンタールはこの著書を英語で出版できなかった。しかし、アル＝フセイニの活動についての関心は衰えず、手に入った情報はすべて資金提供者のジルバーシャインに流し、彼からイスラエルに伝えられることを期待した。

一九四九年にイスラエルを初めて訪れたヴィーゼンタールは、ほかにもアラブとナチスの接触に関する文書を持参した。このときの訪問で、イスラエル外務省の役人ボリス・グリエルから、新国家の情報活動のために必要なので、ヨーロッパに残ることを要請されたという。セゲフは「イスラエルの新人スパイ」という表現を使っているが、ヴィーゼンタールはイスラエルの旅券を渡され、おかげでオーストリアの居住許可を得ることができた。さらにイスラエルの複数の定期刊行物の特派員として記者証も用意された。

しかし、始まったばかりのイスラエルの諜報活動とヴィーゼンタールとの関係は明確なものではなかった。駐オーストラリアのイスラエル外交官との接触を欠かさず、オーストリアにおける反ユダヤ主義や政治情勢に関する報告を行ったが、セゲフによれば、イスラエル側はヴィーゼンタールを「パートナー」として見ており、このことは彼が一人前の諜報員とは見なされていなかったことを意味する。一九五二年にはイスラエルはヴィーゼンタールの旅券を更新しないことに決めた。また、情報提供の継続に対して領事館から支払いが欲しい、もしくは職員として雇ってほしいというヴィーゼンタールの訴えも退けた。ヴィーゼンタールは抗議を続け、一九五三年末に旅券は更新されたが、その後は個人で活動を始めた。

イスラエルへ移住さえすれば、イスラエル国民になれたのだが、当時の彼はイスラエル国民としての資格を持ちつつ、オーストリアに留まりたかった。その希望は達せられなかったが、オーストリアの国籍は得られた。ツラがイスラエルへ移住したがっていたにもかかわらず、意思を翻したのだった。当時は知る由もなかったが、この重大な決断をしたからこそ、彼はその後数十年にわたって世界的に名を馳せるようになったのである。

戦争末期にダンツィヒでポーランドの共産主義者の民兵組織に所属していたとき、ドイツ人に報復をしたトゥヴィア・フリードマンは、ウィーンでヴィーゼンタールとは別の小さなユダヤ人迫害記録センターの責任者となっていた。フリードマンの初期の活動はリンツ時代のヴィーゼンタールと共通点が多い。東中欧からウィーンへやってきたユダヤ人から証言や文書を集め、SSやそのほかの公安関係将校の裁判に証拠を提供するのが仕事だった。「われわれのおかげで、オーストリア警察は何十人もの容疑者を逮捕するのに大忙しだった」とフリードマンは豪語している。

あるとき、ウィーン大学に通うルーマニア系ユダヤ人の学生が、オーストリア人の女性が所有する下宿で引き出しから手紙の束を発見した。ＳＳ中尉ヴァルター・マトナーが、一九四一年六月、ドイツがソ連に侵攻した直後、ウィーンにいた妊娠中の妻にウクライナから書き送った手紙だった。学生はそれを読むと気分が悪くなって吐いたとフリードマンに語った。そこには整然と行われたユダヤ人の銃殺の様子が描かれ、キエフで三万人、モギリョフで一万七千人と、数字が淡々と記されていた。中尉は共産党の役人が公開で絞首刑になり、地元住人はそれを無理やり見物させられたとも書いていた。「ここロシアに来て、わたしはナチであるとはどういうことか理解できた」

フリードマンがこの手紙の束をオーストリア警察の警部のところへ持っていくと、警部は傍目にも衝撃を受けた様子だったという。彼は同僚数人を呼び、彼らにも手紙を読ませた。「警部らがどれほど恥ずかしく思ったか、わたしにはわかった」とフリードマンは記している。

警察は二日後にマトナーがオーストリア北部の小さな町にいることを突きとめ、ウィーンへ連行した。最初に手紙を読んだ警部のはからいで、フリードマンはマトナーの尋問に立ち会った。マトナーが手紙を書いたのは自分だとすぐに認めると、警部は怒りもあらわに言った。「この人でなしが！　身重の妻に、自分はロシアで子供たちを無慈悲に銃殺しているなどとよくも書けたな！」

マトナーは自己弁護をしようとした。「つ、妻に――自分を偉く見せたかったんだ」。フリードマンによれば、これを聞いた警部はマトナーに平手打ちを食らわせ、手紙を読めば大量殺人への関与は明らかだと指摘したという。マトナーが囚人の頭の上を狙って撃ったと主張しはじめると、警部はもう一度平手打ちを食らわせた。「ロシアでなぜそんなに嬉々としてユダヤ人を殺した？」

マトナーは自己弁護を続け、ウィーンにいたころの自分は「ユダヤ人の一番の味方」で一九三八年――オーストリアが第三帝国に併合された年――まではユダヤ人の店で買い物をしていたと語った。その後の出来事は自分のせいじゃない。「ヒトラーのプロパガンダのせいだ。あれが人の心を毒し、われわれの手に狂気の権力を握らせたんだ」と主張した。

怒りがこみ上げてきたフリードマンは、マトナーにつかみかかってしまいそうで、唐突に取調べ室をあとにしたという。元SS中尉は裁判にかけられ、絞首刑に処せられた。

連合国進駐軍が目を光らせていた終戦直後の時期、オーストリアの法廷は一般に知られているよりも多くの公判を行い、二万八千百四十八人が裁かれ、一万三千六百七人に有罪が言い渡された。しかし、フリードマンやヴィーゼンタールが目の当たりにしたように、冷戦初期の急速に変化していく政治環境のなかで、そうした裁判に対する情熱はみるみる失われ、既決囚の多くはすぐに釈放された。自分たちはヒトラーの最初の犠牲者であるという弁解にしがみつきたいオーストリアでは、数多くのナチが刑務所行きを免れただけでなく、元の仕事に復帰しつつあった。

「ますます当惑させられる状況になっていった」とフリードマンは回想している。「オーストリア人警察官の半分がナチスの時代にユダヤ人コミュニティを迫害する計画を、とくにポーランドで実施していたようだった。わたしの迫害記録センター、そしてわたしに対する反感を感じるようになった」。以前、彼に協力してくれた警察官たちは、仕事からはずされた。

我慢できなくなったフリードマンはウィーンCIC本部の連絡員と話し合いに行った。「ここはオーストリアなんだ、フリードマン」とユダヤ人の米軍少佐はそっけなく言ったそうだ。「ソ連はここに鉄のカーテンをおろしたがっている。われわれはそれを望まない。この国の人々は両者を戦わせて自分の利を図ろうとしている。愚かな国民じゃないからな。それに、自国の裁判所でナチの戦争犯罪裁判ばかりが行われているのは単純に嫌なんだよ」

この戦術はうまくいったようで、連合国軍はソ連の部隊も含めて一九五五年に撤退し、オーストリアは独立国となると同時に永世中立国となった。一九五六年から二〇〇七年までにオーストリアがナチ戦犯の裁判を三十五件しか行っていないのは偶然ではない。

ヴィーゼンタールと同じく、フリードマンもユダヤ人をパレスチナに密航させるブリチャに協力していた。イスラエルが建国される一年前の一九四七年、彼はユダヤの民兵組織ハガナのリーダーと腹を割った話をした。ハガナのメンバーはパレスチナへ向かう難民にたびたび同行していた。そのリーダーはナチを裁こうとするフリードマンの努力を讃えながらも、第一に優先すべきこと、すなわちユダヤ国家の建国を忘れてはならないと忠告した。「この任務に全霊を注げ、タデク」「ナチはあとまわしでいい。ユダヤ国家のほうは待ったなしだ」

フリードマンは、ハガナの部隊に協力してアラブ諸国へ輸送される予定だった武器を押さえ、その荷がパレスチナのユダヤ人部隊へ送られるようにしたという。イスラエル建国の翌一九四九年には新国家から工作員が派遣され、ウィーンでの諜報活動を引き継いだ。フリードマンの協力はもはや必要ないと言い渡された。「当時、ウィーンには奇妙な空気が漂っていた」「イスラエル人がいて、それとは別のユダヤ人がいる。わたしは理論上、ポーランド国民だった」

彼は迫害記録センターの仕事を続けたが、リンツのヴィーゼンタールのセンター同様、資金繰りに苦労していた。一九五〇年代初めにはオーストリアに流れてくるユダヤ人難民の数が大幅に減少し、財源が底を突きつつあった。もっと落胆させられたのは、センターの仕事に対する世間の関心が急速に薄れたことだ。「わたしの文書ファイルは宣誓供述書ではち切れそうになっていた」「それなのに、それを欲しがり、ナチを訴追しようとする人間は一人もいなかった。ドイツ人は欲しがらなかった。オーストリア人も欲しがらなかった。西側連合国もロシア人も」

一九五二年にはウィーンのユダヤ人迫害記録センターは閉鎖され、フリードマンが所有していたファイルはホロコースト関係の資料を集め、後世に伝える目的で設立されたイスラエルの新しい機関〈ヤド・ヴァシェム〉へと送られた。フリードマンはその年、自身もイスラエルに移住することを決断した。彼はナチの追跡を続行すると誓ったが、新しい国では新しい生活を始めなければならないと自覚していた。

当時を振り返って、フリードマンは一つだけ手元に残したファイルがあったと記している。「それはアドルフ・アイヒマンに関するファイルだった」

ウィーン時代にフリードマンはリンツのヴィーゼンタールと出会い、頻繁に手紙のやりとりをした。「われわれは情報を交換し、可能なかぎりあらゆる面で協力し合うことで合意した」とフリードマンは述べている。自らナチ・ハンターを名乗る二人の協力し合おうという気持ちは最初は純粋なものだった。フリードマンは戦争末期にダンツィヒでポーランドの共産主義者のために働いたことがあり、ヴィーゼンタールはオーストリアでアメリカのために働いていた。このことから、おたがいに多少の疑念を抱いてはいたが、ナチ戦犯を追跡するという志は同じだった。この共通の目標のせいで競争心の見え隠れする関係へと変わっていくのはあとになってからのことだ。

フリードマンによれば、当初は二人とも〝最終的解決〟方法の考案者であり、戦争末期に姿を消したアイヒマンの追跡に夢中だったという。ヴィーゼンタールがアイヒマンと彼の果たした役割について聞いたのはアシャー・ベン＝ナタンからだった。アシャー・ベン＝ナタンはオーストリア生まれのユダヤ人で、一九三八年にパレスチナへ逃れてハガナの一員となり、戦後はかつての母国でアルトゥール・ピアという名前を使ってブリチャの工作を取り仕切った。一九四五年六月二十日にウィーンで会った際、ヴィーゼンタールは〝アルトゥール〟からユダヤ機関（訳注　一九二九年に創設されたエルサレムに本部をもつユダヤ人の国際的機関）の政治部が作成した戦犯リストを渡されたという。そこにはアイヒマンが「ゲシュタポ本部、ユダヤ人問題担当部門の高官。国家社会主義ドイツ労働者党党員」と記されていた。

自伝の一冊目にも二冊目にも、ヴィーゼンタールはその後思いもかけないところから手がかりを得たと書いている。リンツのＯＳＳ事務局から二軒しか離れていない、ラントシュトラーセ四十番地の女家主からである。ある晩、彼が戦犯リストを検（あらた）めていたとき、ベッドの支度をしにきた女家主が肩越しにのぞきこんで言ったという。「アイヒマン。ユダヤ人のことを任されていたSSのアイヒマン将軍のことだね。両親がここ、この通りに住んでるのは知ってるかい？　少し行った三十二番地に」

アイヒマンはホロコーストにおいて決定的な役割を果たしたものの、階級はまだ中佐だった。しかし、実家の場所は女家主の言うとおりだったので、ヴィーゼンタールが通報すると、二日後OSSの職員二人がやってきた。しかし、アイヒマンの父は終戦以降、息子からいっさい音沙汰がないと言い張った。

これがしだいに執着を増していったというアイヒマン追跡の始まりだった。ヴィーゼンタールはアルタウッセという温泉町にヴェロニカ・リーベルという女がいるのを突きとめた。彼女はアイヒマンと結婚していたことを認めたが、一九四五年三月にプラハで離婚し、その後は彼と連絡を取っていないと主張した。アイヒマンを追いつづけたヴィーゼンタールはリンツ周辺で「アイヒマンのヴィーゼンタール」として知られるようになり、彼のもとへ「情報が押し寄せた」そうだ。大きな収穫は、大量殺人を指揮しているあいだ努めてカメラと距離を置いていたアイヒマンの写真が見つかったことだった。ヴィーゼンタールの同僚が一九三四年に撮られたものをリンツにいるアイヒマンの元恋人から手に入れたそうで、その写真はアイヒマンの逮捕令状につけ加えられた。

のちにヴィーゼンタールに批判的な人々やライバルが、アイヒマンの追跡に彼が果たした役割は本人によって著しく誇張されていると攻撃しはじめ、どんどん入り組んでくるヴィーゼンタールの回想を逐一検証して退けようとした。時には、ヴィーゼンタールがアイヒマンの追跡を終戦直後から開始したという主張さえ疑問視される場合もあった。

一九四六年にポーランドからオーストリアにやってきたフリードマンも、「ナチ最大の殺人者」アイヒマンの名前を初めて聞いたのは〝アルトゥール〟ことアシャー・ベン＝ナタンからだったと述べている。フリードマンがアイヒマンのことを知らなかったと打ち明けると、ブリチャのリーダー、アルトゥールはこう指示したそうだ。「フリードマン、なんとしてもアイヒマンを捕まえるんだ。もう一度言う。なんとしてもアイヒマンを捕まえろ」

正確な時期がいつにしろ、ヴィーゼンタールとフリードマンの双方が戦後きわめて早い段階にアイヒマンの行方に関心を持ったのは間違いない。ドイツ生まれのユダヤ人でニュルンベルク裁判のアメリカ検察班の一員だったロバート・ケンプナーは、回想録のなかでヴィーゼンタールがニュルンベルクに彼を訪ねてきてこう訊いたと記している。「あなたはアドルフ・アイヒマンを告発する材料を持っていますか？　彼は刑罰を課されますか？」

ヴィーゼンタールによれば、一九四七年にアメリカ人の友人からヴェロニカ・リーベル——ヴェラとも呼ばれていた——が地方裁判所に「子供たちのため」〝元〟夫の死亡を宣言してほしいと要請したことを知らされた。目撃者を名乗る人物が、宣誓をしたうえで、終戦間近の一九四五年四月三十日にプラハで戦闘中にアイヒマンが殺されるのを見たと証言した。ヴィーゼンタールはこの証人がリーベルの姉妹と結婚していることを突きとめ、それをアメリカ人情報官に伝えたところ、この疑わしい事情が地方裁判所へ知らされた。その結果、法廷はアイヒマンの死亡認定を求めるリーベルの訴えを退けた。「この地味な行動が、アイヒマンに関連したわたしの最も大きな貢献だろう」とヴィーゼンタールは記している。

死亡が宣言されていたら、何か変わっていただろうか。イスラエルはアイヒマンの追跡をやめなかったのではないか、とヴィーゼンタールに批判的な人々は疑問視する。しかし、戦犯の追跡に対する一般の関心が薄れていくなか、問題を葬らずにおき、そして戦犯を潜在的追跡者の心のなかで生かしつづける努力はどんなことであれ、決定的な役割を演じた可能性がある。フリードマンによれば、一九五〇年に三人のイスラエル人がアイヒマンを捜すためにオーストリアを訪れたという。戦争末期に連合軍に勾留されながらも、身元をごまかすことに成功したアイヒマンが、まだオーストリアに隠れていると信じられていた当時である。

しかし、一九五〇年はアイヒマンがリカルド・クレメントという偽名を使ってジェノバへ、そこからアルゼンチンへと船で脱出した年だった。フリードマンによると、イスラエル人たちは長くは捜索を続けなかった。その年、「アルトゥールはアイヒマン追跡を打ち切ると宣言した」そうだ。

フリードマンによると、彼とヴィーゼンタールだけが追跡終了を拒否した。二人はアイヒマンに関する噂はどんなことでも交換し合った。「誰も何も知らないというのが本当のところだ」とフリードマンは書き送っている。「一日ごとに、アイヒマン、そしてナチに対する関心は薄れていく」。彼は一九五二年にイスラエルに移住したが、新年を迎える前にオーストリアを訪ねた。そこでふたたびヴィーゼンタールと会うと、「イスラエルにアイヒマンのことを忘れさせないでくれ……彼らに行動を起こさせてくれ」と言われたという。

一九五三年一月、イスラエルへの帰途につく際には握手を交わしながら、最終的な考えを打ち明けられた。「考えてみてくれ」。ヴィーゼンタールは言った。「アイヒマンを捕まえられたら、ユダヤ人の国のユダヤ人の法廷で裁けることになるんだぞ。歴史、そしてわれわれユダヤ人の名誉――その両方がないがしろにされようとしているんだ、タデク」

ヴィーゼンタールにとっての最も大きな突破口となる出来事はその年、一九五三年に起きた。ヴィーゼンタールによれば、彼と同じく熱心な切手収集家である年配のオーストリア人男爵と知り合ったという。のちに名前が明かされたこの男爵ハインリヒ・マストは、元防諜担当官だった。ヴィーゼンタールは男爵の考え方を「カトリックの君主制主義」と呼び、それは「つねにナチに対して懐疑的」という意味だった。ヴィーゼンタールの職業を聞いた男爵は、ブエノスアイレスのファン・ペロン政権で教官として働いている陸軍時代の元同僚からの手紙を出してくると、最後の段落を指さした。ヴィーゼンタールは「息を呑んだ」という。手紙には次のようにあった。「驚くような相手に会い、二度も言葉を交わさなければならなかった。ユダヤ人を迫害した最低の卑劣漢アイヒマンだ。あの男はブエノスアイレスの近くに住み、水道会社で働いている」

男爵は答えを求めるでもなくこう尋ねた。「どのような気分かな？　最悪の犯罪者が野放しになっているというのは？」

ヴィーゼンタールは興奮したが、自分一人でこの手がかりを追うのは無理だとわかっていた。ペロン政権に対するナチの影響力を考えれば、アイヒマンはアルゼンチンで安全に暮らしていられるはずだ。「敵手として、わたしは取るに足らない存在だった」とヴィーゼンタールはつけ加えている。そこでウィーンのイスラエル領事アリー・エシェルに相談したところ、男爵から知らされたことも含めてアイヒマンに関して集めた全情報をニューヨークの世界ユダヤ人会議（WJC）へ送ってはどうかと助言された。この助言に従い、ヴィーゼンタールはWJCのナフーム・ゴルトマン議長とウィーンのイスラエル領事館に写しを一式ずつ送った。

イスラエルからはなんの反応もなかったという。二カ月後にWJCのラビ、アブラハム・カルマノヴィッツから受領の知らせが届き、ブエノスアイレスのアイヒマンの住所を尋ねられた。住所を突きとめるためにはアルゼンチンへ人を派遣する資金が必要だと答えると、カルマノヴィッツはこれに応じず、さらにFBIからアイヒマンはダマスカスにいるとの情報がゴルトマンに入ったことをつけ加えた。シリアが引き渡しに応じるはずはなく、つまり事実上アイヒマンには手が出せないということだった。

時は一九五四年になっており、二年前にウィーンを離れたフリードマン同様、ヴィーゼンタールも世間はナチの追跡に対する関心を失ってしまったと判断した。「あのころアメリカ系ユダヤ人はほかに心配事があった」と彼は記している。「イスラエルはもはやアイヒマンに興味はなかった。エジプトの指導者ガマール・アブドゥルラブル＝ナセルと命がけで戦わねばならなかったからだ。

アメリカ人はソ連との冷戦のせいでもうアイヒマンなどどうでもいいと思っていた」「志を同じくする愚か者数人とともに、わたしはとても孤独だった」。別の機会には「ナチ狩りの戦後は終わった」と述べている。

それでも、ヴィーゼンタールはオーストリアから動こうとしなかった。ナチ・ハンターとしての仕事を続けるにはヨーロッパに留まることが必要だったからだ、とのちに説明している。しかし、一九五四年は、ヴィーゼンタールがリンツのユダヤ人迫害記録センターを閉鎖せざるを得なくなった年でもあった。二年前に迫害記録センターを閉めたフリードマンと同じく、彼もまた資料をまとめてイスラエルの〈ヤド・ヴァシェム〉へ送った。自分が集めた記録はもはや検事ではなく歴史学者のためのものだと判断したことの明らかな表れである。しかし、フリードマンもそうだったように、アイヒマンのファイルだけは手元に残した。「正直言ってなぜだかわからない。本当のところ、もうあきらめていたからだ」。ヴィーゼンタールはリンツに留まり、ユダヤ人救済組織の仕事をしたり、地方紙に記事を書いたりして忙しくしながら、家計を支えた。

ヴィーゼンタールが例の男爵と出会ったにもかかわらず、それに関するフォローアップがなかったという話は、一九六〇年にブエノスアイレスでアイヒマンが拉致されたあと、熱い議論を呼んだ。それはイスラエルがもっと早くにアイヒマンの居所を突きとめられたにもかかわらず、その機会を逃したことを示唆したからだ。アイヒマン逮捕を取り仕切ったモサド長官イサル・ハルエルは、ヴィーゼンタールが一九六七年に出版した最初の回想録に掲載されたエピソードを読んで激怒した。ヴィーゼンタールの話が真実なら、彼の評判が落ちるからだ。
アイヒマン逮捕はナチ狩りにおけるイスラエルの最も華々しい足跡となった。しかし、それはヴィーゼンタールとハルエルの終生にわたる対立を招きもした。

当然ながらドイツでも、一九五〇年代初頭にはナチを追跡したいという欲求が大幅に減少していた。一定の仕事から排除するためにしろ、訴追するためにしろである。五〇年代の中ごろには、西側連合国が拘置している戦犯の数は二百人を下回り、残りの戦犯は相次ぐ大赦によって釈放されていた。アデナウアー西ドイツ首相は一九五二年に「ナチを嗅ぎ出そうとするのはもう終わりにすべきと考える」と宣言した。それゆえ、新たな指導者の言葉に諸手を挙げて従おうとしていたドイツで、まさか新たなナチ・ハンターが現れるとは思えなかった。

ところが、まさしくそのとおりのことが起きた。派手な単独行動を好むヴィーゼンタールやフリードマンとはまったく異なるタイプのハンターが現れたのだ。フリッツ・バウワーはアウシュヴィッツ強制収容所所長ルドルフ・ヘースやそのほかの職員の裁判で調査判事を務めたヤン・ゼーンに似ていた。

二人の経歴は大きく異なる。バウワーは世俗的なドイツ系ユダヤ人として育てられ、ナチ時代のほとんどを国外で過ごし、生き延びた。ゼーンはポーランドのドイツ系カトリックの家庭で育ち、兄はナチ占領下で民族ドイツ人（フォルクスドイチェ）として登録される道を選んだ。しかし、そうした相違点は類似点に比べて重要ではない。バウアーもゼーンもチェーンスモーカーの判事・検事で、法廷で勝つためには綿密な下準備を重視する地味なタイプだった。鉄のカーテン越しの連携がまれだった時代に、協力して裁判の証拠を集め、そうした連携が可能なことを証明してみせた。

一番重要な共通点は、二人が自らの任務は戦争犯罪人を罰するだけでなく、歴史として記録を残し、現代と後世の人々を教育するための基礎を築くことにあると考えていた点だ。これは戦争犯罪人の国ドイツでは、ポーランドにおいてよりも急務であると同時に、きわめてむずかしい仕事だった。

ポーランドでのゼーンの知名度に比べると、バウワーはドイツでよく知られた人物だった。元ナチの将軍を訴追した歴史に残る裁判で一九五二年ごろからマスコミを騒がせた。彼の狙いは、ヒトラーに対する抵抗は気高い行為であり、反逆ではなかったと証明することだった。一九六〇年代にはドイツで行われたアウシュヴィッツ裁判を指揮し、この裁判はホロコーストをはじめとするあの時代の犯罪をかたくなに忘れようとしていたドイツを目覚めさせるきっかけとなった。ドイツがナチスの過去とどう向き合うべきかというテレビ討論で、バウアーはおなじみの討論者となった。しかし、一九五〇年代末に繰り広げられたアイヒマン追跡譚では、重要な役割を務めながらも完全に黒子に徹した。

バウアーはもっと広く認められてしかるべき働きをした。にもかかわらずその卓越した功績を国から表彰されることもなく、一九六八年に六十四歳で亡くなって以後はおおむね忘れられてしまっている。そもそもドイツ以外ではほとんど知られることがなかった。ドイツ人がバウアーを再評価しはじめたのはここ数年のことだ。さらに、ナチ・ハンターに関してはよくあることだが、それに伴って激しい議論の的となった。しかし、それは本来ずっと昔に行われてしかるべきことだった。

バウアーの初めての伝記は、入念な調査に基づき二〇〇九年に刊行された大部のものだが、その著者イルムトルード・ヴォヤックは次のように指摘している。「人々が過去のこの件についてはもう聞きたくないと思い、〝幕引き〟という言葉がますます頻繁に口にされるようになるなか」バウアーはことあるごとにまだ遠くないあの時代をそう簡単に忘れてはならないと人々を諭した。バウアーは「ドイツの法治国家への成長に多大な貢献をした」。

ドイツ国民の名の下に犯された犯罪を決して忘れてはならないとするバウアーの姿勢は、崇拝者よりもはるかに多くの敵を作り、ポーランドでゼーンが受け取ったよりも多くの脅迫が寄せられた。匿名で電話をかけてきて「ユダヤのブタめ、死ね！」と怒鳴る者が何人もいた。典型的な手紙の文面はこうだ。「頭に血がのぼって見えなくなってるのか？　ドイツ人はいわゆるナチ戦犯てやつにうんざり、飽き飽きしてるんだ」。しかし、バウアーは学生たち、特に法学生たちのあいだで非常に人気があった。

イロナ・ツィオクはバウアーがあらためて注目されるきっかけとなった感動的なドキュメンタリー映画を監督した。二〇一〇年のベルリン映画祭で上映されたその作品では、バウアーが生涯いかに孤独な闘いを続けたかが強調されている。『じわじわと迫る死』というタイトルのこのドキュメンタリー映画で、彼は「歴史に残る偉人」として描かれ、ツィオクはバウアーがまさにそのとおりの人物だったと確信している。彼女の映画ではバウアーがしばしば孤独感に苛まれていたことも明らかにされている。「基本的にバウアーには敵しかいませんでした」

初めての伝記が刊行され、ドキュメンタリー映画が公開されて以来、歴史的人物としてのバウアーにあらためて注目が集まった。「南ドイツ新聞」紙の編集長ロネン・シュタインケは二〇一三年に短くて読みやすいバウアーの伝記を刊行した。この伝記は先行する本や映画で触れられていなかったきわどい問題を取りあげ、バウアーの物語をセンセーショナルに扱っているとの批判を受けた。二〇一四年四月にフランクフルトのユダヤ博物館がシュタインケの見方に基づいたフリッツ・バウアー回顧展を開催すると、ヴォヤックとツィオクは特に激怒した。この論争はまもなくマスコミを巻きこみ、有識者のあいだで広く議論されるところとなった。

論争の始まりは、バウアーがユダヤ人であるという事実をどれだけ重視すべきかという疑問だった。シュツットガルトに暮らしていた彼の家族はとても世俗的で、ツィオクは「ユダヤ人から見れば、彼はユダヤ人ではなかった。ヒトラーから見れば、彼はユダヤ人だった」と述べた。バウアー自身は、ナチの人種差別政策を立法化したニュルンベルク法によればユダヤ人であるが、それ以外の点ではユダヤ人とは言えないと述べている。ユダヤ博物館の回顧展では「フリッツ・バウアーの家はドイツ帝国における典型的な中流のユダヤ人家庭であった」、子供時代は「同居している祖母が亡くなるまでユダヤの祭日を祝った」とされていた。しかし、そこには次のような指摘も加えられていた。「一家は自分たちを非宗教的と考えていた。同化しようとしたのは社会的な認知と平等な扱いを受けるためだった」

第一次世界大戦に従軍した経験のあるバウアーの父は筋金入りのドイツ民族主義者だった。だから当時としては典型的な育てられ方をしたフリッツは、同世代の人間の多くがなぜあれほど従順に命令に従ったのか理解できた。一九六二年、彼は学生に向かって次のように回想している。「わたしと同じような……権威主義的な育てられ方をした人は大勢いた。おとなしくテーブルにつき、父親が話すときには口をつぐむ。こちらには何も言う権利はない……こういうタイプの父親をみんなよく知っているはずだ。わたしはときどき悪夢を見る。日曜日の午後、テーブルの下に入れたままにしておくべきだった左手を、生意気な気分になって動かしてしまったときのことを。権威主義的な教育こそ、ドイツの道徳観の基礎だった。法律は法律、命令は命令——それがドイツ的効率性の要諦だ」。こう書くとバウアーはドイツの文化的伝統にどっぷり浸かって育ったように思えるかもしれないが、彼の両親は、たとえ信仰心は篤くなくとも、ユダヤ的価値観と解釈できる警告も教えていた。「何が正しいかはつねに自分で判断しなければならない」

バウアーは青少年時代に経験した反ユダヤ主義について長々と論じたりはしなかったが、ナチ党が勢いを増しつつあった時期にミュンヘンで学生時代を過ごしており、この問題にまったく触れないわけにはいかなかった。「粗野なナチ党員」を見かけたり、「ユダヤ人立ち入り禁止」と書かれた真っ赤なポスターが貼ってあったりしたことを学生たちに語った。最も著名なユダヤ人閣僚ヴァルター・ラーテナウ外務大臣が一九二二年に暗殺されたときには「激しく動揺し、われわれが支持するワイマール民主制が危機に瀕していると感じた」とも話した。

その二年前、まだ高校生だったときに、バウアーは社会民主党に入党し、生涯熱心な党員でありつづけた。ユダヤ博物館の回顧展では〝ユダヤ人社会民主主義者〟と紹介されていて、ツィオクとヴォヤックはユダヤ人であったことと社会民主主義者であったことが同等の重みを持つように聞こえると感じた。現実には、バウアーが当初ナチスと揉めたのは、彼の政治思想、特に極右と極左の双方の攻撃からワイマール共和国を守らなければならないという思いによるところが大きかった。

フリッツ・バウアー。
世俗的ユダヤ人家庭で育った社会民主主義者で判事・検事のバウアーはナチ時代の大半を亡命先で過ごした。戦後西独に戻ると、アイヒマン逮捕でひそかにきわめて重要な役割を演じた。1960年代にはフランクフルト・アウシュヴィッツ裁判を指揮し、多くのドイツ人を過去と向き合わせた。

彼は民主主義を信奉する左寄りの社会がよいと固く信じていた。

一九三〇年にシュッツットガルトで最年少の判事となったバウアーは、とりわけ若い犯罪者たちに更生の機会が与えられるような法律を作りたいと考えていた。一年後、ナチ系の地元紙「NSクーリエ」が「ユダヤ人地方判事が支持政党の利益のために職権を濫用している」と書き立てた。記事は、法務省が「ユダヤ人バウアーの行動を擁護」する意向かどうか明らかにすることを求めた。ナチスの目からすれば、バウアーの第一の罪は社会民主主義を支持している点だったが、彼らはバウアーがユダヤ人であるという事実に喜んで飛びついた。

この時はナチスが負けたものの、完全にではなかった。バウアーは新聞を名誉毀損で訴え、裁判は最終的にバウアーの勝訴となったが、曖昧さの残る勝利だった。「NSクーリエ」は「〝ユダヤ人地方判事〟という表現が名誉毀損と判断された」と書き立てた。

一九三三年一月の終わりにヒトラーが政権を掌握すると、バウアーはクルト・シューマッハーら著名な社会民主党員とともに三月末にはヴュルテンベルクにあったナチ初の強制収容所ホイベルクに送られた。所属政党ゆえに標的となったのは明らかだった。バウアーは同年十一月に釈放されたが、シュタインケの伝記もユダヤ博物館の回顧展も、これはバウアーをはじめとした数人の囚人が新体制への忠誠宣誓書に署名をしたあとだったとしている。「名誉と平和のための戦いにおいて、祖国ドイツを無条件に支持する」とその宣誓書には書かれてあった。戦後、社会民主党の党首となるシューマッハーは署名を拒否し、終戦間近にイギリス軍によって解放されるまで強制収容所を転々とした。バウアーはたびたびシューマッハーの「驚くべき信念と勇気」を賞賛した。

フランクフルトの回顧展では、署名して釈放された囚人のリストとともに宣誓書が展示された。リストの二番目には「フリッツ・ハウアー」とあり、主催者はバウアーとここまで似た名前の著名な囚人はいなかったことを理由にこれをタイプミスだと説明した。ほかの記録からもバウアーが署名したのは間違いないというのが、彼らの主張だ。しかし、ヴォヤックは長い伝記のなかで忠誠宣誓書にまったく触れていないし、ツィオクもドキュメンタリー映画のなかでこの件を取りあげていない。二人ともその理由はバウアーが署名をしたという決定的な証拠がないからだと述べた。「署名をしたなら、それは家族のためだったはずです」とツィオクはつけ加えた。「家族を守るためなら、彼はなんでもしました」。彼女はバウアーがユダヤ人であったという点に過剰な関心が集まっていると考え、そのことに苛立ちながらも、バウアーがナチスの反ユダヤ主義のせいで自分と家族がまもなく迫害を受けるだろうことを理解していたはずだと認めた。

忠誠宣誓書をめぐる論争が比較的小さな問題だったとしても、バウアーの私生活の別の一面、つまりその性的指向をめぐる論争は、ずっと熱いものになった。一九三六年に彼は妹夫婦が二年前から暮らしていたデンマークへ脱出した。当初はデンマークのことをリベラルな楽園と感じたようだ。「デンマーク人のくよくよせず、淡々と自国の幸運を享受するさまは常に外国人を驚かせる」と記している。

しかし、シュタインケの伝記とフランクフルトの回顧展によると、そのリベラルに見える国の警察は、バウアーを同性愛者と関係を持った容疑でたびたび尋問したという。一九三三年、デンマークはヨーロッパで初めて男性同士の合意に基づくセックスを処罰の対象からはずしたが、同性愛者の売春はまだ禁止されていた。フランクフルトの回顧展では、バウアーが二度性交はしたが、金を払ったことはないと述べたという警察の報告書が展示された。

ヴォヤックは疑わしい報告書が公表されたのは、バウアーの評判を落とそうとの意図からではないかと示唆した。「いまも残る同性愛者への偏見に訴えているんですよ」と彼女は語った。ツィオクの考えでは、バウアーは「無性愛者（アセクシュアル）で——誰とも性的な関係を持ったことがない」という。でも、と彼女は続けた。「たとえ彼がゲイだったとしても、それはわたしたちに関係ないことです」。ツィオクもヴォヤックも、バウアーを描くときにこの点には立ち入らなかった。

回顧展のキュレーター、モニカ・ボルはバウアーに関するこの逸話を取りあげたことについて次のように弁明した。「彼の性的指向を暴露することが目的ではありません」。回顧展初日にわたしを案内してくれながら、彼女は主張した。「デンマークで彼は政治的に安全だったとお考えでしょう。ところが、かの地でも突然ふたたび告発されたのです。私生活に関する問題で。それは歴史的に知られるべき一面です。そういう正当な理由があるからこそ、警察の報告書を公開したのです。ここで信用が傷つくのはフリッツ・バウアーではありません。こういう報告書を作成した当局のほうです」

バウアーの経歴に新たな光を当てた人々のあいだで内輪揉めが起き、目立たなくなってしまったが、彼らはみな基本的にバウアーの主要な功績に関しては意見が一致している。彼らを対立させたのは、バウアーのポジティブな面だけを描き出すべきと考えるか、私生活の争点を公表したところで偉大さは損なわれないと考えるかという違いだ。

一九四〇年にデンマークがドイツ軍に侵攻、占領されると、バウアーの身はまたしても危険にさらされた。デンマーク社会民主党員の助けを借りて、彼は大半の時間を隠れて過ごした。一九四三年にはデンマークのルター派教会でアンナ・マリー・ピーターゼンと結婚したが、これは誰に聞いても彼の身を守ることが目的だったようだ。同じ年にヒトラーはデンマークのユダヤ人を強制移送するよう命じたが、デンマークのレジスタンスは伝説的な救出作戦を敢行し、七千人のユダヤ人をスウェーデンへ逃がした。そのなかにはバウアーと妹、義理の弟、そして両家の親も含まれていた。

スウェーデンで、バウアーはドイツ社会民主党の亡命者向け刊行物「社会主義トリビューン」の編集者になった。年下の同僚にのちの西ドイツ首相ヴィリー・ブラントがいて、国際的な場ですぐに人と親しくなる彼の才能にバウアーは感銘を受け、ブラントのことを「アメリカ人のようにそつがない」と表現している。

戦争が終わると、バウアーと家族はデンマークへ戻ることに決めた。ドイツが降伏した直後の五月九日、反ナチ活動家の集会で別れのあいさつをした際、祖国の将来に対する姿勢を次のように述べている。

ドイツは白紙状態(タブラ・ラサ)だ……よりよい新生ドイツを基礎から築きあげることができるし、そうしなければならない……ドイツの名の下に行われた戦争犯罪を償う義務がある……戦争犯罪人と、ナチを政権に就かせ戦争を始めた犯罪者、そしてブーヘンヴァルト、ベルゼン、マイダネクで犯罪を行った者はきびしく罰せられなければならない……ドイツ国民に対する同情は誰一人求めていない。ドイツ国民は自ら努力し、今後何年も、何十年もかけて尊敬と共感を勝ちとっていかなければならない。

その年、スウェーデンで彼は先見の明あるタイトルの本『法廷の戦争犯罪人』を出版した。一九四七年には「殺人者はそこにいる」という記事を執筆している。これは二十年後、ヴィーゼンタールの最初の回想録につけられたのと同じタイトルである。バウアーがこの表題をつけたのはほぼ間違いなく、戦犯を暴くことを主題にした戦後初のドイツ映画でタイトルも酷似する『殺人者はわれわれのなかにいる』に着想を得てのことだろう。

彼は当初からドイツが尊敬を回復していく過程に貢献したいと考えていた。デンマークから友人のシューマッハーに、シュツットガルトへ戻る許可を得るために米軍から要求された何枚もの書類を作成したが、許可が得られなかったと書き送っている。理由はわからないとしながらも、「彼ら(アメリカ人)はユダヤ人が公職に復帰することを望んでいないのではないか」との疑念を表明している。ブラントら同僚が終戦後まもなくドイツへ戻れたのに対し、バウアーが帰国できたのは一九四九年になってのことだった。まずブラウンシュヴァイクで地方裁判所長に、続いて地方検事長になった。ここで彼は初めて第三帝国に熱心に奉仕した人々と対決することになる。

ナチ訴追の第一人者としてバウアーの評判が確立されるきっかけとなったのは、戦争犯罪や人道に対する罪を告発したことではない。華々しさとは無縁ながら戦後ドイツの非常に重要な問題、一九四四年七月二十日にヒトラー暗殺計画を実施したドイツ人将校と民間人をどのように見るかという問題を扱った公判だった。

クラウス・フォン・シュタウフェンベルク大佐は東プロイセンの大本営〝狼の巣〟で、ヒトラーが上級将校らと戦略の検討を行う会議テーブルの下に爆弾の入ったブリーフケースを置いた。将校の一人がたまたまそのブリーフケースをテーブルの脚の後ろに押しやってしまったために、ヒトラーは生き延びた。陰謀に関わった人々は英雄か、裏切り者か？

二〇〇八年のトム・クルーズ主演映画『ワルキューレ』を観ればわかるとおり、ベルリン警護大隊長のオットー・レーマー少佐がその後の物語のキーパーソンとなった。彼は戦闘中に八回負傷しており、ヒトラーから柏葉付騎士鉄十字章を受けていた。彼の忠誠心に疑いの余地はなかった。しかし、〝狼の巣〟で爆発が起きた直後の混乱のなか、暗殺首謀者らはベルリンの指揮権を掌握しようとした。彼らはレーマーにヒトラーは死んだと告げ、宣伝相ゲッベルスを逮捕するよう命じる。

レーマーが二十人の部下を引き連れて大臣執務室を訪れると、ゲッベルスから総統はぴんぴんしていると教えられ、それを証明してみようと言われる。ゲッベルスは受話器を取りあげてヒトラーを電話に出させ、ヒトラーはレーマーに暗殺首謀者たちを逮捕するよう即座に命じた。その後、暗殺首謀者たちはつかまり、処刑されるか自殺を強いられるかした。戦争終結までにレーマーは少将に昇進した。

戦後ドイツで、レーマーは極右政党のドイツ社会主義帝国党の発足に協力し、新たに選ばれた国家指導者を痛烈に批判することで支持者を増やした。一九五一年に彼の党が地方選挙で実績をあげはじめると、全国的な注目を集めるようになった。週刊誌「デア・シュピーゲル」は彼の特徴を伝えるのに初期のヒトラーに対して使われたのとそっくりな言葉を用いた。「三十九歳、細身、やつれた顔、狂信者の燃えるような目」

レーマーはドイツの新たな民主主義指導者らを「外国勢力の命令に従っているだけだ」と非難した。そうした発言は政治家を怒らせたが、法的な仕返しまでは考えさせなかった。ところが、一九五一年五月三日、ブラウンシュヴァイクで開かれた選挙決起集会で彼はやりすぎた。七月二十日のクーデター未遂事件での自らの行動を弁護したばかりか、暗殺首謀者たちを非難したのだ。「あの共謀者たちは祖国の裏切り者と言ってよく、外国勢力から金を受け取っていた」

バウアーにとって、これはドイツの最近の歴史とどう向きあうべきかという問題について自身の立場を明確にするチャンスだった。ヒトラー暗殺をあと一歩で成功させるところだった人々を裏切り者と評したからといって、レーマーを罰することに興味はなかった。彼を名誉毀損で起訴したのには、もっと大きな目的があった。ヒトラー政権下での愛国的な行動とはなんだったのかという点について、ドイツ国民を教育したかったのである。

一九五二年三月七日に公判が始まり、ドイツ人と外国人の記者合わせて六十人が集まった。ブラウンシュヴァイクの法廷でバウアーは哲学的政治的メッセージを強く打ち出した最終弁論を熱のこもった口調で行った。「戦争の不当さに気づいた者は、不当な戦争に抵抗し、それを止める権利を有するのではないか」。さらにはっきりとつけ加えた。「第三帝国のような不当な国家は反逆の対象にならない」。暗殺首謀者たちが外国から金を受け取っていたというレーマーの主張には証拠がなかった。しかし、バウアーが突いた最も重要な点は、暗殺首謀者たちが行動を起こしたのは極悪非道の政権に乗っ取られた祖国への愛国心からだという点だった。

バウアー個人は、軍人たちの動機を自身が法廷で描き出したほど高潔なものとは考えていなかった。一九四五年三月の手紙のなかでこう書いている。「(七月二十日の暗殺を計画した人々の) 反ナチス感情は倫理的なものでも政治的なものでもなく、ヒトラーが戦争に負けつつあったという事実から生まれたものである」。ヒトラー暗殺の目的は「無条件降伏を回避するため」であり、ドイツが戦後も独立国家であるためだったとつけ足してもいる。

それでも、ブラウンシュヴァイクでの最終弁論は紛れもない心からの叫びだった。「今日われわれが知る事実および永遠に変わらぬ法の原理ゆえに、七月二十日の英雄たちを無条件無制限に復権させることが、民主主義の法治国家における検事と裁判官の務めである」。バウアーはシュツットガルトでクラウス・フォン・シュタウフェンベルクと同じ高校で学んだという個人的エピソードをつけ加えた。彼の元学友ら暗殺首謀者たちは「シラーの遺産（レガシー）を守るのが自分たちの役目と考えた」のだと、国民的な詩人、劇作家、哲学者である人物を引き合いに出した。言い換えるなら、暗殺首謀者たちはドイツの歴史と文化への深い忠誠心に突き動かされていた、彼らは真の愛国者だったという意味である。

将校としてスターリングラードに遠征し、戦争捕虜となった経験のあるヨアヒム・ヘッペ判事は、バウアーが提起した道徳的争点に「深く心を動かされた」と述べた。実のところ、バウアーは暗殺計画の道徳性を立証することに集中するあまり、レーマーに対する求刑を忘れたほどだった。法廷はレーマーを有罪とし、三カ月の懲役を言い渡した。もっとも、レーマーは服役せずに終わった。エジプトへ逃亡し、恩赦が与えられるまで帰国しなかったからだ。

それでもバウアーにとって、この裁判は大きな勝利となった。第三帝国は法律を尊重しない体制だった、それゆえ抵抗者の行動は正当化されると法廷が認めたからである。判決文はバウアーの意見を色濃く反映していた。抵抗者らが「ヒトラーを排除し、それによりヒトラーの体制を排除しようとしたのは、祖国への熱き愛と国民に対する自己犠牲も厭（いと）わぬ無私の責任感からであった。ドイツ国やその軍事力に損害を与えるためではなく、その両方を助けるためであった」

公判前に行われた世論調査では、ドイツ・レジスタンスがとった行動に賛成のドイツ国民は全体の三十八パーセントだった。公判が行われた一九五二年の終わりには五十八パーセントが賛成という結果になった。バウアーは数字を大きく変えただけでなく、その後何十年も続く議論の端緒を開いたと言える。

あの悪夢のような時代の出来事と、何が立派で何が恥ずべき行動だったかを理解するにはこうした裁判がきわめて大事だとバウアーは考えていた。そこから得られる教訓に比べれば、量刑などたいした意味を持たない。しかし個人の責任と道徳性について、大衆を教育するための戦いがこれで終わったなどという幻想を抱くことはなかった。レーマーの裁判のあと、大衆の考え方がよい方向に転じたとはいえ、国民の多くがいまだにナチスの時代について悔い改めず、戦争犯罪人を守ろうとさえすることを、彼は知っていた。だからこそ、可能なかぎり戦犯たちを追跡しつづけることがなおさら重要だった。

そのため、一九五七年にアイヒマンの所在について、アルゼンチンに住む半分ユダヤ人の血が流れる盲目のドイツ系移民から興味をそそる情報が寄せられたとき、自身も自らの良心に従って行動しようと決めた。その情報を通常のドイツ国内のルートに流すのではなく、イスラエルに伝えたのである。彼のこの行動が、最終的にイスラエルやドイツだけでなく全世界の注目を集めた公判へとつながったのだ。

第8章　アイヒマン拉致作戦

よく知られていたのが、少なくとも一つの強力なユダヤ人地下組織が終戦以来ずっと世界各地で、一九四五年に同盟国の包囲網をくぐり抜けたナチ戦犯を追跡しつづけてきたことだった。組織のメンバーは狂信的なまでに自らの任務に身を奉じ、ベルゼン、アウシュヴィッツをはじめとした地獄で非人間的行いをした怪物を裁くことに命を捧げる勇敢な人々だった。

ジャック・ヒギンズ著『ボルマンの遺言』より。この小説は当初一九六二年に『キャスパー・シュルツの遺言』のタイトルで刊行された。

二〇一四年三月、テルアビブの近郊アフェカに建つ超モダンな自宅の居心地のいいリビングルームで、ラフィ・エイタンはくつろいだ様子で自身の長きにわたる諜報機関勤務時代を――そしてキャリアの頂点ともいえる一九六〇年五月十一日、特殊工作班を指揮してアドルフ・アイヒマンをブエノスアイレスの自宅近くで捕らえた際のことを振り返った。一九五〇年、二十四歳のときにモサドで働きはじめてすぐ、この土地を購入できたのは運がよかったとも語った。当時は南の市街とのあいだを隔てる川に橋がかかっておらず、電気も水道も敷かれていなかったので、土地が安かったのだそうだ。「この土地を買おう、そうすればそのうちわたしはテルアビブの真ん中で暮らすことになる、と言ったんだ」。満足げな笑顔で、彼は語った。

今日、アフェカはテルアビブの中心地と新設のハイウェイでつながれた高級住宅地となっており、洗練された邸宅やコンドミニアムが建ち並ぶ。しかし、エイタンの家は地中海のリゾート地を思わせるような静かな通りに面している。メインフロアは草花に満ち、パティオと庭に通じるガラスドアと大きな天窓から陽光が燦燦と降りそそぐ。青銅と鉄の針金で作られたミニマルアートの動物や人の像が玄関や、本がずらりと並んだ書斎に飾られている。そうした像は彼の趣味の産物で、半世紀以上前のあの運命の日、仲間と一緒にアイヒマンを車に押しこんだのと同じ手によって作られたものだ。小柄なエイタンは若き日々、ロープを伝いのぼって腕力を鍛えたという。

現代で最も有名な拉致事件について語りはじめたとき、エイタンは――元パレスチナ現イスラエル生まれのユダヤ人をサブラと呼ぶが、彼もその一人だ――一九五三年に初めてドイツを訪れたときのことを漏らした。フランクフルトで列車から降りたとき、こう思ったそうだ。「ほんの何年か前、八年前にここにいたら、自分は処刑されていたはずだ。しかし、いまはイスラエル政府の代表としてここにいる」。しかし、そのときの訪問はナチ狩りとはまったく関係がなかったとつけ加えた。

終戦後の事実と異なる伝説の一つが、イスラエル工作員が世界中を隈なく捜しまわり、ナチ戦犯を容赦なく狩り出したという話だ。事実とはほど遠いとエイタンは述べた。彼がフランクフルトを訪れたのはモサド工作員と会うためで、工作員の役目は東ヨーロッパおよびソ連からやってきて、新国家イスラエルへと渡るユダヤ人を監視することだった。

冷戦初期にそうした地域から流入してくる移民は、モサドにとってきわめて大きな問題だった。「東側、つまりポーランド、ルーマニア、そしてもちろんロシアの諜報機関は多くの移民を雇い入れていた」とエイタンは説明した。ソ連政府は対イスラエルでアラブと緊密な協力関係にあった。イスラエルに潜入させた工作員からKGBもしくは東側の関係機関に報告が入ると、その情報はすぐさまイスラエル近隣のアラブ諸国へと流された。新国家はなんとしても移住者を増やす必要があった(一九五三年当時のイスラエルの人口は百六十万人だった)が、異なる主人に仕えている者の把握も必要だった。「スパイかどうか確認するために一人残らず調べなければならなかった」とエイタンは述べた。「最優先事項はそちらだった――ナチを捕まえることではなく」

オーストリア生まれのモサド工作員で、のちにイスラエルの国内保安機関シン・ベトの長官となったアヴラハム・シャロムはアイヒマン拉致作戦でエイタンの副官を務めた。二〇一四年六月

ラフィ・エイタン。
エイタンは1960年5月11日にブエノスアイレスでアイヒマンを拉致したコマンド部隊を指揮した。この作戦より前、イスラエルにとってナチ狩りは最優先課題ではなかったとエイタンは強調した。写真は1984年イスラエルの射撃場にて。

に亡くなる三カ月前、テルアビブの自宅で行ったインタビューで、彼はエイタンと同じことを語り、さらに突っこんだ告白をした。彼は「ナチ狩り自体に関心を持ったことはなかった」という。ナチの犯罪者が多数野放しになっていることに不安を覚えるユダヤ人は「イスラエルに移住してくればいい」と考えていたそうだ。

建国間もない時期には、ナチ狩りをする時間もエネルギーも意欲もなかったというのが実状だった。一九五三年にヴィーゼンタールがオーストリア人男爵から入手した、アルゼンチンでのアイヒマン目撃情報の価値をめぐってのちに論争が起きたが、それをエイタンは一笑に付した。アイヒマンの居場所に関するもっと正確な情報が提供されたとしても、当時のイスラエルは追跡に必要な人員や資金を投入できる状態になかった。敵がうようよいる土地で国家として生き残ることが何よりも優先された。

しかし、一九五〇年代の後半には、ダヴィド・ベン＝グリオン首相らイスラエルの指導者たちは、生まれて間もない自分たちの国の将来に以前よりも自信を持つようになっていた。悪評高いナチ戦犯を逮捕するための大がかりな作戦も許可できそうに思われた。もしそのようなチャンスが到来すれば、すなわちモサドが降って湧いたような幸運に恵まれればの話だったが。

そして、まさにそのとおりのことが起きた。

一九五七年九月十九日、西ドイツのヘッセン州検事長となっていたフリッツ・バウアーがイスラエルの賠償使節団の長フェリックス・シャイナーと会った。できるかぎり内密な会合にするため、場所はケルンとフランクフルトを結ぶハイウェイ沿いの宿屋にした。

のちにアイヒマン拉致のためにエイタン、シャロムら工作員をアルゼンチンに派遣したモサド長官イサル・ハルエルによれば、バウアーはすぐ用件に入ったという。「アイヒマンの居場所がつかめた」

シャイナーがアドルフ・アイヒマンのことかと確認すると、バウアーは答えた。「そうだ、アドルフ・アイヒマンだ。アルゼンチンにいる」

「それで、そちらはどうするつもりだ?」とシャイナーは尋ねた。
「率直に言おう。ここドイツの裁判官は当てにならない可能性がある。ブエノスアイレスのドイツ大使館員は言うまでもない」。バウアーの返事から、彼が自国の役人の多くを信用しておらず、もしアイヒマンに逮捕の危険が迫っているとわかったら、こっそり知らせる者がいるのではないかと案じていたのは明らかだった。「あなたに知らせる以外、方法がなかった」とバウアーは続けた。「貴国は有能な人材がいることで知られているし、アイヒマン逮捕に誰よりも関心をお持ちだろう」。ここで、警告が挟まれた。「この件に関して貴国と接触を続けたいとは思っているが、極秘扱いにしてくれることが条件だ」

彼とのやりとりは何ひとつドイツ当局に知られてはならないという意味だった。シャイナーは喜んで同意し、イスラエルにいる上司にこの情報を流すと伝えた。「われわれを深く信頼してくださったことに心から感謝する。イスラエルはあなたがしてくださったことを決して忘れない」

シャイナーは約束を守り、エルサレムの外務省に詳細な報告書を送った。外務大臣のウォルター・エイタンがテルアビブのカフェでハルエルと会うと、モサド長官はこの件をよく調べてみると約束した。その日夜遅くまで、ハルエルは文書係に出してこさせたアイヒマンのファイルを読みこんだ。「最初はアイヒマンがどういう男か知らなかった」とのちに彼は書いている。「どんな病的な熱意があって、あそこまでひどいことができたのかも」。しかし、夜明けにデスクから立ちあがったときには、「ユダヤ人に関することすべてにおいてアイヒマンが最高権力者であり、ユダヤ人狩りと大虐殺の黒幕だった」ことを理解していた。

ハルエルは「人々が残虐な話にうんざりしている」ことも理解していた。しかし、即座に重大な決断を下した。「あの夜、わたしは決心した。アイヒマンが生きているなら、何がなんでもつかまえてやると」

そのとおりだったかもしれないが、のちには部下のなかにもハルエルの対処を疑問視する者も出てくる。初期の失策のせいで、バウアーから情報を得たあと行動を起こすまでに時間がかかったためだ。バウアーとシャイナーの会合からアイヒマン拉致作戦の準備開始までに二年以上の月日が流れていた。しかし、ハルエルの当初の決断があとから批判をうけやすいものだったとしても、最終的に彼が驚くほど大胆な計画をみごとに実行してみせたのは事実である。

ハルエルがアイヒマンのニュースを受け取ってまもなく、在西独イスラエル代表のシャイナーが短期間、帰国した。そのため、ハルエルはバウアーとの会合についてシャイナーに詳しく質問することができたが、一番大きかったのはバウアーの人物評をじかに聞けた点だった。「フリッツ・バウアーの人格に関するドクター・シャイナーの話に、わたしは強い感銘を受けた」とハルエルは書いている。彼はバウアーとの接触を続け、さらなる情報を入手するために特使を派遣するとシャイナーに約束した。

特使に選ばれたのは、一九四七年に美術を学ぶためにフランスへ渡り、ユダヤ人をイスラエルへ移住させる団体と関わるようになったシャウル・ダロムで、彼は画家としても諜報員としても優秀だった。そうした仕事に対して「生まれつきのセンス」があり、数カ国語に堪能な新進気鋭の画家としてヨーロッパを自由に動きまわれた。

一九五七年十一月六日、ダロムはバウアーとケルンで会い、ここで鍵となる情報を得た。バウアーによれば、情報源はアルゼンチンに住むユダヤ人ハーフのドイツ人で、アイヒマンが逃走中であることを新聞で知り、ドイツ当局に手紙を送ってきたとのことだった。この時点では情報源の名前は明かされなかった。直接やりとりしていたバウアーが、彼を守りたいと考えたからだった。しかし、すでにアイヒマンとその家族について把握されていた事実と、情報源から提供された詳細が

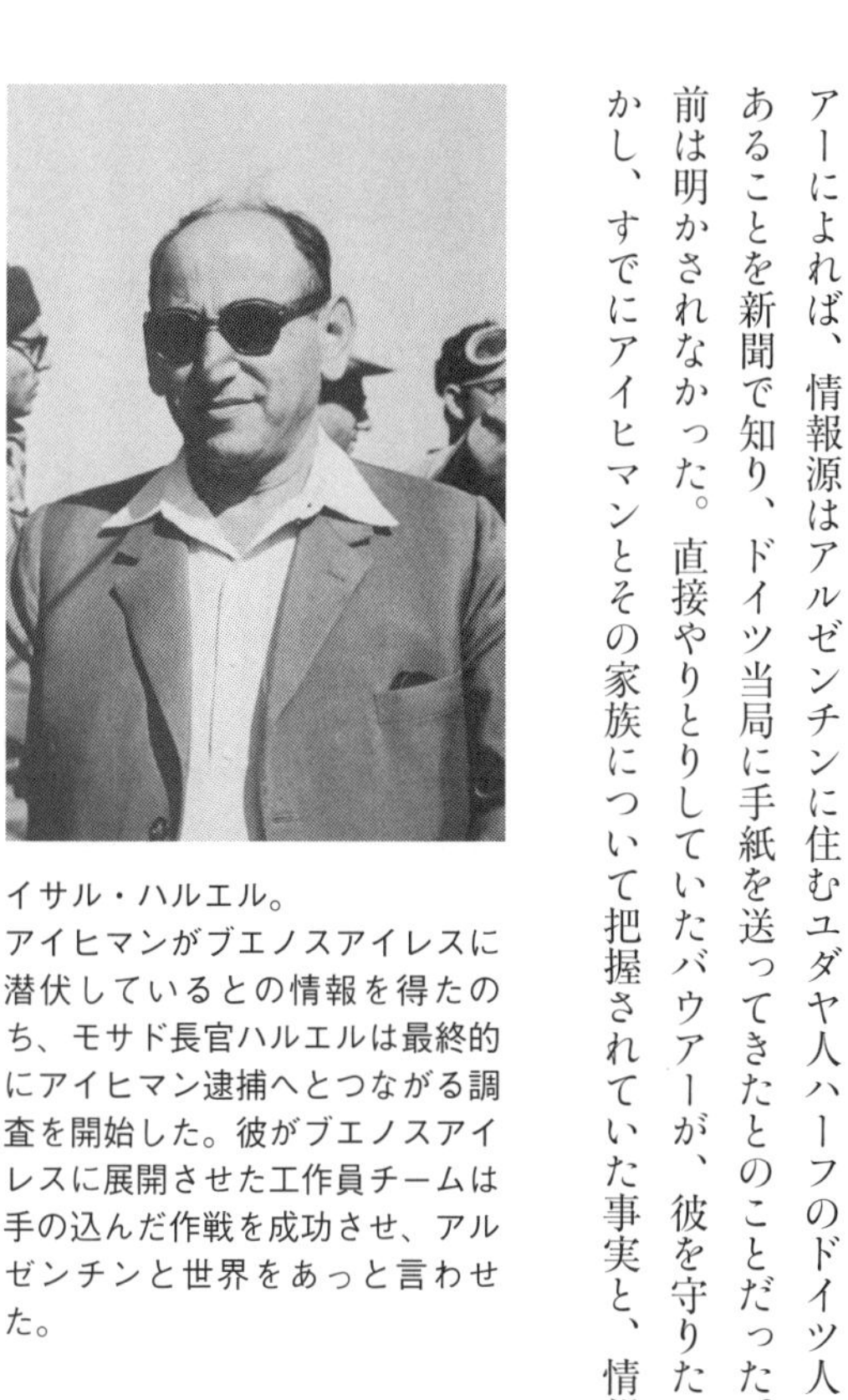

イサル・ハルエル。
アイヒマンがブエノスアイレスに潜伏しているとの情報を得たのち、モサド長官ハルエルは最終的にアイヒマン逮捕へとつながる調査を開始した。彼がブエノスアイレスに展開させた工作員チームは手の込んだ作戦を成功させ、アルゼンチンと世界をあっと言わせた。

一致していることをバウアーは強調した。ドイツで生まれた息子二人の年齢などだ。息子二人と妻のヴェラはすでにドイツを離れており、その理由は彼女の再婚相手と暮らすためと思われていた。バウアーの情報提供者はアイヒマンのものと思われる住所を知らせてきた。ブエノスアイレス郊外、オリボスのチャカブコ通り四二六一番地である。

ドイツ当局ではなく、イスラエルに知らせることにした理由をバウアーは「行動してくれるのは貴国だけだと確信している」と率直に語ったそうだ。犯罪人の引き渡し手続きの途中で内報者が現れ、アイヒマンにまた逃げられることをダロムが心配すると、バウアーはこう答えた。「わたしもそれを心配している。あなたがたが彼を独自の方法でイスラエルへ連行しようとしても、わたしはかまわないと思う」

曖昧さを残さない言葉だった。西ドイツの司法を代表する立場にあるバウアーが、事実上イスラエルに通常の法手続きを省いて現実的解決策を練るよう迫ったのである。彼がしていることをドイツ国内で知っているのは社会民主党員仲間でヘッセンの州首相であるゲオルク＝アウグスト・ツィンだけだという。

バウアーが自国の政府を無視してイスラエルに協力を求めたばかりか、イスラエルによるいかなる行動も受け入れると請け合った勇気にダロムは感銘を受けた。ハルエルはのちにバウアーのことを「ユダヤ人の熱い心を持った正直な男」と記している。彼は多くの元ナチが公職に復帰したことに触れつつ、次のようにつけ加えた。「バウアーはドイツの現状に落胆しているのだろう。そんなドイツで政治活動を再開した自分が許せないのではないか」

しかし、情報の正確性を確認しようという試みは当初、明らかな失敗に終わった。一九五八年一月、ハルエルは南米での経験が豊富な工作員ヤエル・ゴレンを、人目を引く行動はいっさいとるなと厳命してブエノスアイレスへ送りこんだ。アルゼンチンで調査活動を行っていたイスラエル人とともに、ゴレンはバウアーから教えられた住所と近隣を調べたが、すぐにガセネタだと判断した。そこは貧困地区で、道は舗装されておらず、ハルエルによれば「あのみすぼらしい小さな家にアイヒマンほどの地位のSS将校が暮らしているとはとうてい思えなかった」という。著名なナチ逃亡犯は、戦時中に犠牲者から奪った莫大な資産を秘かに持ち出すことに成功したというのが当時の一般的な見方だった。

その家の庭にいた、だらしない身なりのヨーロッパ系の女にも当惑させられた。アイヒマンは女たらしとして知られており、その女が妻とは信じられなかったのだ。ゴレンからの報告はハルエルにとって「非常な落胆」だった。モサド長官の職を退いてから十二年後の一九七五年、ようやく出版できたアイヒマン事件の回想録で、彼はこう述べている。「バウアーから伝えられた情報はでたらめだというのが明らかな結論だったが、わたしはそうではないと確信していた」

ハルエルの「確信」はかなり頼りないものだったが、彼は理にかなった次の手を打った。ダロムにもう一度バウアーと会い、今回はもっと踏みこんだ確認ができるように情報提供者の名前を聞き出してくれと頼んだのだ。一九五八年一月二十一日、フランクフルトでダロムに会うと、バウアーはすぐにローター・ヘルマンの名前とブエノスアイレスから五百キロほど離れた街、コロネル・スアレスの住所を明かした。さらに、ハルエルの使いのためにヘルマン宛ての紹介状を渡した。ハルエルの使いとなったのはエフライム・ホフスタッターだった。彼はイスラエル警察でも指折りの捜査官で、南米へ向かう別の案件があった。別件の仕事が完了したら、ヘルマンに会ってくれるようホフスタッターに頼み、ハルエルはバウアーからの紹介状を渡した。ブエノスアイレスで会いたいという願いは断られたので、ホフスタッターは夜行列車でコロネル・スアレスへ向かった。ヘルマンの家のドアをノックするとなかへ招じ入れられたが、すぐに彼がドイツ当局の代理人であること——それがハルエルと考えたつじつま合わせのための作り話だった——を証明するよう求められた。「あんたが本当のことを話しているとどうしてわかる?」とヘルマンは言った。

ホフスタッターはバウアーからの紹介状について説明し、それをヘルマンに差し出した。しかし、ヘルマンは差し出された手を無視し、妻を呼んで手紙を音読させた。そのときようやくホフスタッターはヘルマンの目が見えないことに気づいた。妻は手紙を読み終えてから言い添えた。「署名は間違いなくバウアーさんのよ」

ヘルマンは見るからに安心した様子で話しはじめた。彼は両親をナチに殺され、強制収容所に入れられた。「わたしはユダヤ人の血が流れているが、妻はドイツ人で、娘はドイツの伝統に則って育てられた」。彼がアイヒマンを追跡する動機は「わたしたち家族に辛酸をなめさせたナチ戦犯に仕返しをしてやるため」、それだけだった。

一年半前まで、ヘルマン一家はブエノスアイレス郊外のオリボスに住んでおり、そこでは「あらゆる点でドイツ人として受け入れられていた」という。娘のシルヴィアがニコラス・アイヒマンという名の若者と交際を始めたが、ニコラスはシルヴィアにユダヤ人の血が流れているとは思いもしなかった。何度かヘルマン家を訪れ、一度はドイツ人がユダヤ人を完全に抹殺してしまえばよかったのにと言ったことがあった。また、自分に特定の地方の訛りがないのは、戦時中に父親の任地がたびたび変わったからだと説明した。

ヘルマンは戦争犯罪裁判のニュースでアイヒマンの名前を聞き、ニコラスはその息子だと推断した。当時、アルゼンチンで暮らしていた多くのナチは安心しきって、最低限の用心しかしていなかった。アドルフは姓を変えて生活していたが、息子たちはわざわざ変えようとしなかった。しかし、シルヴィアとつき合いはじめたとき、ニコラスは一つだけ予防手段を講じた。自宅の住所を絶対に明かさなかったのだ。シルヴィアが引っ越してから文通が始まると、彼は手紙を友人の家宛てに送るよう指示した。しかし、それはヘルマンの疑いを強めただけで、彼はほどなくしてバウアーに連絡を取った。

ここまで話したところで、シルヴィアが部屋に入ってきた。ホフスタッターはハルエルに彼女のことを「二十歳前後の魅力的な女性」と描写した。かつてニコラスにどんな感情を抱いていたにしろ、シルヴィアは父に協力しようと決意していた。バウアーからブエノスアイレスまで行って詳しく調べてほしいと頼まれると、ヘルマンは自分の目の代わりとするためだけでなく、ニコラスとの関係を利用するためにシルヴィアを同行した。友人の助けを借りて、シルヴィアはニコラスの家を見つけ、ドアをノックした。

ドアを開けた女性に、こちらはアイヒマンさんのお宅かと尋ねた。「すぐに返事は返ってこず、沈黙が流れるあいだに眼鏡をかけた中年男性が女性のとなりに立った」とのちに彼女は回想している。「わたしは彼にニックはいますかと尋ねた」。男性は「耳障りな」声でニックは残業中だと答えた。「彼にミスター・アイヒマンですかと尋ねた。返事はなかった。そこでニックのお父さんですかと訊いた。男性はそうだと答えたが、長いことためらってからだった」

家族には五人の子供がいて、三人がドイツ生まれ、二人がアルゼンチン生まれだったと、シルヴィアはつけ加えている。ドイツ生まれの息子の年齢はすでに確認されていたアイヒマンに関する情報と一致したが、ホフスタッターは注意を怠らなかった。「きわめて説得力のある事実だが、決定的な身元確認には至らない」。ヴェラは再婚し、上の三人の子供に前夫の姓を名乗らせている可能性もあると、彼は指摘した。ローター・ヘルマンは、ヴェラと暮らしているのはアドルフ・アイヒマンにほかならないと言い張った。

ホフスタッターは費用を負担すると約束して、ヘルマンに容疑者が使っている名前、勤務先、公式の写真や身分証、指紋など、もっと詳しい情報を入手するよう求めた。テルアビブに戻ったホフスタッターは、ヘルマンは「衝動的で自信過剰な」人物だとハルエルに語り、彼の話に疑いを抱いていることを示した。しかし、シルヴィアには好印象を持っていたので、早急に追加調査を行うよう勧めた。彼女はまもなく外国旅行に出る予定だったからだ。

ハルエルはヘルマンがブエノスアイレスでさらなる調査をするための資金負担を認めたが、思ったような結果は得られなかった。ローターとシルヴィア・ヘルマンは不動産登記所で、チャカブコ通りの家はフランシスコ・シュミットというオーストリア人が所有していること、家が二つのアパートメントに分かれていて、一方の電気メーターはダゴート、もういっぽうはクレメントという人物が使っていることを突きとめた。ヘルマンはシュミットがアイヒマンにちがいない、整形手術で顔を変えたのだろうと結論した。

しかし、この件に関わったことのあるアルゼンチン在住のイスラエル人調査員が追加調査をすると、シュミットがアイヒマンであるはずがないと判明した。家庭環境が異なるうえに、所有する家には住んでもいない。「こうした事実がヘルマンの信頼性を取り返しのつかないほど失墜させた」とハルエルは述べている。一九五八年八月には「連絡員にヘルマンとの接触を徐々に断つよう指示が出された」。

これは西ドイツがシュツットガルトのすぐ北に位置する絵のように美しい町、ルートヴィヒスブルクにナチ犯罪追及センターを開設した年だった。一九五九年八月、トゥヴィア・フリードマンはこのセンターのトップであるエルヴィン・シューレから、アイヒマンはクウェートにいるかもしれないとの手紙を受け取ったと主張している。興奮したフリードマンはウィーン時代からの知り合いで当時イスラエル国防省に勤務していたアシャー・ベン＝ナタンに連絡した。アイヒマン逮捕のチームの一員として、自分がクウェートに派遣されることもあるかもしれないとまで考えていた。しかし、ベン=ナタンの対応はそっけなく、紹介された警察幹部も同様だった。役人たちはもうアイヒマン追跡に興味がないのだと判断したフリードマンは、アイヒマンがクウェートに潜伏しているという噂が広まるように情報をイスラエルのマスコミに流した。

バウアーにとって、モサドがヘルマンの情報の充分な追加調査をしなかったことは、突然クウェート潜伏説が広まったことと相まってひどく腹立たしかった。アイヒマンが追跡に気づき、また逃げてしまうのではと心配を募らせていた。一九五九年十二月、バウアーはさらなる情報をたずさえてイスラエルを訪れた。新たな情報提供者によると、アイヒマンはリカルド・クレメントの名でアルゼンチンへ渡ったという。これはヘルマンが当初から話していたチャカブコ通りの家の電気メーターの名前と一致する。ハルエルは、ヘルマンがアイヒマンは家の所有者で、借家人のほうではないと間違った決めつけをしたのだと言い訳した。事の次第に気づいたハルエルは新たにツヴィ・アハロニに追加調査を命じた。にわかにヘルマンの情報が有望に見えてきたが、アイヒマンが以前と同じ場所に住んでいるかどうかはだれも知らなかった。

エルサレムでハルエル、アハロニ、イスラエルの検事長チャイム・コーエンと会ったバウアーは怒りを隠さなかった。新たな情報筋から得たクレメントの名前がずっと前にヘルマンからも伝えられていたことを指摘し、「信じがたいとしか言いようがない!」と述べた。「平凡な警官でも、これぐらいの確認調査はできる。近くの肉屋か青物屋で聞き込みをするだけで、クレメントに関する必要な情報はすべて集められただろう」

バウアーが怒るのももっともと考えたアハロニは、アイヒマン調査におけるハルエルの不手際を激しく批判するようになった。「アイヒマンを見つけた人物が盲目で、モサドがその話を信じるまでに二年以上を要したのは非常に残念なことだった」と彼はのちに述べている。

ハルエルはベン＝グリオン首相に飛躍的な進展がありそうだと知らせた。首相はもしアイヒマンが見つかったら、イスラエルに連行して裁判を受けさせたいと語った。ハルエルによれば、ベン＝グリオンはそうした裁判には「道徳的、歴史的にきわめて大きな意義がある」と考えていたという。

今回ハルエルは以前ヘルマンから提供されていた住所にいる人物がアイヒマンかどうか、アハロニに確認させることにした。モサド長官がイスラエルで「最高の調査員の一人」と見ていたアハロニは、ドイツで生まれ、一九三八年にパレスチナへ逃れ、のちにイギリス軍に加わってドイツ人戦争捕虜の尋問を行った経験があった。

アハロニは先に別の任務を終わらせる必要があり、計画はもう二カ月遅れることになったため、ハルエルは「じりじりした」という。しかし、その間、アハロニは事件の背景を調べたり、バウアーに会ったりして下準備を怠らなかった。一九六〇年三月一日、彼は偽名の外交パスポートを携えてついにブエノスアイレスに降り立った。偽りの身分は外務省の経理部職員だった。

三月三日、協力を申し出た地元学生とともに、アハロニはレンタカーでオリボスのチャカブコ通りへ向かった。しかし、問題の家に着き、学生が人を捜しているふりをして近づいたところ、どちらのアパートメントにも人は住んでいなかった。窓をのぞくとなかは空っぽで、ペンキ屋が作業中だった。アイヒマンと家族がそこに住んでいたとしても、引っ越してしまったにちがいなかった。

翌日、アハロニは即興で計画を立てた。アイヒマンのファイルに長男クラウスの誕生日が三月三日とあったのを思い出し、フアンという地元の若者にカードと贈りものを持たせて例の空き家を訪ねさせたのだ。ブエノスアイレスの大きなホテルでベルボーイとして働く友人から頼まれ、若い女性からの小包を届けにきたという作り話を用意した。突っこんだ質問をされたら、贈り主については何も知らないと言い張ればいい。

正面には誰もいなかったので、フアンは家の裏手にまわった。そこには小屋の近くで何かの手入れをしている女と男が話をしていた。「すいませんけど、クレメントさんの家はこちらですか？」と訊いてみた。二人ともすぐに思い当たったようで、男のほうが答えた。「ドイツ人家族のことかい？」疑われるのを避けるため、フアンはどこの国の人かは知らないと答えた。男がつけ加えた。「大きな息子が三人と小さい息子がいる家のことか？」

今度もフアンは知らないふりを通し、自分は届けものに来ただけだと答えた。男は、一家は二、三週間前に引っ越していったが、転居先の住所は知らないと言った。

これは衝撃的な知らせになるところだった。アハロニがもう少し早く着いていれば、一家はここにいたはずだったからだ。しかし、作り話を信じた男は、裏に面した部屋で作業をしていたペンキ屋のところへファアンを連れていった。ペンキ屋も愛想がよく、クレメント一家はブエノスアイレス郊外のサン・フェルナンドへ引っ越したが、息子の一人がこの近くの自動車修理工場で働いているからそこへ訪ねて行けばいいと教えてくれた。

工場へ行くと、修理工の格好をした若いドイツ人がクレメントの息子であると認めた。ファアンの耳には彼が仲間からティトとかディトとか呼ばれているように聞こえた。のちにアハロニが述べたように、それは明らかにアイヒマン家の三男ディーターだった。ディーターはアルゼンチン人のペンキ屋たちよりも疑り深かった。ファアンの作り話と小包の贈り主について質問をした。ファアンがそれまでと同じ返事をくり返すと、ディーターはいま住んでいる通りには名前も番地もないと言った。彼から聞き出せることはないと判断し、これ以上質問されるのを避けるため、ファアンは小包をディーターに手渡し、彼から兄に渡してくれと頼んだ。

アハロニと少人数の仲間は、自動車修理工場を見張って終業後のディーターを尾行することにした。最初の晩はディーターが工場を離れるところを目撃できなかったが、その後、二人乗りの軽量オートバイの後ろにディーターらしき人物が乗っているのを目撃した。オートバイはサン・フェルナンド方向へ向かい、運転手はキオスクのそばで同乗者をおろした。それはガリバルディ通りの新築の小さな家から百メートルほどの場所で、その家はまもなくアイヒマン一家の転居先だったことが判明した。

〝クレメント〟はアイヒマンだとアハロニは確信したが、追加の証拠を見つけようとした。ファンをもう一度自動車修理工場へ行かせ、プレゼントが届けられなかったと贈り主から文句を言われたという作り話をさせたのだ。ディーターは小包なら渡したと反論し、さらに宛名はアイチマンが正しかったんだと口を滑らせた。ファンはディーターの言った名前が〝クレメント〟ではなかったことにあとで気づき、まずい、自分たちが見つけたのは目当ての男ではないと焦った。しかし、アイヒマンを捜していることをファンに知られたくなかったアハロニは、「すばらしい仕事」をしてくれたと言って彼を安心させた。

アハロニはサン・フェルナンドへ何度も出かけてはさまざまな口実を作って近所の住人と話し、ドイツ人一家が最近引っ越してきたことを確認した。ある建築家が手に入れた書類を見ると、例の新築の家が建つガリバルディ通り十四番地は、旧姓と結婚後の姓の両方が記されたヴェロニカ・カタリーナ・リーベル・デ・アイヒマン名義で登記されていた。偵察のため家の前を何度も通ってようやく三月十九日に、アハロニは五十歳ぐらいで中肉中背、頭が少しはげ、額の秀でた男を見かけた。男は物干しロープから洗濯物を取りこんで家のなかに姿を消した。

興奮したアハロニは、ヴェラ・アイヒマンの家で「間違いなくアイヒマンに似た」男を見た、もはや彼の正体に疑いの余地はないと上司らに打電した。自分はすぐにイスラエルに戻り、アイヒマン拉致作戦の計画を手伝うべきだとも進言した。しかし、帰国する前に標的の写真を撮ろうと心に決めていた。

小型トラックの防水布で覆われた荷台に隠れたアハロニは、運転手にトラックをキオスクのそばに駐め、何か食べものを調達しにいくよう指示した。防水布の穴にカメラのレンズを合わせて見張り、家と周辺の写真を撮った。しかし、アイヒマンの写真はブリーフケースに仕込んだカメラを、また別のアルゼンチン人協力者に持たせて撮影しなければならなかった。その協力者はアイヒマンと息子のディーターが表にいるところをつかまえ、短いながらもカメラのシャッターを切れるだけの時間二人と会話した。

四月九日、アハロニはアルゼンチンを離れた。パリからテルアビブに向かう便でハルエルが彼に合流した。「われわれが追っている男なのは絶対に間違いないか？」と訊かれたアハロニは、隠しカメラで撮影した写真をハルエルに見せた。「微塵の疑いも持っていません」

アイヒマン一家がしだいに警戒を解きはじめていたことは、ヴェラが不動産登記に実名を使った点以外にも表れていた。オーストリアに残っているアイヒマン家の人間を監視していたヴィーゼンタールは、未亡人と言われている彼女が逃亡者である夫と暮らしている明白な証拠をほかにもつかんでいた。アイヒマンの継母が亡くなったとき、リンツの日刊紙「オーバーエスターライヒ州通信」の死亡欄にヴェラ・アイヒマンが結婚後の姓名で署名をしていたのだ。「ああした記事で人は嘘をつかない」とヴィーゼンタールは回想録のなかで指摘している。一九六〇年二月にアイヒマンの父が亡くなったときにもヴェラは同じ新聞の記事にまた署名した。「家族意識に流されて、危険に気づけなかったようだ」とヴィーゼンタールはつけ足している。

アイヒマンの父の葬儀では、カメラマン二人を雇い望遠カメラで会葬者の写真を撮らせたそうだ。撮影されたなかにはアイヒマンの兄弟がいて、その一人オットーは驚くほどアドルフと似ていた。何年にもわたり、ヨーロッパでアドルフの目撃情報がくり返し寄せられたのはこのせいだと、ヴィーゼンタールは主張した。彼によれば、その写真は派遣されたイスラエル人工作員二人に渡し、急ぎ上司のところへ届けさせたという。「オットー・アイヒマンの写真を持っていれば、アドルフ・アイヒマンの身元確認ができるにちがいなかった――たとえ本人がいまはリカルド・クレメントと名乗っていようとも」

ヴィーゼンタールに批判的なハルエルらは、彼が自分の役割を誇張し、話をでっちあげることもあるとして、ヴィーゼンタールの発言のほとんどに取り合わなかった。ヴィーゼンタールが回想録に記したイスラエル人工作員二人と会った件も「作り話だ」とハルエルは主張した。実際にはヴィーゼンタールは写真をウィーンのイスラエル大使館に送ったのだが、それほど重要な代物ではなかったから、誰も「その写真に興奮したりしなかった」とハルエルはつけ加えている。しかし、アハロニはのちにヴィーゼンタールを賞賛すると同時にハルエルを批判して、オーストリアのナチ・ハンターは「貴重な情報」を提供してくれたと述べている。

どちらの説が正しかったかは別として、イスラエル側は正しい線を追っており、標的に迫りつつあることが数々の証拠から確実になってきた。しかし、ハルエルと彼が作戦の現場指揮官に任命したエイタンには、アイヒマンをアルゼンチン国外へ連れ出す方法を先に考えておかなければ拉致を実行できないとわかっていた。要するに、アイヒマンを捕らえておく隠れ家とイスラエルへの移送手段が必要だった。

望ましい手段、すなわち空路に関してはハルエルが手配することになった。しかし、イスラエルの国営航空エル・アルは当時、アルゼンチンとのあいだを運航していなかったので、特別機を飛ばす口実が必要だった。幸いにも、アルゼンチンは五月末に独立百五十周年の記念式典を計画しており、イスラエルの代表団も招待されていた。ハルエルは代表団を特別機でブエノスアイレスへ派遣するよう外務省に提案し、航空会社の全面協力を確実なものにするため、自らエル・アル幹部と交渉した。航空会社側はモサドの長官に搭乗員を承認する権利まで与えた。

エイタンのほうは予備の計画、すなわち時間がかかるゆえに決して望ましくない海路という選択肢について調べ、当時冷蔵船を二隻所有していたイスラエルの船会社ツィムの会長に接触した。エイタンは笑いながら回想したが、その冷蔵船はアルゼンチンからイスラエルへユダヤ教の食事規定にかなった牛肉を輸送するために使用されていた。一隻の艦長と協力して、エイタンは空路が万が一使えなくなった場合に船上の仮牢獄として利用する船室の準備に当たった。つまり、アイヒマンはコーシャ牛肉の定期貨物に混じって秘かに出国させられる予定だったのだ。

アハロニが二週間をイスラエルで過ごすあいだに、ハルエルは、さまざまなパスポートと作り話を持たせてアルゼンチンへ送りこむメンバーを決めた。アハロニがブエノスアイレスへ戻ったのは四月二十四日。イスラエル人外交官のふりはやめ、ドイツ人ビジネスマンとして新しいパスポートと新しい口ひげ、新しい服を身につけていた。彼に続いたのはこの作戦でエイタンの副官となるアヴラハム・シャロムだった。アジアでの長い任務を終えてイスラエルに戻ると、シャロムはすぐさまハルエルに呼びだされた。モサド長官からの指示は、アハロニと会ってガリバルディ通りのアイヒマンとその家族の目撃情報を確認し、標的に間違いなしと確信したら暗号で知らせるようにというものだった。

シャロムは経験豊富な工作員だったが、この時はなぜか二度も偽装がばれそうになった。旅程の最初、パリへ着いたところで、ドイツのパスポートと新しい身分証明書を受け取った。リスボンでの乗り換えの際、乗客はいったんパスポートを預け、次の便――彼の場合はブエノスアイレス行きの便――に搭乗するときに返されることになっていたのだが、シャロムは偽名を忘れ、当惑した空港職員の後ろに手を伸ばして、色で見分けたパスポートを指さすはめになった。ようやくブエノスアイレスに着いてからも、ホテルのフロントで宿泊手続きをするときにしばらく頭が真っ白になった。シャロムはナチ狩りをすることに舞いあがっていたわけではないと主張したが、自分で思っていた以上に興奮していたにちがいない。

アハロニにガリバルディ通りへ下見に連れていかれたとき、シャロムはいけると感じた。そこは「本物の通り」ではなく、「車が通れる程度の小道だった。作戦には理想的な場所だ――照明がなく、人通りもほぼない」。あたりを照らすのはときおり通る車のライトだけだ。このころには、イスラエル側もかつて権力者だったアイヒマンがみすぼらしい地区に住んでいることに驚かなくなっていた。ほかのチームメンバーが到着するころには、アハロニはこの男が標的だと確信していた。安全な距離を置いて、標的の日課を観察してもいた。アイヒマンは毎朝バス停まで歩き、メルセデスの工場へ向かい、毎夕同じ時刻に最寄りのバス停に帰ってくる。そこから家までは歩いてすぐだ。

メンバーのなかで特に屈強なピーター・マルキンが最初にアイヒマンを捕らえる役目をまかされた。「それまでは仕事でほんのわずかな不安も感じたことがなかった」とマルキンは振り返った。「それなのにこのときは失敗するのが怖くてしかたがなかった」。しかし最後に合流したエイタンは、シャロムと同じく状況は有望だという意見だった。「家、周囲、環境の分析を行った当初から、失敗する理由が見当たらなかった」と彼は述べた。

しかし、ブエノスアイレスで行われた工作員チームのきわめて重要な打ち合わせを振り返りながら、エイタンは何か不都合が起きる可能性は多分にあったと認めた。ブエノスアイレスで良い車を調達するのはむずかしく、彼らが借りたおんぼろ自動車はたびたび故障した。イスラエル人工作員のうっかりしたひと言が疑いを招く恐れも多分にあった。ハルエルもアルゼンチンへ飛んだが、少し距離を置いて作戦の監視をするために、ブエノスアイレスのダウンタウンに滞在していた。彼は鍵のかかっていない手錠をエイタンに渡し、鍵は手元に残した。アイヒマンを捕らえたあとでアルゼンチン警察につかまるような事態になったら、その手錠で自分とアイヒマンの手をつなげとエイタンに指示してあった。それから、警官に二人そろってイスラエル大使のところへ連れていけと言うように、と。

エイタンは手錠を受け取った。しかしハルエルには黙っていたが、彼とアハロニはもし実際に作戦が失敗したら、アイヒマンを殺すことで意見が一致していた。武器は必要ない。実のところ、彼もほかのメンバーも武器は携帯しないことになっていた。携帯していたら、つかまった場合にますます厄介なことになるだけだと考えたからだ。「首の骨を折れば、素手でも人は簡単に殺せる」と彼は言った。

五月十日、作戦決行の日の前日、夕方にハルエルはメンバー全員を集めて最後のブリーフィングを行った。この時点になると各自が任務を心得ており、全部で七カ所の隠れ家が準備されていた。複数の隠れ家を準備した理由は第一に出国まで捕虜を隠しておく場所の選択肢を増やすことだったが、チームメンバーが利用するためでもあった。それまでホテルに滞在していた者たちは、すでにチェックアウトして隠れ家へ移るよう指示されていた。ハルエルとしては拉致当日に全員がチェックアウトし、警察の目を引く事態を避けたかったのだ。

そうした瑣末な段取りはすでにすんでいたため、ブリーフィングでは大局的な話に集中した。「われわれが行おうとしていることには倫理的にも歴史的にも無比の重要性があるのだと、チームメンバーの心に刻まれるようにした」とハルエルは振り返った。「彼らは天から選ばれたのだと。史上最低の罪人に……エルサレムで裁きを受けさせるために」

「史上初めて、ユダヤ人を惨殺した人間をユダヤ人が裁く機会となる」とハルエルは続けた。「さらに史上初めて全世界に、イスラエルの若い世代に、一つの民族の全滅が命じられた物語が余すところなく語られる」。彼は計画を成功させることがいかに大切かを強調した。自分たちが取ろうとしているのは残念な方法だが「道徳と正義を全うするにはこの作戦しかありえないのだ」とつけ加えた。

続いて、避けがたい警告もした。万が一つかまった場合はイスラエル人であることを認めなければならないが、作戦は彼らが独自に実行したと述べるように。これが国家公認の作戦であるとは決して述べてはならない。

ハルエルは作戦が成功すると信じていたし、メンバーの大半もそう信じていると確信していた。しかし、そうならない可能性も考えるのは当然だった。工作員の一人が率直に訊いた。「つかまった場合、われわれはどれくらいのあいだ刑務所に入ることになりますか？」

ハルエルも負けじと率直に答えた。「かなり長い期間だ」

作戦のために二台の車が配備され、仕事帰りのアイヒマンがいつものようにバスから降りたところを捕らえることになっていた。それは夜の七時四十分ごろと調べがついていた。一台目をアハロニが運転し、エイタン、工作員のモシェ・タボールそしてアイヒマンの逮捕を命じられたマルキンが乗りこむ。ハルエルはマルキンの役割にとりわけ注意を払った。「いいか——怪我をさせるなよ」とマルキンに命じた。「かすり傷一つ負わせるな」

変装の名人であるマルキンはかつらをつけ、黒っぽい服を着た。内側が毛皮の手袋もはめた。アルゼンチンでは冬だったので、手袋も不自然ではなかった。「手袋はもちろん寒さ対策にもなったが、買った理由はそれではなかった」と彼は語っている。「何百万もの人々を死に追いやった男の口を素手で押さえ、熱い息や唾液を肌に感じることを想像すると、耐えられないほどの嫌悪感がこみあげてきたからだ」。ほかのメンバーの多くがそうだったように、マルキンもホロコーストで家族を亡くしていた。

エイタンの副官シャロムは二台目の車にほかの工作員とともに乗りこんだ。三十メートルほど離れた場所にボンネットをあげて停車し、故障の修理をしているふうを装った。アイヒマンが見えしだい、まぶしいヘッドライトを点灯させ、目をくらまして一台目の車が見えないようにする作戦だった。

アイヒマンは毎日判で押したような生活を送っていたが、この晩はイスラエル人工作員たちが待っていたバスで帰ってこなかった。八時になると、アハロニがエイタンに囁いた。「引きあげるか、このまま待つか?」エイタンは待つと答えたが、彼自身、あまり長くは待てないと計算していた。暗いとはいえ、駐車している車二台は人目を引きかねない。

二台目の車から降りていたシャロムが八時五分ごろ、夜の暗がりのなかでアイヒマンを視認した。シャロムが車に駆け戻ってヘッドライトを点灯させ、別の工作員がボンネットをおろした。一台目に乗りこみ、双眼鏡をのぞいていたアハロニの目にアイヒマンがはっきりと見えた。彼は窓から顔を出し、待機中のマルキンに警告した。「片手をポケットに入れているぞ。武器を持っているかもしれない」

　アイヒマンがバス停近くの角を曲がり、待ち伏せしていた車のすぐ横を通りかかったとき、マルキンがくるっと向きを変えて行く手をはばんだ。「ちょっと失礼（ウン・モメンティート）、セニョール」と何週間も練習してきたフレーズで声をかけた。アイヒマンが足を止めたので、その機を逃さずつかみかかった。まずいことに、アハロニの警告のせいでマルキンはアイヒマンの喉ではなく、右手をつかんだため、二人そろって排水溝に倒れこんだ。

　アイヒマンが叫びはじめた。「そのため、練りに練り、入念に予行演習をした作戦が滅茶苦茶になってしまった」とアハロニは作戦後に報告している。彼は叫び声をかき消すためにエンジンをふかし、エイタンとタボールが助っ人として車から飛びおりた。マルキンがアイヒマンの両脚をつかみ、残りの二人が腕を持って急いで後部ドアから車に引っ張りこんだ。運転席と後部座席のあいだの床にアイヒマンを寝かせたが、そこには怪我をさせないためと覆い隠す目的で毛布が敷かれていた。アイヒマンの頭はエイタンの膝に押しつけられ、反対側にマルキンが座った。捕虜は武器を携帯していなかった。

　アハロニが鋭い口調のドイツ語で命じた。「静かにしないと撃つぞ」。マルキンはまだ毛布の下でアイヒマンの口を押さえていたが、わかったというしるしにアイヒマンがうなずくと、手を離した。彼らは無言で車を進めた。エイタンとマルキンは握手を交わした。何も見えないよう分厚いゴーグルをかけさせられたアイヒマンは、完全に抵抗をやめた。

アイヒマンを乗せた車は隠れ家へ向かう途中でナンバープレートを替えるために停車した。ついてきているはずの二台目の車が一時的に見えなくなったがすぐまた現れ、残りのメンバーがやきもきしながら待つ家へともに向かった。

イスラエル人たちは用意してあった二階の小さな部屋までアイヒマンを歩かせ、鉄製のベッドに寝かせて片脚を重いベッドフレームに枷(かせ)でつないだ。服を脱がせ、医師であるメンバーが口内を調べて毒が仕込まれていないことを確認した。これだけの年月自由の身でいたのだから、そんな用心はしていないとアイヒマンは抵抗したが、医師は念を入れて義歯をはずし、体の残りの部分も検(あらた)めた。エイタン、シャロム、マルキン、アハロニも同じ部屋にいて、ふつうSS将校が血液型のタトゥーを入れていた脇の下を医師が調べるのを見守った。しかしアイヒマンの脇の下には小さな傷痕があっただけだった。のちに、それは戦争末期に米軍に勾留された際、タトゥーを焼き消そうとした痕だと本人が認めた。しかし、この時点ではイスラエル側は彼の身元確認ができなかった。

そこで、イギリス軍で取調官をしていたアハロニが、身元を白状させる役をまかされた。フリッツ・バウアーから提供されたアイヒマンに関するファイルを読みこんでいたアハロニは、自白をさせるのに必要なだけ尋問を続ける準備ができていた。ゆっくりとくり返し質問するのが彼のやり方だった。「アハロニはひどく退屈な取調官だった」とシャロムは笑顔で回想した。「次の言葉を聞く前に頭がおかしくなりそうになる。とても頭のいいやつでね。同じことを十回も訊くんだよ」

結果的に、アイヒマンは誰も予想しなかったほど早く自白したため、そうした過程は不要となった。名前を尋ねられると、アイヒマンは「リカルド・クレメント」と答えた。しかし、身長、靴と服のサイズを訊くと、彼の答えはファイルの内容とすべて一致した。そこでアハロニがナチ党の党員番号を尋ねたところ、彼は正しい番号を答えた。ＳＳ隊員番号の場合も同様だった。生年月日、出生地も正しく答えた。一九〇六年三月十九日、ドイツ、ゾーリンゲン。

「出生時につけられた名前は？」アハロニが続けて尋ねた。

「アドルフ・アイヒマン」と彼は答えた。

アハロニの言葉を借りれば、「トンネルを抜け……長く困難な作戦の緊張感が解けた」瞬間だった。

もうすぐ真夜中というころ、アハロニとシャロムはハルエルがコーヒーショップで知らせを待っているブエノスアイレスのダウンタウンへと車で向かった。シャロムによれば、モサドの長官は人目を引かぬよう、時間表に従って店を転々としていたという。「何杯かわからないほどお茶を飲んだんじゃないかな」と彼は笑った。

エル・アル航空の特別機、イスラエル使節団を乗せたターボプロップ旅客機のブリストル・ブリタニアが五月十九日の午後六時になる直前、ブエノスアイレスに着陸した。使節団長は駐米大使・国連大使を歴任した国務大臣で、のちに外務大臣として大きな功績を残したアバ・エバンだった。彼はベン＝グリオン首相から、この特別機の本当のミッションはアイヒマンをイスラエルに連行することであり、同乗者のごく少数しかその情報を知らないと聞かされていた。しかし乗務員のほとんどは、見慣れない三人の男がエル・アル航空の制服を着ていながらフライト業務を手伝うそぶりすら見せないことから、何かあると勘づいていた。

飛行機の出発日を待つあいだ隠れ家では、アハロニとマルキンがアイヒマンの尋問を続けていた。アイヒマンはのちに公判で主張したのとそっくり同じに、自分は一時でも反ユダヤ主義者であったことはないと言い張った。「信じてくれ、わたしはユダヤ人になんら反感を持っていない」。しかし、ヒトラーは「絶対に間違うことがなかった」し、自分は彼に誓いを立てていたから、命令には従うほかなかったのだという。マルキンが要約したように、「やらなければならない仕事があり、自分はそれをやっただけだ」というのが彼の言い分だった。

捕虜としてのアイヒマンは従順どころではなかった。「新しいご主人さまを喜ばせることしか考えていない、怯えた奴隷のようだった」とハルエルは述べている。当初アイヒマンは処刑されるのではないか、食事に毒を盛られるのではないかと恐れていた。裁判を受けさせられる予定だと聞くと、安堵したといってもいい表情を見せた。彼は裁判をドイツかアルゼンチン、もしくはオーストリアで行うようイスラエル人らを説得しようとしたが、アハロニからそれはありえないと聞かされると、裁判を受けるためにイスラエルへ向かうという承諾書に署名までした。

この間、イスラエルの工作員チームはアイヒマン拉致をアルゼンチン側に知られた形跡がないかと、新聞を注視していた。しかし、ニコラス・アイヒマンがのちに語ったように、彼ら一家は父の失踪の陰にはイスラエルがいると疑いながらも、父の正体がアルゼンチン側にばれるような公的な声明を出そうとは考えなかった。

工作員チームの主な任務はエル・アル航空機にアイヒマンを乗せる準備だった。シャロムは経路を熟知するためと、警備員に顔を覚えてもらうために空港まで何度も足を運んだ。特別機がメンテナンス区域に駐機されたときには、呼び止められることなく出入りできるようになっていた。出発予定日の五月二十日、シャロムは特別機の最終点検を行い、ハルエルに機は安全で搭乗可能だと急使を送って知らせた。それよりも前に主要な搭乗員へは、エル・アル航空の制服を着た具合の悪そうな乗客を一人特別機に乗せることになると、ほかの工作員が知らせていた。それが誰かは不明のままだったが、ミッションの性質は明らかになった。

隠れ家ではアイヒマンがまったく抵抗することなく入浴し、ひげを剃り、航空会社の制服を着た。工作員チームの医師が鎮静剤を打つために注射器を取り出すと、おとなしくしているからその必要はないと請け合った。工作員たちにリスクを冒す気はなかった。相手に計画を変更する気がないと見て取ると、アイヒマンは今度もまったく抵抗しなかった。外へ連れ出されるときには薬がきはじめていたが、工作員たちが彼の上着を忘れていることに気づく程度は意識があり、自分からほかの乗務員と同じに見えるよう上着を着せてくれと言ったそうだ。

車三台で空港へと護送される途中で、アイヒマンはうとうとしはじめた。一台目の車に乗っている面々がみなエル・アル航空の制服を着ているのを見て、警備員はゲートを開け、全員をなかに入れた。飛行機に着くと、工作員たちはアイヒマンをすき間なく囲み、支えて階段をのぼらせた。ファーストクラスのキャビンまで行き、眠ったふりをしているほかの〝乗務員〟の近くの座席にアイヒマンを座らせた。偽装のための作り話は、彼ら全員が交代要員で、シフト前に休んでおく必要があるというものだった。ちょうど真夜中を過ぎたころ、つまり正式には日付が五月二十一日になってから、飛行機は離陸した。アルゼンチン領空を出ると、ファーストクラスのキャビンにいた〝乗務員〟たちは立ちあがって抱き合い、成功を祝った。残りの本物の乗務員たちも、ようやく謎の乗客の正体を知らされた。

ハルエルはこの機に同乗していたが、エイタン、シャロム、マルキンはじめ作戦を実行した工作員の大半は別々にアルゼンチンから出国しなければならず、数日遅れてイスラエルに帰国した。彼らが成し遂げたことはすぐに世間の知るところとなったが、それぞれの役割についてはその後何年も明かされないままとなった。

そのことが、アイヒマン逮捕は実際誰の手柄だったのかというのちの論争の一因となった。トゥヴィア・フリードマンやジーモン・ヴィーゼンタールといったフリーのナチ・ハンターは、自分の見解を自由に語ることができたし、進んで語った。フリードマンはすぐに回想録を出版し、自分の奮闘を大げさに書き立てた。彼の話では、アイヒマンは自分を長年追っていたユダヤ人につかまったと知って気絶したことになっている。そして意識が戻ったときにはこう尋ねたという。「おまえたちの誰がフリードマンだ？」

フリードマンはいちおう「このエピソードは又聞きなので、正確さは保証しない」とつけ加えている。現場の指揮官でアイヒマンを車に乗せたエイタンは、そのようなことは起きなかったとそっけなく否定した。

ヴィーゼンタールも一九六一年に自らの役割を語った最初の本、『わたしはアイヒマンを追った』を出版した。タイトルからしておもな手柄は自分のものだと主張しているように見えるが、この本のなかおよびその後の公の発言や著作ではたいていもう少し控えめな言葉を使っている。一九六〇年五月二十三日、ベン゠グリオンがアイヒマンの逮捕とイスラエル到着を発表したあと、〈ヤド・ヴァシェム〉から電報が届いたと、ヴィーゼンタールは喜んで報告している。「貴殿ノカガヤカシキ功績ニ心カラノ祝辞ヲ」

のちにエルサレムで開かれた記者会見では、注意深く言葉を選んだ。「アイヒマン逮捕はたった一人の人間の功績などではありえない。最良の意味での協力がもたらした成果だ。特に最後の決定的な段階はモザイクのように何人もの人々が関わり、それぞれがたがいをほとんど知りもせずに小さな断片のような貢献をした。わたしは自分自身の貢献についてしか語れないし、それが特に価値のあるものであったかどうかすらわからない」

一九八九年に刊行された回想録『ナチ犯罪人を追う――S・ヴィーゼンタール回顧録』では、次のように記している。「わたしは執拗な追跡者だったが、獲物を仕留めたのはわたしではない」。娘のパウリンカとその夫ジェラルド・クライスベルクの前では手柄を一人占めするような発言はしたことがなかった。イスラエル人たちについてはこう述べている。「わたしには彼らのような功績はあげられなかった。イスラエルのような国家と比べものになるわけがない」

バウアーはイスラエルがアイヒマンを見つける重要情報を提供したが、一九六八年に亡くなるまで社会的認知をいっさい求めなかった。ハルエルはアイヒマンを連れてイスラエルに戻るとすぐ、ドイツにいる部下に連絡した。その部下は、ベン＝グリオンがアイヒマン逮捕の発表を行う数時間前にレストランでバウアーと会った。ニュースを知らされたバウアーは、ハルエルの部下を抱きしめて目に涙を浮かべ、喜びにひたったという。

自分の果たした役割が知られることに慎重だったとはいえ、バウアーもヴィーゼンタールがアイヒマンの重要な追跡者としてマスコミの注目を浴びていることに当然気づいていた。「そう名乗る権利はあるだろうな、実際につかまえたのは彼ではないが」とバウアーは友人と二人だけのときに語ったという。「追跡したのは確かだ」

バウアーとヴィーゼンタールはときおり連絡を取り合っていたが、ヴィーゼンタールのほうが注目を浴びていることにバウアーが嫌悪感を示したことは一度もなかった。

しかし、ハルエルの場合は話が違った。モサド長官を務めているあいだは公に主張できなかったことに、また本人がそういう見方に乗っかろうとしたことにも、当初から憤慨していた。

一九七五年、ハルエルはようやくアイヒマン作戦に関する彼の回想録『ガリバルディ通りの家』を出版できるようになった。そのなかでは当てつけがましくヴィーゼンタールの名前が省かれている。のちに未発表の原稿「ジーモン・ヴィーゼンタールとアイヒマン逮捕」で、逮捕に関してはヴィーゼンタールは「なんの役割も果たさなかった」、「その事実を自分で認めることができなかったのだ」と述べている。

元モサド長官はヴィーゼンタールが「アイヒマン追跡に長年奔走しなかったとか、要請があったときに協力を断った」わけではないと記している。しかし、作戦がどのように実行されたかについてイスラエル当局が沈黙を守ったことを、彼が利用しようとしたと見て憤慨していた。「最初は慎重な態度を取っていたが、イスラエル側の沈黙を同意と受け取ると、どんどん不遜になり、ついには影の指揮官であるかのように、すべては自分の功績だと主張するようになった」と書いている。このまとまりに欠ける原稿には彼が集めた資料も含まれているが、ヴィーゼンタールの人格を感情的に攻撃する内容になっている。結局のところ、そこで暗に求められているのはハルエル自身が最も重要な役割を果たしたという承認である。

ハルエルの部下のなかにはアイヒマンを逮捕するために追跡を続け、有力な手がかりを提供したとしてヴィーゼンタールを評価する者もいた。しかしハルエルとヴィーゼンタールの反目は、事実に対する異なる見解の争いであると同時に、強引な性格の者同士のぶつかり合いでもあった。ブエノスアイレスで作戦実行チームの副官を務めたシャロムは本当の問題が何か気づいていた。「あれは手柄の奪い合いだった」「アイヒマン逮捕で名を馳せるための」

反目した二人が亡くなったあとも（ハルエルは二〇〇三年に、ヴィーゼンタールは二〇〇五年にこの世を去った）ナチ・ハンターたちの小さなコミュニティでは、この論争が下火になることはなかった。しかし世間一般にはこの内輪揉めは人々の関心を引かなかった。ずっと大きな関心を引いたのは、ブエノスアイレスの隠れ家で初めてかの有名な捕虜と対面したときにハルエル自身が抱いたのと同じ疑問だった。

「初めてアイヒマンと実際に会ったとき、わたしは自分の反応に唖然とした」と彼は回想している。最初に頭に浮かんだのは嫌悪ではなく、「なんだ、ごくふつうの男じゃないか！」ということだった。どんな男を予想していたのかはわからなかったが、ハルエルは心のなかで「道で会ったら、まわりの通行人とまったく見分けがつかなかっただろう」と思った。そして不思議に感じた。「いったいどうして、こんなごくふつうに見える人間が怪物になったのか？」

エルサレムでアイヒマンが裁判にかけられたとき、人々の脳裏に浮かんだのもこの疑問だった。

第9章　怪物か、悪の凡庸か　――アイヒマンとハンナ・アーレント

(わたしを含め) 多くが〝恥ずかしい〟と感じたこと、つまり収容されていたあいだと解放されてから罪悪感を味わったことはあまたの証言から確かめられている事実だ。ばかげて聞こえるかもしれないが、事実である。

アウシュヴィッツ生還者でイタリア系ユダヤ人の化学者・作家のプリーモ・レーヴィがホロコーストに関して最後に著した『溺れるものと救われるもの』より。レーヴィは一九八七年に自死。

アイヒマンを乗せた特別機は一九六〇年五月二十二日の朝、テルアビブのリッダ（訳注　リッダは非ヘブライ語での名称。ヘブライ語ではロッド）空港、のちのベン=グリオン空港に着陸した。翌日、ベン=

グリオンは内閣に告げた。「わが国の秘密諜報機関はかねてアドルフ・アイヒマンを捜索していたが、ついに発見した。彼はいまイスラエルにおり、ここで裁判を受けることになる」。本日このニュースを国会で発表するとつけ足しながら、アイヒマンがイスラエル国内ではまだ死刑となりうる点を強調した。

二〇一三年に公開された機密扱いの閣議録によれば、ベン＝グリオンは驚いた閣僚から即座に質問攻めに遭った。「いったいどうやって、どこで？　どうしてそんなことができたのか？」運輸大臣のイツハク・ベン＝アハロンが尋ねた。首相は「こういうことのために秘密諜報機関はある」と答えた。ほかの閣僚は祝いの言葉を述べ、財務大臣のレヴィ・エシュコルは国会での演説で「今回の作戦を特別に称えるために何か記念の品を贈る」と述べてはどうかと提案した。

「記念の品とは？」首相が尋ねた。

エシュコルがイスラエルには勲章がないことを指摘すると、ベン＝グリオンは「ミツヴァーの報いはミツヴァーそのものだ」と答えた。ヘブライ語のミツヴァーの文字どおりの意味は〝戒律〟だが、一般的には〝善行〟の意味で使われる。

閣僚たちはアイヒマンがどこでどのようにして捕らえられたのか好奇心を抑えられない様子だったが、司法大臣ピンハス・ローゼンが「詳細はいっさい明かさないほうがいいだろう」と提案した。

アイヒマンの弁護人を誰にするかが短く話し合われ、ローゼンは「誰でも本人が望む弁護士」をつけようと言った。しかし、外務大臣のゴルダ・メイアが「その人物がナチでなければという条件つきだ」と口を挟んだ。

農業大臣のモシェ・ダヤンが、アラブ人弁護士の場合はどうするかと尋ねたところ、ベン＝グリオンが「アラブ人がアイヒマンの弁護を引き受けることはないだろう」と断言した。

モサド長官のハルエルもこの閣議に出席していたが、留置場でのアイヒマンの様子について尋ねられると、次のように答えた。「われわれの態度が理解できないようだ。打ち据えられたり、残忍な扱いを受けると思っていたのだろう」「われわれはイスラエルの法に則った扱いをしている」

それはもっともな理由があってのことだった。アイヒマン裁判で首席検事を務めた検事長ギデオン・ハウスナーがのちに指摘したように、アイヒマン逮捕がひとたび世界に知られれば、「イスラエルそのものが裁かれることになった。自ら引き受けた任務を、われわれがいかに果たすかを全世界が注目しているように思えた」からだ。

アイヒマン逮捕を世界が知ったのは、ベン＝グリオンが国会で衝撃的な発表をしたときだった。「イスラエル国会にお知らせする。ナチ戦犯のなかで最も悪名高き一人、アドルフ・アイヒマンが――ナチ指導者とともにいわゆる〝ユダヤ人問題の最終的解決〟、つまりヨーロッパに暮らしていた六百万のユダヤ人の虐殺に責を負うべき人物が、イスラエルの秘密課報機関によって発見された。アドルフ・アイヒマンはすでに逮捕されてイスラエル国内におり、近日中にナチとその協力者を裁く法律に則り、裁判にかけられる」

イスラエルも即座に裁かれることになると言ったハウスナーは正しかった。ベン=グリオンらが予想したとおり、イスラエルの行動は世界的に非難された。首相の発表を聞いてイスラエル国民は唖然としたあと歓喜したが、アルゼンチン政府は衝撃を受け、屈辱を感じ、激怒した。外務大臣がイスラエル大使を呼びつけ、釈明を求めた、さらにアイヒマンの身柄の返還も要求した。

イスラエル大使は後者はありえないと述べ、政府は事実をやや脚色してつじつま合わせの話を作った。「イスラエル人を含むユダヤ人の有志が」アイヒマンの居場所を突きとめ、彼からイスラエルで裁きを受けることに対する同意を文書で取りつけたのだと。アルゼンチンの国連大使は安全保障理事会に訴え、アルゼンチンの主権を侵したとしてイスラエルを非難する決議を勝ちとった。しかし、その決議文にはアイヒマンは裁判にかけられなければならないとも書かれていた。

アイヒマン拉致を非難したのは、いつもの悪意に満ちた反イスラエル派の人々ばかりではなかった。「ワシントン・ポスト」紙は社説でイスラエルが「ジャングルの法則」に訴えたことを批判し、「ユダヤ民族のアイデンティティという架空の信念に基づいて行動する」権利はないと糾弾した。国外の著名なユダヤ人からも裁判の中止を求める声が寄せられた。哲学者アイザイア・バーリンはイスラエルがやろうとしていることは「政治的に賢明ではない」とエルサレム市長のテディ・コレックに書き送った。アイヒマンを他国に引き渡して裁判を受けさせ、イスラエルは「とことんまでやることを控えた」と示すほうがずっと得策だと。心理学者のエーリヒ・フロムはアイヒマン拉致を「ナチ自身が犯した種類の非合法な行為そのもの」と呼んだ。

アメリカ・ユダヤ人委員会は外務大臣のメイアに、アイヒマンは「ユダヤ人だけでなく人類に対して言語に絶する罪」を犯したのであり、それゆえイスラエルで裁判を行うことに反対すると述べた。委員会は裁判官と弁護士の一団を結成し、イスラエルがアイヒマンの取調べを行い、その後国際裁判所に証拠を引き渡すよう勧告した。

ベン゠グリオンはこうした提案をすべて即座に退けた。ほぼ一年後の一九六一年四月十一日に公判が始まったとき、検察側のハウスナーが冒頭で述べたように、イスラエルの指導部は自分たちがホロコーストの犠牲者全員を代表していると心から信じていた。「わたしとともにいまこの場所に六百万の告発者がいる」とハウスナーは宣言した。「しかし、彼らは立ちあがって、あのガラスに囲まれた被告人席にいる男を指さし、〝わたしは告発する〟と叫ぶことができない」。ハウスナーはさらに、アウシュヴィッツやトレブリンカなど「ヨーロッパ全土」に点在する殺戮の地は告発者たちの遺灰に覆われていると続けた。

裁判でハウスナーの次席検事の一人を務め、本書の執筆中に検察側で唯一存命だったガブリエル・バッハは、ベン゠グリオンがエルサレムで裁判を行わなければならないと考えた重要な理由を一つ指摘した。「教師たちによると、あの公判が始まる前のイスラエルでは、若者の多くがホロコーストについて聞かされるのを嫌がっていた」「なぜか？　彼らは恥だと感じていたのだ。若者からすれば、戦って負傷するのも、命を落とすのも、敗北するのも理解できる。しかし何百万もの人々が抵抗もせずに虐殺されたことが理解できなかったのだ。だから、その話は聞きたくないというわけだ」。ホロコースト生還者は石鹼屋とばかにされる場合もあった。ドイツ人は犠牲者の遺体から石鹼を作ったと広く信じられていたからだ。

裁判によって、犠牲者は「最後の瞬間まで欺かれていた」「待っているのは死だけだとわかった場合はワルシャワのゲットーのように反乱が起き、人々は最後の一人まで信じられないほど勇敢に戦った」ことが明らかになれば、若いイスラエル国民の態度も変わるはずだった。しかし、裁判は喧々囂々の議論を呼んだ。アイヒマンを告発する人々や裁判に関心を持つ世界中の視聴者が彼の人物像を読み解こうとする過程で矛盾する話がつぎつぎと出てきて、ホロコースト犠牲者の行動をめぐる論争はますます激しくなった。

イスラエルはアイヒマンが到着したあとの対応を慎重に計画していた。彼をハイファ近くにある警備の固い警察複合施設キャンプ・イッヤル内の大型刑務所へと移送し、三×四メートルほどの独房に収容した。家具は寝台とテーブル、椅子一脚だけだった。電気照明は常時つけられたままで、付属のトイレとシャワーがある。刑務所内の残りの独房はすべて空にしてあった。ほかに刑務所にいる者といえば、三十人以上の警察官と衛兵の役割も務める国境警備隊員だけだった。私的な復讐が行われないよう、ホロコーストで家族を失っている者は警備の任務からはずされた。

しかし裁判の準備期間中、取調べを任された男に関してはこのルールが適用されなかった。その男は二百七十五時間かけてアイヒマンから直接証言を引き出した。アヴナー・レス警部がティーンエイジャーだったときにヒトラーが権力の座につき、彼はドイツをあとにした。父はベルリンで事業を営み、第一次世界大戦では鉄十字勲章を授けられたが、アウシュヴィッツのガス室で死んだ。レスの父は際立った戦功のおかげで「一番最後に強制移送されるという特権を得て、それゆえ一番最後に殺された一人となった」。

アイヒマンにとって外界とのおもな連絡係となったのは、裁判で次席検事を務めたバッハだった。レスが証言をまとめるのに忙しくしているあいだ、取調べがスムーズに進むように気を配り、実務面での仲介役となるのがバッハの務めだった。たとえば、アイヒマンには弁護人を選ぶ権利があり、費用はイスラエル政府が負担すると本人に伝えたのはバッハだった。アイヒマンが選んだのはケルンの有名弁護士でニュルンベルク裁判でも被告の弁護を担当したロベルト・ゼヴァティオスだった。

取調べ期間中、バッハはハイファのホテルで暮らし、刑務所内にオフィスを与えられていた。アイヒマンに初めて会った日、若き法律家はポーランドで絞首刑になった元アウシュヴィッツ所長ルドルフ・ヘースの自伝を読んでいた。母子たちがガス室へと連れていかれる場面や、ヘースが慈悲を求められてもためらいを見せてはならないと感じていたという記述などを読んでいた。この大量殺人が必要とされる理由をアイヒマンが説明した箇所も。数分後、警官が来てアイヒマンが会いたいと言っていると伝えた。「（オフィスの）外に足音が聞こえ、彼はいまきみが座っているようにわたしの前に腰をおろした」とバッハはその日を振り返った。「無表情を保つのは簡単ではなかった」

バッハが直面した困難はレスのそれに比べればずっと小さかったはずだ。レスは毎日アイヒマンと顔を合わせ、広範な質問をして、毎回の取調記録を注意深く見直さなければならなかったのだから。最終的に三千五百六十四ページにのぼった記録のすべてが裁判の証拠として提出されることになった。

初めて対面した一九六〇年五月二十九日、レスの前に現れたのはカーキ色のシャツとズボンにつま先のあいたサンダルを履き、「ごく平凡に見える」頭の禿げかかった男だった。トゥヴィア・フリードマンから提供されたものも含めて、アイヒマンに関する資料を読みこんでいたレスは、正直言って拍子抜けしたという。「きわめてふつうの外見と淡々とした話し方とが相まって、資料から予想していたよりもさらに憂鬱な印象を受けた」

しかし、レスは初対面のときにアイヒマンが「非常に神経質になって」おり、震えを隠すために両手をテーブルの下に隠したままでいたことに気づいていた。「彼の恐怖を感じることができた。あの場で彼を始末するのは簡単だったはずだ」。アイヒマンは立場が逆だったら、自分がしていたはずの扱いを予想していたのだとレスは気がついた。しかし、規則通りの処遇を一週間続けたところ、アイヒマンは目に見えて緊張を解いた。囚人がヘビースモーカーだとわかると、警察署長はたばこの割当を増やした。「そうすればアイヒマンの口が軽くなり、集中力も増すからだった」とレスは振り返っている。ポーランドの調査判事ヤン・ゼーンもヘースに同じ手法を使っていた。

アイヒマンはホロコーストにおける自分の役割と影響力を小さく印象づけ、ユダヤ人に個人的反感は抱いていないことを示すためにできることはなんでもしたが、それは裁判を通して彼がとる姿勢の前兆だった。小学校時代にはユダヤ人の友達がいたし、ユダヤ人問題に関わるようになった当初はプラハのユダヤ人指導者と緊密に協力し合っていたとレスに話した。彼が目指していたのは、ユダヤ人をよそへ移住させることで、自分は「ユダヤ人嫌いではなかった」と主張した。

小屋や貨物車にパイプで排気ガスを送りこむという間に合わせのガス室でユダヤ人が殺されるの

イスラエルの刑務所内を歩くアイヒマン

見た最初の数回は、「激しい衝撃を受けた」と語った。悲鳴に「動揺」し、死体が堀に捨てられると民間人がペンチで金歯を抜き取りはじめるのを見て、彼は逃げ出した。暴力と苦しみを目の当たりにして平静ではいられず、悪夢を見た。「いまでも、深い切り傷を見ると、目をそむけずにいられなくなる」と述べた。それでも、殺人システムを定期的に点検するためにアウシュヴィッツをはじめとした強制収容所を訪れるのはやめなかった。一九四二年一月二十日にベルリン郊外で開かれたナチの治安関係幹部の会合、ヴァンゼー会議にも出席した。〝最終的解決〟の実施が調整されたのはこの会議の席上であり、この悪名高き会合の議事録をまとめたのがアイヒマンだった。しかし本人は、速記者とともに部屋の隅に座っていた、それは彼がいかに「取るに足らない」人間であるかを示していると主張した。

アウシュヴィッツをはじめとした強制収容所にユダヤ人を移送する段取りについては、命令に従っただけだと何度もくり返した。「異常な熱意」をもって任務を遂行したことは認めたが、だからといって殺人罪に問われるのはおかしいと反論した。生死に関わる決定を下したのは自分ではない。「もし、わたしの父は裏切り者だから殺せと言われたら、わたしは殺しただろう」「あのころ、わたしは考えることなく命令に従っていた」

アイヒマンがふつうの情動と好奇心の持ち主であることを示そうとし、取調官と親しくなろうとしたことが何度かあった。一度はレスに両親はまだ存命なのかと尋ねた。父がたどった運命をレスが話すと、アイヒマンは「なんと恐ろしい、警部殿(ヘル・ハウプトマン)！ ひどい話だ！」と叫んだという。

アイヒマンの抗弁を崩す最高の武器を提供してくれたのはヘースの亡霊だった。なかでも少し前にバッハも読んでいた自伝が、特に役立った。ヘースの裁判と処刑は、鉄のカーテンが引かれたばかりのころに行われたため、この裁判でアイヒマンが経験することになるような注目は集めなかった。しかしレスはヘースが書き残したことを注意深く読みこみ、それをどう利用すればいいか心得ていた。

レスがヘースの自伝を朗読しはじめると、アイヒマンは目に見えて動揺した。収容所長について辛辣な批評を加えたものの、初対面のときと同じく手が震えだした。ヘースは最終的解決に関してアイヒマンとたびたび話し合ったと記していた。二人きりで「さんざん酒を飲んだ」とき、「アイヒマンはつかまえられるユダヤ人は一人残らず殺すという考えにすっかり取りつかれていた」とヘースは回想していた。アイヒマンの言わんとしたことはこのうえなく明瞭だった。「容赦なく冷血に、この絶滅計画を可能なかぎり迅速に完了させなければならない。ほんのわずかな譲歩も、後日きびしい代償を支払わされることになるだろう」

レスがきびしい口調でその一節を読むと、アイヒマンはそんなのはまったくのでたらめだと反論した。「わたしはユダヤ人殺しとはいっさい関係ない」「ユダヤ人を殺したことなど一度もない。ユダヤ人を殺すよう命じたこともない」。それが彼にとっては「ある程度の心の安らぎ」となっているとつけ加えた。「わたしは人々を退去させるのに手を貸したから、その点では有罪だ」と認めた。しかしすぐに、彼が用意した列車に詰めこまれた人々は「勤労奉仕」のために移送されたのであり、東の目的地に着いてからたどった運命は自分のあずかり知らぬことだと言った。

人の生死に関わる決定は下したことがないという主張を崩すためにレスは、強制移送をいったん免れたユダヤ人について、アイヒマンが免除理由を一つ一つつぶしていった例を複数挙げた。署名入りの文書のなかでアイヒマンは、ベルリン駐在のタイ大使がユダヤ人のドイツ語教師を雇っているのは「彼を困難から守るため」だけだと主張していた。彼は外務省に命じて大使に「そのユダヤ人の雇用を打ち切るよう」圧力をかけさせた。それは、レスが指摘したとおり、そのユダヤ人が「次回もしくはそれに近い便で移送されること」を意味した。アイヒマンはハーグ駐在の使節に指示して、イタリア行きを計画していたオランダ系ユダヤ女性に対する特例を撤回させたこともあった。その特例は、ドイツの最終的解決への協力にあまり熱心でなかったイタリアのファシスト政権が要請して認められたものだった。その女性は「勤労奉仕に就かせるため、即座に東へ」送られなければならない、とアイヒマンは記していた。

アイヒマンのせいでそのユダヤ女性はアウシュヴィッツへ送られる結果となった。そのような証拠を突きつけられると、アイヒマンはしどろもどろになった。「それは……それは……それがわれわれの仕事だったからだ」。少し落ち着きを取りもどしてから、いつもの「個人的な決断ではなかった」という反論をつけ加えた。自分は命令に従っただけだ。自分がそうした指示を出さなくても、同じ地位にあったほかの人間がまったく同じことをしていただろう。本当の決断はつねにもっと上層部でなされていた。「わたしは決断することをいっさい求められていなかった」とアイヒマ

1941年5月、フランス国内の外国籍ユダヤ人が逮捕され、パリのオステルリッツ駅から収容所へと送られた。その後、フランス系ユダヤ人もドイツ占領軍と占領軍に協力的なフランス人によって検挙され、数多の人々が死の収容所へと送られた。

ンは締めくくった。

彼は精神的にも行為のうえでも殺人者ではないことを証明しようとして必死だった。しかし、執拗に尋問されると、望んでいたようには自分の役割を小さく見せることができなかった。アイヒマンは「ユダヤ人絶滅を冷淡、精巧かつ狡猾に計画、実施した事実」を隠そうとしているだけだ、との結論にレスは達した。アイヒマンは自分の行動に関して、裁判でもう一度同じような説明をする機会を与えられた。彼にとっては、法廷とその向こうで待つもっと多くの聴衆が、レスよりも聞く耳を持ってくれるよう期待するしかなかった。

「考えること自体が非常に危険な仕事です」。一九七五年に亡くなる前、最後のテレビ出演となったフランスの法学者ロジェ・エレラとのインタビューで、ハンナ・アーレントはそう語った。確かにそうだったろう。ドイツ生まれのユダヤ人哲学者である彼女がアイヒマン裁判のレポートを雑誌「ニューヨーカー」で五回にわたって連載し、その記事を元に『イェルサレムのアイヒマン――悪の陳腐さについての報告』が一九六三年に出版されたときには。

彼女がアイヒマンを、ユダヤ人を死の収容所へ運んだ「最も重要なベルトコンベヤー」と評し、被告人は人間の皮をかぶった怪物などではなく殺人マシンの一部品にすぎないと暗にほのめかしたことは、広く賞賛された一方で痛烈な批判も浴び、とりわけ同胞であるユダヤ人の多くは死ぬまで彼女と絶交した。しかし今日まで続く論争のなかで、人々がどちらに味方しても、アーレントの命題が議論の焦点であることは変わっていない。アイヒマンと悪の性質に関する議論は、彼とその動機に対するアーレントの解釈抜きには語れない。

裁判が始まる少し前にアーレントがエルサレムに到着すると、次席検事のバッハから会いたいという連絡が入った。「二日後に、彼女から検察側の人間と話すつもりはないとの返事があった」とバッハは振り返った。それでも彼はレスによるアイヒマンの取調べ記録も含めて、検察側と被告側のすべての資料に彼女が目を通せるようにはからった。

大量の取調記録にアーレントは魅了され、注意深く読んだ。イスラエルに来た目的は「ニューヨーカー」に裁判のレポートを掲載するためだったが、公判中ガラスで覆われた被告席に座る男について、彼女独自の解釈を確立するのも使命の一つだった。他人、とりわけ検察側に意見を左右されることは絶対に避けたいと考えていた。彼女はのちに喧々囂々の議論を呼ぶ結論に、最初から傾いていたことがさまざまな点からうかがわれる。アイヒマン裁判の十年前、アーレントは広く高い評価を受けた『全体主義の起原』を出版していたが、それを読むと、ヒトラーのドイツとスターリンのソ連がそろって恐怖とプロパガンダを組み合わせ、伝統的なユダヤ・キリスト教の価値観を否定するシステムを強制したことに強い関心を持っていたとわかる。反ユダヤ主義の起源についても詳細に論じている。

アーレントがそうした問題に関心を持つようになったのは、育った背景を考えると自然な結果だった。一九〇六年生まれのアーレントはケーニヒスベルクで育ったが、〝ユダヤ〟という言葉を知らなかったとインタビューで語っている。父は若死にし、母は信心深い人ではなかった。本人の言葉を借りれば、彼女が「啓蒙された」のはほかの子供から反ユダヤ主義的な言葉を投げつけられたときだった。一九三三年にヒトラーが政権を掌握すると、ドイツから脱出した。「ユダヤ人として攻撃されたら、ユダヤ人として身を守らなければならない」と彼女は述べている。

パリに着いたアーレントは、ドイツ系やポーランド系の若いユダヤ人をパレスチナへ送る手伝いをした。一九四〇年フランスがドイツに降伏したため、今度はアメリカへ逃げ、そこで新たな生活を始めた。当初はシオニズム運動に協力していたにもかかわらず、のちにイスラエルと著名なイスラエル人、特に指導的地位に就いた東欧出身のユダヤ人をきびしく批判するようになった。そこから首席検事のハウスナー——アーレントに言わせれば「ゲットー根性」を持った「典型的なガリツィア出身のユダヤ人」――に対して個人的に軽蔑を募らせていった。

一九六一年四月十一日に始まったアイヒマン裁判の初めから、アーレントはハウスナーのアプローチに批判的だった。ハウスナーはアイヒマンが犯した罪の凶悪性と責任は彼にあること、アイヒマンが強烈な反ユダヤ主義者であることの証明に力を注いだが、アーレントは異なる理論を抱いていた。「わたしがおもに目指したのは、悪の偉大さ、悪魔的な力の存在という伝説を崩すことだった」と最後のテレビ・インタビューで、彼女は答えている。別のときには、「悪魔的なオーラに欠ける人物がいるとすれば、それはアイヒマン氏だった」とも。

アーレントの記事と本のなかで、アイヒマンは頭のよくない退屈な役人として描かれている。「陳腐でない文句はひと言も言えない」「聞けば聞くほど、彼が話せないのは〝考える〟こと、すなわち他者の立場から考えることができないためだとはっきりしてきた」と述べている。このあとに続いたのが、最大級の反発を招いたあの断定だ。「検察側がどんなに努力しようと、この男が〝怪物〟でないのは誰の目にも明らかだった。無能なふりをしているだけではないかと疑わずにいるのはむずかしかったが」。実際には、この一見何の変哲もない男こそが「悪の凡庸さ」の実例だったのである。

アイヒマンを突き動かしていたのはイデオロギーやユダヤ人に対する憎しみではなく、出世第一主義、ナチの官僚制のなかで上へ行きたいという願望だった、とアーレントは主張した。「昇進を目指すうえでの異常な勤勉さを除くと、彼にはまったく動機がなかった」。言い換えるなら、ナチの体制が標的としさえしたら、彼は人種や信仰に関係なくどんなグループであろうと、何百万もの人々を死に追いやったということだ。

法廷では、検察がまったく異なる物語を引き出そうとし、アイヒマンがナチの論理にどっぷりとつかっていたために悲劇が起きたのだという実例をまざまざと描き出すことに力を注いだ。証人たちがつぎつぎと強制収容所での生と死にまつわる悲痛な告白をした。そうした証言がその後のホロコーストに対する世界の認識の基礎となった。傍聴人席のあちこちから息を呑んだりすすり泣いたりする声が聞こえるなか、生還者たちは愛する人々との最後の思い出を語った。しかし、その場にいるほぼ全員と異なり、「アイヒマンは動揺したそぶりをまったく見せなかった」とハウスナーは指摘している。自らをレスに「下っ端の輸送担当官」と称した男は自分の証言する番が来るまで、「ガラスに覆われた証人席のなかで張りつめた顔で体をこわばらせ、沈黙していた」。

検察側がホロコーストのフィルムを用意し、公判に先立ってアイヒマンと弁護士にそれを見せるため、彼らを法廷へ呼んだことがあった。バッハはすでに内容を知っていたので、映像を見るアイヒマンをじっと観察した。ガス室と遺体が映し出されてもアイヒマンはなんの反応も見せなかったが、途中で刑務所長に興奮した様子で何か言った。あとでバッハが理由を尋ねると、刑務所長の説明はこうだった。アイヒマンは法廷にセーターとグレーのスーツという格好で連れてこられたため激怒した。出廷するときはダークブルーのスーツを着てよいと約束したじゃないかと文句を言ったという。そういう約束は守るべきだと主張し、アイヒマンが〝不当な扱い〟に抗議しながら、フィルムに関してはひと言も言わなかったことを回想しつつ、バッハは皮肉っぽく笑った。

公判では、犠牲者たちが当惑、憔悴し、飢えに苦しみながらアウシュヴィッツ・ビルケナウ強制収容所に着き、選別された様子が多くの証人から語られた。公判から半世紀以上たってから、バッハはある技師の男性が、妻と幼い娘は左へ、彼は右へ行けと指示されたと語ったときのことを振り返った。息子はどちらへ行けばいいのかとSS将校に尋ねたところ、上官との短い相談の結果、息子は母と妹を追うよう指示された。技師の男性は息子が母親たちに追いつけないのではと心配した。左へ向かわされた人々があいだに何百人もいたからだ。息子の姿はあっという間に人混みのなかに消えてしまった。しかし、娘の姿は追うことができた。赤いコートを着ていたからで、赤い点はどんどん小さくなっていった。「そうして彼の人生から家族が消えていったんだ」とバッハは語った。

『シンドラーのリスト』には赤いコートの少女が登場するよく似た場面がある。スティーヴン・スピルバーグはアイヒマン裁判からあの場面を着想したにちがいないとバッハは確信している。

技師の証言を聞く二週間前に、バッハは当時まだ二歳半だった自身の娘に赤いコートを買ってやっていた。証言を聞いたときは「言葉が出なかった」という。動揺を抑えて質問できるようになるまで、彼は必要もなく書類をいじっていた。よく見かける憂い顔のバッハの写真は、この胸を揺さぶられる証言の直後に撮られたものだ。「いまだに、サッカースタジアムにいようが道やレストランにいようが、赤いコートを着た少女や少年を見かけたとたん、心臓が早鐘を打ちはじめる」

と、半世紀後のわたしとのインタビューで彼は語った。

　こうした個人的打ち明け話のような証言を聞いても、アイヒマンの演じた役割は個人的見解の所産ではなく、ナチ官僚制における彼の役割と結びついたものだったというアーレントの確信は揺らがなかった。公判中ハウスナーは、被告が戦争末期に部下に言った言葉を本人に突きつけた。「わたしは笑いながら墓に飛びこむだろう。なぜなら良心に基づき、ユダヤ人五百万人を殺したことにこのうえない満足を覚えているからだ」。アイヒマンはユダヤ人ではなく「帝国の敵」と言ったのだと反論したものの、その後裁判官に確かにユダヤ人という意味で言ったと認めたそうだ。ともあれ、ハウスナーは引用を聞かされた被告が「心底驚き、一瞬うろたえた」顔をしたと指摘している。

　アーレントからすれば、そうした発言は「自慢したがるのがアイヒマンの短所で、それが彼の転落を招いた」ことを示しているだけだった。ナチにとってアルゼンチンはきわめて安全な避難先に思えたため、いっそう警戒を緩めたアイヒマンは一九五七年にオランダのナチ・ジャーナリスト、ヴィレム・ザッセンの長時間に及ぶインタビューに応じていた。ザッセンはインタビューの抄録を雑誌「ライフ」に売った。アイヒマンはいつか全部が公表されれば、自分の見方を世間に示せると考えていたのかもしれない。しかし、その自己を美化する話しぶりは彼がエルサレムでとった、自らの役割を小さく見せようとする方針と相容れなかった。アイヒマンはインタビューが「バーのような場所」で行われたため、信頼できる情報とは言えないと主張した。実際は筆記録をチェックし、何カ所か訂正させていたにもかかわらず。異議申し立ての結果、インタビューの記録は証拠として認められなかった。

しかし、アイヒマンがリスクを冒してもインタビューを受けた事実は、アーレントの主張を立証する形となった。「結局アイヒマンが捕まることになったのは、自慢話をしたいという抑えがたい欲求のせいだった」とアーレントは書いている。どんな状況でも、後先を考えずその場に順応し、自分の有利になりそうなことを言おうとする姿勢は、第三帝国で彼が演じた役割の説明になる。「彼は愚かではなかった」「思慮の完全な欠如――決して愚かさと同義ではない――こそが、彼があの時代で最も凶悪な犯罪者となった要因だ」と彼女は結論している。

アーレントが批評家たちを激怒させ、自己嫌悪のユダヤ人と非難される原因となったもう一つの論点が、占領地域のユダヤ人会議をナチの共犯者と見なしたことだ。ユダヤ人会議の主な仕事は、当局から言い渡された収容所への移送人員を確保すること、数を割らないようにすることだった。ドイツ人はユダヤ人をできるだけ騙しつづけるため、移送された者に親戚宛のはがきのなかで、新しい土地での生活・労働環境はよさそうだと書かせたと、検察側の証人たちは延々と証言した。誰もがその作り話が本当であるようにとひたすら願ったと証人は説明した。

しかしアーレントは、ユダヤ人指導者がわが身を守りたいがために意図的にこうしたまやかしに加担したと非難した。「ユダヤ人指導者たちが同胞の大量殺人に果たした役割は疑いの余地なく、この凶悪な物語のなかの最も凶悪な一章である」と。ドイツ当局から東行きの列車に乗せる人員をもっとかき集めろと執拗に圧力をかけられながら、抵抗するのはユダヤ人指導者にとってむずかしかったにちがいない。脅迫はエスカレートし、一定のユダヤ人は助けられるという約束はほとんどいつも破られた。この点に関して、アーレントはまったく理解を示さなかった。

これはエルサレムの法廷でとりわけ慎重を要する問題だった。「占領地域のユダヤ人指導者がいかに追いつめられていたかがあらためてむき出しにされた」とハウスナーは振り返っている。一番著名だったのがハンガリー系指導者のルドルフ・カステルだ。カステルは、四十万人以上のハンガリー系ユダヤ人をアウシュヴィッツに移送する計画の指揮者アイヒマンと取引をした。最終的にカステルは「約四十七万六千人の犠牲者と引き換えに千六百八十四人を救った」とアーレントは辛辣に指摘している。助かったなかにはカステルと彼の身内数人、そして彼の言葉を借りればそのほかの「重要なユダヤ人」が含まれていた。カステルはスイスまで無事逃げるためにドイツ側に多額の身代金を払った。その後イスラエルに定住し、産業貿易省のスポークスマンになった。

一九五三年にはハンガリー生まれのイスラエル人フリーランス記者マルキエイ・グルエンウォルドが、カステルをナチと共謀したと非難した。カステルは官僚であったため、イスラエル当局はグルエンウォルドを名誉毀損で訴えた。判事はカステルのことを「悪魔に魂を売った」と述べ、グルエンウォルドが勝訴した。政府は上訴したが、一九五七年、裁判がまだ闘われている最中にカステルがテルアビブで暗殺され、その後まもなく裁判はカステルの無罪という形で幕をおろした。

しかし、カステルの果たした役割については世論が真っ二つに割れたままだった。名誉毀損の裁判で上訴に協力したバッハやアイヒマン裁判の検察班からすれば、アイヒマンとカステルの取引はナチスの役人の非道さを強調しただけだった。彼らには追いつめられたユダヤ人指導者を糾弾するつもりはなかったし、弁護団はカステルをできるだけ多くの人々を救った英雄と見ていた。

しかしアーレントは、ユダヤ人指導者とその組織のおかげで、アイヒマンらがユダヤ人ほぼ全員を検挙するのが容易になったと主張した。ユダヤ人指導者が手を貸さなくても、事態は「混沌とし、多くの悲劇がくり返された」だろうが、「犠牲者の総数が四百五十万から六百万人まで達することはなかったはずだ」。

アーレントが一九六三年に『イェルサレムのアイヒマン』を出版するやいなや、批判の集中砲火が浴びせられた。検事たちは当然ながら、アイヒマンに関する彼女の意見に賛成しなかった。「彼は命令に従っていただけだというハンナ・アーレントの考え方はまったくばかげている」とバッハは言い切った。ジェノサイドに情熱を燃やしていると見られていたからこそ、彼はホロコーストの間中、公安組織のなかでユダヤ人問題を任されていたのだとも語った。敗色が濃くなり、上官がホロコーストの物的証拠を隠そうとしはじめてからずいぶんたっても、ユダヤ人を殺そうというアイヒマンの意欲は衰えなかったと。しかし、マスコミや公開討論会でアーレントに反撃したのはほかの人々だった。

先頭に立った一人は、ニュルンベルクでアインザッツグルッペン裁判の裁判長を務めたマイケル・マスマノだ。マスマノはアイヒマンが逮捕されたあと、『アイヒマン特別部隊』を著し、エルサレムで行われた裁判では検察側の証人として証言もした。被告弁護人のゼヴァティオスに求められて、彼はニュルンベルクでの元ナチ幹部の発言について語った。ゲーリングは「ユダヤ人の絶滅計画に関してはアイヒマンが全権を握っていたとはっきり述べた……どのユダヤ人を殺すかについて事実上、絶対的な決定権を持っていたと」。これは自分にはなんの決定権もなかったというアイヒマンの主張に真っ向から反駁（はんばく）するものだった。

劇的な表現を躊躇せず使う人物だったマスマノは別の機会に、ニュルンベルクでアイヒマンの名前は「証言のなかで何度もくり返されたが、それはまるで人気（ひとけ）のない空っぽの家を吹き抜ける風の囁き、屋根に枝がそっと触れて霊の訪問をほのめかすカサコソという音に似ていた」と述べている。

「ニューヨーク・タイムズ」からアーレントの『イェルサレムのアイヒマン』の書評を依頼されたマスマノは、非常に大きな討論の場を得ることになった。彼は予想されたとおりの痛烈な批判を加え、アーレントの言うとおりなら「アイヒマンは心の底ではナチではなく、ヒトラーの計画を知らずにナチ党に入党し、ゲシュタポはユダヤ人のパレスチナ移住に協力的で、ヒムラーが（あのヒムラーが！）慈悲の心を持っていたことになる」として、彼女の主張を軽蔑もあらわに退けた。ユダヤ人を憎んでいたわけではないというアイヒマンの抗議など誰も信じなかったのに、アーレントは彼に同情し、嘘で固められた過去と考え方にまんまと騙されてしまったのだとも述べた。

マスマノが一番辛辣な言葉を投げつけたのは、「くり返し」アウシュヴィッツを訪れながら、「殺人設備」は見たことがなかったというアイヒマンの発言をアーレントが信じた点だった。「それはまるでナイアガラフォールズ市にくり返し滞在しながら、滝に気づかなかったと言うに等しい」。ユダヤ人会議に対する非難については、怒りを向ける相手が完全に間違っていると考えた人々と同意見だった。「アイヒマンが死の脅しを使ったせいでクヴィスリング（訳注 ドイツ占領下のノルウェーで首相を務めた）やラヴァル（訳注 ヴィシー政権で副首相・首相を務めた）などの〝親ナチ〟が生まれたことは、アイヒマンが犯した罪の恐ろしさを強調するだけだ」とマスマノは結論している。

この書評はアーレントの本に劣らず世間を騒がせ、読者も二手に分かれて著名人二人による戦いを見守った。「ニューヨーク・タイムズ」紙は続けて書評欄にアーレントからの反駁、マスマノからの〝反駁に対する反駁〟を、さらにはそれぞれの支持者から寄せられた熱のこもった手紙を掲載した。反駁のなかでアーレントはマスマノを書評家として指名した新聞社の「突飛な」選択をきびしく批判した。過去に彼女は全体主義とアイヒマンの果たした役割に関するマスマノの見解を「危険でくだらない」と退けたことがあったからだ。にもかかわらず、新聞社もマスマノもその事実を読者に知らせなかったのは「通常編集業務の目に余る失態」ではないかと非難した。書評については「わたしの知るかぎり、書かれも出版されてもいない本」に対する攻撃だと述べた。つまり、マスマノは本の内容を少しも正確に伝えていないというのである。

マスマノは「アイヒマン裁判の真実をミス・アーレントがいくつも間違って伝えている」ので、

それを指摘するのは自分の義務であり、「いかなる種類の不正確さ」も責められる立場にないと反撃した。アーレント支持派はマスマノの書評を「過去最低の書評」「はなはだしい誤読」と呼び、「アーレントの巧みな皮肉が理解できない」のだと指摘した。反アーレント派は「事実関係を明確にしよう」と努力したマスマノを讃え、アイヒマンを理解することに「必死になる」あまり「史実に関して無知であるか無視を決めこんだ」アーレントを責めたてた。

論争はそこで終わらなかった。ニュルンベルク裁判でロバート・ジャクソン判事のユダヤ人関係相談役を務め、のちにはイスラエルの国連代表団の法律顧問にも任じられたジェイコブ・ロビンソンがアーレントの主張を突き崩すためだけに一冊の本を書きあげた。『歪んだ見方を正す――アイヒマン裁判とユダヤ人の惨劇、ハンナ・アーレントの物語』は一九六五年に刊行された。弁護士で学者でもあるロビンソンにとっては、どんな細かな点も些細とはいえず、取りあげて争わずにはいられなかった。

当然、アーレントがホロコーストにおけるアイヒマンの役割は検察側による誇張だとしたことは槍玉に挙げられた。「ハンナ・アーレントが描くアイヒマン像を前にすると困惑せずにいられない」。「実際のアイヒマン」は「尋常ならざる活力を持ち、狡猾な詐欺の達人で、専門分野においては賢く有能であり、ヨーロッパから〝ユダヤ人を一掃する〟という任務に一意専心し、ひと言で言うなら、ユダヤ人絶滅計画の監督者としてこれ以上ない適任者」だったことが文書からもわかると彼は述べた。

ロビンソンが特に「仰天した」のは、ナチ占領下のヨーロッパにおけるユダヤ人会議の役割を論じた部分でアーレントが「史実を歪めた」点だった。ドイツ人がゲットーを治めるために利用したユダヤ人組織の起源を、ロビンソンは長々と説明し、ユダヤ人会議は「どんな状況でも共同体を物理的にも精神的にも存続させようと前向きな努力をした」と指摘した。彼らが「より大きな災難からコミュニティを守れると信じこみ、ナチの支配に公然と抵抗しないよう必死になった」ことは認めたが。さらに、ユダヤ人警察は強制移送のための一斉検挙にたびたび利用されたものの、そうした場合はドイツ人から直接命令を受けたとして、会議との関係を否定した。

そのような主張に納得しなかったのはアーレント一人ではなかった。ユダヤ人会議とユダヤ人警察の果たした役割について議論したがらない風潮を、ジーモン・ヴィーゼンタールも批判し、真の悪者であるナチの罪が軽く見えてしまうという懸念を一蹴した。「われわれはこれまでユダヤ人がナチに協力した事実をほとんど糾弾せずにきた」「ユダヤ人を責める権利はほかの誰にもない——だが、われわれ自身がいつかその事実と向き合う必要がある」

しかし、こういう声は概して極端に少なかった。ロビンソンが多数派の考え方を要約して次のように述べている。「法的にも倫理的にも、ユダヤ人会議をナチの共犯として断じるのは、銃を突きつけられて店を明け渡した店主を武装強盗の共犯と断じるに等しい」

アイヒマンが象徴する悪の性質という問題になると、特に反アーレント派の声が大きくなる。少なくとも識者のあいだではその傾向があり、彼女はしばしば村八分に遭った。二〇一二年の映画

『ハンナ・アーレント』で、ドイツ人監督マルガレーテ・フォン・トロッタは、アーレントが友人や同僚から見放され、両者のあいだで非難の応酬が激しさを増していく様子を描き出した。

しかし、アイヒマンを捕らえたイスラエル人工作員のなかにも、アーレントの考え方に共感を覚える者がいた。「ある意味、彼女は正しかった」と、ブエノスアイレスで工作班を指揮したラフィ・エイタンは語った。「アイヒマン自身はユダヤ人を憎んでいなかった――わたしはそう感じた。あれが悪の凡庸さなのだろう。あの男にフランス人を殺せと言ったら、同じく命令に従ったにちがいない」

アイヒマンが象徴するものをめぐる論争は何十年も続いている。二〇一一年、ドイツ人哲学者ベッティーナ・シュタングネトが、オランダ人ナチ・ジャーナリストのヴィレム・ザッセンによるインタビューの資料をはじめとして広範な追加調査を行い、本を刊行した。英語版は『エルサレム以前のアイヒマン――大量殺人犯の検証されていない人生』と題して二〇一四年に出版された。その内容はロビンソンらの主張を支持する証拠の集大成だった。

アイヒマンはたまたま大量殺人システムの重要な一部を担うことになった凡庸な官僚などではないと、シュタングネトは論じた。「全体主義思想に取り憑かれた」狂信的な反ユダヤ主義者で、どんな命令にもただ従っただけの男にはほど遠かった。「人の命を軽んじるイデオロギーは、伝統的な正義の概念や倫理観を否定する行動が合法化される場合、自称支配民族の一員にとってきわめて魅力的に映る」と彼女は記している。

シュタングネトは、アーレントがホロコースト研究の初期に大いに必要だった議論を始めた点は評価している。アーレントの本は「ソクラテスの時代からの哲学者の目標を達成した。理解のための論争である」。しかし、アーレントは主題とした人物の嘘で固めた話に騙されてしまった。「エルサレムのアイヒマンは仮面にすぎなかった」とシュタングネトは記している。「彼女はそれに気づかなかった。自分が望むほどには研究対象を理解できていないと、強く自覚していたにもかかわらず」

アイヒマンの取調べ記録と裁判後半での本人の証言をおもな論拠としたアーレントが、ユダヤ人に個人的憎しみは抱いていなかった、自分は従属的役割を演じただけだという彼の異議申し立てを額面通りに受け取ったのはほぼ間違いない。確固たる自信のない凡庸な人間を、全体主義体制が巧みに利用したという自説を証明したくてしかたがなかったのだろう。傲慢さも否定できない。アイヒマンはどうしてあんなことができたのか、その精神構造を正しく突きとめられたのは自分だけだと彼女は確信していた。

しかし、感情的になった批評家のせいでアーレントの見解が原形を留めないほど歪められたというのは確かで、彼女は『イェルサレムのアイヒマン』の出版から十年間ほど、ドイツやフランスのインタビュー番組で反撃した。彼女の発言は誤解されやすく、混乱の原因となった文句をくり返したところで状況は改善されなかった。初期のインタビューでは、アイヒマンは「道化」だったとくり返し、取調べ記録を読んだときに「声をあげて笑ってしまった」と述べている。

その後のインタビューでは、意味するところをもう少しわかりやすく説明するようになった。ドイツ人歴史学者ヨアヒム・フェストとの対談で、〝凡庸な行動〟という言葉にはなんら肯定的な意味がないことを指摘した――正反対である。自分は命令に従っただけなので大量殺人の責任を負う立場にない、無罪だと主張したアイヒマンやニュルンベルク裁判の被告を、アーレントは「詐欺師」だと激しく非難した。「どうしようもないほどばかばかしい」「何もかもが滑稽としか言いようがない！」インタビューのなかで彼女が使った「滑稽」は決して〝面白い〟という意味ではなかった。

とはいえアーレントは、アイヒマンは「単なる役人」であり、彼のとった行動にイデオロギーは大きな意味を持たなかったという自説については固持した。彼女を批判した人々の多くはアイヒマンを怪物、悪魔の化身と考えたが、その解釈はドイツ人がとった行動に言い訳を与えることになるのできわめて危険だと、彼女は言った。「奈落に潜んでいた獣（けだもの）に屈服したほうが、アイヒマンのようなごくふつうの男に屈服したよりも、当然ながら罪はずっと軽くなる」。だからこそ、アーレントはアイヒマンとその同類を悪魔と見なす説明を退けつづけたのだ。

アイヒマンの解釈についてはきわめて如才ない議論を展開し、興奮した反対派を黙らせる一方で、ナチに協力したユダヤ人に対する責任追及の論調はほとんど緩めなかった。それでも、当初よりは理解を示すようになり、ユダヤ人会議の指導者は「犠牲者」だった、いかに問題となる行動をとったにしても、彼らは決して加害者ではなかったと述べた。これは当初の意見があまりに批判的すぎると受け取られたことに対する間接的な譲歩だった。

『イェルサレムのアイヒマン』で見過ごされてしまった部分を読むと、アーレントは、彼女を批判した人々がしばしば言い張ったのとは異なり、犠牲者を責めていたわけではないことがわかる。バッハが指摘したように、イスラエルの指導部が裁判を行った目的の一つは、若い世代にドイツのやり方、すなわち犠牲者に最後の最後までありもしない期待を抱かせつづけたことを明らかにするためだった。アーレントはユダヤ人が「羊のようにおとなしく殺された」と言いながらも、次のように記している。「しかし、残念なことに、ここで誤解が生じてしまった。なぜなら、ユダヤ人以外のどの人種であろうと、まったく同じ行動をとったはずだからだ」。この点ではアーレントも反アーレント派も意見が一致していたのである。

半世紀後に振り返ってみると、アイヒマンは相反する特性、つまりアーレントが主張した特性と反アーレント派が主張した特性のいずれも併せ持っていたと考えるのが妥当だろう。彼は全体主義体制のなかで上官を喜ばせるためなら何でもする出世主義者であったと同時に、人々を死に追いやることに無上の喜びを覚え、ナチの手を逃れようとする者は一人残さずつかまえる悪意に満ちた反ユダヤ主義者だった。アーレントは認めなかったが、彼は意図的に悪を行い、なおかつアーレントの考える悪の凡庸さを体現していた。この二つは必ずしも相反する考え方ではない。アイヒマンは極悪非道の体制のもと、極悪非道なことをしたが、彼に怪物というレッテルを貼ってしまうと、多くの人間が罪に問われなくなり、専制的な体制の下では平凡な市民が簡単に犯罪行為に走るという事実を無視する結果になってしまう。

アーレントの著作がもたらした直接的な影響は、ふつうの人々がよく考えずに命令に従ってしまう傾向について新たな研究が行われるようになったことだ。なかでも有名なのが、一九六〇年代にイェール大学の心理学者スタンレー・ミルグラムによって行われた実験だ。何も知らない被験者は、これから別室にいる人々に強い電気ショックを与えると信じこまされた。これは教育実験であり、彼らはいつでもやめることができると説明された。にもかかわらず、ほとんどの場合、被験者は電気ショックがますます強くなっていると信じながらも、悲鳴や壁を叩く音を聞きながらも、命令に従いつづけ、電気ショックを与えつづけた。別室にいた人々は俳優で、実際は電気ショックを与えられていなかった。

ミルグラムはこの結果から「アーレントの考える〝悪の凡庸さ〟はわれわれが考える以上に真実に近い」ことがわかると結論している。ナチスドイツのような社会は、現代社会における「責任感の消滅」を利用して人々を盲目的に従わせることができる。人々は上からの命令に従い、限られた範囲の専門的な任務だけに集中する。「行為に全面的な責任を負うべき人間はどこかへ消えてしまった」「現代における社会的組織犯罪に一番共通しているのはこの点かもしれない」

ミルグラムがこうした実験について説明した『服従の心理』は、アーレントの『イェルサレムのアイヒマン』と同じく、白熱した議論を巻き起こした。彼の結論はホロコーストが始まる前からすでに見られたある考え方と共通する部分が多い。ドイツでヒトラーの台頭を目の当たりにしたシンクレア・ルイスは一九三五年に小説『ここでは起こりえないこと』を著し、書名とは正反対のメッセージを込めた――ナチのような体制はアメリカでも政権を掌握しうる、と。言い換えるなら、人類にとって最大の危険は怪物ではなく、怪物の命令にわけもわからず従ってしまう人々だと。

特定の人物の邪悪さを解き明かさなければという衝動は、おぞましいとしか言いようのない行為を目の当たりにしたときにとりわけ強くなる。権威者から命じられただけで、自分や隣人が無意味な暴力を振るえるとは信じたくないものだ。二〇一四年にイギリスのデイヴィッド・キャメロン首相がアメリカ人とイギリス人の人質を斬首したテロリストを〝怪物〟と呼んだときは、大半の人がすぐさまそれに賛同した。過去には同じくらい多くの人が、ナチ幹部に怪物のレッテルを貼りがちだった。

しかし、主要なナチ戦犯の裁判で彼らに共通の人格的特徴を見つけようとしても、尋問をした取調官と精神科医のあいだで意見が一致することはなかった。よく見られる特徴はいくつかあった。任務への熱狂的なまでの献身、犠牲者に対する共感の完全なる欠如、責めを負うべき上官がいるから自分には責任がないという意識、強烈な自己憐憫だ。ニュルンベルク裁判の被告のなかで最も知的で社交的と見られたゲーリングは、アメリカ人精神科医のダグラス・ケリーに、自分は「偉大な人間としてドイツ史に名を残そう」と決意している」と述べた。法廷は納得させられなくても、ドイツ国民は納得させられるだろうと。「五十年から六十年後、ドイツ中でヘルマン・ゲーリングの彫像が見られるはずだ」「小さくても各家庭に一つずつ」

ケリーと同じアメリカ人精神科医のＧ・Ｍ・ギルバートは、アウシュヴィッツの元所長へースらが「紛れもない精神異常者」の特徴を示したと結論している。しかし、ケリーはこうした戦犯を何らかの精神異常者や、根本的にふつうの人間と違うとすることにずっと苛立ちを覚えていた。言い換えるなら、彼らは「怪物の遺伝子」などによって作られたわけではないと考えていたのだ。「精神異常はナチの説明にはならない」とケリーは記している。「ほかの人間同様、彼らも環境の産物にほかならない。と同時にたいていの人間よりも大きな役割を担ってその環境を作った側であった」。ロールシャッハ・テストを用い、きわめて科学的な答えを見つけようとしていた人物にとって、この曖昧な説明は負けを認めるに等しい。しかし、それは同時にケリーを明快で恐ろしい結論へと導いた。ナチに徹底的な狂気のしるしが見当たらないなら「ここでも起こりうる」――いや、どこでもと言い直すべきだろう――という意見は正しいことになる。

この種の論争は、アイヒマン裁判によっても、アーレントの解釈とそれに対する初期の批判によっても決着を見なかった。それどころか、裁判後十年間にアーレントが出演したテレビ討論を見ると、アーレントは裁判の価値の評価を大幅に修正しているのがうかがえる。多くの点で裁判を痛烈に批判したにもかかわらず、ドイツにおけるその後の裁判の――さらには彼女のかつての母国が国際的な立場を回復していくために必要な倫理的自省の「触媒」になったと、アイヒマン裁判が果たした役割を徐々に認めるようになった。

見方を変えたのはアーレントだけではなかった。アイヒマン拉致報道で当初目立った、イスラエルに公正な裁判を行う力があるのかという懐疑的な見方は、ひとたび公判が始まると薄れていった。裁判開始後六週間ほどたったころのギャラップ調査（訳注　アメリカの世論調査）では、アメリカ人の六十二パーセントとイギリス人の七十パーセントがアイヒマンに対して公正な審問が行われていると回答した。

一九六一年十二月十五日、アイヒマンは絞首刑を言い渡され、これはイスラエル法廷における最初で最後の死刑判決となった。一九六二年五月二十九日、最高裁が控訴を棄却し、二日後の五月三十一日午後七時に、首相に寛大な措置を求めるアイヒマンの訴えがベン＝グリオンによって退けられたと本人に伝えられた。しかし、世界がこの決定を知らされたのは午後十一時で、実際の処刑がいつ行われるかは不明だった。次席検事のバッハは、アイヒマンのシンパが処刑を中止させるために人質を取ったりできないよう、二時間以上空けずに処刑することを提案していた。「長い時間を置いたら、ハワイ、ポルトガル、スペイン、どこになるかはわからないがユダヤ人の子供がさらわれるのではないかと考えていた」からだ。

発表があるまで、アイヒマンがいつ処刑されるのかバッハは知らなかった。彼は五月三十日にアイヒマンを訪ねていたが、結果的にそれが最後の面会となった。三十一日の夜十一時、エルサレムの大統領官邸にほど近い、現在も家族で暮らすアパートメントで風呂に入っていたバッハに、妻のルースが、大統領がアイヒマンの訴えを退けたというニュースがラジオで流れたと告げた。バッハ

1961年12月15日、ホロコーストの中心的立案者アドルフ・アイヒマンはイスラエルの法廷で彼のために用意された防弾ガラスのブースのなかから死刑判決を聞いた。イスラエルの工作員がブエノスアイレスでアイヒマンを拉致し、特別機で秘密裡にイスラエルへ運んでから、ホロコーストと“悪の凡庸さ”が議論されるようになった。

は、それが一、二時間以内に死刑が執行されるという意味であることを知る数少ない関係者の一人だった。「いいかね、わたしは間違いなく少し青ざめたよ」と彼は振り返った。「二年間、ほぼ毎日会いつづけていた人物だったんだから……」

処刑人に指名されたのはシャロム・ナガルという二十三歳のイエメン系ユダヤ人の看守だった。アイヒマンが最後に求めたのは白ワインとたばこで、頭巾の着用は断った。このことはナガルの目に、彼が運命を恐れていないからだと映った。

アイヒマンの最後の声明は「ドイツ万歳。アルゼンチン万歳。オーストリア万歳……わたしは戦争の掟と祖国に従わなければならなかった。準備はできている」だった。

ナガルは当初なぜこの任務を命じられるのが自分なのかと異議を唱えたが、真夜中にレバーを引いた。ずいぶんたってからアメリカのユダヤ系雑誌「ツマン」のインタビューで次のように語っている。その場にいた全員が「復讐心を持っていた。それが人間というものだ」「だが、重要なのは復讐ではなかった。あの男は、可能ならわれわれ全員に同じことをしたはずだ。わたしもあの男の名簿に載っていただろう。イエメン人であろうとなかろうと」

ナガルの次の仕事は遺体をすぐ火葬に付することだった。そういう仕事はまったくの未経験で、こちらをじっと見返しているように見える遺体を目にしたときは震えあがったという。さらに、絞殺された人間は肺に空気が残っているということもぜんぜん知らなかった。「だから、あの男を持ちあげたとき、残っていた空気がわたしの顔に吹きつけてきて、口からこれ以上ないほど恐ろしい音が〝ぐあああああ……〟と漏れたんだ。まるで〝おい、イエメン人……〟と言われたように聞こえて、死の天使がわたしのことも迎えに来たのかと思った」

遺体が火葬されてから二時間後、遺灰が金属容器に入れられ、ヤッファ港で待っていた巡視船に載せられた。船がイスラエル領海を出てから、アイヒマンの遺灰は容器から海へと捨てられた。

ナガルは帰宅し、一部始終を妻に話したが、妻は最初、彼の話を信じなかったという。ナガルは最後まで遺灰につき添うためにヤッファ港まで行くことになっていたのだが、アイヒマンを処刑し、遺体を処理するという試練にひどく動揺していたため、帰宅してよいと言われたときはほっとしたという。「わたしは恐怖に襲われていた」。妻からどうしてそんなにびくびくしているのかと訊かれたときは、アイヒマンが追いかけてくるような気がするのだと答えた。

「正直言うと、自分が何を恐れていたのかわからない」と彼は告白した。「ただ怖かった。ああいう経験をしたあとは、自分でも理解できない状態になる」

第10章　小市民

ぼくたち後から来た世代の人間は、ユダヤ人絶滅計画にまつわる恐ろしい情報を前に、実際何を始めるべきなのだろう？（中略）ぼくたちはただ驚愕と恥と罪のなかで沈黙すべきなのだろうか？

ドイツの戦後世代を描き世界的ベストセラーとなったベルンハルト・シュリンクの小説『朗読者』より。

第二次世界大戦直後、大半の西ドイツ国民は第三帝国のことを大急ぎで忘れようとし、新たな民主主義政権の指導者たちはのちに奇跡と呼ばれる経済発展を成し遂げた。しかし、フリッツ・バウアーはつねに例外だった。ヘッセン州の検事長はフランクフルトの執務室にどっかりと腰をおろし、同国人たちをついこの間の過去と向き合わせるために、あらゆる手段を駆使しようと決意していた。彼に言わせれば、アイヒマン裁判を遠くから眺めているだけでは不充分だった。戦犯を自国で裁く必要があった。

　彼が提供した手がかりがきっかけになってイスラエルがアイヒマンを捕える前から、バウアーの元へは情報が寄せられ、そうした情報が二十四名のアウシュヴィッツ元職員の起訴へとつながり、まさに彼が待ち望んでいた種類の機会となった。

「フランクフルト展望」紙の若き記者、トーマス・グニルカは賠償問題の調査と、元ナチに不利な証拠集めをしていた一九五九年の一月初めに、アウシュヴィッツ生還者のエミール・ヴルカンを取材した。取材の途中で、グニルカは戸棚に載っている赤いリボンで束ねられた書類について尋ねるか、ただ単にヴルカンからそれを渡されるかした。「ジャーナリストのあなたなら興味を持つかもしれない」とヴルカンは言ったという。

　それは一九四二年八月にアウシュヴィッツで行われた「脱走囚人の銃殺」に関する書類で、詳細不明の内部調査の一部としてまとめられ、囚人の名簿と彼らを銃殺したSS将校の名前が載っていた。ナチの調査官がいったいどんな理由からその名簿を作成したのかはわからないが、特定の殺人の証拠になるのはほぼ間違いなかった。ヴルカンによれば、彼の友人が戦争末期にブレスラウの警察裁判所のまだ燃えている瓦礫のなかから回収し、「記念品」として持ち帰ったのだという。ヴルカンはのちにフランクフルト・ユダヤ人会議の一員となったが、こうした書類に、グニルカの言葉を借りるなら「法的価値」があるかもしれないと気づいたのはこのときが初めてだった。

処刑名簿を見て帰宅したグニルカは、妻インゲボルクによると「顔が緑色だった」――具合が悪そうに見えたという。グニルカはヴルカンにこの名簿を活用させてくれと頼み、早速バウアーに提供した。これが最終的に西ドイツで最も長く大々的に報道された、一連の戦後裁判のきっかけになった。バウアーは若い部下二人に訴追を任せ、裁判に公式に関わることはなかったが、陰で裁判を推進したのも、同国人に教訓を学ばせようという気持ちが一番強かったのも彼だった。

一九六三年十二月二十日から一九六五年八月二十日まで続いた裁判そのものにも、そこから得られた教訓にも単純なところは一つもなかった。フランクフルトの法廷では計百八十三回の公判が開かれ、二万人以上が傍聴し、国内および国外のマスコミに大きく取りあげられた。出廷した二十二人の被告はニュルンベルクの「スター」だったナチ最高幹部とは違った。アイヒマンのようにホロコーストで中心的役割を果たしたわけでもない。しかし、アウシュヴィッツで果たした補助的役割、すなわちグニルカからバウアーに渡された名簿と、二百十一名の収容所生還者の証言により明らかになった言語に絶する残虐行為ゆえに、法廷で裁かれ、悪名をとどろかせるところとなった。

バウアーにとって二十二人の被告は、ドイツ国民の名において犯された罪を白日の下にさらすための「ほんの一握りのスケープゴート」にすぎなかった。「重要なのはわれわれが彼らをどう処罰するかだ」。さらに彼は、ここで問題にしているのは二十二人の被告ではなく「五千万人のドイツ国民であり、より正確に言えば七千万人のドイツ人なのである」とつけ加えている。二つ目の数字を加えることで、彼が西ドイツと東ドイツの両国民と、彼らが裁判から引き出すべき結論について述べているのは明らかだった。この公判は「過去の事実に対して、ドイツ人の目を開かせることができるし、開かせなければならない」。われわれが本当に得るべき教訓は「この殺人システムの運営に関わった者は、そのシステムの目的を知っていたなら、果たした役割に関係なく、殺人への関与という罪を犯したと見なされるということだ」と、彼は主張した。

しかし、ハンス・ホフマイヤー判事の公判に対する考え方は大きく異なり、これは「背景にかかわらず、通常の刑事裁判である」というものだった。刑を言い渡す際に「検討されるべきは刑事責任だけ――すなわち、刑法における罪状だけである。政治的罪や倫理道徳的罪は考慮の対象外である」と指摘したと、この公判の最も詳細な記事をまとめた「フランクフルト一般新聞」紙の記者、ベルント・ナウマンは伝えている。言い換えるなら、公判の目的はアウシュヴィッツを定義したり、強制収容所の職員や看守全員が有罪であると立証したりすることではない。被告人の個々の行いだけに焦点を当てるという意味だ。

ホフマイヤーは本件をふつうの公判として、ほかの裁判と変わらず淡々と執り行っていると強調したものの、彼自身が感情を表に出さずにはいられないときもあった。特に個人の責任に関しては「アウシュヴィッツで何かしたという人物に、わたしはまだ会ったことがない」と、被告と被告弁護人が無罪を主張しつづけるなか、辛辣に述べている。

フランクフルトの被告人席に座った被告は、エルサレムでガラスのブースのなかに一人座ったアイヒマンと明らかな対照をなした。作家ロベルト・ノイマンによれば、「全員が狭い場所に並んで着席すると、もはや誰が誰か見分けられない（中略）検事は被告人にもなりえたし（中略）被告人は近所の郵便屋、銀行員、隣人でもおかしくなかった」。当時のニュース映画に休憩時間中フランクフルトの通りを歩く五人の被告が映っているが、一人が帽子のつばに手をやって警官にあいさつし、警官が敬礼しているのを除けば、ほかの通行人とまったく見分けがつかない。

ドイツ当局としては、間違いなく上級職員だった被告が一人だけでも欲しかった。長期にわたる捜査の結果、大きな進展があった。一九六〇年十二月にアウシュヴィッツ最後の所長リヒャルト・ベーアが警察に逮捕されたのだ。初代所長のヘースとその後任アルトゥール・リーベヘンシェルは、ポーランドでそれぞれ一九四七年と一九四八年に処刑された。ベーアは偽名を使って身を隠すことに成功し、プロイセンの政治家オットー・フォン・ビスマルクの曾孫の領地で森番として働いていた。ベーアの写真が西ドイツ最大の大衆紙「ビルト」に掲載されたとき、同僚が気づいて通報したのである。しかし、一九六三年六月十七日、裁判の開始を半年後に控えて、ベーアは獄死してしまった。

最大の注目を集めると期待された被告を失い、検察は残った被告の個々の所業を取りあげることにいっそう力を入れた。このことは、どんな背景があろうとこの裁判は刑事裁判であり、バウアーが思い描いたような教育的政治的修練の場などではないというホフマイヤーの主張を強調する形と

左からアウシュヴィッツ最後の所長リヒャルト・ベーアとヨーゼフ・メンゲレ。とある別荘にてルドルフ・ヘース（中央手前）と。ヘースが強制収容所検閲官に任命されたのち、1944年7月撮影。

なった。それでも最終的には、両方の要素が公判に現れる結果となった。

マスコミと満場の傍聴人――多くは強制収容所生還者だった――の関心を最も引いたのは、理不尽な暴力行為のむごたらしい描写だった。アウシュヴィッツは単に非情なルールの下に運営されていた殺人システムというだけではなかった。運営に当たった職員個人の行動、性癖、サディズムの所産という面も大きかった。フランクフルト裁判で明らかにされたのは、生死を分かつ道はいくつもあり、いつ何時誰がさらされるかわからない辛苦の種類はほぼ無限で、被告らのような人間の気分しだいですべてが決まったという実態だった。

検察側の論証が進むにつれ、被告人のなかに一際注目を集める者が現れたが、それは言葉を失わせる証言のせいだった。SS軍曹ヴィルヘルム・ボーガーは「ボーガー・ブランコ」を頻繁に使ったため、収容所の取調官のなかで一番恐れられていた。ボーガーがいた政治部で秘書として働いていた元囚人リリー・マイェルツィークによれば、「犠牲者は器具の棒に手首を縛りつけられ、鞭で打たれ」た。実のところ、この器具とは架台で、拷問される囚人はそこから逆さまに吊された。マイェルツィークら事務室で働く囚人は実際に拷問を見たことはなかったものの「耳をつんざくような悲鳴」は聞こえたという。犠牲者は大きな声で証言するよう強要され、従わなければ爪を剝がされ、違う拷問を受けた。

別の証人はボーガーが囚人を中庭に連れ出し、「黒壁」の前に並ばせて拳銃で撃った様子を語った。あるときは囚人を二人ずつ連れてこさせ、五十人から六十人を射殺したという。しかし、人々を一番ぞっとさせたのは生還者ドウニア・ヴァッセルストロムの証言かもしれない。彼女によれば、ユダヤ人の子供を満載したトラックが政治部の前で停止した。四歳の少年がりんごを片手に飛びおりたちょうどそのとき、ボーガーが戸口に出てきた。「ボーガーはその子の両足を持つと、頭から壁にぶつけたんです」。ヴァッセルストロムは壁を洗うよう命じられ、そのあとで翻訳をするためにボーガーに呼ばれた。「彼は事務室に座り、少年が持っていたりんごを食べていました」

ガス室で死んだ人の数が一番多かったが、ほかにもさまざまな形の殺人が行われていた。SS軍曹の医務員ヨーゼフ・クレアは二万人の囚人にフェノールを注射して即死させた。この劇薬をクレアに供給したのはアウシュヴィッツの薬剤室責任者だったルーマニア人のSS少佐ヴィクトル・カペシウス医師だった。激昂すると囚人を拷問して殺したSS伍長オスヴァルト・カドゥークは、残忍な殺人者が居並ぶ被告人席でも特に注目を集めた。彼は酔うと手当たりしだいに囚人を撃ち、ボーガーと同じく特殊な拷問をすることで知られていた。囚人の首の上にステッキを置き、死ぬまでその上に立って体重をかけたのである。

こうした証言は、アウシュヴィッツ職員や看守は決して機械的に働いていたわけではないという検察側の主張を証明する形になった。オーストリア人医師エラ・リンゲンズはユダヤ人をかくまったり逃亡の手助けをしたりしたために自身が捕らえられ、アウシュヴィッツへ送られたが、被告人たちがとった行動は強制された結果ではないと断固主張した。ホフマイヤー判事が疑うような口調で「アウシュヴィッツでは一人一人が善悪を決められたと言いたいのですか?」と尋ねた。つかまる前も収監中もユダヤ人を助けたとして、のちに夫とともに〈ヤド・ヴァシェム〉から表彰されたリンゲンズは、「まさにそのとおりです」と答えた。

これはニュルンベルクのアインザッツグルッペン裁判で米軍検事ベンジャミン・フェレンツが主張したことと一致する。フランクフルト裁判ではゲッティンゲン大学のハンス＝ギュンター・ゼラフィムが鑑定人として、理由はどうあれ虐殺に関与しないと決めたＳＳ将校が処罰された例はなかったと証言した。十年にわたる調査の結果「〝絶滅命令〟を実行しなかったＳＳ将校が〝身体的損傷〟を受けた事例は一件も見つからなかった」と。しかし、そうした将校が東部戦線に送られる可能性はあり、収容所で働いていた者の多くがそれをなんとしても避けたいと考えていたことは認めた。

被告人たちはこうした証言に全力で反論した。「下級の職員にすぎなかったわたしは、アウシュヴィッツで生死を決する影響力など持っていなかった」。劇薬で囚人を殺した容疑に関して、元医務員のクレアはこう主張した。「医師の命令に従っただけで、内心はひどく気が進まなかった」。カペシウスは薬剤師として役に立とうとしただけで、「アウシュヴィッツで人に危害を加えたことはない。誰に対しても礼儀正しくやさしく接し、できるかぎり協力しようとした」と述べた。彼は妻が半分ユダヤ人であることをつけ加え、収容所の薬剤室勤務になったのは「不幸な事情」としか言いようがなかったとつけ加えた。

法廷の内でも外でもまさにシュールに感じられることがあった。映画スタッフに尋ねられて、「ボーガー・ブランコ」で有名になったボーガーの妻は、夫とは二十四年間「とても仲睦まじい結婚生活を送ってきた」と語った。アウシュヴィッツでともに暮らした期間も含めてだった。「容疑をかけられているようなことを夫がしたなんて信じられません」。夫は確かに厳格ではあるが「子供を殺したという告発は、自分自身に子供がいて、家で愛情あるよき父親だったことを考えると、想像できません」。医師として働いていた生還者のリンゲンズは、初代所長ヘースの妻が「地獄のような収容所にピンクのセーターとやさしい言葉」を贈ってきたことを思い出したという。ヘースの妻は囚人に同情を示そうとしたらしい。

アウシュヴィッツ裁判のマスコミ報道は被告のおぞましい罪状に焦点を当て、彼らを「怪物」

ヴィルヘルム・ボーガー。
特別にサディスティックな拷問を行ったＳＳ軍曹ボーガーは、フランクフルト・アウシュヴィッツ裁判の被告のなかでもひときわ注目を集めた。手の込んだ拷問器具についての説明は、人々を唖然とさせると同時に強い嫌悪感を催させた。

「悪魔」「野蛮人」として、アウシュヴィッツをダンテ『神曲』の「地獄篇」やこの世の地獄のように描き出した。見出しを手早く拾ってみただけでも論調がわかる。「アウシュヴィッツの拷問ブランコ」「被告人席の悪魔たち」「生きながら炎に投げこまれた女」「ネズミに嚙まれ死病に」

作家マルティン・ヴァルザーは、ドイツ人がナチ時代の過去に正しく対処できていないと述べ、たびたび議論を呼んでいた。彼はこうした見出しを引き合いに出しながら、アウシュヴィッツ裁判の被告を悪魔として描くのは危険だと警告した。「公判からの引用が陰惨になればなるだけ、アウシュヴィッツはわれわれから遠くなる」「われわれはこうした出来事、残虐行為とは関係ない。それは事実だ。われわれには（被告人たちと）似たところなどない。この裁判はわれわれのことじゃない」。アーレントは、アイヒマンを悪魔として考えれば、第三帝国に仕えたほかの人間が彼を精神異常者として切り捨てるのを許すことになるとしたが、ヴァルザーも同様の指摘をした。「アウシュヴィッツはドイツの強制収容所だったのであり、地獄などではなかった」

これはバウアーの主張とも一致する。被告人が特別に悪意に満ちた行為ゆえに裁きの対象となったのは当然としても、だからといってほかの職員たち、すなわち殺人システムの運営に携わったが、特にサディスティックな行動はとらなかった人々は無罪だという印象を、バウアーは植えつけたくなかった。これはドイツ人の大半にとって聞きたい話ではなかった。彼らはマスコミがときおり載せる、被告人はわれわれとそんなに変わらないとほのめかす記事も読みたがらなかった。「南ドイツ新聞」に被告たちの記事を書いたジャーナリストのウルズラ・フォン・カルドフは、アーレントの〝悪の凡庸さ〟というテーマをくり返しているように聞こえる。「白髪頭、小さな口、平凡な顔。殺人の共犯者はこんな顔をしているものなのか？」

判決言い渡しの際も、ホフマイヤー判事はこの裁判が個々の被告の刑事裁判であり、ナチの殺人政策を実行した人々全員に対する政治的告発という大きな意味は持たないと強調した。その一方で「〝小市民〟は先導したわけではないから無罪だとするのは間違いだ」と述べ、下級職員は犯罪行為の責任を問われないとする考え方を退けた。「彼らは絶滅計画を机上で作成した者に劣らず、その実施において重大な役割を果たした」

判決そのものには誰も満足しなかったと言っていいだろう。被告のうち三人は無罪、二人は裁判前の未決勾留期間により刑期が相殺されるとの判断で釈放され、五人が自由の身となって法廷をあとにした。ボーガーとクレア、カドゥークは終身刑になったが、薬剤師カペシウスは懲役九年だった。残りの被告はほとんどがもっと軽い刑で、たった三年という者も一人いた。

バウアーはこうした判決を甘すぎると考えた。フランクフルトをはじめとしてナチ時代の案件を取り扱った裁判所の大きな過ちは、犯罪人をごくふつうの犯罪者として扱った点だと見ていた。彼に言わせれば、次のような「いまなお消えぬ願望的空想」を助長したからだ。「責任があるのはナチ時代の全体主義国家における一握りの人々であり、そのほかは単に脅されたり、虐げられたりした取り巻きや、主体性を奪われ、人間性を失い、自らの性質とまったく相容れない行為を強制された人々だった。ドイツはナチズムに取り憑かれた社会だったわけではなく、国家を敵に占領されていたのだ」。このあとバウアーは辛辣に続けている。「しかし、これは歴史的事実とはほど遠い」

「フランクフルト一般新聞」紙の記者ベルント・ナウマンは、裁判終了後まもなく細部まで書きこんだ記事を一冊の本にまとめ、冷徹な考察を加えている。「犯罪事実、アウシュヴィッツが犯した罪、贖罪の試みを一つの基準で計ることはできない」「計画者も助力者も殺人者も、さらには犠牲者も、法治国家の通常の法廷では究極の正義を見出せないだろう」

ハンナ・アーレントはナウマンの本の序文を書き、そのなかで当初の考え方を発展させた。ある重要な点で、彼女はバウアーに賛成すると記している。「〝大量殺人と大量殺人の共犯〟こそ、絶滅収容所でなんらかの任務に就いたことのあるSS隊員全員、収容所には一度も足を踏み入れたことがなかった多くのSS隊員に対して問われるべき罪状である」。ナウマンが詳述している公判の重要性については、次のように結論している。「ただ一つの真実の代わりに……読者はいくつもの真実の瞬間と出会うだろう。悪と悪意の混沌を明示するにはそうした瞬間を見せるしかない」

多くのドイツ国民は裁判の経過を追ったり、真実の瞬間を垣間見たりしたいとは思っていなかった。彼らにとって、マスコミの大々的な報道は苛立ちの元になっていった。フランクフルトの大衆紙「アーベントポスト」にはある読者から次のような意見が送られてきた。「いい加減にしろ！ アウシュヴィッツ裁判の記事なんてとっととやめちまえ。あんたらが真実を求めてるなんて、世間が信じると思ってるのか？ 新聞社なんて、安っぽいスリルに興味があるだけだろうが」。まだ公判の真っ最中だった一九六五年の初めに行われた世論調査では、ドイツ国民の五十七パーセントがこうした裁判はもういらないと回答し、一九五八年の三十四パーセントから大幅に増加した。

筋金入りの反ナチ主義者でそのために命を落とした弁護士クラウス・ボンヘッファーの未亡人エミ・ボンヘッファーは世間の空気に驚かなかった。「アウシュヴィッツ裁判が不人気なのは当然でしょう」と友人への手紙に書いている。「だから、新聞社が毎日記事を載せるのがますます不思議です。さほど詳しくないときもあるけれど。実際には誰も読みたがらない記事を書いているのよ。一番読む必要のある人たちが読みたいと思ってないのは確か」。神学者ヘルムート・ゴルヴィツァーも彼女と同じ考えで、裁判はドイツ国民の多くが「被告と同じ立場にある」という印象を与えるから、彼らを落ち着かなくさせるのだと説明している。

マスコミはこぞって被告を怪物、異常者として描き出したものの、ゴルヴィッツァーらは正しかった。トロント大学の歴史学者レベッカ・ウィットマンは洞察に満ちた文章のなかで、それが偶然ではなかったことを指摘している。「多くの点で新聞記事は法廷戦略を反映していただけだ。特に、そうすれば扇情的な見出しや忌まわしい詳細を好む人々を満足させられた」。しかし、数百万人が本能的に抱いた、自分も被告人と同類だという感覚は決して完全には鎮められなかった。たとえ本人たちが、被告人たちの犯した罪とは無関係だと主張していたにしても。

アーレントは「アデナウアー時代の人生の現実に触れずに〝ドイツ国民の大多数〟がナチ犯罪人を法的に裁くことに前向きではなかったと責めるのはきわめてアンフェアだ」と裁判後に述べている。はっきり言うなら「西ドイツ政権はあらゆる層に元ナチが入りこんでいた」のである。ここから「雑魚はつかまったが、大物はそのままキャリアを維持している」という大衆の認識が生まれたのだと、彼女は強調文字を使ってつけ加えている。

政府がナチの過去と訣別することに失敗した例としては、ハンス・グローブケが一番象徴的だろう。第三帝国時代、グローブケは内務省に勤務し、反ユダヤ主義の原則と実践を制度化したニュンベルク法の解説者役を担い、あの法律について説明や正当化をした。にもかかわらず、アデナウアーの下で連邦首相府長官となり、一九五三年からアデナウアーが辞任する一九六三年までのあいだ、彼の助言者として信頼された。

一九六一年のアイヒマン裁判でグローブケの名前があがってから特に、バウアーは彼が演じた役割について調査しようとした。グローブケに関する資料を東ドイツ当局から取り寄せたが、アデナウアー政権はその方面からの非難はすべて組織的中傷、二つのドイツ政府のあいだで進行中の冷戦に絡んだ攻撃と見なした。まもなく、バウアーはこの調査をボン検察庁に引き渡さざるを得なくなり、その結果、この件は不起訴となった。

一九六三年、東ドイツの最高裁がグローブケを戦争犯罪と人道に対する罪で起訴した。西ドイツ政権のスポークスマンはグローブケについてはすでに調査が行われ、あらゆる告発は「真実ではないと判明」しているとして、これは「見世物裁判」だと片づけた。さらに、グローブケには当時、人々を迫害から守ったという証拠もあるとつけ加えた。

言うまでもなく、東ドイツは自国で元ナチが要職に就いている事実は見て見ぬふりをし、いつものプロパガンダ・ゲームをしていただけだ。しかし、この件に関する西ドイツ側の記録ははっきり言っていただけない。ナチ体制のために働いた者の告発に関しても同様だった。一九五〇年から一九六二年にかけて、当局は三万人の元ナチを調査したが、裁判にかけられたのは五千四百二十六名、そのうち四千二十七名は無罪放免となり、殺人で有罪になったのは百五十五名だけだった。バウアーがたびたび不平をこぼしたように、西ドイツでは法の制約がきびしかったことを考えると、この結果は意外ではないだろう。

一九五八年にナチ犯罪追及センターがルートヴィヒスブルクに開設されたとき、職員に与えられたのは、予備調査をする権限だけだった。さらなる調査をすべきだと提言するために充分な証拠がそろうと、あとは追加調査や起訴までもっていくことに興味があるかどうかわからない地方検事に任せなければならなかった。この苛立たしい状況はいまも変わっていない。「われわれが案件を法廷に持ちこめる可能性はない」。副所長のトーマス・ヴィルは二〇一四年に語った。「与えられてしかるべき権限なんだが」

しかし一九五〇年代のアデナウアー政権としては、戦争犯罪調査を真剣に行っていることを示すと同時にそうした調査が行き過ぎることはないと、神経過敏になっている市民を安心させる必要があった。そうした思惑から、調査官の権限を制限したのである。世間の空気を判断する一つの目安となったのが、ルートヴィヒスブルクのセンター員がたびたび直面した敵意だった。「設立された年、センターはこの土地で歓迎されなかった」とヴィルは説明した。職員が住むところを探すときは勤務先を言わないようにした。センターは十九世紀に建てられた元刑務所の建物に入っているのだが、そこまでタクシーに乗るのに苦労した者もいた。すべては時とともに変化したものの、非常にゆっくりとだった。今日のナチ犯罪追及センターは調査活動を続けながら第三帝国に関する膨大な歴史的資料を有し、市民から広く受け入れられているばかりか、ある程度は地元の誇りともなっている。

アウシュヴィッツ裁判は元ナチの起訴に反射的に反対した人々からも、踏み込みがたりないと感じた人々からも不評を買ったが、画期的前進となったのは確かだ。第一に、マスコミが大々的に報道したせいで、それまでの裁判をいつも必ず無視してきた多くのドイツ国民がフランクフルトの法廷で進行中のドラマに注目せずにいられなくなった。また当初の反応はかんばしくなかったものの、一年後に行われた世論調査を見ると、第三帝国の問題は解決済みとする考え方を見直そうとする人々が出てきたことがわかる。一九六五年の調査では元ナチを新たに裁判にかけることに五十七パーセントが反対だったが、一九六六年の調査ではその数字が四十四パーセントまでさがっている。

この裁判はアウシュヴィッツに関する新たなおぞましい証拠をたっぷりと国民に見せつけただけでなく、冷戦で分断された国家間の協力というめったにないことを実現してみせた。この画期的な出来事の立役者二人が、フリッツ・バウアーと、ポーランドで行われたアウシュヴィッツ裁判を担当し、ルドルフ・ヘースの有罪判決を引き出した調査判事ヤン・ゼーンだったのは偶然ではない。ゼーンは自国での裁判のために集めた証言や証拠をドイツ当局に提供し、それを一度ならず自らフランクフルトまで届けた。

裁判中の一九六四年十一月十八日からフランクフルト市で『アウシュヴィッツ　写真と文書』展が開催された際もゼーンは協力した。展覧会の目的は、主催者カール・テッシュの言葉を借りれば、若者たちに「このようなことを二度と起こしてはならない」と教えることだった。展覧会を主催したのはテッシュだったが、触媒となり、揺るぎないサポーターでありつづけたのがバウアーだった。ポーランドの収容所跡にあるアウシュヴィッツ博物館から必要な展示品が提供されるよう取りはからったのはゼーンだった。

公判中の一九六四年十二月、判事と検事、被告側弁護人、政府代表者からなる西ドイツ代表団がアウシュヴィッツを訪れた際にも、そのお膳立てにゼーンが重要な役割を果たした。代表団は現場を視察し、収容所内の実際の距離などに基づいて証言の正確性を確かめることができた。戦後の緊張関係が残り、ポーランドと西ドイツのあいだに外交関係がまだ結ばれていなかった当時としてはたいへんな特別措置である。この訪問を阻む障壁をなくすために、ゼーンとバウアーはそれぞれ自国政府に働きかけたが、それはこの件だけに留まらない両国の関係強化をにらんでのことだった。「両国民がより緊密な関係を築くきっかけとなることを祈って」とゼーンは述べている。

裁判の影響はほかの面でも現れた。劇作家ペーター・ヴァイスは『追究』を著し、その宣伝文句は「戯曲によるフランクフルト戦争犯罪裁判の再現」「十一篇の詩から成るオラトリオ」だった。一九六五年十月十九日に東ドイツと西ドイツの十三の劇場で同時に上演されたが、それは裁判終了から二カ月という早さだった。同日の夜、ピーター・ブルック演出で、ロイヤル・シェイクスピア・カンパニーがロンドンのオルドウィッチ劇場において同作の朗読劇を上演した。

『追究』は裁判証言の抜粋から成る。ヴァイス版では特に悪名の高かったサディスト、ボーガーの手からすんでのところで逃げた証人が次のように語る。

ブランコから降ろされたわたしに
ボーガーが言いました
これからおまえは
天国への幸せな旅に出る
わたしは第十一ブロックの独房へ連れていかれ
毎時間待ちました
銃殺されるのを
何日あそこにいたか
わかりません
尻がずきずきと痛み
睾丸が青黒く
巨大に腫れあがっていました
ほとんどずっと意識を失っていました
そのあと大勢と一緒に
洗い場へ

連れていかれました
服を脱がされ
数字を書かれました
胸に
青鉛筆で
わたしにはわかりました
これは死刑宣告だと
裸で一列に並ばされていると
上級連絡官が来て
何名を
銃殺と記録すべきか尋ねました
彼が立ち去ってから
わたしたちはもう一度数えられ
一人多いことがわかりました
それまでにわたしは学んでいました
いつも一番後ろにつくようにと
そこでわたしは蹴り出され

服を返された
独房へ戻され
次の順番を待つはずでした
ところが同じ囚人の
男の看護士が
わたしを病院へ連れていきました
運命のめぐり合わせ
一人二人は生き残る
そしてわたしは
その一人でした

一九四四年生まれのベルンハルト・シュリンクは六八年世代として知られるようになった戦後世代の一人だ。彼らは一九六〇年代に親を疑いはじめ、一九六八年にはほぼすべての権威者に異議を唱えるようになって街頭でデモを繰り広げ、その動きはヨーロッパとアメリカを席巻した。ほかの地域で抗議運動に火をつけたのはヴェトナム戦争や公民権運動だったが、西ドイツでは特別な要因があった。「一九六八年のことは世界的な現象だったことを理解しないとわからないが、ドイツの場合はアウシュヴィッツ裁判（の理解）を抜きにしては語れない」とシュリンクは指摘している。

その後、法学教授となり、作家としても成功したシュリンクにとって、裁判の衝撃が大きかったのは間違いない。「われわれの世代には、アイヒマン裁判よりもアウシュヴィッツ裁判が心に深く刻まれた」「もちろん、アイヒマン裁判も強い印象を残したし、経過を注意深く追っていた。新聞はみんなあの裁判について書き立てた。しかし、アウシュヴィッツ裁判はもっと身近だった」被告人が上級職員ではなかったため、彼らの世代がすぐに考えたのは「上官はどんな人間だったのか？」という疑問だった。

公判中、シュリンクは自らの好奇心を満たすために、ルドルフ・ヘースが一九四七年に処刑されるまでに書いた自伝を読んだ。いまでも覚えているのが「まるで難題に押しつぶされそうになっている管理職さながらの、ヘースの語り口にこのうえない衝撃を受けた」ことだという。シュリンクの表現を借りれば、ハンガリー系ユダヤ人が大量に移送されてくることに「ああ、どうしよう……どうやって彼らを収容したら、死体を燃やしたら、殺したらいいんだ？」と苛立つヘースがそこにいた。ヘースは「技術官僚」で「当時の罪深い体制が生んだ問題を解決しただけだった。それは非常に恐ろしいことだった」とシュリンクは理解した。ヘースの回想には無罪放免を求めて必死に話を作ろうとしたその後の裁判のほかの被告には感じられない「真実味」があった。

戦後世代にとってのもう一つの疑問は、第三帝国時代、自分の両親や親戚、年上の知り合いはどんな役割を果たしたのかということで、シュリンクが成長する過程でも何度も頭をかすめたという。「わたしの世代からの圧力で、こうしたことが明らかになった」のだとシュリンクは語った。

そして多くの場合、やましい秘密が掘り起こされることになった。しかし、シュリンクのような学生にとってはアウシュヴィッツ裁判がこうした議論のきっかけとなったが、彼より上の世代も含めたドイツ社会が幅広く自省を始めたのは、さらに十年がたってからだった。引き金となったのは一九七八年にアメリカのNBCが制作したドラマ『ホロコースト』が放映されたことだった。この作品はユダヤ人のある一家と、SSに加わり、大量殺人犯となった野心的な弁護士の姿を鮮やかに描き出し、ドイツ人視聴者を釘づけにした。

　過去を発見していく過程に〝わかった(ユリイカ)!〟という瞬間はいっさいなかった。法学生として、シュリンクと多くの友人はその作業を地道に進めていったバウアーに深く敬服した。しかし、同じく著名な作家となった六八年世代のペーター・シュナイダーは、一九八〇年代になって恐怖の収容所医師ヨーゼフ・メンゲレの息子に関する小説を執筆しはじめるまで、バウアーがアウシュヴィッツ裁判で果たした役割を知らなかったと打ち明けた。とはいえ、シュナイダーも一九六〇年代のアウシュヴィッツ裁判から、とりわけ公判を題材としたペーター・ヴァイスの脚本を読んだときに影響を受けた。それが一九六八年に彼が抗議運動の先頭に立った理由の一つとも言える。

　一九六〇年代の抗議運動でシュリンクはヴァイスのように大きな声こそあげなかったが、この時代が彼のなかに何十年もたってから花開く種を植えつけた。最も有名な結実——それは一九九五年に発表された叙情的小説『朗読者』だろう。英語版が発売され、シュリンクが『オプラ・ウィンフリー・ショー』(訳注　一九八〇年代から二〇一一年まで放送されたアメリカの人気トーク番組)にゲストとして招かれると、この作品はベストセラー・リストのトップに躍り出た。終戦間もない時期に、語り手の十五歳の少年は倍ほども年上の路面電車の車掌と恋に落ちる。女は少年と長いあいだ関係を持ったあと、姿を消す——が、法学生となった主人公が授業の一環として傍聴した強制収容所看守の裁判に被告人としてふたたび現れる。しかし、物語はあらすじから予想されるほど単純でも、倫理的に明白でもない。シュリンクは個人の罪と裏切りの狭間を巧みに渡っていく。

厳密に言うと、『朗読者』は自伝ではない。十代のシュリンクに同様の恋愛体験はなかった。しかし、ハイデルベルクで過ごした高校時代、元SS隊員の「愛され尊敬されていた英語教師」がいたという。当時はこの「すばらしい教師」が戦時中に恥ずべき行為に関わったことがあるとは思いもしなかった。教師が退職したあと、シュリンクは自分が間違っていたことを知る。しかし、いまだに詳細について語るのは気が進まない。内密に知らされたことだからだ。これは同世代の人々に共通の経験だと、まもなく知ったという。「誰かを愛したり、尊敬したり、親切にされたりしたあとで、突然真実を知る」「多くの人にとってはもっと身近な人、父親だったりおじだったりした」。これもまたアウシュヴィッツの遺産であり、象徴するところである。

ヤン・ゼーンがクラクフの犯罪科学研究所を離れて国外へ出張するとき、決まってすることがあった。所長室のほとんどの引き出しの鍵を若い同僚で隣人でもあるマリア・コズウォヴスカに預けるのだ。ただし私的な書類が入っている真ん中の引き出しだけは別だった。コズウォヴスカを大いに驚かせたのは、ゼーンが一九六五年後半にフランクフルトへ出張したときにこのやり方を変えたことだった。「最後の出張の前に、ゼーンさんは真ん中の引き出しの鍵もわたしにくれたんです」と振り返ったあと、彼女はゼーンがそうした意味を考えてつづけている様子で、わかりきったことを言った。「わたしにすべての鍵を渡したんですよ」

コズウォヴスカにとって、上司の行動は特別に重要な意味を持つことになった。ゼーンがフランクフルト訪問中に亡くなったからだ。一九六五年十二月十二日、寝る支度をしていた彼は、ボディガード――ポーランド共産主義政府からゼーンと外国人の接触を監視するようにも命じられていた――にたばこを買いにいかせた。ボディガードが戻ると、ゼーンは死んでいた。まだ五十六歳だった。クラクフに残された同僚たちは言葉を失い、嘆き悲しんだが、コズウォヴスカによれば「彼の死に手を貸した者がいるかもしれない」との憶測が流れたという。

証拠は何もなかったので、彼女と職員の大半はその憶測を退けた。ゼーンはヘビースモーカーだったうえに、心臓病で治療を受けていた。死因は心臓発作と見られた。しかし、ゼーンがコズウォヴスカにすべての鍵を託したのは、何かしら身の危険を感じていたからだったのかという疑問は、いまだ答えが見つからないままだ。

ゼーンは何度か匿名の脅迫状を受け取ったことがあった。ドイツ語で書かれているものもあれば、ポーランド語で書かれているものもあったが、コズウォヴスカの印象ではほとんどがドイツ語を母語とする人間によって書かれていた。ゼーンがアウシュヴィッツ職員ら戦犯を裁判にかけようと活動していたことに怒った人々からと思われた。

しかし、ポーランドでのゼーンは、西ドイツでのバウアーに比べれば、それほど物議をかもす存在ではなかった。それに、有名人でなかったのは言うまでもない。バウアーはアウシュヴィッツ裁判を若い検事たちに任せたものの、大量殺人に責任がある者はきちんと裁かれるべきだと、テレビをはじめ公共の場でたびたびくり返していた。公判の開始に当たっては「この裁判によって新生ドイツ、新生民主主義体制はあらゆる人間の尊厳を守るということが理解されるだろう」と述べている。同時に、被告のふるまいに対しては憤慨を隠さなかった。公判中に受けたインタビューで、検察側が待っていたのは「被告の一人でも、家族を皆殺しにされた証人にたったひと言でも人間らしい言葉をかけ……法廷の空気が清らかになること」だったと述べた。そのようなことは一度として起きなかった。

バウアーは西ドイツの判事と検事の浄化も強く求めた。いまだ元ナチ党員が数多く要職に就いていたのだ。旧体制と新体制のあいだにそうした連続性があっても、彼らの世代は明らかに無関心であり、そのことにバウアーは憤慨し、通じ合える部分の多い若者たちと、ナチを裁くことの意義を論じ合うために長い時間を割くようになった。パブやどこかの家の居間で、ワインを片手にたばこを何本も吸いながら長時間話し合った。一九六八年に若者の抗議運動が盛んになった際には、バウアーが暴力行為を焚きつけたと非難する者も現れた。

彼の言動に憤ったドイツ人は多かった。ゼーンよりもずっと多くの脅迫状が届いたし、番号を電話帳に載せていなかったにもかかわらず脅迫電話もかかってきた。「オフィスを出たら、そこは敵意に満ちた外国だ」とバウアーは語っていた。アウシュヴィッツ裁判の最中には、鉤十字がアパートメントの壁に描かれた。消しても消しても、また描かれた。バウアーは護身用に六・三五ミリの拳銃を家に置き、ボディガードがつけられた。一九六六年十月十四日には「フランクフルト展望」紙が「検事長、命を狙われる」と暗殺計画らしき事件を報道している。

それでも、バウアーは決してひるまなかった。公然と、今後はもっとナチの犯罪者を裁く必要がある、ドイツ国内には「強烈な反ユダヤ主義」が存在すると語った。一九六七年、フランクフルト・ブックフェアで起きた〝褐色の書（ブラウンブック）〟を没収しようという動きを、バウアーは阻んだ。その文書は一九六五年に東ドイツで刊行され、ナチ時代に公職に就いていたとされる著名な西ドイツ国民千八百人の名前が載っていた。ボン政府はこれをプロパガンダだと非難したが、バウアーは態度を変えなかった。当時の西ドイツ首相はクルト・ゲオルク・キージンガーで、彼は一九三三年にナチ党に入党し、戦時中は外務省の宣伝部に所属していた。バウアーの見解と、元ナチ党員を国のトップに迎えてもよしとする社会的雰囲気とのあいだにはこれ以上ないほどの隔たりがあった。

バウアーは、ヒトラー政権を転覆させられなかったことを理由にドイツ国民を批判しているわけではないと何度も強調した。しかし、彼が設定した基準には数百万人が該当した。「われわれの義務は消極的抵抗をするだけ、すなわち邪悪な行為を控えるだけ、不正に荷担しないということだけだった」。バウアーは亡くなる前のスピーチでこう断言している。「ナチ戦犯を被告とする裁判が前提にしているのは、そうした不服従の義務だけだ。戦犯裁判が行われればこそ、過去、現在、未来の正義にもとる国家を打ち負かすことができるのである」

一九六八年七月一日、六十五歳の誕生日を二週間後に控えて、バウアーは浴槽で亡くなっているところを発見された。死後約二十四時間が経過していた。たちまち他殺や自殺が憶測されたが、遺体を検(あらた)めた検視官はどちらの可能性も否定した。ゼーン同様、バウアーはチェーンスモーカーだった。慢性気管支炎を患っており、二〇一四年にフランクフルトで開かれた回顧展でも指摘されたとおり、睡眠薬とアルコールを一緒に飲むことがあった。体に悪い習慣を心配する者がいても、肩をすくめるだけだった。一日に何本たばこを吸うのかと記者に尋ねられ、彼はこう訊き返した。「たばこ一本吸うのにどれくらいかかるかね?」記者が五分でしょうかと答えると、バウアーは言った。「十八時間を五分で割ってくれ。そうしたらわたしが一日に吸う本数がわかる」

しかし、バウアーが死んだ理由をそうした生活習慣とは考えない人もいた。二〇一〇年公開のドキュメンタリー映画のなかで、イロナ・ツィオクは遺体の解剖が行われなかったことを指摘し、死因に疑問を投げかけた人々の証言を取りあげている。バウアーのデンマーク人の甥ロルフ・ティーフェンタルは、憶測にすぎないことを認めつつも映画のなかでこうつけ加えている。「伯父には敵が、たくさんの敵がいて、彼らは自殺を幇助(ほうじょ)または強要するか、殺人という手段を選んだかもしれない。そうするだけの理由があった」

現在ドイツではバウアーの人生のどの面を強調すべきかが議論されているが、彼の死因に関しても大きく意見が分かれている。二〇一四年のフランクフルト・ユダヤ人博物館の回顧展は検視官の判断を受け入れているように見えた。ツィオクはドキュメンタリーのなかで不正があったと直接非難はしなかったし、「証拠がない」ことは認めている。しかし、彼は殺されたと思うかと率直に訊くと「思う」と答えた。

葬儀では、ドイツ生まれのユダヤ人でニュルンベルク裁判のアメリカ側検察班の一員だったロバート・ケンプナーがバウアーの遺産について語った。「彼はドイツ連邦共和国にとって最も偉大な大使だった」「多くの人が近視眼的だったのとは対照的に、彼はドイツを救うためにはどうすることが求められているか明確なビジョンを持ち、実際にドイツを救った」。週刊新聞「時代（ディ・ツァイト）」は「バウアーのおかげでわれわれは海外から多大な評価を得たが、実際はその評価に値しない」と述べている。

最近になって再度注目を集めるまで、ドイツ国民の多くがバウアーのことを知らなかった。ポーランドでゼーンはほぼ完全に忘れ去られ、彼のことを覚えているのは彼が所長を務めた研究所に勤めている人々だけだ。研究所はその後ヤン・ゼーン犯罪科学研究所と名を改められた。両国で誰も気づいていないように見えることがある。ナチを裁くために協力し合った二人が、どちらもフランクフルトで、二年半という間を空けて、今日でもはっきりしない状況の下、亡くなった。陰謀説は完全に的外れかもしれないとはいえ、気味の悪いほどの似通い方である。

第11章　忘れられない平手打ち

われわれは弱いからこそ、大胆な行動に出る必要があった。そして大胆な行動とは、敵が権力を持つ場所に行き、そこで真実を語ることだ。

フランス人ナチ・ハンター、セルジュ・クラルスフェルト

ベアテ・クラルスフェルトは向こう見ずな人間になるべく育てられたわけではなかった。一九三九年二月十三日、第二次世界大戦の発端となったナチスドイツによるポーランド侵攻の数カ月前にベルリンで生まれた彼女は、幼かったために戦争のことはあまり覚えていない。しかし、ドイツが降伏し、ついに戦闘が終わる少し前に「幼稚園で総統を讃える詩を暗唱した」のは覚えてい

るという。

ベアテの父は一九四〇年までフランスで従軍していた。翌年、ヒトラーからソ連攻撃の命令が下り、部隊は東部戦線へ移動になったが、彼は運よく両側性肺炎にかかったためドイツへ戻り、陸軍で帳簿係として働くことになった。戦争末期に短期間イギリス軍の捕虜となったものの、その後家族と疎開先の田舎で再会した。一九四五年の後半に一家でベルリンに戻り、小学校に入学したベアテは、爆撃で大破した建物や瓦礫のなかで友だちとかくれんぼをして遊んだ。

小学校では「まじめで行儀のいい生徒」だったと、彼女は回想している。「当時は誰もヒトラーのことを口にしなかった」とも。教師も親もヒトラーの時代に起きたことはすべて話題にするのを避けた。ベアテの両親はナチ党員ではなかったものの、多くの同国人がそうしたようにヒトラーに投票した。「それなのに、両親はナチ政権下で行われたことになんら責任を感じていなかった」と彼女は語った。両親や近所の住人は戦争で失われたものを嘆き悲しんだが「ほかの国に対する同情や理解はひと言も口にしなかった」。子供のころ、現状をきちんと説明されたことは一度もなかった。人々が「戦争に負けたんだから、働かないと」と言うのはよく聞いたそうだ。

ティーンエイジャーになったベアテは、両親がアデナウアー首相のキリスト教民主同盟を支持したのに対し、ヴィリー・ブラントの社会民主党に好感を持っていた。しかしそれは党の政策を理解してというより、ブラントの「若々しく正直そうな顔がほかの政治家と対照的だった」からだそうだ。ティーンエイジャーらしく、家庭の「息苦しさ」に苛立っていた。父は深酒をするようになり、母は娘に結婚相手を見つけてほしがった。しかし、ベアテは商業高校を卒業すると大手製薬会社で速記者として働きはじめ、実家を出ることを目指した。

一九六〇年三月、二十一歳になった彼女はパリへ行き、住み込みの家事手伝い(オペアガール)として働きながら、フランス語を学びはじめた。「ひどく汚い屋根裏部屋でクモに怯えながら」眠ったという。しかし、驚くまでもないが、西ベルリンよりもずっと活気に溢れ、エレガントでもあるパリにあっという間に恋してしまった。同時に将来の夫に対しても。

一九六〇年五月十一日、パリに着いて二カ月後、ベアテはよく使うメトロのポルト・ドゥ・サンクルー駅にいた。濃い色の髪の若者が彼女をじっと見つめていたかと思うと、「イギリスの人？」と尋ねてきた。「もちろん、あれは引っかけだったのよね」とベアテは振り返った。若者、セルジュ・クラルスフェルトもそれがドイツ人の娘を会話に引きこむ常套手段だったことを認めている。相手が「違うわ」と答えたら、こっちのものだ。当時は修士課程の学生で、将来は歴史学の教授になりたいと考えていたセルジュが大学のそばでメトロを降りたときには、ベアテの電話番号を手に入れていた。

その日、ブエノスアイレスではイスラエルの工作員チームがアイヒマン逮捕作戦を実行に移していた。もちろん、当時はセルジュもベアテもそれについて知る由もなかった。しかし二〇一三年に息子のアパートメントで、自分たちの生涯の仕事を振り返ったとき、それは単なる偶然の一致とは思えなかった。のちにきわめて対決姿勢の強い、新手のナチ・ハンターとして勇名を――悪名と見る向きもあった——馳せる男女は、アルゼンチンでモサドがアイヒマン作戦を決行した日に出会っていたのである。

三日後、初めてのデートで『日曜はダメよ』（訳注　米・ギリシア制作の一九六〇年の映画）を観たあと、二人はブローニュの森のベンチに座り、生い立ちを語り合った。セルジュがユダヤ人で父はアウシュヴィッツで亡くなったと、ベアテが知ったのはこの時だった。本人の言葉を借りれば「自国の歴史に無知だった」若きドイツ人の彼女にとって、それは衝撃だった。「驚き、心を揺さぶられたわ。でも同時に少し尻込みしたのも事実よ」「ベルリンではユダヤ人についていい話を聞いたことがなかったから。どうしてわたしにこんな厄介なことが降りかかってきたの？　と思ったわ」

しかしセルジュは憶することなく、彼女が知らなかったことをやさしく教えながら時間を忘れて話し合った。「話が尽きなかった」とベアテは振り返る。「彼はわたしの人生に歴史、芸術、さまざまな考え方をもたらしてくれた」。何よりも彼女に祖国の近年の歴史を教えてくれた。「ナチズムの恐ろしい現実」を。その現実はセルジュの人生に嫌というほどくっきりと影を落としていた。

ルーマニア出身のユダヤ人、アルノとライサは一九二〇年代にフランスに移住した。アルノはアルメニア系、ライサはベッサラビアのロシア人居住地域の出身だった。セルジュは一九三五年、二人が親戚を訪ねていたブカレストで生まれた。父親は一九三九年に外人部隊に入隊し、一九四〇年にドイツ軍が侵攻してきた際の戦闘に参加した。戦争捕虜となったが収容所から脱走し、ニースでレジスタンスに加わった。家族全員が危険にさらされたものの、その理由は父の行動とはまったく関係なく、単に彼らがユダヤ人だったからだ。

一九四三年六月、SS大尉のアロイス・ブルンナーがユダヤ人の強制移送を監督するためにフランスへ派遣された。その後短期間のうちに二万五千人のユダヤ人を東の死の収容所へと送った人物だ。アイヒマンと近い関係にあり、すでに母国オーストリアとギリシアで同様の任務に携わり、もっと多くの人数を強制移送していた。ブルンナーがニースでユダヤ人の検挙を開始すると、アルノは奥行きのあるクロゼットに薄い合板の仕切りを作り、壁に見せかけた。その後ろにはちょうど家族全員が隠れられるだけの空間があった。

一九四三年九月三十日の夕方、ドイツの部隊がクラルスフェルト一家の暮らす区域を取り囲み、家を一軒ずつ検め（あらため）はじめた。ドイツ兵が隣家まで来ると、悲鳴や必死に懇願する声が聞こえてきた。向こう見ずにもドイツ兵に身分証を見せろと言った十一歳の娘の声も聞こえた。ゲシュタポがピストルで娘の鼻を折ったため、騒ぎに拍車がかかった。娘の父親が窓からフランス警察に向かって叫んだ。「助けてくれ！　頼む！　われわれはフランス人だ！」

クロゼットの奥に隠れてこれを聞いたアルノは、すばやく決断した。「ドイツ兵につかまった場合、わたしは体力があるから生き延びられる。だが、おまえたちは無理だ」と、妻とセルジュ、セルジュの妹タニアに言った。妻が止めようとしたが、彼はクロゼットから出ていった。ドイツ兵がドアを激しく叩くと、迷わず開けた。セルジュはドイツ兵がフランス語で「女房と子供はどこだ?」と尋ねるのを聞いたそうだ。アルノはアパートメントの消毒が行われるあいだ、田舎へ行っていると答えた。

ドイツ兵はすぐさまアパートメントの捜索を開始し、一人はクロゼットを開けさえしたという。しかし、吊されている服を突っついただけで、仕切り板まで手を伸ばさなかった。のちにブルンナーらによるフランス系ユダヤ人の検挙についてまとめたとき、セルジュはこう書いている。「あの男のことはよく知っているが、まだ一度も会ったことがない」。そして「あの夜、彼とわたしを隔てていたのは」あの薄い仕切り板だけだった、と続けている。振り返ってみると、ブルンナーがアパートメントに入ってきたかどうかはわからないという。「彼自身があそこにいた可能性はあるが、証拠は何もない」。ブルンナーはオーストリア人SS将校やゲシュタポから金をもらったフランス人たちと一緒に任務に当たっていた。しかし、アパートメントに入ってきたのが誰にしろ、ユダヤ人検挙とドランシー仮収容所への移送、そこからアウシュヴィッツまでの移送を指揮したのはブルンナーだった。

ライサは子供たちを連れてフランス南中部のオート=ロワール県へ逃げた。サン=ジュリアン=シャトゥイユという小さな村で暮らしたが、そこはセルジュによれば「とてもユダヤ人に親切な」土地だった。そうだったのかもしれないが、それでもライサは自分たちがユダヤ人であることを隠そうとした。夫は戦争捕虜収容所にいると嘘をつき、子供たちをカトリックの学校へ通わせた。ニースでユダヤ人検挙が行われる心配はもうないと見るや、ライサはセルジュとタニアを連れてアパートメントに戻った。とはいえ、警戒は怠らなかった。子供たちには「ドイツ兵が来たら、あなたたちはクロゼットの奥に隠れなさい。お母さんはドアを開けにいく」と話していた。

　セルジュの家族の物語を聞いて、ベアテはドイツ人であることについて深く考えさせられた。ナチズムに関して彼女個人に責任があるとは思わなかったが、自分が「ドイツという国のごく小さな一部であるのは事実で、それまではなかった負い目を感じるようになった」。しかし、自分をドイツ人と考えるのをやめるべきかと悩んだとき、セルジュにそれでは安易すぎると直ちに却下された。「ナチズムが吹き荒れたあとにドイツ人であることは、刺激的であると同時に困難だった」とベアテは語った。

　セルジュは彼女にハンスとゾフィのショル兄妹についても話して聞かせた。一九四三年にミュンヘンで反ナチ主義のパンフレットを配布するなど決死のレジスタンス活動を展開した兄妹である。彼らはすぐさま逮捕され、有罪を言い渡され、ギロチン送りになった。ヒトラーに屈服することを拒んだドイツ人の例として、彼らにベアテは強い刺激を受けた。「一九四三年には無意味で不毛に見えただろうけれど、彼らのとった行動の意義は時とともに増し、セルジュの心を、そして彼を通してわたしの心を揺さぶった」とベアテは記している。「二人の姿に、わたしは自分を重ねた」

　とはいえ、そのことがすぐに形として現れたわけではない。セルジュとベアテは一九六三年十一月七日に結婚し、ふつうの仕事に就いた。セルジュはフランス放送協会のアシスタント・ディレクターになり、ベアテはアデナウアー首相とシャルル・ド・ゴール大統領の後押しを受けて設立された仏独青少年事務所でバイリンガルの秘書として働きはじめた。青少年事務所の趣旨は元交戦国同士があらゆるレベルで絆を結ぶことにあった。

このころはまだ、二人が将来歩む道を示唆するものは何もなかったとベアテは振り返った。「わたしたちは多くの若い夫婦と同様に、ごくふつうの安定した生活を送るつもりでいたわ」。一九六五年にベアテは男児を出産。夫妻はセルジュの父を偲んでアルノと名づけた。

クラルスフェルト夫妻がごくふつうの安定した生活に落ち着きそうにないという徴候が現れるまで、時間はかからなかった。ベアテは左翼的政治思想が強まっていくのを隠さなかった。ブラントの社会民主党を支持するだけでなく、東ドイツを合法的パートナーと見なすタブーを犯そうとした。仏独青少年事務所の仕事の一環として、彼女はドイツ人オペアガールのためのハンドブック用に仏独間の文化交流組織のリストを作成したが、そのなかにはフランスと東ドイツの友好協会が含まれていた。西ドイツの出版社はこの版を急いで回収し、意図的な挑発と見られるリストを作成しなおした。「頭がいかれたのか！」とベアテは叱責された。

彼女はフェミニズム的思想も公然と表明した。「二十世紀の女性」という冊子に寄稿した記事には「わたしも含めて多くのドイツ女性がなぜ祖国を離れたのか、考えるようになった」と書いている。外国語や文化を学ぶためという面白みに欠ける理由が一般的であることを認めつつも、彼女はこう結論している。「わたしたちの努力の陰にはもっと強力で、時に無意識の動機があるのではないだろうか――自由になりたいという欲求が」
ドイツにおける女性の役割に関しては「戦後、女性はドイツが新たに生まれ変わるために多大な貢献をしたが、結局のところ国はたいして変わらず、過去と同じく現在も女性は政治においてほぼなんの役割も与えられていない」と記している。次のように警告してもいる。「世論はいま危険な方向に向かおうとしている。主婦は最大限夫に尽くし、出産・子育てに身を捧げるべきだとふたたび説こうとしている」

こうした考え方は保守的な上司のあいだで受けが悪く、元ナチ党員のドイツ外務省職員が二名いた理事会に報告された。一九六六年に産休から復帰すると、情報部門の彼女の職は「予算の都合」でなくなっており、ベアテはタイプを打ったり電話を取ったりという秘書業務に戻るしかなかった。

しかし、それまでは型破りな考えを持ったいささか厄介な下級職員にすぎなかった彼女が、ナチ時代に祖国が犯した罪を償おうとする熱心な活動家になったのは、一九六六年のきわめて重大な出来事がきっかけだった。一九三三年からナチ党員だった過去があるにもかかわらず、クルト・ゲオルク・キージンガーが首相になったのだ。戦時中、キージンガーは外務省ラジオ宣伝部の副部長を務め、ナチのプロパガンダを拡散した。自己弁護として、彼はナチの政策には早くに幻滅し、反体制的思想の持ち主として弾劾されたこともあったと主張した。

キージンガーが権力の座に就こうとすると、抗議の声がつぎつぎとあがった。哲学者カール・ヤスパースは「十年前なら不可能だったはずのことが、いまほぼ反対なしに実現しようとしている」と述べた。元ナチ党員が高い地位に就くのは避けられない場合もあるとしながら、彼は次のように続けた。「元ナチ党員が国の長となるなら、かつてナチ党員だったという事実は今後なんら意味を持たなくなる」

ベアテにとって、キージンガーの首相就任は彼女自身が立ち上がって抵抗すべき不正と感じられた。命を賭けてヒトラー体制に抵抗したハンスとゾフィのショル兄妹を思い出し、たとえ成功する見込みは小さくとも、すぐさま反撃した彼らを見習うべきだと考えた。「だって、必要なのは勇敢であること、自らの良心に従うこと、目をしっかり開けて行動することでしょう」。一九六七年一月、キージンガーが初めてパリを公式訪問したとき、ベアテは戦時中にフランスのレジスタンスによって創刊された左翼新聞「コンバ」に記事を連載した。「ドイツ人として、わたしはキージンガーが首相になったことを遺憾に思う」「社会学者のハンナ・アーレントはアイヒマンについて〝悪の凡庸さ〟という表現を使ったが、わたしにとってキージンガーは〝悪の上品さ〟の象徴である」

さらに挑発的な記事を書いたこともあった。「将来キージンガーがドイツの民主主義にどれだけ危険な存在かを、ソ連が認識し、彼を本気で排除したいと考えたら、それは世界的観点から倫理的に正当化されるにちがいない」

一九六七年八月三十日、この記事が掲載されてから一カ月後、ベアテは仏独青少年事務所から解雇された。彼女が去るとき、同僚は誰一人さよならも言わなければ、握手もしなかった。上司に彼女と関係があると思われたくなかったのだろう。ベアテは急いでセルジュの職場に行った。彼は何度か転職し、当時は多国籍穀物企業のコンチネンタル・グレインで働いていた。ベアテと違って公に抗議をすることはなかったものの、セルジュも父の遺産の重みを強く意識するようになっていた。一九六五年にはアウシュヴィッツを訪れている。「一九六五年の時点では、西側からアウシュヴィッツへ行こうとする人間なんていなかった」と数十年後に彼は回想した。「しかし、わたしは父との絆を大事にしたかったんだ」

セルジュの父アルノは強制収容所に到着したあとほどなくして亡くなったことがわかっている。カポ――SS将校の部下として働いていた囚人――の一人に殴られたとき、アルノはやり返したのだが、そのために命を失うことになった。父から勇気を教えられたセルジュは胸に誓った。ホロコーストで亡くなったユダヤ人のことを決して忘れまい、そして何があってもイスラエルを守ると。一九六七年六月五日に第三次中東戦争（六日間戦争）が勃発すると、ボランティアとして協力するためにイスラエルへ向かった。彼が到着したときには戦争はすでに終わりかけていたので、直接関与することはなかったが、セルジュにとっては団結姿勢を示すことが重要だった。

こうしたことすべてが、ベアテが解雇され、家計が不利益を被ったときの背景としてあった。友人の多くは、起きたことをただ受け容れて前へ進むよう勧めたが、セルジュは納得しなかった。「解雇されてなんの抗議もしないなんてありえない」と彼はベアテに言った。「きみは終戦後フランスでナチについて初めて真実を語った女性だ。このままでは最低の屈服になってしまう」

ベアテの解雇をめぐってクラルスフェルト夫妻が始めた法廷闘争は長引くことになった。ベアテはフランス国民になっていたので、フランスの高官に訴えてみたが、まったくと言っていいほど同情されなかった。しかし、夫妻のおもな目的は、ベアテにはキージンガーを公然と非難する権利があることを示し、ドイツ首相に対する圧力を増すことだった。

そのため、セルジュは仕事を休んで東ベルリンへ行き、第三帝国時代にキージンガーが果たした役割について東ドイツが所有する文書を東独内務省のはからいで閲覧した。パリへ戻ったときには大きなフォルダーにいっぱいの重要書類の写しを携えていた。こうした資料を元に、二人は急いで一冊の本を出版し、キージンガーのナチ党員としての過去を暴き、特にプロパガンダ作成に彼が果たした役割に焦点を当てた。

これを機に、夫妻と東ドイツとの関係は散発的に続き、二人は西ドイツにいる元ナチ党員の正体を暴く姿勢を強めていった。彼らに批判的な人々は、二人が東ドイツ政府のプロパガンダに利用されているだけだと非難した。東ドイツはボンの西ドイツ政府が慌てるのを見て喜んだ。ベアテは東ドイツに攻撃手段をたっぷりと与えた。たとえば、一九六八年九月二日の「コンバ」紙に、ドイツは「真に社会主義と民主主義、そして平和主義を信奉する国家として」統一されるべきであると書いた。これは東ドイツがよく使った言葉のくり返しである。

ベルリンの壁が崩壊し、東ドイツの秘密警察シュタージと共産主義政党のドイツ社会主義統一党（SED）の文書が公開されると、クラルスフェルト夫妻は東ドイツから活動資金も受け取っていたと非難された。「ベアテ・クラルスフェルトにシュタージとSEDの後押し」との見出しが二〇一二年四月三日、保守系日刊紙「世界」に躍った。

夫妻は資料を集める際、特にキージンガーに関しては東ドイツから協力を受けたと躊躇なく認めた。クラルスフェルト夫妻にはドイツ占領下のフランスで戦争犯罪を行ったナチ党員に関する著作があるが、そのうち二冊を東ドイツは国内で刊行した。夫妻はその東ドイツ版を西ドイツの国会議員や官僚に送った。こうした行動はクラルスフェルト夫妻のPR活動になるとともに法廷闘争でも彼らを助けた。「東ドイツから支援を受けたことを否定はしない」とセルジュは述べた。しかし、夫妻はほかの国――特にフランスとアメリカでも資料を集め、協力を受けたと指摘した。「思考の自由は手放さなかった」とセルジュは強調した。

実際、ベアテは彼女の抗議活動がポーランドやチェコスロヴァキアではあまり歓迎されないことを知った。一九七〇年、両国を訪れ、共産主義政府による「反シオニスト」――実態は反ユダヤ主義だった――運動を非難したときのことだ。ワルシャワとプラハで通行人にパンフレットを配り、ワルシャワでは自身の体を木に縛りつけたりもして、東欧圏で公の抗議運動を試みたが、どちらの国でも逮捕され、国外退去になった。

しかし、二人が世界的に注目される大きなきっかけとなったのは、キージンガーを糾弾するという当初からの活動でベアテが挑発行動に出たときだった。それは偶然ではなかった。二人はキージンガーを非難する記事を発表しつづけ、解雇をめぐる調停の意見聴取で反首相の主張をくり返していたが、それだけではマスコミの関心を充分に引きつけられない現実に苛立っていた。「新聞が取りあげたくなるようなあっと驚くことをしないと、インパクトは小さいままだと思ったのよ」とベアテは振り返った。あるいは、セルジュが言ったとおり「われわれは弱かったから、強烈な行動をとる必要があった」のかもしれない。

キージンガーをめぐる行動は、強烈というだけでなく、きわめてリスクの高いものになる可能性があった。ベアテは西ドイツの国会傍聴席を、警戒されないように結婚前の姓で予約した。そしてキージンガーが演説をする予定の三月三十日にボンへ到着した。満場の国会議員の前で首相をやじり倒すという単純な計画だった。ところが、いったん国会内に入ると、「口を開く勇気が出せないんじゃないかと怖くなった」そうだ。

ベアテは恐怖心を克服し、待っていた瞬間が訪れた。「キージンガー、このナチ！　辞任せよ！」精いっぱい声を張りあげ、さらに同じ言葉をくり返した。キージンガーが演説をやめ、警備員がすぐさま彼女に飛びかかり、口を押さえて議場から引きずり出した。ベアテは近くの警察署に三時間勾留されたのち、釈放された。翌日の新聞には彼女がこぶしを振りあげているところと警備員たちに取り押さえられる場面の写真が掲載された。パリに戻った彼女は、学生たちが西ドイツ大使館の前で「キージンガーはナチだ！」というプラカードを掲げてデモをするのに加わった。同じころ、西ドイツでは左翼の人々が地方選の集会で同様のスローガンを叫んでいた。

勇気づけられ、自信を得たベアテは、さらなる行動に出ることにした。時は一九六八年。派手で、ときに暴力的な示威行動がますます一般的になりつつあった。西ドイツで行われたデモで、ベアテは「公共の場で首相を平手打ちにする」と誓った。その場にいた大半の人がくだらない空約束だろうとせせら笑ったが、彼女は本気だった。

一九六八年十一月、キージンガーのキリスト教民主同盟が西ベルリンで党大会を開いたとき、ベアテはその会場に狙いを定めた。義母のライサは、命の危険もあると思いとどまらせようとしたが、セルジュは賛成した。危険は承知していたが、ベアテを止めることはできないとわかっていたからだ。西ベルリンに到着したベアテはマスコミの人々と交わり、あるカメラマンから通行証を手に入れた。ノートを持って記者のふりをし、キージンガーら党幹部が壇上に座っている会場前方へじりじりと進んでいった。友人に挨拶するのに近道をするだけだと警備員を丸めこみ、彼女は首相の背後にまわった。首相が振り向くと、彼女は「このナチ！　ナチ！」と叫び、平手打ちを食わせた。

会場は大混乱となった。引きずられていきながら、ベアテは首相が「例のクラルスフェルトとかいう女か？」と言うのを聞いた。拘束されたのち、キリスト教民主同盟の党員の一人、エルンスト・レムマーからなぜ首相を平手打ちにしたのか尋ねられた。ベアテが「恥知らずのドイツ人がいることを世界に知らしめるためだ」と答えると、レムマーはやれやれとかぶりを振っただけだった。外にいた記者たちには「あんな陰気な顔をしていなければ美人かもしれないのに、性的欲求不満を抱えているんだろう」と勝手に決めつけた。のちにレムナーは自身の発言を引用した「シュテルン」誌に謝罪文を載せた。「あの発言をしたときはクラルスフェルト夫人が既婚で一児の母であること、義理の父上がアウシュヴィッツで亡くなられたことを知りませんでした」

ベアテは一年の実刑を言い渡されたが、その日のうちに釈放された。控訴して結局は四カ月の実刑となったものの、刑は即座に猶予された。しかし彼女は実刑になることよりもずっと大きなリスクを冒していた。セルジュはキージンガーのボディガードが「銃を構えたが撃てなかった」ことを指摘した。現場に人が多すぎたからだ。それでも、全員が発砲を控える保証はなかった。その年はマーティン・ルーサー・キングとロバート・ケネディが暗殺された年で、首相を平手打ちにした女は暗殺者と間違えられてもおかしくなかった。「わたしを倒すのは簡単だったでしょうね」とベアテも認めている。

翌年、キージンガー率いるキリスト教民主同盟は国会で議席の過半数を失い、社会民主党のヴィリー・ブラントが首相の座に就いた。「選挙に負けたとたん、キージンガーは忘れ去られたわ」とベアテは満足そうに語り、自分は「この進歩的な勢力の勝利に、ささやかながらも具体的な貢献をした」とつけ加えた。

ベアテは政治家として最も気に入っていたブラントが権力の座に就くのを見て有頂天になった。新首相は彼女に恩赦を与え、執行猶予期間を終了させた。しかしベアテもセルジュも元ナチ党員の正体を暴く運動をやめるつもりはなかったし、そのために危険を冒すのを避けるつもりもなかった。セルジュは証拠集めを担当して裏方に徹することが多かったが、次なる危険な計画を企てる段にはベアテと対等のパートナーだった。

理由は明らかだが、クラルスフェルト夫妻が特に熱心だったのは、フランスからのユダヤ人強制移送に関わったSSとゲシュタポの上級将校が余生を安穏とは送れないようにすることだった。しかし、仏独間の複雑な法的取り決めのせいで、彼らの多くがまさに安穏と余生を送っているように見えた。

フランス側は当初、国内で起訴されたドイツ人の記録をドイツ法廷に提供しないという条項を設けていたため、西ドイツに帰国した者は裁判にかけられるのを免れた。終戦直後フランスが懸念したのは、以前ナチに協力的だったドイツの同情的な判事が戦犯を無罪にしてしまうことだったが、この措置はまったくの逆効果になっていた。ドイツ側も自国民の引き渡しを禁じる条項を設けたため、有罪判決を受けていようが容疑の段階であろうが、ドイツ人戦犯はフランスから帰国してしまえば、懲罰を加えられる心配がなくなった。

結果として、仏独間の合意を覆そうという闘争が始められ、フランス側はそれまでの姿勢を翻し、フランスで戦争犯罪を犯した者がドイツ法廷で裁かれることを求めた。クラルスフェルト夫妻はこのとっくに解決されているべき問題の制度が改善されるようロビー活動を行った。さらにヴィーゼンタールらと協力して、ドイツの法令における戦争犯罪の時効を撤廃するよう求めた。そのままでは数多くの戦犯がのうのうと暮らせることになるからだった。どちらの戦いも長期化したが、まず部分的な勝利ののち、一九七九年に殺人、人道に対する罪、ジェノサイドに関しては時効が完全に撤廃された。

しかし、これは簡単に達成されたわけではなく、最終的な勝利に大きく貢献したのは、自ら戦犯を追いつめようとしたクラルスフェルト夫妻の好戦的な戦術だ。二人は数人の著名な元ナチ党員の罪を暴く運動を開始し、特にクルト・リシュカ、ヘルベルト・ハーゲン、エルンスト・ハインリヒ・ゾーンに焦点を定めた。セルジュによると、この三人の元SS将校はフランスからのユダヤ人強制移送に重大な役割を果たした。「パリのゲシュタポはすなわちリシュカだった」とベアテは語った。彼はフランスの治安組織の統括を任されていた。ハーゲンはアイヒマンと親しく、SS情報部でユダヤ人問題を担当し、フランスの大西洋地域における警察機構の責任者でもあった。ハインリヒ・ゾーンは下級将校だったが、特に子供たちに残虐だった。

注目すべきは、この三人が過去の犯罪行為で裁かれる可能性を露ほども恐れず、西ドイツで堂々と暮らしていたことだった。ベアテはリシュカがケルンに住んでいることを突きとめたが、番号案内に電話しただけで彼の住所と電話番号を入手できた。イスラエルのテレビ局の記者に、彼女はこう話している。「元ナチ党員がはるか遠くのパタゴニアでドアがきしるたびにびくびくしながら暮らしてるなんていうのは、探偵小説のなかだけ」

しかし、この三人や同様の立場の人間が当時はびくびくしていなかったとしても、まもなく状況が変わった。「コンバ」紙に掲載する新しい記事を準備していたベアテに、イスラエルのテレビ局がリシュカとハーゲンの映像を撮れれば嬉しいと言った。一九七一年二月二十一日午前八時、イスラエル人カメラマン一人を連れて、クラルスフェルト夫妻はケルンにあるリシュカのアパートメントの向かいに駐車した。標的が外へ出てきたら、詰め寄るつもりだった。午後二時になってもリシュカは姿を現さなかったが、ベアテがアパートメントに電話をかけてみたところ、リシュカの妻が出たので、家に人がいるのは確かだった。ベアテは電話を切った。同じ建物の家の呼び鈴を何度か鳴らすと、玄関のドアが開き、一行はなかに入ることができた。

四階建ての最上階のアパートメントから出てきた金髪の女性は友好的とはほど遠かったが、ベアテがフランスのテレビ局の取材でご主人に会いに来たと言うと、「クルト、こっちに来てこの人たちの話を聞いて」と大きな声で呼びかけた。

とても背が高く、薄くなってきた髪を短く刈りこんだリシュカがすぐに現れた。ベアテは旧姓を名乗り、フランス人ジャーナリスト「クラルスフェルト氏」の通訳だと述べた。リシュカはクラルスフェルトという名前に聞きおぼえはないようだったが、警戒した様子でセルジュに記者証の提示を求めた。〝取材班〟は準備を怠らず、セルジュが「コンバ」から手に入れておいた記者証を差し出した。

セルジュは単なる現地調査というふりをすぐにやめ、新たな独仏間協定の調印を受けて、フランスでの欠席裁判で有罪判決を受けたナチ戦犯に取材をしようとしているところであり、リシュカが最初の取材相手であると説明した。「しかし、あなたを告発する前に、そちらにも何か言い分があるかどうか知りたい」と述べた。

最初リシュカは冷静さを保ち、セルジュやフランス法廷に対して説明する義務などないと言った。「ドイツ法廷に対し、自らの行動を説明する必要が出てきたときはそうする」「きみに対しては何も言うことがない」

セルジュはリシュカにフランスにおけるユダヤ人迫害は彼の責任だったと認めさせようとしたが、リシュカはカメラマンに撮影を許さなかった。非常に緊張した空気が流れ、撮影を強行したら、カメラを壊されるのではないとベアテは心配になった。

クラルスフェルト夫妻は切り札を用意していた。「あなた自身がサインした命令書を見たくないか？」とセルジュは訊き、それがパリに残っていた書類でリシュカの署名があることを話した。これは裁判で有罪の決め手になるかもしれないと。

ベアテが差し出した書類の束を、リシュカは見ずにいられなかった。妻が肩越しにのぞきこむなか、リシュカはぶるぶると手を震わせながら、書類を読んだ。「目の前に自分の過去がよみがえってくるのを見つめていたにちがいないわ。わたしたちが何時間も書庫で頑張ったからこそよみがえってきた過去を」とベアテは語った。

この突撃はある意味、失敗だった。リシュカの映像を撮ることはできなかったし、質問に答えさせることもできなかった。しかし、初めて彼と対決し、目に見えて動揺させることはできた。

同日、ベアテはケルンの北東二百キロに位置する町ヴァルシュタインにあるヘルベルト・ハーゲンの家に電話をかけた。電話に出たハーゲンの妻に、ご主人はフランス人ジャーナリストの取材を受ける気があるかと尋ねた。妻の返事は「ありえない」で、「夫は取材したいと思う理由がわからないと言っている」ともつけ加えた。

翌日クラルスフェルト夫妻とカメラマンはヴァルシュタインまで行き、本人が出てきたときにつかまえられればと期待してハーゲンの家から百メートルほどの場所に駐車した。数時間待ち、尾行もしたが、人違いと判明した。しかしようやくハーゲンに間違いない男が家から出てきて、ガレージに駐めてあった大型のオペルに乗りこんだ。車が私道から出てきたところで、ベアテが前に飛び出した。「あなたがヘル・ハーゲン？」

ハーゲンはうなずいたが、カメラマンが撮影していることに気がついた。車を止め、降りたときはカメラマンに殴りかかりそうに見えたものの、そんなことをしたら逆効果かもしれないと気づき、ためらった。ベアテが、あなたにいくつか質問をしたいと言ったフランス人ジャーナリストはここにいるセルジュだと説明した。

流暢なフランス語で、ハーゲンはセルジュに告げた。「きみには自宅前でわたしを撮影する権利はない」。自分は隠れているわけではないとも言った。「戦後、フランスへは二十回以上行っている」「フランス警察があなたの名前に気づかなかったのは残念だ」とセルジュは答えた。「逮捕されてしかるべきだったのに」

フランスでの任務について、セルジュがいくつか質問しようとすると、ハーゲンはリシュカと同じく何も言うことはないと述べた。「わたしが望むのは静かな暮らしだけだ」。しかし、クラルスフェルト夫妻は二人の追及をそう簡単にあきらめるつもりはなかった。

一カ月後、夫妻はセルジュの学生時代の友人で、医師であり写真家でもあるマルコとともにレンタカーに乗りこみ、再度ケルンに向かった。三人の企てがうまくいけば、リシュカのようなSS将校がフランスで罪を犯しておきながらなんの代償も払わずに生活しているという事実に、世間の注目を集められるはずだった。誘拐計画である。セルジュは手錠を、マルコは棍棒を二本用意していた。作戦では、通りでリシュカをつかまえ、車に押しこみ、車を乗り換えてからフランスへ戻るはずだった。ベアテは「見た目は全然コマンド部隊みたいじゃなかったのよ。司教の集まりみたいで」と語った。

リシュカが路面電車から降りた瞬間、その〝部隊〟が彼を取り囲み、ベアテが「一緒に来て！一緒に！」と叫んだ。リシュカはとっさに二、三歩車のほうへ歩きかけたが、そこであとずさりした。マルコが棍棒で彼の頭を殴った。リシュカは大声で助けを求めてから倒れたものの、倒れたのはおもに恐怖感からだった。騒ぎは周囲の注目を集め、クラルスフェルト夫妻らは人々に囲まれた。警官がバッジを取り出した。それを見て、セルジュが「車に乗れ！」と叫んだ。リシュカを残し、一行は逃げた。フランス国内に入るまで、一度も車を止めずに。

ベアテとセルジュのクラルスフェルト夫妻。
1979年ボンで記者会見を開き、元SS将校クルト・リシュカがフランス系ユダヤ人の強制移送に果たした役割について証拠を提示しているところ。セルジュの父はアウシュヴィッツで命を落とし、この仏独カップルがナチを追跡する強力な動機となった。

ベアテはすぐさまドイツの新聞に電話をかけはじめた。別名義を使い、リシュカの身に何が起きたか確認するよう言った。彼らの目的は「リシュカと同僚が罰せられず平穏に暮らしている現実に、ドイツ国民の注意を向けること」だった——たとえ、そのために自らが塀の向こうに入ることになろうとも。ベアテの場合はまさしくそうなった。リシュカとハーゲンに関する文書をドイツ法廷とマスコミに提供するため、ふたたびケルンを訪れたときのことだ。彼女は収監されたが、期間は三週間ですんだ。このときだけではないが、ベアテを長期にわたって収監したところで夫妻の活動が注目されるだけだと、当局が気づいたためだ。

リシュカに関しては、セルジュが別に劇的演出を計画していた。一九七三年十二月七日、雪がちらつき、凍えるような寒さのケルンで、セルジュは大聖堂のそばに駐められたリシュカの車を見張っていた。リシュカが現れたとき、セルジュは彼の目と目のあいだに拳銃を突きつけた。リシュカは殺されると確信して震えあがった。だが、拳銃には弾が込められていなかった。セルジュにとっては、標的が「死を目の当たりにする」だけで充分だった。ケルンの検事に、われわれはナチを殺せるが、そうするつもりはないと手紙を書いた。ただ彼らが裁判にかけられることを望む、と。

ベアテにとって最も危険な瞬間がキージンガーを平手打ちしたときだったとすれば、セルジュの場合は間違いなくこのときだった。しかし、四十年後に訊いてみると、実際は危険などなかったと彼はさらりと答えた。「リシュカが銃を持っているのは知っていた」。しかし、リシュカには銃を取り出す時間もなければ、寒くて手袋をはめていたから、引き金も簡単には引けなかったはずだった。「殺される危険を冒しているとは感じなかった」

リシュカやハーゲンら戦犯がもはや安穏とは暮らせなくなったことに、夫妻は大きな満足を覚えた。社会民主党の機関紙「前進」は「西ドイツでは、正規の職に就いている中年の男数人が、ぐっすりとは眠れなくなっている。彼らはアパートメントに閉じこもりながら（中略）自宅にいるとは言えない状態である」と書いた。

ベアテは法執行機関とのいざこざをくり返し、いかれた狂信者として釈放されたことも一度ならずあった。夫妻の元には脅迫状が寄せられ、爆弾がしかけられていたことも二度あった。一九七二年、セルジュが〝砂糖〟とシールが貼られた小包から黒い粉がこぼれ出ているのを見て怪しみ、警察に通報した。パリ市警爆弾処理班が調べたところ、中身はダイナマイトなどの爆発物だった。一九七九年にはセルジュの車が真夜中、時限爆弾によって破壊された。

しかしリシュカ、ハーゲン、ハインリヒゾーンの告発に向けた動きはしだいに勢いを増していった。三人はついにケルンで裁判にかけられ、一九八〇年二月十一日、フランスからユダヤ人五万人を強制移送し、殺した共犯の罪で有罪となった。三人はどんな運命が犠牲者たちを待ち受けているか「誤解の余地なくはっきりと理解していた」と判事は断じた。ハーゲンは実刑十二年、リシュカは十年、ハインリヒゾーンは六年を言い渡された。ここで重要だったのは刑の長さではなく、彼らが裁かれ、有罪判決を受けたことだった。そしてそれを実現させたのが、煽動と芝居がかった行動をくり返したクラルスフェルト夫妻であったのは間違いない。

一九三四年、空を飛ぶことがまだ世界の多くの土地で目新しい技術だったころ、ラトビア空軍のヘルベルト・ツクルス大尉は自ら設計した小型複葉機でアフリカ西海岸のガンビアまで飛行し、一夜にして国民的英雄となった。「バルト海のリンドバーグ」として地元紙に彼を賞賛する記事が掲載され、ツクルスは日本へ、イギリス統治下のパレスチナへも飛んだ。パレスチナから戻った際、リガのユダヤ人クラブで満場の聴衆を前に講演を行った。当時まだ大学生で、その講演を聴いた歴史学者のヨエル・ヴァインベルクは次のように回想した。「ツクルスはイスラエルにおけるシオニズムの計画に感心、感動し、熱狂してさえいる話しぶりだった……ツクルスの話はわたしの想像力に火をつけた」

しかし、ツクルスは熱狂的な民族主義者で、一九三〇年代後半に〈雷十字〉という国粋主義の組織に入った。第二次世界大戦が勃発すると、ソ連は独ソ不可侵条約に基づき一九三九年から一九四一年まで事実上の同盟国であったドイツとのあいだで占領地を分割し、バルト諸国を併合した。一九四一年六月、ソ連領に侵攻したヒトラー軍は、すばやくバルト諸国を占領した。ラトビアでは元警察官のヴィクトル・アラーイス少佐がアラーイス・コマンドと呼ばれる部隊を率いたが、その隊員は極右の志願者たちで、新たな支配者を熱烈に歓迎した。ツクルスはアラーイスの副官となり、彼らはすぐさまユダヤ人を一斉検挙し、暴力を振るい、殺しはじめた。

そうした行為を生き延びた人々は戦後、バルト諸国のナチ犯罪委員会で証言を行ったが、多くがツクルスの役割を鮮明に記憶していた。ラファエル・シューブによれば、七月の初めにツクルスが「リガでのユダヤ人絶滅計画を開始した」という。ツクルスと部下は三百人のラトビア系ユダヤ人を大シナゴーグに集め、「聖櫃を開けて床に律法書(トーラー)を広げるよう」命じ、建物に火を放つ準備をした。ユダヤ人が命令に従うことを拒んだため、「ツクルスは大勢をひどく殴った」。彼らはそのあと床にガソリンをまき、出口近くで位置に着いてから手榴弾を投げこんだ。シナゴーグが炎に包まれると、外へ逃げようとするユダヤ人をツクルスの部下が片っ端から撃ったという。「建物内にいた三百人のなかには子供も多数いたが、全員が焼け死んだ」とシューブは証言を締めくくっている。

当時十六歳だったアブラハム・シャピロによると、彼が家にいたとき、ツクルスがやってきて自身が使用するためにアパートメントを接収すると宣言した。全員を家から追い出し、家長をつかまえて即座に処刑した。シャピロはラトビア警察本部へ連行されたが、そこでは百ほどの小さな監房にユダヤ人がひしめき合っていた。シャピロはツクルスと部下が数百人のユダヤ人をトラックに乗せるのを何度か見た。トラックにシャベルや鋤（すき）を積みこむのがシャピロらの役割だった。数時間後、トラックは空になって帰ってくる。「シャベルは砂や土で汚れ、血痕もついていた」とシャピロは証言している。

その後占領軍は約一万人のユダヤ人を検挙して森へ連れていき、そこで撃ち殺した。生還者のデイヴィッド・フィスツキンはツクルスが森への行進につき添い、落伍者が出ると最後尾で撃ち殺したと証言している。「子供が泣いたときは、母親の腕から奪い取って撃ち殺した」「あの男が子供と赤ん坊を十人、撃ち殺すのをこの目で見た」

ツクルスは戦前のラトビアでたいへんな有名人だったので、犯人の判別がむずかしかった多くの場合と異なり、生還者は彼が何者かよくわかっていた。ツクルスの部隊は約三万人のユダヤ人を殺し、本人は〝リガの処刑人〟として知られていた。しかし、戦後はヨーロッパを脱出し、ブラジルのサンパウロでマリーナを経営しながら自家用機を飛ばして、二十年近くも快適な生活を送っていた。過去は忘れられたと安心しきっていたため、名前も変えずにいた。もちろんアイヒマンがどうなったかは知っていたが、アイヒマンに比べ――あるイスラエル人作家の言葉を借りれば――「下級のサディスティックな殺人者」である彼は、ナチ・ハンターの標的にはならないだろうと信じていた。

一九六五年二月二十三日、ツクルスはサンパウロで知り合って間もないオーストリア人実業家、アントン・クエンズレと会うため、ウルグアイのモンテビデオに到着した。クエンズレは南米で新しい投資先を探しており、ツクルスをパートナーに選んだ。モンテビデオに仮事務所を構える計画で、その候補物件をツクルスに見てほしいという話だった。

クエンズレは先に立ってなかに入り、続いてツクルスが薄暗がりへ足を踏み入れるやいなや、ドアを勢いよく閉めた。その瞬間、ツクルスの目に下着姿の男数人と、彼らが自分に飛びかかってくるのが見えた。たちまち状況を理解したツクルスは、六十五歳に近かったにもかかわらず「手負いの野生動物のように抵抗した」とクエンズレは振り返っている。「死に対する恐怖が彼に驚くほどの力を与えた」。しかし、男たちの一人がハンマーで頭を殴ったので、あたりに血が飛び散った。ほかの一人がツクルスの頭に銃を突きつけて二度発砲し、息の根を止めた。

実は〝クエンズレ〟の正体は五年前にアイヒマン拉致作戦を実行したモサド工作員チームの一員で、変装の達人ヤーコフ・マイダッドだった。ブエノスアイレスで彼は何度も外見を変えては隠れ家や車を借り、必要な品物を調達するという任務を果たした。今回はオーストリア人実業家のふりをしてツクルスと親しくなり、罠に誘いこむ役目だった。仲間の工作員が下着姿だったのは、血まみれの服で逃走しなければならなくなるのを避けるためだった。結果的に、これは賢明な予防措置になった。

イスラエル人工作員たちは大柄のツクルスの遺体を用意した車のトランクに入れ、英語でメッセージが書かれた紙を遺体の胸の上に置き、ドアを閉めた。

判決

ヘルベルト・ツクルスが犯した罪の重さ、特に三万人の男女、子供の殺害という罪に鑑み、さらにそうした犯罪を実行した際にヘルベルト・ツクルスが見せたおぞましい残虐性に鑑みるに、被告ツクルスを死刑に処す。

一九六五年二月二十三日執行。

執行者　〝決して忘れぬ者たち〟

ウルグアイを出たマイダッドらはツクルスの遺体が発見されたとの報道を待った。数日たっても何も起きなかったため、西ドイツの通信社に情報をリークし、殺害現場の住所まで教えた。世界中の新聞が〝決して忘れぬ者たち〟と名乗る謎のグループのことも含めて事件を報道した。「ニューヨーク・タイムズ」紙は「アイヒマンの場合と同じく、ツクルスの件には陰謀のにおいがする」と指摘した。

しかし、この事件はおおむね一日だけの報道で終わり、追跡調査などは行われなかった。ラトビア以外では、ツクルスはアイヒマンほど知られていなかったし、裁判が行われなかったので彼の名前と所業が広く知られることもなかった。イスラエルにおいてさえ、今日ではこのモサドによる工作はあまり知られていない。ホロコーストの犯罪人が、公式の暗殺命令によって殺された唯一の事件であるというのにだ。

では、なぜツクルスが標的になったのか？　彼が犯した罪はおぞましかったが、ほかにも同程度の罪を犯して当時まだ静かな生活を送っていた者は数えきれないほどいた。一九九七年、マイダッドはようやくツクルス作戦の詳細について語った本をヘブライ語で出版した。英語版は二〇〇四年に『〝リガの処刑人〟の死刑執行――モサドが唯一直接手を下したナチ戦犯』というタイトルで刊行された。しかし、このときもアントン・クエンズレ名義で出版するという用心深さだった。読者の大半は二〇一二年六月三十日に彼が亡くなったあと、死亡記事でその本名を知った。

自著のなかで、マイダッドはこの任務を命じたモサド高官との初めての会話を振り返っている。ファーストネームがヨアフということしか明かされていないその高官は、西ドイツが設定している時効のせいで戦犯がまったく責任を問われなくなってしまうことを政府は恐れていると語った。時効延長をめぐる議論はまだどちらに転ぶかわからなかったからだ。高官は四年前のアイヒマン拉致と裁判が「世界中でナチの恐怖に対する一般の意識を高めたものの、その強い衝撃は……効果を失いつつあるように見える」とも述べた。

ヨアフは「現在の全体的な傾向にストップをかける」ことがイスラエルの義務だと主張した。ツクルスの作戦が成功すれば、「何万というナチ戦犯の胸に死の恐怖が植えつけられる（中略）彼らがこの世を去る最後の日まで一瞬たりと平穏な時間を過ごせなくしてやるのだ」とも語ったという。イスラエルにはナチ戦犯を何人も追跡する資本はないが、ツクルスを下級の殺人者たちへの見せしめにする考えだった。

大いにもっともらしく聞こえるが、これがすべてとはかぎらない。ラフィ・エイタンはアイヒマン拉致作戦でチームリーダーを務めたが、ツクルスの工作には関与しておらず、二〇一三年にわたしの取材を受けて次のように指摘した。「人を殺すなら、離れたところから撃つほうが簡単だ。作戦を準備する必要はない」。接近戦で殺すために工作員を派遣したのは、相手に事情を理解させることが目的で、そこには「個人的な恨み」が絡んでいたのではないか、という。つまり、モサド幹部のなかにツクルスに私怨を晴らしたい者がいた可能性があるという意味だ。

ツクルスを殺したあとで、マイダッドは暗殺チームのメンバーの一人がリガの大家族の出身だったことを知った。「彼の家族は全員ツクルスとその部下に殺されていた」とマイダッドは記している。しかし〝リガの処刑人〟を追跡する決断に下級のチームメンバーがかかわっていたはずはない。この特異なケースがどのように決定されたかは、いまだ完全には解明されないままだ。

しかし、最近になって後日談的な出来事があった。二〇一四年にラトビアでツクルスに関するミュージカルが上演されたのだ。最後に「人殺し」と叫ぶ人々に囲まれる短い場面があるとはいえ、有名飛行士だった戦前の彼に焦点を当てた作品だった。ツクルスが裁判にはかけられなかったことから、プロデューサーのフリス・ミラーズは、彼について「司法の観点からは、いまだに無実である。彼を殺人者と証言するのは数人で、ほかの人々は英雄と呼ぶ」と主張した。

ラトビアのユダヤ人会議、イスラエル、ロシアなどがこのミュージカルを大量殺人犯の過去を隠滅しようとするものだと強く非難した。イスラエル外務省のスポークスマンは「凶悪な犯罪者を文化的英雄に仕立て上げようという試みは断じて許さない」と述べた。ラトビア政府はこれ以前に、ツクルスの汚名をそそごうとする家族の主張を退けており、この作品を不愉快に感じていることをはっきりと示した。国として言論の自由を尊重するからといって、上演に反対できないことにはならないとして、外務大臣のエドガルス・リンケービッチは次のように述べた。「アラーイス・コマンドの一員だった事実は礼賛すべきことではない。観客が舞台を賞賛するのは勝手だ。しかし、政府はこの作品をよい趣味とは見なさない」

しかし大勢のラトビア人がこのミュージカルに熱烈な喝采を送り、のちの殺人者としての記録は無視して、一九三〇年代に人気飛行士だったツクルスを記憶に留めようとした。その意味では、マイダッドに作戦を指示したモサド高官ヨアフは正しかった。ホロコーストに関しては、人々の記憶は短く――危険なほどより好みをしがちだ。

ナチ・ハンターはつねにその点を意識していた。戦いをあきらめなかった人々にとっては、かえって闘志をかき立てられる事実だった。

第12章　模範的市民という仮面

警察やマスコミにとって、あの男は亡霊がぎっしり詰まったファイルキャビネットを抱えた退屈で面倒くさい年寄りだ。殺せば、かえってあの男を忘れられた英雄にし、まだ敵が野放しになっていると知らせる結果になってしまう。

アイラ・レヴィン著『ブラジルから来た少年』でアウシュヴィッツの〝死の天使〟ヨーゼフ・メンゲレがジーモン・ヴィーゼンタールをモデルにした人物について語った台詞。

ナチ・ハンターをめぐる数々の伝説のなかで、最も事実からかけ離れているのはジーモン・ヴィーゼンタールの人物像だろう。彼は標的と直接対決することを好み、必要とあれば南米の奥地までナチの残党を追いかけていく復讐に燃える男として描かれた。一九七八年の映画『ブラジルから来た少年』でローレンス・オリヴィエ扮するヴィーゼンタールは、ヨーゼフ・メンゲレ（演じたのはグレゴリー・ペック）をペンシルベニア州のランカスターにある農場まで追いつめ、死闘を繰り広げる。オリヴィエが勝つために犬――獰猛なドーベルマン――を解き放った瞬間、一般の人々が抱くヴィーゼンタールのイメージは完全に現実味を失った。これ以降、彼はコロンボとジェームズ・ボンドを合わせたような存在と考えられるようになった。

こうした誤解はヴィーゼンタール本人の責任でもある。モサド長官イサル・ハルエルがまだ拉致作戦の成功を自分たちの手柄として語ったり、鍵となった手がかりについて説明したりできなかった一九六一年に、ヴィーゼンタールは『わたしはアイヒマンを追った』を出版した。自分は「さまざまな人が少しずつ」貢献をしたなかのピースの一つにしかすぎなかったと言いながらも、自らの名声が高まるのを見て喜んでいた。一九五四年のリンツのユダヤ人迫害記録センター閉鎖から立ち直るきっかけにもなった。一九六一年十月一日、彼は地元ユダヤ人コミュニティの協力を得て、ウィーンに新たな迫害記録センターを開設した。

元気を回復したヴィーゼンタールは自己宣伝の類まれな才能を発揮し、逃亡中のナチ戦犯とナチ・ハンターの物語を大衆文化の一大分野とするのに協力した。小説『オデッサ・ファイル』の著者フレデリック・フォーサイスは、作品の背景となる情報の提供をヴィーゼンタールに求めた。『オデッサ・ファイル』は一九七二年に刊行されるとベストセラーとなり、二年後には映画化されてヒットした作品だが、フォーサイスはヴィーゼンタールが一九六七年に発表した回想録『殺人者はそこにいる』のある章にインスピレーションを受けたと言い、ヴィーゼンタールは喜んで要請に応じた。悪役を実在の人物、すなわちリガのゲットーの司令官だったオーストリア人、エドゥアルド・ロシュマンにするようフォーサイスを説得したのも彼だった。ヘルベルト・ツクルス同様、ロシュマンは残虐さで悪名を轟かせた。

戦後ロシュマンはアルゼンチンへ逃げたが、小説と映画のおかげで彼の逮捕と引き渡しを求める声が大きくなった。「映画で描かれたとおりにロシュマンは追われる身となった」とヴィーゼンタールは満足げに記している。ロシュマンは一九七七年にパラグアイへ逃げ、到着した二週間後に心臓発作を起こして死にかけた。映画ではもっとカタルシスが得られる結末が待っている——彼は捕まり、殺される。

ヴィーゼンタールは映画で自身の役を演じないかと高額の出演料を提示されたが「そこまで娯楽産業と関わりたくなかった」という。娯楽産業のほうは彼に飽きることがなく、最近の作品ではヴィーゼンタールが自身のイメージにためらいを感じたり、おもしろがっていた様子がかなりよくとらえられている。二〇一四年のオフブロードウェー作品『ヴィーゼンタール』はトム・ダガン脚本主演の一人芝居で、その広告を見ると、ヴィーゼンタールは「ユダヤ人のジェームズ・ボンド」と書かれている。ダガン演じるヴィーゼンタールはそのようなイメージを劇中で笑い飛ばした。「わたしの武器は粘り強さと宣伝力、そして書類仕事だ」と観客に語るが、実際そのとおりだった。

しかし、ヴィーゼンタールが自身のイメージを利用すると同時に笑っていたとしても、ナチ狩りの第一人者という評判を守ることには非常に熱心だった。彼の地位を危うくしかねない者は遠ざけるか、少なくとも距離を置いた。トゥヴィア・フリードマンは戦後ウィーンに初のユダヤ人迫害記

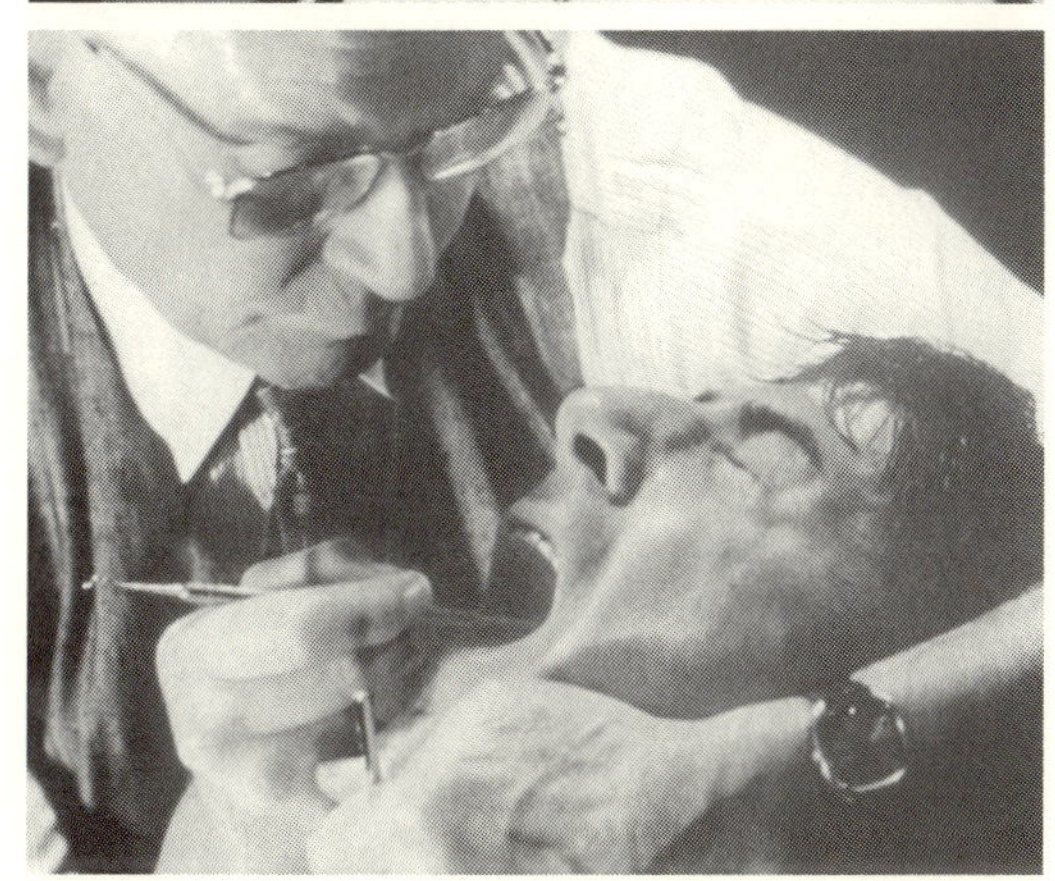

1970年代には大ヒット小説や映画できわめて娯楽性に富んだ、しかしながら誤解を招くナチ・ハンターの物語が描かれるようになった。『ブラジルから来た少年』ではグレゴリー・ペック演じるヨーゼフ・メンゲレがジーモン・ヴィーゼンタールを彷彿させる人物に追跡された。『マラソン・マン』の悪役ナチはローレンス・オリヴィエ演じる逃亡中の強制収容所歯科医で、ダスティン・ホフマン演じる若きアメリカ人追跡者ベーブ・リーヴィを拷問した。

録センターを開設したが、一九五二年にイスラエルに移住し、ヴィーゼンタールに水をあけられたことに苛立っていた。アイヒマン拉致の直後は特にそうで、「そちらは偉大なナチ・ハンター、こちらは小犬だ」とヴィーゼンタールに書き送っている。伝記作者のトム・セゲフによれば、ヴィーゼンタールはフリードマンのことを、イスラエルへ移住するという決定的なミスを犯し、自身の活動に対する注目をますます失っていった「哀れな親族」のように扱ったという。

ウィーンに留まるというヴィーゼンタールの決意は固く、一九八二年七月十一日に刑務所から脱走した元ナチのドイツ人らによって、住居の入口に爆弾がしかけられたあとも変わらなかった。爆弾は爆発し、建物が損傷、隣家の窓が割れたが、怪我人は出なかった。ウィーン当局は彼の事務所と家に警備担当者を置いたが、この事件や嫌がらせの手紙を理由にそろそろイスラエルへ引っ越したらどうかと提案した。ヴィーゼンタールはそれをはねつけた。「いいや。わたしはまだアリゲーターを追っている途中だから、やつらの住み処である湿地に留まらなければ」と、あるアメリカ人弁護士に向かって、トレードマークの皮肉っぽい笑みを浮かべて言ったという。

ヴィーゼンタールを崇める若手ナチ・ハンターの一人だったセルジュ・クラルスフェルトは、一九六七年八月に初めて彼をウィーンに訪ねた。セルジュは当時三十一歳で、かつてナチのプロパガンダを担当していたキージンガーがドイツの首相の座にある現実にヴィーゼンタールが「動揺していない」ことに驚いた。ヴィーゼンタールはのちにベアテ・クラルスフェルトがドイツ首相を平手打ちにした有名な事件や夫妻の芝居がかった抗議活動を批判した。「ドイツ人に対してどう活動すべきか、われわれは考え方もやり方も違った」というのがセルジュの結論だ。「ジーモン・ヴィーゼンタールはドイツの指導者と良好な関係を保ち、いっぽうわれわれは投獄された」

今日も変わらぬセルジュの意見は、一九五〇年代から一九六〇年代初めにかけて、ナチ戦犯の多くが自由の身で追跡すらされていなかった時代に、彼らを裁こうと戦いつづけたヴィーゼンタールは大いに認められてしかるべきだというものだ。しかし、彼とベアテはヴィーゼンタールと考え方が合わないことにすぐ気がついた。ベアテは南米を訪れてはナチを裁判にかけるよう要求し、現地の右派政権に抗議するという戦法を取りつづけたが、ヴィーゼンタールはこうした好戦的な手法を批判しただけでなく、彼らの左派思想にもまったく共感しなかった。

ヴィーゼンタールは個人的にも政治思想的にも保守主義で、筋金入りの反共産主義者だった。「反ユダヤ主義を、歴史上何世紀にもわたって行われてきたのと同じやり方、すなわち自分たちの無能さ、自分たちが犯した罪から注意をそらすために利用している」としてポーランドの共産主義政権を強く非難した。ポーランドの共産主義者とソ連政府について、自分がナチの協力者だとかイスラエルやCIAの手先だという偽造文書をはじめとする悪意に満ちた偽情報を広めたと攻撃することもたびたびあった。対照的に、ベアテは東ドイツ政府やマスコミからの賞賛を誇りに思い、親共産主義の西ドイツの週刊誌に記事を書いた。共産主義体制が反ユダヤ主義のプロパガンダを用いることには彼女も反対だったが。

こうした相違点がもとで、ナチ・ハンター同士の緊張感がしだいに募っていくことになる。

ヴィーゼンタールは最初から、同世代の何百万という犠牲者のために正義を行うだけでなく、次世代を教育することも自らの務めだと考えていた。二つの目標は密接に結びついていて、それを達成する方法もそうだった。元ナチの正体を暴き、最もうまく行った場合、逮捕、裁判となれば、第三帝国の蛮行を完全には否定しないまでも軽く見ようとする戦後の傾向への反証となった。いくつかのケースでは、個人の犯行を暴く、すなわち、あまりに規模が大きくて抽象的すぎ、インパクトが弱い残虐行為について個々の責任を明らかにするだけでも、ヴィーゼンタールは本物の成功を手にした気分になった。たとえ法律上の結果は伴わなかったとしても。

最も劇的な例は、アンネ・フランクを逮捕したゲシュタポ隊員の追跡だった。一九五八年十月、ヴィーゼンタールがまだリンツに住んでいたころ、『アンネの日記』が州立劇場で上演されたことがあった。ある晩、友人が電話をしてきて、いますぐ劇場に来い、反ユダヤ主義のデモが公然と行われているぞと言った。ヴィーゼンタールが劇場に着いたのはちょうど舞台が終わったころで、ティーンエイジャーの一団が「裏切り者！　ごますり野郎！　詐欺師！」と野次を飛ばしていた。彼らは有名な日記が本当は存在しないと書かれたパンフレットを劇場内でばらまいてもいた。「もっと賠償金を搾り取るためにユダヤ人がでっちあげた作り話だ。ひと言も信じるな。丸ごとでっちあげだ」

これは元ナチ党員とそのシンパによる、あの非常に有名な日記の信用を落とそうとする運動の一環だとヴィーゼンタールは見た。『アンネの日記』は彼らが大きな脅威と感じるほど、ホロコーストを人々に身近なものと感じさせたからだ。元ナチ党員らのせいで若い世代の「心が毒されている」とヴィーゼンタールは判断した。その二日後、彼と友人がコーヒーハウスで事件について議論していたとき、隣のテーブルに男子高校生数人が座っていた。その一人に友人がこの論争についてどう思うか尋ねると、その高校生もアンネ・フランクは実在の人物ではないという主張をくり返した。

「でも日記についてはどう説明する?」とヴィーゼンタールは訊いた。高校生はあんなものは捏造できるし、アンネが実在した証拠にはならないと答えた。アンネの父でフランク家唯一の生還者オットー・フランクが、ゲシュタポに家族そろって逮捕されたときのこと、アウシュヴィッツへ強制移送されたことを証言している事実にも、高校生の意見は揺らがなかった（アンネと姉のマルゴットはその後ベルゲン゠ベルゼンへ移され、二人とも終戦間近にそこで亡くなった。アンネはまだ十五歳だった）。

最後にヴィーゼンタールは尋ねた。もし一家を逮捕した隊員本人の証言を聞くことができたら信じるか、と。「ああ、隊員本人が認めるならね」。高校生は答えたが、そんなことは起こりっこないと確信しているのは明らかだった。

ヴィーゼンタールは高校生の言葉を挑戦と受け取った。何年ものあいだ進展は見られなかったが、日記の補遺にオットー・フランクの会社の元従業員が一家の逮捕後、彼らの力になれないかとゲシュタポ本部を訪れたことが書いてあった。その男性によると、逮捕を実行した隊員と話をしたが、その隊員はウィーン出身のSS隊員（訳注　ゲシュタポは一九三四年以降SSの指揮下に入った）で名前は「シルヴァー」のような音で始まったということだった。それはドイツ語の「ジルバー」にちがいないとヴィーゼンタールはにらんだ。ウィーンの電話帳には「ジルバーナーゲルス」という名前の元SS隊員が数人載っていたが、どれも該当者ではなかった。

大きな進展があったのは一九六三年にアムステルダムを訪れたときだった。オランダの警官が一九四三年にオランダ国内にいたゲシュタポ隊員の電話番号簿の写しをくれたのだが、そこには三百人の名前が載っていた。ウィーンへ帰る機内で、ヴィーゼンタールは「Ⅳ　B4　ユダヤ人」という見出しの下に「ジルバーバウアー」という名前を見つけた。この部署に所属する者は大半が警察官だったことを知っていたため、ヴィーゼンタールは内務省の役人に連絡し、この件を調査するとの約束を取りつけた。調査は行われたが、アンネ・フランクを逮捕したと認めた警官カール・ジルバーバウアーがまだウィーン市警で働いていると判明したことを、当局は隠そうとした。ジルバーバウアーは停職になったが、彼が同僚に「アンネ・フランクのせいで面倒なことになった」とぼやいたあと、オーストリアの共産党機関紙「民衆の声（フォルクスシュティメ）」がこの件に飛びついた。モスクワ放送もこのニュースを大きく報じた。

ジルバーバウアーを起訴するまでには至らなかったが、ほかの記者たちもこの件を取りあげるようになったことで、ヴィーゼンタールの努力は報われた。彼から内密の情報を受け取ったオランダ人記者は、取材のためウィーンにジルバーバウアーを訪ねた。「いまごろになってどうして責められなきゃいけないんだ?」元SS隊員は不満をぶつけた。「おれは任務を果たしただけだ」。自分のしたことを後悔しているかと訊かれると「してるとも。屈辱すら感じることもある」と答えた。なぜか? なぜなら、警官として停職になり、無料で路面電車に乗れる特権を失ったからだ。みんなと同じように乗車券を買わなければならなくなった。

記者は彼に『アンネの日記』を読んだかと尋ねた。「先週買って、おれの名前が載ってるかどうか確かめた」とジルバーバウアーは答えた。「だが、載ってなかった」。日記の著者を彼が逮捕したために少女はもう日記を書けなくなったということに、思いいたらなかったらしい。

ジルバーバウアーは彼の犠牲者が有名になったがために名前を知られてしまったが、第三帝国の小役人の一人にすぎなかった。もっと知名度の低い人々を死に追いやった、数えきれないほど多くの人間同様、自分のしたことになんら代償を払わずにすんだ。ヴィーゼンタールとしてはジルバーバウアーの過去が暴かれただけでは不満だったろうが、当局はこの件を追及する姿勢を示さなかった。

それでも、ヴィーゼンタールは苦労が報われたと感じる充分な成果を手にした。あれから数十年がたっても、アンネ・フランクの日記はホロコーストに関する最も影響力の大きい個人的な記録でありつづけ、若い世代、子供たちを教育しつづけている。あの作品の信用を落とそうとする動きは立ち消えになった。どんなに熱心なナチシンパでも、自分のしたことになんら負い目を感じていないSS隊員本人の証言を否定することはできなかった。

ヴィーゼンタールがのちに記した回想録『ナチ犯罪人を追う――S・ヴィーゼンタール回顧録』によると、一九六四年一月、テルアビブのカフェ・ロイヤルのテラス席に座っていたとき、電話の呼び出しを受けた。電話が終わり、テーブルに戻ると、三人の女性が座っていた。置いておいた雑誌を取りあげ、ほかのテーブルを探そうとしたところ、女性の一人が立ちあがり、ポーランド語で謝った。「スピーカーからあなたの名前が聞こえてきたもので、ぜひお話をしたくて」「わたしたちは三人ともマイダネクの収容所にいました。そこで、あなたにお訊きしたいことがあるんです。コビヴァがどうなったたかご存じでしょうから」

「コビヴァ」はポーランド語で〝牝馬〟という意味だが、ヴィーゼンタールには相手が何の話をしているのかわからなかった。

「ごめんなさい、わたしたち誰でもコビヴァのことを知ってると思ってしまいがちで」と女性は言い足した。彼女の説明によると、それはオーストリア人看守のあだ名で、その看守は女性収容者をひどく蹴ったり、新たに到着した人々を常時携帯している鞭で好きに打擲(ちょうちゃく)したりしたせいで特に恐れられていたという。本名はヘルミーネ・ブラウンシュタイナーといった。

ヴィーゼンタールに説明をしていた女性は、ある事件の話を始めるとますます動揺した。「あの子のことは決して忘れません。あの子は……とても小さくて」。背嚢(はいのう)を背負った一人の男性収容者が通りかかったとき、ブラウンシュタイナーはその背嚢を鞭で打った。なかに隠れていた子供が悲鳴をあげ、ブラウンシュタイナーが収容者になかを見せるよう命じると、子供が飛び出し、逃げ出した。「でもコビヴァが追いかけていって、きつくつかんだもので子供がわめき、するとあの女は子供を銃で……」。女性はすすり泣きはじめ、話を続けられなくなった。

彼女の連れがすぐに別の恐ろしい話を語りだした。新たな移送者が到着すると、母親たちはトラックでガス室へ連れ去られようとするわが子にしがみついたが、ブラウンシュタイナーが力ずくで親子を引き離したという。さらに、同じく残忍な女性看守二人とともに、彼女は特に若い娘たちに恐ろしい思いをさせた。「あの女は顔に鞭を振るったんです、できれば目に当たるように」。娘たちをガス室に送るだけでは物足りなかったというわけだ。ブラウンシュタイナーと同僚はまず娘たちをいたぶることを欠かさなかった。

一九四四年七月、赤軍がポーランドのルブリンに入り、マイダネクの収容所を解放した。十一月の終わりには逮捕されたSS看守と職員の裁判が行われ、八十人が有罪になった。テルアビブで三人の女性と話したあと、ヴィーゼンタールはブラウンシュタイナーがその八十人に含まれていたかどうか確認した。含まれていなかった。しかし、彼女は一九四八年にオーストリア南部のケルンテン州で逮捕され、別の強制収容所ラーフェンスブリュックでの看守時代に女性収容者を蹴ったり鞭打ったりしたのをはじめ、残虐行為を働いたとして裁判にかけられていたことが判明した。マイダネクでの勤務については、ごく短く言及されただけだった。判決は「わずか三年の禁固刑」だったと、ヴィーゼンタールは記している。

つまり、ブラウンシュタイナーは十年以上前に釈放されているはずで、ヴィーゼンタールは彼女の追跡に着手した。一九四六年時点のウィーンの住所がわかったため、かつての隣人たちが現在の居場所を知らないか確かめてみることにした。最初に訪ねた隣人は、彼が誰を捜しているか説明すると目の前で勢いよくドアを閉めた。しかし一家を知っていたという年配の女性は、すぐに自分から話しはじめた。ブラウンシュタイナーがかけられた容疑が信じられない、毎週日曜日に教会へ行くときはいつも「かわいらしく着飾っていた」女の子だったのにと。釈放後にブラウンシュタイナーがどこへ行ったかは知らなかったが、ケルンテンに住む親戚の住所は知っていた。

自分はブラウンシュタイナーの親戚から信用されないだろうと判断して、ヴィーゼンタールは少し前から彼の事務所のボランティアとして働いていた若いオーストリア人に協力を求めることにした。リヒャルトというその青年は反ユダヤ主義の家庭で育ち、父親は第三帝国のために戦い、一九四四年の戦闘で死んでいた。ただし父は大量殺人は認めなかったはずだとリヒャルトは信じていた。アイヒマン裁判によってホロコーストに対する意識が高まったあと、リヒャルトのような若者が数人、ヴィーゼンタールに協力を申し出てきたことは偶然ではなかった。「リヒャルトのような人々に会うと、オーストリアに残って戦いつづけることに意義はあると確信できる」とヴィーゼンタールは記している。

リヒャルトはケルンテンまで行くと、ヴィーゼンタールの指示どおりにブラウンシュタイナーの親戚に取り入ることに成功した。叔父が不当な有罪判決を受け、五年の実刑になったと話すと、ブラウンシュタイナーの親戚たちは身内も同じようなケースだったと話した。まもなくリヒャルトは〝コビヴァ〟が出所後にアメリカ人と結婚し、カナダのハリファクスに引っ越したことを知る。そこでヴィーゼンタールはハリファクスに住むアウシュヴィッツ生還者と連絡を取ったが、ブラウンシュタイナーとその夫ミスター・ライアンが最近また引っ越し、今度はニューヨーク、クィーンズ地区のマスペスへ移ったと知らされた。

ヴィーゼンタールはアメリカが当時まだ自国に移住した元ナチ党員を裁判にかけたことも、送還したこともないのを知っていた。結果として、彼女はまだその住所にいる、少なくともまだ追跡できると考えて間違いなかった。この時点で、わかったことを「ニューヨーク・タイムズ」紙の特派員クライド・A・ファーンズワースに流すことに決めた。ファーンズワースは少し前にヴィーゼンタールのことを「六百万人の依頼人を持つ探偵」と題して紹介しており、すぐさまこの情報を本社に送信した。

本社の編集主幹らはこの件を新人で一般記事担当だったジョゼフ・レリーヴェルドに担当させることを決めた。レリーヴェルドの記憶では、渡されたメッセージには現在はミセス・ライアンと名乗っているヘルミーネ・ブラウンシュタイナーがマスペスという労働者階級の暮らす地域に住んでいることが書かれていたが、正確な住所はなかったという。ヴィーゼンタールは住所を伝えたと主張している。ともあれ、レリーヴェルドは「死の収容所の悪名高き看守であり、有罪判決を受けた戦犯」を「ウィーンの有名なナチ・ハンター」からの情報を手がかりに見つけにかかった。

ブラウンシュタイナーの夫のファーストネームがわからなかったので、レリーヴェルドは電話帳からマスペスのライアンという家の住所をすべて書き出した。呼び鈴を鳴らして長い一日を過ごす覚悟だったが、一軒目のミセス・ライアンに同じ姓でオーストリア出身の女性を知らないかと尋ねると、すぐに答えを教えてくれた。それはきっとラッセル・ライアンの奥さんでドイツ語訛りのあるあの人よ。夫妻は七十二番通り五十二の十一に住んでいると、彼女は親切につけ加えた。

教えられた家のドアをノックすると、彼女が出てきた。「ミセス・ライアン、ポーランド時代、戦時中マイダネクの強制収容所で過ごした頃のことについて聞かせてください」とレリーヴェルドは尋ねた。

「ああ、神さま、こうなるとわかってたわ」とブラウンシュタイナーはすすり泣きながら答えた。このときを振り返って、レリーヴェルドは「まるでわたしが来るのを予期していたようだった」と語った。

居間に案内されると、そこは「ドイツ式にきっちりと片づき、レースの敷物にカッコー時計、アルプスの写真が飾られていた」。レリーヴェルドは彼女と向き合い、無実を主張する「涙ながらの自己憐憫」に耳を傾けた。話した時間は短かったが、記事には「元ナチの強制収容所看守がクィーンズの主婦に」というドラマチックな見出しがついた。

彼女の発見はヴィーゼンタールの尽力によると明記しつつ、レリーヴェルドはブラウンシュタイナーがオーストリアで服役した過去がありながらも、一九五九年にアメリカへ入国した際に有罪判決を受けたことはないと述べていると記した。

一九六四年七月十四日に掲載された記事には、短い面会の様子が鮮やかに描写されている。

骨太、いかめしい口元、金髪が白髪に変わりつつあるその女性は、ピンクと白のストライプのショートパンツにそろいの袖無しのブラウスを着ていた。

「あたしがしたのはいまも収容所で看守がしているのと同じこと」。彼女は訛りのきつい英語で話した。

「ラジオじゃ平和と自由のことばかり話してる」と彼女は言った。「それなのに十五年か十六年たったいま、どうして嫌がらせをするの？

あたしは充分罰を受けた。刑務所に三年間入れられた。三年間よ。信じられる？　それなのにまたあたしから何か奪うつもり？」

レリーヴェルドはその後ラッセル・ライアンに電話取材をした。「家内は蠅一匹傷つけられない」とライアンは語った。「この世に家内ほど慎み深い人間はいない。あれは任務でしかたがなかったと言っている」。しかし妻から強制収容所看守だったことも、すでに服役していたことも聞かされていなかったと、記者に認めた。

夫に過去を隠すのと、移民帰化局（ＩＮＳ）に嘘をつくのは別の話だ。レリーヴェルドは記事のなかで、ＩＮＳの役人がこれをきっかけに彼女の市民権が見直される可能性があるが、「そうした見直しが市民権の取り消しにつながる場合はめったにない」と述べたと書いている。

この役人が間違っていたことが七年後に証明された。長い法廷闘争ののち、ブラウンシュタイナーは一九七一年に市民権を剝奪された。ポーランドと西ドイツが引き渡しを求め、本人が西ドイツ行きを望んだ。ポーランドではずっときびしい扱いを受けると恐れたからだ。一九七三年に西ドイツへ移送された彼女は、二年後にデュッセルドルフで始まったマイダネク収容所職員の裁判で一番有名な被告となった。公判は一九八一年まで続き、ブラウンシュタイナーには終身刑が言い渡された。一九九六年、彼女は健康上の理由から釈放され、アメリカ人の夫が待つ介護施設へ送られた。夫は彼女を一度も見捨てず、先にそこで暮らしていたのだった。ブラウンシュタイナーは一九九九年にこの世を去った。

レリーヴェルドが彼女の記事を書いたのは一度きりで、追跡調査も行わなかった。彼がマスペスでの取材から戻った当日、ミシシッピ州の〝フリーダム・サマー〟（訳注　一九六四年に行われた公民権運動の一つ）で一部が暴徒化し、父のラビ・アーサー・レリーヴェルドが殴られるという事件が起きたのだ。若きレリーヴェルドは人種暴動の取材で忙しくなり、その年の秋にはアフリカへ派遣された。その後彼はスター記者となり、さらには編集主幹、そしてピューリッツァー賞受賞作家までのぼりつめることになる。一九九四年から二〇〇一年にかけてはピラミッド型組織の編集部門トップ、エグゼクティブ・エディターとして「ニューヨーク・タイムズ」を率いた。

二〇一四年の初めにアッパーウェストサイドの彼の住居に近いコーヒーショップで会ったとき、レリーヴェルドは心から驚いた顔をした。彼がマスペスで短期の取材を行ったあとに書いたブラウンシュタイナーの記事が、アメリカにいる元ナチの物語に人々が関心を抱くそもそものきっかけになったとわたしがほのめかしたからだ。自身の記事が広く衝撃を与えたことに気づいていなかったのだろうか？「たったいま言われるまで思いもしなかった」と彼は答えた。

イーライ・ローゼンバウムは〝ナチ・ハンター〟という言葉を嫌う。小説や映画などの娯楽フィクションと、マスコミや本が元になった誤解や歪められた情報が一緒くたになり、神話的な色が加わっていると信じるからだ。そうした神話のなかでは、得てして作り話のほうが元の事実を凌（しの）いでしまうものだ。しかし、本人がアメリカのナンバーワン・ナチ・ハンターと呼ばれることをどんなに嫌がろうと、ローゼンバウムはまさにそのとおりの人物である。人生の大半をアメリカ国内にいるナチの追跡に捧げ、彼らの市民権を剥奪し、強制送還か、司法取引が成立した場合には自発的な国外退去にすることを目指してきたからだ。言うまでもないが、この〝自発的〟という言葉は的確な表現ではない。ナチには彼ら司法省の人間から、強い圧力が加えられるからだ。

ローゼンバウムの偉業に刺激されて、ロイターのベテラン記者アラン・エルスナーは二〇〇七年のサスペンス小説『ナチ・ハンター』で彼を主人公のモデルにした。主人公はローゼンバウムの心境を次のように語っている。

いまでもこの言葉にしびれずにいられない。ナチ・ハンター！　大胆不敵な冒険者が元ゲシュタポの無慈悲な極悪人を南米奥地の要塞のような隠れ家まで追っていくというイメージをかき立てる。現実がほんの少しでもそれに近かったらいいんだが。実際はそんなに刺激的じゃない。わたしは法律家であって、冒険者や秘密諜報員ではなく、私立探偵ですらない。ダークスーツに地味なネクタイを締め、日々文書庫でマイクロフィルムを調べるか、会議に出るか、ときおり法廷に出るぐらいだ。わたしが相手にする元ナチはたいていが、危険な軍閥とはほど遠い七十代か八十代の白髪頭の凡人で、クリーブランドやデトロイトの郊外でぱっとしない余生を送っている。

もちろん、エルスナーがローゼンバウムをモデルに創作したマーク・ケインという主人公はその後、本物がばかばかしいと一笑に付したナチ・ハンターの大衆イメージそのままに、非現実的な命がけの冒険へと飛びこんでいく。

一九五五年生まれのローゼンバウムは一九三〇年代後半にドイツを脱出したユダヤ人の両親を持ち、ロングアイランドのウェストベリーという町で育った。中学生のときに学校で『アンネの日記』を読んだが、そのときはホロコーストに対して大人になってからほどの関心を抱かなかった。

ヨーロッパにいた親類の多くが生還できなかったのは知っていたが、それについては両親が話したがらなかった。「家でその話がされなかったせいで、かえってそれがどんなに深刻な話題か、口にできないほどつらいことかがわかった」という。

しかし、両親が語りたがらない問題について、彼はおぼろげな知識を得ていく。十二歳の頃、フランクフルト・アウシュヴィッツ裁判の再現劇であるペーター・ヴァイスの『追究』がブロードウェイで上演され、NBCによる中継放送を自宅の白黒テレビで見た。「強制収容所で何が行われていたか初めて知ったのはあのときだった」と彼は語った。「そして衝撃を受けた。激しい衝撃を」。とりわけ鮮明に残っている記憶がある。ポーランド人カトリック教徒の女性が脚に異常な人体実験をされたという証言だ。「とにかく言葉を失った」。二年ほどたって、ヴィーゼンタールの『殺人者はそこにいる』を読み、戦犯の多くが罰せられないままになっていることを知り、ふたたび衝撃を受けた。

十四歳の頃に父から思いがけず打ち明け話をされたことが、ローゼンバウムがそうしたことすべてをわが身に引きつけて考えるきっかけになった。それは親子がロングアイランドからニューヨーク州北部へ車で向かっていたときだった。父は仕事で人に会う約束があり、その後息子とスキーをする予定だった。ブリザードのために高速道路で速度を落とさざるをえず、父はお気に入りの気晴らしをはじめた。戦争中に陸軍で経験した冒険談を息子に聞かせたのだ。彼は北アフリカに出征したのち、ヨーロッパに展開中でドイツ語を話せる人間を必要としていた第七軍の心理戦部門に転属になった。前線近くに拡声器を並べ、ドイツ軍に悪い扱いはしないと約束をして降伏を呼びかけた話を、息子は以前に聞いていた。部隊を代表してボクシングの試合に出たこと、仲間と酔っ払ったが、司令官はそれを怒るよりおもしろがった話なども。

しかし、このときは気楽なエピソードがもう残っていなかったのかもしれない。突然、父はそれまで一度もイーライに聞かせたことのなかった話をした。「お父さんはダッハウが解放された翌日にあそこに入ったんだ」。その頃には、イーライはダッハウ収容所がどういうところか知っていた。彼の父はダッハウを解放した部隊の一員ではなかったが、近くにいたため、そこで恐ろしいことが行われていたらしいという噂をすぐ耳にした。上官からもう一人の兵士と収容所まで確認に行き、報告をするよう命じられ、彼は従った。そこまで聞いたとき、イーライが知りたいと思ったのは当然ながら次のことだった。父はそこで何を見たのか？

雪が激しく降っていた。「あのなかを車で走るのは怖かった。ブリザードだった」とイーライは当時を振り返った。「だから父もわたしも前の道路をじっと見つめていた。わたしは待ったが、返事は返ってこなかった」。父のほうを見ると、目に涙が溢れ、口は何か言おうとしながら言葉が出てこない様子だった。長い沈黙のあとようやく、父は別の話を始めた。「わかったんだよ」とイーライは語った。「父が話せないほど衝撃的だったということ、それがわたしが知るべきことだった」

以来、若きローゼンバウムのレーダーはナチに関する報道に特に敏感になった。また一九七〇年代はそうしたニュースが増えつつあった時期だった。「ニューヨーク・タイムズ」の記者ラルフ・

ブルーメンソールがブラウンシュタイナーの件の追跡記事として、アメリカにいるそのほかのナチ戦犯についてまとめていたし、ハワード・ブラムという若い作家が『オデッサＵＳＡ――ナチス戦犯を追跡する』を発表した。たちまちベストセラーとなったこのノンフィクションの主人公は、アンソニー・デヴィートという第二次世界大戦に出征した退役軍人で、ローゼンバウムの父と同じく解放直後のダッハウを訪れていた。ドイツ人の妻を連れてアメリカへ帰国したのち、デヴィートはＩＮＳの調査官となり、ブラウンシュタイナーの件を担当させられる。それ以降、彼は世界ユダヤ人会議（ＷＪＣ）の調査員から入手したアメリカ在住のナチ戦犯五十九人のリストを元に追跡調査に奔走するようになる。

デヴィートは上司との衝突が絶えず、上層部をアメリカ在住の元ナチに関する調査を妨害してばかりだと批判して一九七四年にＩＮＳを退職した。「彼は復讐を求める一匹狼だった」とブラムは書いている。元ナチのなかにはＣＩＡなどの政府機関で働いている者もいたが、その正体を暴こうと戦う闘士の姿がドラマチックに描かれ、大衆は想像力をかき立てられた。当時ハーバード・ロースクールを目指していたローゼンバウムもその一人だった。「丸ごと信じたよ」と彼は振り返った。「鵜呑みにしたね」

あとになってわかったのが、ブラムは劇的効果をあげるためにアメリカが多くのナチを入国させまいと努力した事実を省き、デヴィートの果たした役割を大げさに書いていたということだった。デヴィート自身、ブラムが描いた彼の姿を信じるようになり、ことナチ狩りとなると事実とフィクションを混同してしまったのだとローゼンバウムはつけ加えた。「彼の人生はサスペンス小説になった」「彼自身あの手の小説を読みすぎた一人だったんだ」。それでも、ブラムの本がきっかけとなって、アメリカ国内に数多くのナチ戦犯が安穏と暮らしているのはおかしいという意識が高まったのは紛れもない事実だ。

ブラムやデヴィートと同じ結論に達した人はほかにもいた。ブルックリン出身の民主党員エリザベス・ホルツマンは一九七三年に下院議員となってすぐ、INSの中堅職員から非公式な面会を求められた。この出会いがきっかけとなって、六年後にホルツマンが「事実上の対ナチ部隊」と説明する司法省特別調査部が創設された。特別調査部にはナチがアメリカ国外で犯した罪を裁いたり、懲役を科したりする権限はない。しかし、入国審査で彼らが過去に関してついた嘘を暴き、市民権を剝奪して、場合によっては彼らを裁く権利を持つ国へと強制送還することはできた。

ブラウンシュタイナーの件を初めて読んだとき、ホルツマンはこれを許しがたい例外だと思った。だから、連邦政府庁舎内のオフィスに現れたINSの職員から、ナチ戦犯五十三人の名簿があるにもかかわらず、それについて何も手を打っていないと聞かされたときは、最初耳を疑ったという。「嘘だと思ったわ」。第二次世界大戦でアメリカが払った犠牲を考えれば「政府がナチ戦犯の居住を許しているなんてありえないと」。

しかしINS職員との会話はホルツマンの脳裏にわずかな疑念を残し、ルーマニアのファシスト党鉄衛団の一員だったヴァレリアン・トリファについての記事を読んだときにその疑念が強まった。トリファは一九四一年にブカレストで起きたユダヤ人虐殺を煽動したとして告発されていた。戦後アメリカに移住し、北米ルーマニア正教会の大主教として指導的立場に就いた。ルーマニア生まれのユダヤ人歯科医チャールズ・クリーマーがトリファを裁こうという運動を一九五〇年代からたった一人で展開していた。トリファは容疑を否定し、ルーマニア当局は自分の反共産主義活動が気に入らないから汚名を着せようとしているのだと主張した。

ＩＮＳ職員からナチ戦犯の話を聞いた数カ月後、ホルツマンは移民小委員会で元海兵隊司令官のレナード・Ｆ・チャップマンＩＮＳ局長に問いただす機会を得た。

「移民帰化局はアメリカ国内に暮らす戦犯の疑いのある人々のリストを持っているのですか？」

「はい」とチャップマンは答えた。

ホルツマンは彼が「いいえ」と答えるものとばかり思っていたので、「もう少しで椅子から転げ落ちるところだった」という。そのリストには何名が記載されているのか尋ねると、チャップマンはこれまたはっきりと「五十三名」と答えた。しかし落ち着きを取りもどしたホルツマンがＩＮＳはそのリストにどう対処しているのか訊くと、「よくわからない言葉の羅列、言葉の煙幕」の後ろに隠れてしまい、明確な答えは一つも提示されなかった。

そのリストは以前にデヴィートが入手したのとほぼ同じもので、その処遇が曖昧であることに苛立ったホルツマンは、ファイルを見せてくれと言った。ふたたび驚いたことに、チャップマンはあっさりと同意した。

ファイルはマンハッタンにあり、翌週ニューヨークの自宅に戻った際、彼女がとあるオフィスに案内されると、そこに書類がきちんと重ねられて待っていた。一件ずつ目を通していったところ、似たような話に何度も出くわした。ナチ戦犯とされる人物に対し残虐行為――たいていはユダヤ人の殺害――の責任を問う告発がなされていたが、たとえＩＮＳ職員が追跡調査をしても、該当者の居所を突きとめて訪問し、彼らの健康状態を尋ねる程度しかしていないのである。実際の容疑について調査もしなければ、証拠書類の確認も証人探しもしていなかった。「ＩＮＳは何もしていない」と彼女は判断した。「こんな状況は受け容れがたい」

そこから、こうした件を調査する特別部隊の創設を求めるホルツマンの運動が始まった。いったい何名のナチ戦犯がアメリカに定住しているのかわからなかったが、彼女はＩＮＳを「よくてやる気のない法執行機関、悪くすると何も執行していない機関」と見なした。デヴィートと、ＩＮＳの弁護士でブラウンシュタイナーの件を彼と担当したヴィクター・シャピロは変化を起こそうとして失敗したのだとホルツマンは考えた。見たところ、ナチ関連の案件を真剣に追及しようとしたＩＮＳ職員は彼ら二人だけで、二人ともすでに退職していた。

ペンシルベニア州選出の民主党議員で移民小委員会委員長のジョシュア・エイルバーグと民主共和両党の同僚から協力を得て、ホルツマンは圧力をかけつづけた。一九七七年、ＩＮＳはナチ関連の案件を扱う特別起訴部を設置すると宣言した。司法長官のグリフィン・ベルがホルツマンと同郷の弁護士マーティン・メンデルゾーンを部長に指名し、創設と運営を任せた。「この件については何も知らないが」とベルはメンデルゾーンに言った。「このブルックリン出身のご婦人がうるさくてかなわないから、彼女を満足させてくれ」

何十年も前の出来事の記録を作成しなければならず、この新しい部がたいへんな困難に直面するのは、メンデルゾーンから見て明らかだった。「こういう案件の証拠はジグソーパズルのピースみたいなもので、古くなったせいで歪んでしまい、ちゃんとはまらなかったりする」と彼は語った。生きている証人が見つかっても信頼できる証言を得るのはむずかしい。「はっきりした記憶も薄れる」と彼は指摘した。生還者が自分たちを苦しめた相手を見分けられない場合も多かった。生還者の一人は「強制収容所にいたときはやつらの足元ばかり見ていた。顔は見なかった」と語った。

与えられた任務を遂行するには、超一流のメンバーを集める必要があった。しかし、INSの調査官と弁護士の大半は「妥当とも充分とも言えない」レベルだと、メンデルゾーンはすばやく結論を下した。元調査官のデヴィートのことも「まったくのペテン師」と切り捨てた。自分の功績をやたらと誇張し、自身を「ジーモン・ヴィーゼンタールだ」と勘違いしていただけだと。

特別起訴部はほとんど実効性がなかったが、政府の怠慢を正そうとするホルツマンの活動がそれによって鈍ることはなかった。一九七八年、彼女が一九七五年から推進してきた法案が通過した。〝ホルツマンの改正条項〟として知られるようになったこの条項は、ナチによる迫害行為に関わった者を国外退去にする権限をINSに与えた。「この決定はわたしの信念が正しいことの証明です。戦争犯罪に対するわが国の立場を、疑いの余地なく明確にするのに遅すぎることはありません」。当時のプレスリリースのなかで、彼女はこう宣言している。

一九七九年、ホルツマンは下院の移民小委員会の委員長となり、別の目標に向けて活動を加速させた。ナチ関連の案件をＩＮＳではなく、もっと実効力を持つ司法省の管轄とすることを目論んだのだ。ＩＮＳでの自らの経験に苛立ちを覚えていたメンデルゾーンは全面的に支持した。しかし、当初は司法省幹部から、この件を引き受けるつもりはないと明確な意思表示があり、抵抗に遭った。

ホルツマンは彼らに選択の余地を与えなかった。「自発的に引き受けなければ、法制化するまでだと言ったのを覚えているわ」と彼女は振り返った。同年、司法省の刑事局内に特別調査部（ＯＳＩ）が創設された。ＩＮＳの特別起訴部よりもずっと野心的な部署だった。初期の予算約二百万ドルを投じて、ＯＳＩは弁護士、調査官、歴史学者、研究員、サポートスタッフ五十人を集めることができた。

ローゼンバウムはフィラデルフィアで行われた友人の結婚式からハーバード・ロースクールへ戻る途中、ソーダを買いに立ち寄った店で新聞も手に入れた。司法省がＯＳＩを創設するという小さな記事を見つけたのはそのときだった。ロースクールの二年生だった彼は夏にインターンとして働く先を探す必要があり、すぐさまそこに応募できるかどうか調べることにした。「これこそ何よりも自分がやりたいことだ」と思ったそうだ。

真夜中にケンブリッジのアパートメントに戻ると、司法省に電話して新しい部署の電話番号を入手した。翌朝九時、すでにOSI創設準備のためにINSから異動になっていたメンデルゾーンに電話がつながった。メンデルゾーンが尋ねたのは、ハーバード・ロースクールの有名教授、アラン・ダーショウィッツを知っているかということだけだった。ローゼンバウムは前期に彼の授業を受講したと答えた。メンデルゾーンが電話すると、ダーショウィッツはローゼンバウムを「いい生徒だ」と請け合ったので、それだけで彼は夏にインターンとして働けることになった。現在は入念な身元調査が行われるため、「いまではありえない話だ」とローゼンバウムは語る。

メンデルゾーンはまもなくOSIを離れ、民間の弁護士としてナチ関連の案件に関わる道を選んだが、ローゼンバウムは、何度か遠まわりをしたのち、最終的にOSIのトップにのぼりつめ、部長としての最長記録を持つアメリカにおけるナチ狩りの第一人者となった。その道のりはこのとき始まったのである。

ナチによる迫害行為に関与しながらアメリカへ入国を果たした者の多くがドイツやオーストリア出身ではなく、ヒトラー軍に征服された国々の出身者だったのは偶然ではない。ドイツ占領下の国々から脱出した人々、ホロコースト生還者の多くは戦後の混乱期にドイツやオーストリア、イタリアに設けられた祖国を失った人々が対象の収容所に身を寄せることになった。一九四八年、トルーマン大統領が避難民法に署名し、二年以上にわたって二十万人の避難民たちをアメリカに受け入れると決めた。しかし、まだ反ユダヤ主義が一般的で、多くのアメリカ人がユダヤ系避難民の流入を恐れるなか、当初はそのほかの民族が意図的に迎え入れられた。「外国勢力に事実上併合された」国々、たとえばソ連に吸収されたバルト諸国の人々、農業労働者、さらには元占領国から逃げてきた民族ドイツ人（フォルクスドイチェ）たちである。

時とともに規則は変化し、一九五二年に条例が失効するまでに四十万人近くが入国したうち、約八万人がユダヤ避難民だった。バルト諸国やウクライナから来た人々は共産主義の犠牲者と見られていたが、なかには元ナチ協力者も数多く含まれていた。ヒトラーに征服された地域の民族ドイツ人となると、協力者であった確率はますます高くなった。一九八〇年から一九八三年までOSIの部長を務めたアラン・ライアンは「避難民法によってアメリカはサメのうじゃうじゃいる海域に網を投げたわけで、サメが入ってきたのは当然の結果だった」と語った。

新移民の大半がナチの犯罪に関わっていたという意味ではないと、彼は補足した。ただし二・五パーセントが戦犯だったとすれば、「一万人近いナチ戦犯がアメリカに来た」計算になる。この数字は推定にすぎず、ローゼンバウムらは多すぎると考えている。しかし、本格的な身元調査が実施されなかったことを考えると、戦犯が罪なき人々に紛れこむのは容易だったはずだ。当時、彼らはできるだけ目立たぬように努めた。ハリウッド映画の悪役のように、ナチのための新たな謀略をめぐらしたりしなかった。ライアンの言葉を借りれば、「模範的市民、静かな隣人になった」のである。

一九七三年にナチ戦犯の追跡を求める声が高まりだす以前は、政府が国外退去させようとしたナチ協力者は九人だけで、ほとんどの場合失敗に終わっていた。一九七九年にOSIが創設されたとき、彼らに期待されたのは三十年以上にわたるほぼ完全な怠慢を穴埋めすることだった。世間にメッセージを送ることが目的だった。アメリカはこれだけ年月がたったあとでも、入国の際に過去を偽ったナチ戦犯を国内から排除することに真剣に取り組むと。

新たに創設された部署でのインターンシップが始まる前、ローゼンバウムは政府職員による陰謀についてあれこれ想像をめぐらしていた。デヴィートがINSを去るときに行った批判を元に、ブラムがベストセラーとなった自著のなかで紹介したような陰謀だ。ローゼンバウムはファイルを見られるはずで、つまり「この夏、ぼくは隠蔽工作の真相に迫れるにちがいない」と考えていた。ところが、彼に任されたのは複雑だが非常に興味深い案件について法的な調査をすること、新たなチームのひたむきで頭のいいメンバーとともに働くことだった。「もちろん、大がかりな陰謀や隠蔽工作を暴いたりなんてしなかった」と彼は笑った。夏が終わるころには、もっと現実的な目標を持つようになっていた。翌年ロースクールを卒業したらOSIに戻ってくることだ。彼はそれを実現した。

新たな部署は、メンデルゾーンがもっと積極果敢にINSを動かそうとしたときと同様の大きな障害に直面した。OSIの歴史に関する司法省の二〇一〇年度内部報告書には「戦後長い年月がたってからの〝ナチ狩り〟は、劇的であると同時に退屈で困難だった」と記されている。鉄のカーテンの向こうから証拠を集めるにはさらに複雑な事情が加わっていた。ホルツマンらがソ連官僚とのあいだに人脈を築いたおかげで、ＯＳＩは自分たちの弁護士と被告側弁護人の両方を連れて、ソ連国内で証言を集めることができた。しかしアメリカの判事は証言であろうが文書であろうが、東側から出てきたものはすべて警戒した。のちに大統領候補となるパット・ブキャナンはＯＳＩがソ連政府から得た間違った情報を広めていると強く非難した。

いくつかのケースでは、ＯＳＩは比較的すみやかに結果を手にした——ときには思いもかけない形でだったが。一九八一年、六十一歳の鉄道労働者で、一九五二年にウクライナ系民族ドイツ人としてアメリカに入国したアルベルト・ドイチャーが、オデッサに列車で到着したユダヤ人を銃殺した武装集団の一員であったことが判明した。ＯＳＩが告訴した翌日、ドイチャーはシカゴで貨物列車の前に飛びこみ、自殺した。

しかし、法廷闘争の多くは、ＯＳＩ創設前から始まったものも含めて、何年も、もしくは何十年もかかることがあった。ユダヤ人虐殺を煽動したとして告発されたヴァレリアン・トリファは無実を主張しつづけていた。ファシスト党鉄衛団の制服を着ている自身の写真を見せられると、その一員であったことを認めざるをえなくなったが、間違ったことは何もしなかったと言い張った。この時点でＯＳＩがトリファの件を引き継いだ。裁判を中止させるためにトリファは一九八〇年に市民権を放棄したが、二年たっても政府が告訴を取り下げなかったので、国外退去に同意した。

しかし、彼の物語はそこで終わらなかった。ＯＳＩにとって最も困難な任務の一つが、戦犯の受け入れ先を見つけることだった。受け入れ後、彼らを起訴せよという圧力が加わる可能性があればなおさらである。イスラエルに引き渡そうという試みは失敗した。イスラエルの指導部が、ふたたびナチ裁判を行うことに前向きと受け取られるのを拒否したのだ。イスラエルはつねにアイヒマン裁判を前例ではなく例外と見ていた。一九八四年にようやくポルトガルがトリファの入国を許可したが、トリファはそこで堂々と暮らし、傲慢な発言をくり返した。「ユダヤ人がホロコーストについて騒ぎ立てるのはきっと裏目に出るだろう」。三年後、彼はこの世を去った。

ハーバード・ロースクールの最終学年だったとき、ローゼンバウムはケンブリッジの古本屋で

イーライ・ローゼンバウム。
米司法省特別調査部の部長として最長記録を持つローゼンバウムは米国に住むナチ戦犯の身元を暴き、市民権を剥奪する政府の活動を指揮した。

ドーラという一度も聞いたことがない強制収容所に関する本を見つけた。ドーラでの過酷な状況を生き延びた元フランス・レジスタンスの闘士ジャン・ミシェルの著作だった。当時の恐ろしい話をすでによく知っていた者にとっても、ミシェルの語る、ドイツ人科学者が有名なV2ロケットを製造した工場の状況は背筋がぞっとするものだった。

「ミサイル奴隷はサディスティックなSS隊員やカポに脅され、命の危険にさらされながら休みなく働かされた」とミシェルは書いていた。占領下のさまざまな国から連れてこられた囚人は、最低限の道具でトンネルを掘らされた。素手ということもたびたびあった。「彼らはこれ以上ない悲惨な状況で岩や機械を運ばされた。機械があまりに重いので、限界寸前の歩く骸骨のような男たちは、押しつぶされて死んでしまうこともめずらしくなかった。アンモニアを含んだ粉塵に肺をやられた。食事はもっと小さな動物でも足りない量だった」。一日十八時間労働、そのうえ寝るのはトンネル内という状況では、頑強な者しか生き残れなかった。ドーラへ送られた六万人のうち三万人が死んだと、ミシェルは記していた。

その頃ローゼンバウムは続いて『ロケット・チーム』というヴェルナー・フォン・ブラウンらドイツ人ロケット科学者を賞賛する本を見つけた。そうした科学者の多くがアメリカへ連れてこられたのちにミサイルおよび宇宙計画において重要な役割を果たしていた。そのなかの一人が月に初めて宇宙飛行士を送ったサターンVロケットの開発責任者アルトゥール・ルドルフだった。しかしこの本のアメリカ人著者はルドルフがドーラでミサイル製造の責任者をしていたことも指摘していた。つまり、「ミサイル奴隷」の主人の一人だったというわけだ。

ローゼンバウムがたびたび述べているように、OSIの案件は外国政府やマスコミからの情報がきっかけになることが多かった。しかしこの件に関しては、卒業後に司法省へ戻るなり自分が情報提供をしたいと思った。フォン・ブラウンは一九七七年に死亡していたが、ルドルフはまだ生きていた。OSIに戻った初日にローゼンバウムは副部長ニール・シャーとのミーティングでこの件を持ち出した。シャーはルドルフについて聞いたことがなかったが、すぐにペーパークリップ作戦――戦後、ドイツ人科学者をアメリカへ連れてくることを推進した計画――で入国した一人かと尋ねた。ローゼンバウムはそうだと答えた。ペーパークリップ関連の調査は行き詰まるだろうとシャーは警告した。科学者を特定の犯罪と結びつけるのはむずかしいからだ。しかし、ローゼンバウムが調べてみることは許した。「ただし、時間をかけすぎないという条件つきで」

その警告は無視したとローゼンバウムは臆面なく認めた。インターンの手を借りて国立公文書館から書類を掘り起こし、一九四七年に行われた米軍による一連の裁判の一部、ドーラ＝ノルトハウゼン戦争犯罪裁判の記録を検めるために西ドイツへ出張した。ルドルフは被告ではなかったが、一九四七年六月二日にユージーン・スミス少佐の取調べを受けていた。そしてローゼンバウムは有罪の証拠となりうる記録を見つけた。ルドルフは「六人か十二人」の囚人の処刑に立ち会ったと認めていたのだ。SS隊員によって囚人たちはロケットの部品を動かすためのクレーンから吊され、ほかの囚人たちは処刑を無理やり見させられた。目的は「作業の妨害をたくらんだ場合の処罰として見せしめにするため」だったと、ルドルフは説明していた。

　この証拠を得て、シャーもルドルフに関して行動を起こすべきだと確信した。このドイツ人科学者はカリフォルニア州サンノゼで安楽な引退生活を送っていた。尊敬されるアメリカ人科学者としての自分の立場は揺るぎないと信じていたため、一九八二年にローゼンバウム、シャー、そしてOSI部長のライアンが会いにきたときも警戒した様子は見せなかった。弁護士を伴わずに一人で彼らと会い、全面的に協力する意思があること、ドーラでは囚人たちを苦しめるのではなく楽にしてやろうとしたことを伝えようとした。しかし、彼の話を立証するのはむずかしかった。OSIの弁護士が入手していた、ドーラでの残虐行為と処刑の証拠を前にするとなおさらだった。

　二回目の会合にルドルフは複数の弁護士を伴って現れ、正式な法的措置に訴えることなくこの件を終わらせる方法はないかと尋ねた。両者は取引をした。ルドルフは自らアメリカの市民権を放棄し、国外へ去る。法的措置を伴わないため、アメリカの年金を受けとることはできる。OSIからするとこれは勝利だった。「法廷で争うことになれば、何年もかかったはずだ」とローゼンバウムは指摘する。「要するに彼は負けに同意し、われわれは勝ちを選んだのだ」

　ルドルフはアメリカ人のことを、自分の専門知識を利用しておきながら恩知らずだと痛烈に批判したが、これは彼にとってたいした痛手ではなかったはずだ。ルドルフについて、ローゼンバウムは「わが国があの男を雇ったことについてとやかく言うつもりはない」と語った。しかし、ルドルフの有罪を示す証拠を見ると、アメリカはもっと早く、ロケット計画における利用価値がなくなった時点で彼をドイツに送り返すべきだったという考えだった。

　これはローゼンバウムがＯＳＩ勤務時代の初期に関わった一番大きな案件だった。とはいえ、このナチ狩りの仕事をいつまで続けるか、さらに言うなら司法省のこの部署がいつまで活動を続けるのか、わからずにいた。同僚のエリザベス・ホワイトはヨーロッパ現代史の専門家で一九八三年に入省した。「当時はこの部署が存続するのは長くて三年か五年と言われたわ。創設されてからの二十五年間、新人はみんなそう言われつづけた」と彼女は笑った。ナチ戦犯の多くはまもなく死ぬ

アルトゥール・ルドルフ。
ローゼンバウムが初期に攻撃目標としたのは米国に移住していたドイツ人ロケット技術者ルドルフだった。ルドルフは宇宙飛行士を初めて月に送ったサターンVロケットを開発したが、戦時中V２ロケットを生産するために数多の囚人を死ぬまで働かせた。写真は戦時中のルドルフの身分証明書で戦後に英国のスタンプが押されている。

だろうからどんどん数が減っていく、そう考えられていたためだった。ホワイトはOSIに二十七年間勤務し、元ナチがアメリカに入国するのを防ぐための警戒リストを膨大な人数まで増やした。

ローゼンバウムは精力的に働き、特に調査対象となりそうな人物を不意に訪問するのがうまくなった。しかし、苛立ちも感じていた。「絶対にクロだと直感でわかっても、証明できない相手が多すぎた」「組織的に無理があった。すべての案件を正しく処理するには人手が足りなかった。つねに優先順位設定(トリアージ)を迫られた」

OSIで三年間働いたあと、彼はもう少し世俗的な仕事、マンハッタンの大手法律事務所での仕事に就いた。しかしまもなく企業訴訟に「自分は意義を見出せない」と気がついた。本人の言葉を借りれば「運の悪いことに」、すでに「大きな意義があると感じられる案件を経験して」しまっていた。

一九八五年にローゼンバウムはふたたびそうした案件に取り組むようになる。OSIに復帰したわけではなかったが、世界ユダヤ人会議の法律顧問に就任した。世界ユダヤ人会議に在籍した二年間のあいだに、彼は第三帝国のために働いた者の過去を暴くだけでなく、あるナチ・ハンターとの対立を急速に深めていった。戦犯狩りに魅了された当初は、盲目的に崇拝していた相手、ジーモン・ヴィーゼンタールと戦うことになったのである。

第13章　ラパスへ

強制移送された子供が四十四人——単なる数字ではなく、あれから四十年がたってもわたしたちの胸を締めつける四十四の悲劇だ。

ベアテとセルジュのクラルスフェルト夫妻

フランス人ナチ・ハンターのセルジュ・クラルスフェルトは、リヨンのゲシュタポ責任者だったSS大尉クラウス・バルビーがアイヒマンやメンゲレ、アウシュヴィッツの所長だったルドルフ・ヘースとは格が違うことをあっさり認めた。「バルビーはナチ犯罪における重役の一人ではなく、中間管理職にすぎない」。だからといって、彼の罪の大きさや重みが減じるわけではまったくないというのがセルジュの意見だ。「あの男はフランスで蛮行の限りを尽くしたゲシュタポの象徴だ。

ナチの警察上層部は犠牲者に直接関わらなかった。奴らの手先となったのがバルビーだ。生還者に生々しい記憶を残したのはあの男であり、とりわけ仕事熱心で狂信的な地方警官だった」

バルビーはドイツ占領下のフランスで何千もの人々を死に追いやり、数多くを直接拷問した。理不尽な残虐行為が横行していた世の中でも、彼の評判はとどろきわたり、〝リヨンの虐殺者〟という呼び名に誇張はいっさいなかった。バルビーの犠牲者のなかで最も有名なのはフランス・レジスタンスの指導者ジャン・ムーランだろう。バルビーは口を割らせるために彼を容赦なく拷問したが、古強者のムーランは何一つ明かさなかった。彼はドイツへ移送される列車のなかで死んだ。

レジスタンスをつぶすことを別にすると、バルビーはユダヤ人の強制移送に力を注ぎ、ここでもひときわ悪名を馳せた。一九四四年四月六日、フランス人からの密告を受けて、リヨンのゲシュタポがイジューという小さな村にあるユダヤ人の子供をかくまっていた学校を包囲した。近くで作業をしていた農場労働者がそのときの様子を目撃していた。「ドイツ兵は子供たちを乱暴に、まるでジャガイモの入った袋のようにトラックに積みこんだ」。怯えた子供たちは彼に助けを請うたが、彼が足を踏み出すと、ライフルの床尾で止められたという。トラックから飛びおり、逃げようとした少年が一人いたが、ドイツ兵が「その子を床尾で激しく殴ったり、向こうずねを蹴ったりするのを」なすすべもなく見守るしかなかった。

バルビーはすぐさま署名入りのテレックスをパリのゲシュタポ本部へ送り、子供たちの逮捕と「ユダヤの子供の施設」の閉鎖を報告した。この報告文は「歴史の一部となり、レジスタンスに向

フランスのイジューという村にあった児童施設はユダヤ人の隠れ家となっていたが、1944年4月6日バルビー指揮下のゲシュタポが子供44人と保護者7人を逮捕した。保護者1人を除いて全員がアウシュヴィッツで命を落とした。

けられたよりも激しい――とことん悪意に満ちた――非情さの証となった」とクラルスフェルトは記している。四歳から十三歳までの子供四十四名と保護者七名はすみやかにアウシュヴィッツへ移送された。生還したのは大人一名のみ。その生還者によれば、最年少の女児が力ずくで彼女から引き離され、ガス室へ連れていかれたという。

セルジュにとって、その子たちのたどった運命は戦時中の悲劇の一つというだけではすまなかった。どうしてもわが身と重ねずにいられなかった。同じような年齢だったとき、彼と妹はよく似た村で命拾いをしたからだ。ゲシュタポに踏みこまれる数カ月前、イジューに隠れていた子供の一人、ニーナ・アロノウィッチュがパリのおばに送った手紙からは、その村で彼女たちがどんなに安全に感じていたかが伝わってくる。

わたしはここでとても幸せです。山は美しく、上のほうからはローヌ川が見え、とてもきれいです。きのうはマルセル先生とみんなで川に泳ぎに行きました。日曜日はポーレットとほかに二人の子のお誕生生会が開かれて、みんなで劇を演じて本当に楽しかったです。

クラルスフェルト夫妻は早くから、バルビーに罪を償わせ、彼の犠牲となった人々を無名の存在でなくすためにあらゆる手を尽くすと決めていた。さらに〝リヨンの虐殺者〟は戦後アメリカの諜報機関に協力し、その後アメリカ人の力を借りて〝ラットライン〟を使い、南米へと逃げるのに成功したという事実を暴こうとも。この目標を達成するには十年を超える月日を要したが、最終的に夫妻のミッションはすべての点で達成された。また、二人の活動が刺激となって、アメリカ政府は自分たちがナチ戦犯を助けた過去を検証するという前例のない作業に着手した。

戦後、リヨンの法廷は一九四七年と一九五四年の二度にわたってバルビーに被告欠席のまま死刑判決を下していた。一九六〇年、ナチズムによるドイツ人被害者協会が、バルビーがフランスで犯した犯罪に関する調査をミュンヘンで開始することになった。しかし、バルビーの行方は杳としてつかめなかった。一九五一年、彼は祖国を離れ、家族とともにボリビアに移住した。クラウス・アルトマンという偽名を使い、〝実業家〟として成功し、右派の政治家や軍将校らと親しくなった。ミュンヘンの検事がバルビーに関する調査の中止を考えているとベアテ・クラルスフェルトが初めて耳にしたのは一九七一年だったが、そのころの〝アルトマン〟には過去に煩わされることはもうないと安心する充分な理由があった。一九七〇年代のボリビアをほぼずっと支配した軍事独裁者ウゴ・バンセルと特別に親しい間柄にあったのだ。

しかし、彼はクラルスフェルト夫妻の情熱と決意の固さを知らなかった。夫妻はきわめて基本的な作業から手をつけた。バルビーの戦時中の経歴と戦争末期に米軍捕虜となった事実に関する証拠を少しずつ積み重ねていったのだ。捕虜となってすぐ彼は米軍の手先として働きはじめたに違いないと夫妻は推論した。そうした発見を、特にベアテが中心になりマスコミを使って世間に広め、さらにバルビーに関する調査を継続するよう検事に圧力をかける目的で、元レジスタンス活動家などを動員してミュンヘンへ向かった。

セルジュはドイツ占領下のリヨンでユダヤ人社会の指導的立場にあったレイモン・グレイスマンを捜し出し、バルビーは捕らえた人々の運命を間違いなく心得ていたとの証言を得た。「撃ち殺されようが、強制移送になろうが、違いはなかった」。レジスタンス活動家ジャン・ムーランの姉妹はクラルスフェルト夫妻の運動を支持するという手紙を書いた。ミュンヘンでは、ベアテがホロコースト生還者フォルチュニー・ベンギギの言葉を記したプラカードを掲げた。ベンギギはアウシュヴィッツに送られ、その一年後にイジューから強制移送された息子三人は生還しなかった。プラカードには「クラウス・バルビーの調査が継続されないかぎり、わたしはハンストを続ける」と書かれていた。

ミュンヘンの検事マンフレート・ルドルフは調査再開を決定しただけでなく、ベアテらに写真を二枚提供した。一枚目は一九四三年のバルビーの写真。二枚目はテーブルを囲むビジネスマン数人の写真。そのうちの一人は、クラルスフェルト夫妻が追跡している男が年取ったらこうなるだろうという顔をしていた。一九六八年にボリビアのラパスで撮られた写真だと、ルドルフは説明した。「いまわたしに言えるのはそれだけだ」と彼は言い足した。「あなたたちがとても有能なのはわかった。この男の身元を突きとめるために力を貸してくれないか」

クラルスフェルト夫妻は写真を公開し、昔のバルビーを知り、ラパスで撮られた二枚目の写真に写っているのは彼だと証言できる人物を探しはじめた。一九四三年の写真がフランスとドイツの新聞に掲載されると、ペルーの首都リマに住むドイツ人からミュンヘンのルドルフに、最近会った〝クラウス・アルトマン〟という男に似ているとの連絡が入った。ルドルフからそのドイツ人の連絡先を受け取ったクラルスフェルト夫妻は、まもなくバルビーのボリビアの住所を手に入れた。さらにルドルフに協力する形で、アルトマンはほぼ間違いなくバルビーであるという報告書をまとめた。アルトマンの子供の生年月日はバルビーの子供と完全に一致していた。いつものように、ベアテは直接行動をとった。リマへ、そこからラパスへと飛び、現地のジャーナリストにバルビーの話をした。同時にバルビーを保護しているバンセル政権を強く非難した。「わたしはボリビア国民が、ヒトラー政権下で起きたこととバンセル政権下で起きていることを結びつけられるよう手助けしたかったのよ」とベアテは振り返った。驚くまでもないが、ボリビア当局は彼女の手助けをありがたく思わず、国外退去を命じた。中継地のリマでは市内を勝手に動きまわれないように、警官二人が彼女を事務室へ連れていった。「あなたの身の安全のためだ」と警官の一人が言った。「南米で反ナチ運動を始めたせいで、あなたはリマのナチ組織を怒らせ、殺される危険を招いた」

一九七二年の初めには夫妻の活動が功を奏し、フランス当局が動きだした。ジョルジュ・ポンピドー大統領がバンセルに、フランス国民は過去の犯罪が「無関心によって忘れられる」ことを許さないとの書状を送った。ベアテはふたたびラパスを訪れ、今度はイジューにいた別の二人の少年の母親を同伴した。少年たちはアウシュヴィッツへ送られ、命を落とした。彼女たちが注目を集めていたため、ボリビア当局は二人の入国を許したが、公に発言してはならないと警告した。ベアテは彼らに従った――記者会見の準備を整えるまでは。その後、彼女たちはバルビーが働く海運会社の前のベンチに自分たちを鎖でつないで抗議した。プラカードの一つにはスペイン語で「何百万というナチ犠牲者の名において、バルビー＝アルトマンの引き渡しを要求する！」と書いてあった。

今回の訪問もあっという間に終わったが、宣伝活動として一定の成功を収めた。バルビーは自分はアルトマンだと言い張るのをあきらめ、彼に関する報道は日に日に増していった。しかし、クラルスフェルト夫妻は知っていた。たとえドイツとフランス両国からさらなる支持があっても、ボリビアがバルビーを引き渡す可能性はゼロに近いと。在ラパスの外務省参事官はベアテに「ボリビアは不可侵の聖域で、ここへ避難した者には決して手が出せない」と語った。さらに、ボリビアでは重大犯罪がたった八年で時効となることを教えた。つまり、バルビーが戦時中に何をしたとしても、それは「はるか昔のこと」と見なされる。

バルビーは自分がバンセル政権に守られているため、クラルスフェルト夫妻の抗議活動にはまったく取り合う必要がないことを知っていた。ほかのナチ犯罪者の多くと同様に、戦時中は義務を遂行しただけで、償うべき罪は一つもないと主張した。「わたしはもう忘れた」「彼らが忘れていないとしても、それは彼らの問題だ」

行き詰まったクラルスフェルト夫妻は葛藤した。最終的に強制送還を可能にするような変化が起きることを期待し、このまま運動を続けるか、それとももっと思い切った行動に出るか？一九七二年にフランス語で、一九七五年には英語でも出版されたベアテの回想録によると、単純に自分たちでバルビーを殺してしまえばいいじゃないかと言われたこともあったそうだ。ベアテは「そう言ってきた人も自分の手は汚さなかっただろう」と記しており、そのような選択肢は考えていなかったようだ。さらに「バルビーを殺してもなんの証明にもならない……それでは単なる復讐だ」と述べている。彼女とセルジュはなんとしてもバルビーを法廷に引きずり出したかった。否定しがたい証拠によって彼の罪が明らかにされ、大衆がいま一度ナチ犯罪について学べるように。

回想録には書かれていなかったが、合法的にバルビーをボリビア国外へ連れ出せなければ、実力行使も考えていたと夫妻はのちに認めている。「最初は誘拐を試みた」。二〇一三年にわたしがパリでインタビューしたとき、セルジュはそう語った。一九七二年十二月、彼はチリに飛んでフランス人マルクス主義者レジス・ドゥブレに会った。ドゥブレは、キューバ革命の勇者でアルゼンチン人のチェ・ゲバラがボリビア政府転覆を企てたとき、計画に加わった。計画は失敗し、ゲバラは殺され、ドゥブレは懲役三十年を言い渡された。しかし、彼の釈放を求める国際的な運動の高まりを受け、ボリビア当局から一九七〇年に釈放された。

セルジュらが企てたのはボリビアの反政府主義者と手を組み、バルビーを捕らえるという計画だった。作戦用の車を買う費用として、セルジュは五千ドルを用意していた。彼によると、計画は車の故障が原因で失敗したそうだが、チリの情勢が急速に悪化していたせいもあったかもしれない。マルクス主義者のサルバドール・アジェンデ大統領は一九七三年の軍事クーデターで失脚させられた。

それから十年近く、クラルスフェルト夫妻はバルビーの訴追をあきらめずにいたが、進展はほとんどなかった。同じくドイツ占領下のフランスで犯罪を働いた元SS将校リシュカ、ハーゲン、ハインリヒゾーンを追及するので忙しかったという事情もあった。リシュカらはまだ西ドイツにいたためバルビーよりも攻撃しやすかった。フランスから五万人のユダヤ人を強制移送し、死に至らしめた罪で三人が一九八〇年に有罪となったとき、夫妻は心から祝杯をあげることができた。

とはいえ、バルビーの件をあきらめたわけではなかった——正反対だった。十年前にベアテは暗殺という選択肢はありえないと書いていたが、一九八〇年になると夫妻は暗殺計画を支援してもよいという気持ちになっていた。ボリビアでバルビーを保護していたバンセルは一九七七年に失脚したが、すぐ新たな軍事独裁者が現れ、彼もまたバルビーを保護した。一九八二年、フランス在住のボリビア人がクラルスフェルト夫妻のところへ来て、故郷へ戻るつもりだがバルビーを殺したいと話した。セルジュは「彼を支援すると答えた」そうだ。独裁政権がナチ戦犯を守っており、ほかに選択肢がない状況では暗殺計画は正当化されると考えたためだ。

しかし、暗殺者となるはずの男がボリビアに着いてみると、軍事政権は崩壊しはじめていた。報告を受けたクラルスフェルト夫妻は暗殺計画を捨て、バルビーをフランスで裁く方法を見つけるよう、フランス政府を説得する方針に回帰した。今回、彼らには味方がいた。ドゥブレが「もはやテロリストではなく、ミッテラン大統領の特別顧問となっていた」からだ。

ラパスで軍事政権に代わって民主政権が樹立されると、バルビーは一九八三年一月二十五日に表向きは政府に対する詐欺行為で逮捕された。新ボリビア政府がこの問題の多い外国人を厄介払いしたがっているのは疑いの余地がなかった。西ドイツがバルビーの本国送還に難色を示すと、クラルスフェルト夫妻のそれまでの努力が実った。ボリビア当局がバルビーをフランス領ギアナへ連行し、フランス軍のジェット機が彼を即座にフランスへと運んだ。

バルビーの裁判に向けて、セルジュは『イジューの子供たち——人類の悲劇』という本を出版し、そのなかで死の収容所へと送られた四十四人の子供たちの横顔を紹介した。それまで統計上の名もなき存在だった四十四人に名前と顔が、そして無言の、しかし力強い証言をする場が与えられた。ベアテとともにセルジュは序文を寄せ、ナチを裁く重要な目的の一つは、彼らの犯罪を記録するためだと強調した。「さらにイジューの子供たちのため、われわれはクラウス・バルビーを追跡し、過去を暴いた」と夫妻は続けている。

公判は一九八七年まで始まらず、バルビーは最後まで無罪を主張しつづけた。公判が開かれたのは彼がゲシュタポ責任者として人々を死に追いやった街、リヨンだった。バルビーは人道に対する罪で有罪判決を受け、終身刑となり、四年後にリヨンの刑務所で七十七年の生涯を閉じた。

クラウス・バルビー。
クラルスフェルト夫妻の功績のなかでも有名なのは“リヨンの虐殺者”として知られた元ゲシュタポ責任者でボリビアに潜伏していたバルビーを追いつめたことだ。写真は1987年にリヨン法廷に入るバルビー。終身刑を言い渡された。

バルビーに裁きを受けさせる過程で浮上してきた大きな疑惑が一つ未解決のまま残った。戦後、アメリカの諜報機関がバルビーを雇い、その後の南米への逃亡を助けたのではないかという疑惑だ。バルビーがフランスへ連行された当時の司法省特別調査部（OSI）部長アラン・ライアンはそんな話は——特にバルビーが米国諜報機関の手先だったという報告は——寝耳に水だったと述べている。彼は「わたしは何一つ知らなかったから、そう述べた」と振り返った。

しかし、議会とメディアから質問攻めに遭い、真相の究明に乗り出すことになった。バルビーがフランスへ移送されてから三週間もたっていなかった一九八三年二月十一日、陸軍対諜報部隊の責任者に会うと、相手はバルビーに関する厚さ八センチにもなるファイルを用意していた。最新の文書の日付は一九五一年三月二十七日。陸軍諜報工作員二名による報告書で、彼らはバルビーに〝アルトマン〟名義の偽造証明書を渡してジェノバまでつき添い、そこから南米へと送り出していた。

「アメリカがバルビーの共犯であったことは否定しがたく、われわれが説明しなければ、代わりにテレビ局、新聞社、自称ナチ・ハンターがこぞってそうするだろう」とライアンは判断した。

もっと前であれば、ワシントンは事実を否定し、国家の安全という理由を盾にしたはずだ。しかしOSIが創設され、ナチを追跡する態度を政府が公式に表明したからには、これほど重大な疑惑を無視するわけにはいかなかった。それでも司法長官のウィリアム・フレンチ・スミスは当初、文字通り無視しようとした。ライアンが唖然としたのは、スミスが公式調査の必要なしと決定したことだった。しかしその決定を発表するのは思いとどまった。司法省がバルビーに関する質問をかわしつづけたので、マスコミと下院議員は司法省に行動を起こさない理由を説明するよう強く求めた。その間ライアンは沈黙を守ったが、ずっと憤慨していた。

三月十四日、ついにABCのジョン・マーティンが、その日の夜放送するニュースを編集中なのだが、何か新しい展開はあったかと確認の電話をかけてきた。「隠していることがあるだろうという意味なのは明らかだった」とライアンは当時を振り返った。彼はスミスの報道官に電話し、情報の隠蔽を疑われていることを伝えた。スミスはほんの三十分で翻意し、調査の実行を発表した。マーティンはこのニュースをその夜の番組に入れることができた。

ライアンはすぐさまOSI内に少人数の調査チームを組織した。バルビーが陸軍対諜報部隊（CIC）の手先として働き、その保護下にあったのはもはや間違いなかったが、連絡相手だったアメリカ人将校が戦時下リヨンでのバルビーの悪行とフランス政府が彼を捜していることをどこまで把握していたかは不明のままだった。バルビーはCIAの仕事も請け負ったことがあったのか、一九五一年にボリビアへ逃れてからもアメリカの仕事を請け負っていたのかという点もはっきりしなかった。

OSIによる徹底的な調査の結果は詳細な報告書にまとめられた。淡々とした調子を保ちながらも、そこに描き出されたのはジョン・ル・カレのスパイ小説さながらの内部情報をめぐる陰謀と裏切りの物語だった。CIC本部は一九四七年一月の時点で、バルビーは元リヨン・ゲシュタポ責任者であり、元SS将校のあいだで暗躍する「危険人物」だと支局に情報を送っていたが、CICの現場工作員は自分たちにとって一番の優先事項しか考慮しなかった。米軍占領下ドイツにおける共産主義活動に関する情報収集だ。工作員の一人ロバート・S・テイラーは、フランスにいた元ドイツ諜報員からバルビーがそうした仕事にとても役立つと聞かされた。

テイラーと直属の上司は、バルビーを逮捕するかもしれない本部には知らせずに、彼を情報提供者として利用することにした。テイラーによれば、バルビーは「知的にも人間的にも信頼でき、何ものも恐れない男だった。熱烈な反共産主義者で、権力層に裏切られたと感じているナチの理想家だった」という。二カ月後、彼の利用価値を確信したテイラーと上司は本部に、CICのために働くかぎりはバルビーを自由の身にしておくべきだと訴えた。

一九四七年十月、本部から派遣された将校がバルビーの逮捕を命じた。欧州軍対敵諜報センターに送り「詳細な取調べ」を受けさせるためだった。しかしこの取調べもバルビーは無傷で切り抜けた。アメリカ側から見て共産主義者が多く入りこんでいると思われるフランスの諜報機関に関し、豊富な知識を持っていたため、特別に貴重な人材と見なされたからだ。より大きな理由として、取調官が彼を雇ったままでいたほうが米軍にとって安全と考えた可能性もある。バルビーは「CICのミッション、工作員やその手先、資金などについて知りすぎていた」からだ。

フランス政府は何度もバルビーの所在を突きとめようとし、駐ワシントン大使やそのほかの高官が国務省や駐独アメリカ高等弁務団に協力を要請した。その間CICはバルビーを雇いつづけていたのである。OSIの報告書で、ライアンは注意深く言葉を選んで結論を述べた。最初にバルビーを雇った工作員は「その決断を理由に責められる」ことがあってはならない。彼らは「概して愛国心の強い忠実な人物であり、困難な任務を課せられただけだった」からだ。その任務のためにバルビーを雇うという決断は「世をすねていたわけでも腐敗していたわけでもなかった」。

報告書は当時のバルビーが有名戦犯ではなかったことを指摘し、最初に彼と仕事をしたCIC将校に関して、疑わしきは罰せずとしている。調査に加わったOSIの歴史専門家デイヴィッド・マーウェルによれば、「採用した時点で、バルビーが単なるベテラン諜報員ではないとわかっていたかどうかは不明」だった。しかし、一九四九年の五月には重大戦犯であることの証拠が間違いなく存在したにもかかわらず、CICは彼が自分たちの手先であることをくり返し隠し、駐独アメリカ高等弁務団からの問い合わせをすべて受け流した。その結果、軍上層部は「バルビーの居所をCIC将校が知っていることを知らなかったし、CICが真実を語っていないのではと疑う理由もなかった」。このため、高等弁務団はフランスに対しバルビーの所在に関しては何も知らないとくり返し否定することになる。

報告書はCICが故意にCIAを蚊帳の外に置いたと結論している。この二つの組織は激しい競争関係にあり、おたがいを深く疑っていた。南米に到着してのち、バルビーがCIAやその他のアメリカ政府機関の仕事を請け負った証拠はいっさいないとも、報告書はつけ加えている。

まとめとして、ライアンは次のように述べている。「元ナチ、それも元ゲシュタポを雇うという決断と、戦犯として指名手配になっている人間を雇うという決断は次元が異なる」。CICがその一線を踏み越えた事実を自覚していたことに関して、彼の舌鋒はさらに鋭くなった。「体面を失うという不安は、一政府機関が他の政府機関に対し、故意に偽りの情報を流す正当な理由とはなりえない」

報告書はバルビーをヨーロッパから脱出させるに当たり、CICが果たした役割についても率直に説明している。アメリカが元ナチのドイツ脱出を助けたことは以前にもあったが、悪名高いラットラインを利用したのはこれが初めてかつ唯一のケースだったと、報告書は述べている。このルートを使って戦犯容疑者を何人もドイツから脱出させていたクロアチア人聖職者クルノスラヴ・ドラゴノヴィクに金を払い、バルビーと家族がジェノバからブエノスアイレスへ渡航する手配をさせた。ブエノスアイレスから、バルビーらはボリビアへ向かった。

回想録のなかで、ライアンはこの一件を「不名誉の記録」と呼んでいる。しかし、OSIの報告書とそれが与えた直接的な影響については誇りを持っている。報告書に添えられたフランス政府への公式書簡のなかで、ジョージ・シュルツ国務長官は、正義が行われるのをアメリカがこれほど長く遅らせたことに対して「フランス政府に心からの遺憾の意」を表した。マスコミもおおむね同じ論旨の報道になり、アメリカ政府が史実と真摯に向き合おうとした姿勢には広く賞賛が寄せられた。ライアンが特に満足を覚えたのは、フランスの法相ロベール・バダンテールからスミス司法長官に送られた次の言葉だった。「この特別に詳細な報告書は真実を明らかにしようとする意思の表れであり、貴国の誉れである」

長年にわたったクラルスフェルト夫妻によるバルビー追跡は、二人が想像もしなかった大きな波及効果を生んだのである。

第14章　戦中の嘘

すべての人生にそれぞれ歴史がある。

ウィリアム・シェイクスピア『ヘンリー四世』より

バルビーのケースが過去を正そうという賞賛すべき努力と正義のまごう方なき勝利だとすれば、クルト・ヴァルトハイムをめぐる事件はこれ以上ないほど異なる結果となった。元国連事務総長が一九八六年にオーストリアの大統領選挙で有力候補となると、戦時の過去がつぎつぎと明らかになり、選挙運動中に激しい論議を呼んだばかりか、ライバル関係にあるナチ・ハンター同士、あるいはオーストリアのユダヤ人コミュニティとニューヨークを拠点とする世界ユダヤ人会議（WJC）のあいだで非難が応酬される結果となった。明確な勝者が決まることはなく、多くの関係者の評判が傷つけられた。

一九八六年一月二十九日、エルサレムで開かれたＷＪＣの世界総会に出席していたイーライ・ローゼンバウムは、事務総長のイスラエル・シンガーからウィーンへの出張を突然言い渡された。「クルト・ヴァルトハイムに関係したこと」で確認が必要なのだとシンガーは説明した。「信じようと信じまいと、われらがドクター・ヴァルトハイムはナチだったかもしれない。正真正銘の」

マンハッタンの法律事務所に短期間勤めたあと、ＷＪＣの法律顧問となって間もなかったローゼンバウムは懐疑的だった。ヴァルトハイムが軍務に就いていたこと、東部戦線で負傷したことはよく知られている。だからといって、彼がナチ党員であったとか兵士としての任務を逸脱した行為をしたことにはならない。司法省特別調査部（ＯＳＩ）で勤務した経験から、ローゼンバウムは第三帝国時代の特定の犯罪について特定の個人に責めを負わせることのむずかしさをよく知っていた。「結果を出すのはむずかしいでしょう」とシンガーに話して、この任務を免れようとした。当時の彼はまだ三十歳だったが、前職と同じ仕事をすることを考えただけで疲労感に襲われた。

両親がオーストリア出身のシンガーは簡単にはあきらめなかった。ローゼンバウムを別の会議参加者に引き合わせた。レオン・ツェルマンはポーランド生まれでアウシュヴィッツとマウトハウゼンの両収容所から生還したのち、ウィーンで〈ユダヤ人支援サービス〉を運営し、小さな事務所を聖シュテファン大聖堂の真向かいに構えていた。立場上、ユダヤ人の招致に熱心で、オーストリアに深く根ざした反ユダヤ主義と戦ってきた。ローゼンバウムに会うとすぐ、最近になってヴァルトハイムの過去に新たな疑問を投げかける気がかりな展開があったと話した。

ツェルマンが取り出したのはウィーンの週刊誌「プロフィール」の記事だった。オーストリアの陸軍士官学校がドイツに併合される前のオーストリア空軍の司令官アレクサンダー・レーア将軍を記念する銘板の掲示を決めたことから議論になっていたのだ。第二次世界大戦中ドイツ空軍司令官として、レーアは一九四一年四月六日、ベオグラードの無警告爆撃を指揮し、ユーゴスラビアの首都をほぼ壊滅させ、数千人の死者を出した。一九四七年、ユーゴスラビアで裁判にかけられたレーアは死刑を言い渡され、戦犯として絞首刑に処せられた。

一九四二年、レーアはE軍集団司令官として国防軍に転属となったが、この部隊の担当はユーゴスラビアとギリシアだった。記事の最後には、ヴァルトハイムが当時レーアの部下だったという「噂」があると記されていた。下級将校に過ぎなかったことが強調されてはいたが、ツェルマンはこの情報は大きな議論を呼ぶ可能性があると見ていた。

国連事務総長を務めていたあいだにヴァルトハイムが綿密な調査を受けたことを考えると、ローゼンバウムの疑問は消えなかった。有罪判決を受けた戦犯の部下だったなら、どうしてその事実がもっと前に明るみに出なかったのか？　さらに、レーアは国防軍に転属になる前、つまりヴァルトハイムが関係した可能性のない時期に犯した罪で絞首刑になったのだから、たとえ「噂」が事実だと確認できても「有罪判決の基礎」とはなりえないと彼は判断した。

ローゼンバウムが疑問を呈するより先に、ツェルマンは「プロフィール」の記事に「抜けている要素」を指摘した。ヴァルトハイムは自伝や公認の伝記、あるいは書簡のなかで戦時のバルカン半島での軍務にいっさい触れていない。一九四一年に東部戦線で負傷したあと、オーストリアへ帰国した――それが彼の軍歴の終わりになったとあらゆるところで述べている。たとえば一九八〇年に書かれたアメリカの下院議員スティーヴン・ソラーズへの手紙では、その後について定型の説明をくり返している。「それ以上前線で戦うことは無理になったので、ウィーン大学で法学の勉強を再開し、一九四四年に卒業した」

「しかし、どう考えてもおかしいだろう」とツェルマンは続けた。「一九四一年に（現役を）退いたなら、どうして陸軍でレーアの部下になるなんてことがありえたんだ？　レーアが空軍から国防軍に移ったのは一九四二年になってからなんだぞ。何かごまかしているのは間違いない」

ツェルマンはローゼンバウムに会議が終わったらウィーンまで同行すると申し出て、現地で「慎重に」調査を行うよう勧めた。ローゼンバウムはヴァルトハイムに関する新事実が見つかるとは相変わらず思わなかったし、ニューヨークへ帰るのを楽しみにしていたのだが、申し出を受け入れるしかないと感じた。少なくとも、「プロフィール」の記事から生じた疑問を確認するには、ツェルマンが手がかりを提供してくれるはずだと考えた。

ところが、ウィーンに着いた初日、ツェルマンからそれは誤解だと謝られた。ヴァルトハイムの過去を調べるにはどこから始めたらいいか助言を求めると、彼の態度ががらりと変わった。顔が青くなり、突然年を取って怯えた様子になった。「オーストリアでのわたしの立場はすでにむずかしいんだよ、イーライ」「この街を心から愛しているが、水面下で何が行われているかも知っている」

言わんとしていることは明らかだった――ウィーン在住のユダヤ人として、彼はローゼンバウムが掘り返すかもしれないことと関わりを持ちたくないのだ。進捗状況の報告だけでもしていいかと尋ねると、ツェルマンはきっぱりと断った。「やめてくれ。だめだ、やめたほうがいい。頼むからわたしを巻きこまないでくれ」

最終的な結果については知りたい、何か問題に巻きこまれたら頼ってくれてかまわないと、ツェルマンはつけ加えた。しかし、それ以外の関与はしないという明確な意思表示だった。「エルサレムでは恐れ知らずの老練なユダヤ人でも、ウィーンに戻ったらまるで話が違ってくるらしい」とローゼンバウムは考えた。

実際は、ローゼンバウムが当初考えたような勇気や不安といった単純なことが理由ではなかった。大統領選のあいだにヴァルトハイムの戦時の記録をほじくり返したりすれば、彼の支持者から反発が起き、その矛先がユダヤ人と社会党の候補者の双方に向けられる可能性が高かった。ヴァルトハイムは保守系の国民党の候補者で、社会党はクルト・シュタイラーを擁立したが、シュタイラーに勝ち目はなかった。先頭を行くヴァルトハイムは国連を率いた経験を強調し、国際的信頼を国民に印象づけた。「ドクター・クルト・ヴァルトハイム　世界が信頼するオーストリア人」と選

1986年のオーストリア大統領選で選挙運動を行う元国連事務総長クルト・ヴァルトハイム。当時世界ユダヤ人会議の法律顧問だったイーライ・ローゼンバウムは、ヴァルトハイムが戦犯として処刑された将軍の部下だった過去を暴き、証拠を提示した。

挙ポスターには書かれていた。ローゼンバウムが皮肉っぽく評したように、ヴァルトハイムは「ヒトラー以降で最も有名なオーストリア人」だった。

シンガーがほかの接触先を知らせておいてくれたおかげで、ローゼンバウムはヴァルトハイムの過去を掘り返していた人々と知り合った。大半は社会党の関係者で、そもそも「プロフィール」に情報をリークしたのも彼らだったが、それがなんのインパクトも与えなかったようなので落胆していた。ローゼンバウムがウィーンに来たことは、もう一度挑戦してみるきっかけになった。さらに、彼らはヴァルトハイムに関していくつか新しい発見をしていた。ローゼンバウムは「カール・シュラー」と会うことにした。シュラーというのは匿名にすると約束した相手に彼がつけた偽名である。シュラーと数人の知り合いはヴァルトハイムを追いつめるために非公式の調査を行っていた。

彼らはアメリカが運営し、ナチの記録が保管されているベルリン資料センターを調べたが、ヴァルトハイムに関しては何も見つからなかった。オーストリア国立公文書館ではかなりの成果があった。ヴァルトハイムの軍務記録は閲覧不可になっていたが、シュラーの「友人が政府の役人で」数ページのコピーを取ることに成功したという。ヴァルトハイムは反ナチ主義の家庭で育ったとし、実際ドイツによるオーストリア併合に反対する運動にも参加していたが、一九三八年に併合が実施されると、新体制にあっさり順応した。ナチの学生組織の一員となり、突撃隊（ＳＡ）の乗馬部にも所属した。

それだけでも論議を呼ぶのは間違いないところへ、シュラーは一九四三年五月二十二日に撮影された写真を取り出した。軍の公印が押された写真で、四人の将校が滑走路に立っている。キャプションにはイタリア人将校一人とＳＳ少将一人、そしてクルト・ヴァルトハイム中尉が写っていると書かれてあった。撮影場所はポドゴリツァとあり、ヴァルトハイムがウィーンで法学を勉強していたとくり返し主張していた時期にモンテネグロの首都にいたことが明らかになった。彼はレーアが司令官だったバルカン半島で軍務に就いていたという事実の新たな確証だ。

シュラーらが集めた情報は徹底的というにはほど遠かったが、当初は懐疑的だったローゼンバウムも、これは主要メディアで大々的に報道される可能性があると考えはじめた。それでも、シュラーたちが情報の裏を取るために何をしたか知りたかった。そこで、彼からすれば当然のことを訊いた。「この写真と文書をジーモン・ヴィーゼンタールに見せたか？　わたしから電話してもいいし――」

シュラーが慌ててさえぎった。「まさか！　見せるわけがない！」続いて彼はローゼンバウムがウィーンにいることをヴィーゼンタールは知っているのかと尋ねた。

ローゼンバウムがまだ連絡していないと答えると、シュラーは安堵した。「よかった。きみがしていることを彼に知られてはならない」、なぜならヴィーゼンタールは社会主義者を忌み嫌っており、それゆえに国民党を支持しているからだという。あのナチ・ハンターを引き入れたら「まっすぐヴァルトハイムのところへ行くだろう」とシュラーは主張した。

ローゼンバウムによれば、ヴィーゼンタールを蚊帳の外に置くのは得策ではないとシュラーを説得しようとしたそうだ。「ここはウィーンだ」「ヴィーゼンタールは目と鼻の先にいる。最初から彼を引き入れておかなければ、あとで協力を求めるのが非常にむずかしくなる」

しかし、シュラーは譲らず、ヴィーゼンタールに連絡するなら、ローゼンバウムとの関係は完全に断つと言った。

ローゼンバウムは従うことにした。その結果は、彼が予想していたよりもずっと深刻な事態となった。

ローゼンバウムはニューヨークに戻り、上司に報告をした。WJCの議長で酒造メーカー、シーグラムの会長を務める億万長者エドガー・M・ブロンフマンは当初、これまでにわかったことを公表すべきか否か迷った。「われわれはナチ狩りをしているわけではない」と彼は言った。これはヴァルトハイムの当選を阻止するための「政治的泥仕合」と見なされることになると、誰もが知っていた。しかし、投票が終わるまで黙っていれば、ヴァルトハイムをかばおうとしたと責められるのもわかっていた。ローゼンバウムからの覚え書きで武装したシンガーはブロンフマンにすぐさま行動を起こすよう迫った。話し合いのあとじっくり考えてから、ブロンフマンは手書きのメッセージを加えて覚え書きを戻した。「やれ――EMB」

ローゼンバウムが「ニューヨーク・タイムズ」紙に接触した結果、最も優秀な記者の一人、ジョン・タグリアビューが記事を担当することになった。「プロフィール」も独自に調査を続けており、ヴァルトハイムがナチの学生組織とSAの一員だったことを三月二日号で報じた。

その前日にタグリアビューはヴァルトハイムにインタビューを行い、それまでに判明した情報を突きつけていた。「ニューヨーク・タイムズ」が三月三日に記事を掲載すると、たちまち世界が騒然となった。「クルト・ヴァルトハイムが戦犯の部下であったことが判明」との見出しが躍った。タグリアビューは、ヴァルトハイムがレーア将軍の指揮下でユーゴスラビアのパルチザンをきびしく弾圧し、ギリシア系ユダヤ人をサロニカからアウシュヴィッツやそのほかの収容所へ強制移送したと説明。一九四二年三月にはサロニカの陸軍司令部所属となり、ユーゴスラビアでドイツ人将校とイタリア人将校の通訳を務めたこともあったと指摘した。

まもなくわたしは「ニューズウィーク」に記事を書くため、選挙運動で長い一日を過ごしたあとのヴァルトハイムに山のリゾートタウン、ゼンメリンクで取材する機会を得た。「プロフィール」と「ニューヨーク・タイムズ」で暴かれた過去に関し、質問を受けるのは気が進まなかったはずだが、ヴァルトハイムはホテルでの取材を了承した。ダメージコントロールに役立つと考えたのだろう。苛立ちは感じられたが、なんとか感情を抑え、この騒ぎはすべて「誤解」のなせる業で、その誤解は簡単に解くことができるという印象を与えようとした。

SAとナチ学生組織の話になると、ヴァルトハイムは文字通り「誤解」という言葉を使い、SAやナチの組織にはいっさい加わったことがないと言い張った。ウィーンの領事アカデミーの生徒として乗馬部の「いくつかの競技会に」参加したが、その後知らないうちに、その参加者名簿がSAの名簿に統合されてしまったのだと主張した。学生の討論グループについても「何度か出席したがそれだけだ」「わたしはいかなる組織にも加入していなかった。誤解があると思われる」と述べた。

SSと異なり、SAは連合国から犯罪組織としての宣告は受けておらず、そのメンバーだったからといって汚名を負うことにはならない。さらに、ヴァルトハイムのような若者が軍に入隊するとSA隊員としての資格は保持できなかった。それゆえ問題の焦点はヴァルトハイムの信頼性をどうとらえるかになった。彼は世界最大の国際機関のトップへとのぼりつめるあいだ、自身の過去についてずっと嘘をつきとおしたのか？　レーアの部下としてバルカン半島で軍務に就いていたことを故意に隠していたのか？　もしそうなら、まだほかに隠していることがあるのか？

SAやナチの学生組織の一員だったことはないと強く主張したのとは対照的に、ヴァルトハイムはバルカン半島での軍務については否定しなかった。「わたしが軍務に就いていたことは秘密でもなんでもない」。しかし、それまで彼は自身の軍歴の前半部分についてしか明らかにしてこなかった。東部戦線で負った脚の怪我から回復したあと軍務に復帰したこと、断続的に法学を学ぶあいだにサロニカへ派遣されていたことは文書から疑いの余地がなかった。

当時出版されて間もなかった自伝も含めて、どうしていつも経歴のその部分を省いてきたのかと、ヴァルトハイムに尋ねた。「そうした細々したことを書かなかったのは、わたしからすれば、たいして重要なことではないからだ」。決して納得のいく説明ではなかったが、本人はそれでなんとか切り抜けられると考えていたようだ。

「ニューヨーク・タイムズ」から取材を受けた際、彼はサロニカからのユダヤ人強制移送について何も知らなかったと述べたが、その点について迫ると、ずっと言葉数が増えた。ヴァルトハイムがいた一九四三年には、サロニカから何千というユダヤ人が列車に乗せられ、死の収容所へと送られた。しかし、彼の任務はもっぱら通訳をすることで、だからイタリアとドイツの将軍たちと写真におさまっていたのだと本人は主張した。サロニカでのもう一つのおもな仕事は、前線から知らされる敵部隊の動きを分析することだった。「もちろん、きわめて遺憾なことだった」と、強制移送について彼は述べた。「あの悲惨なホロコーストの一部ではあるが、わたしに言えるのは、わたしは何も知らなかったということだけだ……（いま）初めて、そのような強制移送があったと聞いた」

話すほどに、彼はかたくなになっていった。「信じようが信じまいが、それが真実で、わたしはこの件を終わらせたいだけだ。なぜなら、わたしが知るかぎりひと言の真実も語られていないからだ。ひと言も。わたしはそのようなことに一度も関わっていない。何も知らなかった。これは巧みに仕組まれたネガティブキャンペーンだ」

しかし、「この件」は下火になりそうになかった。それどころか、まだ始まったばかりだった。

ヴァルトハイムに関する記事が掲載されたとき、ジーモン・ヴィーゼンタールは不意を突かれた。回想録で苦々しく語ったように、そのとき初めてローゼンバウムがウィーンを訪れながら、彼を「訪ねもしなければ電話をかけてもこなかった」ことを知ったのだ。以前にWJCの職員と仕事をしたことがあったヴィーゼンタールは、ローゼンバウムの予想どおり、WJCが彼のホームグラウンドであるウィーンで彼に相談なく調査を開始し、その後宣伝活動を行ったことにひどく気分を害した。

さらに、ヴァルトハイムの戦時の経歴が噂になったのはこれが初めてではなかった。一九七九年、ヴィーゼンタールはイスラエルから、ヴァルトハイムが国連で親アラブ的立場をとるのはナチ党員としての過去があるからかどうかを確認してくれと依頼された。西ドイツの名高い出版業者アクセル・シュプリンガーに連絡したところ、シュプリンガーは簡単に調べられるからとベルリン資料センターで記録を確かめることに同意した。ヴァルトハイムがナチ党の関連組織に所属していたことを示す記録は何一つ見つからなかった。バルカン半島で軍務に就いていた記録は見つかったものの、そのときは彼がその軍歴に絶対触れまいとしていたことがそれほど顕著ではなかったので、特に重視されなかった。

一九八六年に騒ぎになったとき、ヴィーゼンタールはヴァルトハイムがナチの学生組織に所属していたとわかっても気にかけなかった。親しい友人で著名なオーストリア人ジャーナリストのペーター・ミヒャエル・リンゲンスの、「学生向けホステルに泊まるだけでも」そういう資格が必要だったとの指摘を引用している。ヴァルトハイムが所属していた乗馬部がＳＡの一部だったという報道にもさして動揺しなかった。しかし、ＷＪＣに腹を立てていたにもかかわらず、ヴィーゼンタールはヴァルトハイムをすぐさま糾弾した。彼が何かしたからではなく――結局のところ、戦争犯罪に直接関わったという証拠は出てこなかった――何も知らなかったと言い張ったことが原因だった。サロニカからのユダヤ人強制移送について何も知らなかったという主張は、ヴィーゼンタールからすればとうてい信じられなかった。「ヴァルトハイムの反応はまるで何かに怯えているようだった」と彼はわたしに語った。「なぜ嘘をつくのか理解できなかった」

ヴィーゼンタールが糾弾するやいなや、ヴァルトハイムから電話がかかってきた。大統領候補はサロニカでユダヤ人に何が起きていたか気づいていなかったという主張をくり返した。「気がつかないなどということはありえない」とヴィーゼンタールは答えた。「強制移送は六週間続き、一日おきに約二千人のユダヤ人が移送された。国防軍のために、つまりきみの仲間のために装備を運んできた軍用列車が帰りにユダヤ人を乗せていったんだぞ」

ヴァルトハイムは何も知らなかったとの主張を変えなかった。ヴィーゼンタールは、サロニカの人口の三分の一近くがユダヤ人であったのだから、たとえばユダヤ人商店が閉鎖されたり、ユダヤ人が通りを連行されていったりといった一目でわかる徴候に気づいたはずだと指摘した。それでもヴァルトハイムから同じ返事が返ってきたので、ヴィーゼンタールは「きみの言うことは信じられない」と突っぱねた。

ヴィーゼンタールが同様に疑っていたのは、ユーゴスラビアで同じ部隊の人間が犯した凶行をヴァルトハイムが知らなかったと主張したことだった。当初本人が強調したような通訳ではなく、情報将校の立場にあったヴァルトハイムは「最も情報に通じた人物の一人」だったはずだと、ヴィーゼンタールは結論している。

だからといって、ヴァルトハイムを攻撃した世界ユダヤ人会議（ＷＪＣ）を賞賛する気になったわけでもない。むしろ正反対だった。あの組織は名前とは裏腹に「たいして重要ではない小さなユダヤ人団体にすぎない」と言い切った。ヴァルトハイムのことは嘘つきの日和見主義者だと確信していたが「ナチでも戦犯でもない」というのが彼の意見だった。いっぽう、ＷＪＣは「ヴァルトハイムを筋金入りのナチと決めつけ、戦犯であることもほぼ確信していた」とヴィーゼンタールは続けた。

ヴァルトハイム擁護派も彼と同じ考え方で、これはわれらが候補者を妨害するためのユダヤ人のたくらみだと激しく非難した。ローゼンバウムは、ＷＪＣの調査結果を反映した「ニューヨーク・タイムズ」の記事ではヴァルトハイムを戦犯としては告発しておらず、当初の争点は彼の嘘にあったと、誤解を正そうとした。それでも、のちに認めたように、彼もほかのＷＪＣ職員も、オーストリアのマスコミをはじめとした反発の激しさに唖然とし、ＷＪＣの目的はなんなのかという質問をうまくさばくことができなかった。選挙に横槍を入れるつもりかと訊かれて、ＷＪＣは、経歴に疑問点がいくつもありながら、ヴァルトハイムがどうやって一九七〇年代に二度も国連の事務総長に選ばれたのかという点に興味を引かれているだけだと答えた。「しかし、われわれが真実を語っていないのは明らかだったので、誰も信じなかった」とローゼンバウムは正直に語った。「われわれはヴァルトハイムが選挙戦を自発的におりるか、そう強いられることを期待していた」

ＷＪＣも数が増える一方の記者団も、まだ明るみに出ていない決定的な情報探しに乗り出した。ＷＪＣはサウスキャロライナ大学の歴史学者ロバート・エドウィン・ハーズスタインに記録の掘り起こしを依頼した。その結果、新たな疑問が湧いてきた。ヴァルトハイムはバルカン半島における作戦でどのような役割を演じたのか？　一九四八年に連合国が作成した戦犯容疑者の名簿に彼の名前が含まれたのはなぜか？　そしてどの国の政府も彼の引き渡しを求めなかったのはなぜか？　特にユーゴスラビアがヴァルトハイムを戦犯として告発しなかったのは不思議だった。ヴァルトハイムは単なる通訳などではなく情報将校として、いったん捕虜になったあと行方不明となったイギリス軍コマンドに関する報告や捕虜の取調べなどを行っていた。本人が先に認めていたとおり、ユーゴスラビアにおけるパルチザンの活動を報告することも任務に含まれていた。

広報面で攻勢に転じるため、ヴァルトハイムは息子のゲルハルトをワシントンに送りこみ、彼の軍歴を弁護し、戦争犯罪への関与をいっさい否定する十三ページにわたる覚え書きを司法省に提示させた。関与を否定した戦争犯罪のなかには一九四四年十月にユーゴスラビアの三つの村で起きた虐殺が含まれていた。当時はドイツ軍が随所で撤退を開始しており、レーアはバルカン半島南部から部隊を引き揚げ、マケドニアを北へ進もうとしていた。そのためにはスティップとコチャニの町のあいだの重要区間を押さえる必要があった。WJCが発見した文書によれば、十月十二日、ヴァルトハイムは「スティップ・コチャニ間で頻発するゲリラ（パルチザン）活動」に関する報告書に署名している。

ドイツ軍がその区間にある三つの村で暴虐の限りを尽くしたことは疑いの余地がないが、ここで重要なのは攻撃がどれだけ迅速に行われたのか、その流血の事態はヴァルトハイムの報告書が引き金になったのかという疑問だ。彼の息子がワシントンに持参した覚え書きによれば、三つの村にドイツ軍が到着したのは十月二十日ごろで、彼が現地のパルチザンに関する報告書を書いてから一週間以上がたっていた。それが真実なら、村で起きたことと報告書を結びつけるのがずっとむずかしくなる。

ユーゴスラビア人ジャーナリストを伴って、わたしは議論の的となっている三つの村で何か発見できないかとマケドニアを訪れた。そこで聞いたのは、選挙運動中にヴァルトハイムが穏やかに語ったのとは著しく対照的な話だった。彼は、バルカン半島のドイツ軍が従事していたのは、どんなに激しくとも通常の戦争行為であり、戦争犯罪ではなかったと暗にほのめかした。「双方から犠牲者が出た」と。ところが虐殺を生き延びた人々の見方はまったく異なり、さらに虐殺が行われたのは十月十四日で、ヴァルトハイムが主張する十月二十日ではないと全員が口をそろえた。

ペーター・コセフはその日、畑仕事からクリュピステの村に帰ったときの様子を語った。ドイツ軍将校が村の男を全員集め、十列に並ばせた。コセフは一列目にいたが十一人目だったので、ぎりぎりになって将校によって列から押し出された。「十人全員がすぐさま銃殺された」という。続いてドイツ兵らは残り全員に向かって発砲しはじめた。コセフは一・五キロほど離れた川まで逃げ、一カ月間山中に隠れた。「村に戻ったとき、わが家は壁しか残っていなかった。あとは何もかも焼かれていた」

リスト・オグニャノフは村の犠牲者四十九人の小さな追悼碑を指し示した。ドイツ兵が村に現れたとき、彼とほかの村人数人は地面に這いつくばるよう命じられた。「腹ばいになったとたん、銃撃が始まった」「上に二人の死体が倒れてきた。銃撃が終わると、ドイツ兵たちは足を撃って、生き残りがいないか確かめはじめた」オグニャノフは上に載っていた死体に助けられた。ドイツ兵が立ち去ると、彼ともう二人の生き残りは山積みになった血まみれの遺体の下から這い出た。「わたしにとって十月十四日は第二の誕生日だ」と言って、オグニャノフは泣きだした。「第二の人生の始まりだった」。ほかの村でも同様の話が聞かれた。

こうした話は、ヴァルトハイムが虐殺に直接的責任を有するという証拠にはならない。しかしこの地域での「ゲリラ活動」に関する彼の報告書が、虐殺のほんの二日前に提出された事実が確かとなり、一連の出来事と関係があった可能性がずっと高くなった。

この時点で、わたしはローゼンバウムと話をしていなかった。ニューヨークにいる同僚が、ローゼンバウムらWJC職員の取材を担当していたからだ。しかし、記事が「ニューズウィーク」誌に掲載されると、わたしが話した生存者は虐殺の日付についてみな確信を持っていたかと彼から確認の電話が入った。生存者は絶対的な確信を持っていた、とわたしは答えた。

相次ぐ報道によって、世界の大半はヴァルトハイムをますます疑いの目で見るようになったが、オーストリア人の多くの目に彼は中傷合戦の犠牲者と映った。言うまでもなく、それはヴァルトハイムとその支持者が政治集会で参加者に植えつけようとしたメッセージだ。五月に行われた大統領選挙の一回目の投票では得票が過半数にわずかに届かず、六月の初めに決選投票が行われることになったため、ヴァルトハイム陣営はWJCのシンガーやイスラエルの外務大臣イツハク・シャミルからの攻撃を以前にも増して取りあげるようになった。わたしが参加した集会でヴァルトハイムは、「外国人たち」が中傷戦略を用いていると非難することに終始した。「ニューヨークのシンガー氏もイスラエルのシャミル氏も……他国の内政に口出しする権利はない」と彼は宣言した。

彼が言わんとしたのは、ユダヤ人は学習する必要があるということだった。「紳士淑女のみなさん、過去の話はもうやめよう！」「われわれには解決すべきもっと重要な問題がある！」

その方向に攻撃を集中させることにしたヴァルトハイムは、社会党候補者との討論を拒否し、海外マスコミからの質問はこれ以上受けつけないと発表した。例外を認める気があるかどうか確認するため、わたしが政治集会で声をかけると、彼は怒りを爆発させた。「率直に言う。きみの雑誌の報道はあまりにひどく、不愉快で悪意に満ちているから、もう取材はいっさい受けない。ことわたしに関しては、つねに否定的な主張を受け入れ、好意的なことは認めないじゃないか」。彼に対する告発については「すべて嘘、でっちあげだ」と言い、わたしが持っていたテープレコーダーを指さし、つけ加えた。「いまのは公式の発言じゃないぞ」

選挙戦が終盤にさしかかってからは、こうしたやりとりに象徴される敵意が蔓延していた。ウィーンの精神科医エルヴィン・リンゲルは、海外での信望の厚さを強調していたヴァルトハイムの選挙戦がこのような終わりを迎えた「不条理さ」を指摘した。「当初は〝ヴァルトハイムを選べ、世界は彼を愛している〟がスローガンだった」「いまや〝ヴァルトハイムを選べ、世界は彼を憎んでいる〟だ」

選挙戦略としては、これはうまくいった。ヴァルトハイムは決選投票で大勝利をおさめた。その勝利の余韻のなか、彼は「中傷戦略」で自分を苦しめた元凶を嘲らずにいられなかった。「世界ユダヤ人会議がどんなに文書庫を引っくり返したところで、わたしを有罪にする証拠は永遠に見つからないだろう」

最終的に、WJCは部分的な勝利をおさめたと言える。一九八七年四月、司法省OSI、すなわちローゼンバウムの元勤務先がヴァルトハイムに関する独自の報告書を発表し、バルカン半島での軍務を調査した結果、彼が「連合国民を直接的に迫害した数々の行為を、ナチの軍事組織が円滑に実施できるよう補佐した事実が明らかになった」としたのだ。報告書では具体的な例として「コチャニ・スティップ間の虐殺とギリシア系ユダヤ人の強制移送」を挙げた。この報告書に基づき、ヴァルトハイムは米国の警戒リストに載り、アメリカには二度と足を踏み入れることができなくなった。かつては自身がトップを務めた国連で演説をする場合でさえもである。彼は大統領を一期だけ務め、一九九二年には再選に挑まなかった。

WJCがヴァルトハイムに関する調査を依頼した第二次世界大戦が専門の歴史学者ハーズスタインは、結論を一冊の本にまとめた。ヴァルトハイムを警戒リストに載せるという司法省の判断には賛成しながらも、次のように記している。ヴァルトハイムは「邪悪な男だったわけではなく、単に野心家で賢かっただけだ。（中略）彼は、同世代人の多くがそうしたように、忘れることによって厄介な過去の荷物を捨てようとしたのである」「わかったことを総合すると、こう言うのが妥当だろう。ヴァルトハイムは戦争犯罪人に分類される多くの人々を補佐したが、彼自身は戦犯ではなかった。犯罪的な場合も合法的な場合も（自身の部隊の）軍事活動を助けた官僚的従犯だった。（中略）ヴァルトハイムは補佐役で、西側連合国は戦後、そのような人物を起訴しないのがふつうだった」

ＷＪＣ指導部とその支持者が選挙期間中に示した見解は大いに異なっていた。「本来ならば、彼は裁判にかけられて然るべきだ」。ＷＪＣの事務局長エラン・スタインバーグは有罪の決め手となるような証拠が出てこなかったにもかかわらず、そう述べた。ベアテ・クラルスフェルトはヴァルトハイムの政治集会に現れ、少人数の抗議者たちに加わった。彼女たちは「忘れる者は幸せなり」と書かれた風船を放ち、ヴァルトハイムを嘘つき、戦犯と非難するポスターを掲げた。ヴァルトハイムの支持者らはいきどおって、そうしたポスターを彼女たちの手から奪いとった。

「わたしがここに来たのはヴァルトハイムのような人物を当選させたら、オーストリアにとって危険だからよ」。ベアテはウィーンでの抗議活動のあいだにわたしに語った。「オーストリア人は目を覚まさなければ」。しかし、そうした警告はヴァルトハイムにとって有利に働いただけのようだった。別の集会で彼の発言をさえぎろうとしたベアテはマイクを受けとらせてもらえなかった。「着席を、ミセス・クラルスフェルト」と司会のウィーン市長エアハルト・ブゼクに言われた。「あなたはゲストで、これはクラルスフェルト集会ではありません」。聴衆からは「出ていけ、クラルスフェルト」という野次が飛んだ。

ＷＪＣ事務総長のシンガーが「プロフィール」誌のインタビューで直接的な脅迫とも受け取れる発言をし、それが広く引用されたことも事態を悪化させた。「オーストリア国民が自覚しておかなければならないのは、ヴァルトハイムが当選したら、これから数年間はオーストリア人にとって困難なものになるだろうということだ」と彼は述べた。ＷＪＣの告発はヴァルトハイムだけでなく

つねに対決主義のベアテ・クラルスフェルトは、ヴァルトハイムが勝利する前もしたあとも抗議活動の先頭に立った。深刻な不和を招いた選挙戦はナチ・ハンターたちも分裂させ、ジーモン・ヴィーゼンタールはオーストリアで反ユダヤ主義を引き起こしたとして世界ユダヤ人会議を責めた。

オーストリアという国にも「ついてまわり」、観光業や貿易が打撃を受けるだろうともつけ加えた。

　ローゼンバウムでさえ、のちにこの上司の発言は穏当さを欠いていたと認めたが、指導部はほとんど気にかけなかった。WJC議長のブロンフマンは尻込みする者を相手にしなかった。「ユダヤ人指導者の多くがこの〝攻撃〟は敵意を生み、事態を悪化させると考えた」と回想録に記している。「わたしは道徳的義務と考えたし、行く先々で、聴衆は百パーセント支持してくれた」。さらに、この選挙は「WJCにとって絶好の宣伝となり、われわれは一気に注目を集めた」とつけ加えている。

　しかし、オーストリアの小さなユダヤ

人コミュニティは、この宣伝活動の反動に慌てた。なかでも大きな声をあげたのがヴィーゼンタールで、あからさまな反ユダヤ主義をよみがえらせたとしてＷＪＣを名指しで非難した。「われわれは若い世代のなかにイスラエルに好意的な人々を増やしてきた」とユダヤ人コミュニティが対話と理解を推進してきたことを指摘した。「その建設的努力がぶち壊しになってしまった」

ほかのオーストリア系ユダヤ人指導者も、彼らの考え方を考慮せず、相談もしてこなかったＷＪＣにヴィーゼンタールと同じく苛立っていた。ポール・グロスはＷＪＣのやり方について「西側メディアでの宣伝という意味ではきわめて適切だったが、全体的な対応を考えた場合はきわめて浅はかだった。特にオーストリア国内で反動が起きた点で。ダメージは大きかった」と述べた。ＷＪＣのヨーロッパ系ユダヤ人の会合でオーストリア代表を務めたグロスは、今後何らかの影響が出そうな行動をとるときは、事前に該当地域のユダヤ人コミュニティに相談するよう促し、支持を得た。

ヴァルトハイムの件をＷＪＣに内報したのが自分であることは黙ったまま、ツェルマンはＷＪＣが問題提起したのは当然の義務だったが「彼らはアメリカ系ユダヤ人の視点からものを言った。それはここでは理解されない」と述べた。彼はオーストリア人がユダヤ人と接するときの「われわれとおまえたちは違う」という意識の復活を深く懸念していた。「最悪だったのは、彼ら（ＷＪＣ）が六十五歳以上のオーストリア人全員をヴァルトハイムと同一視したことだ」とも述べた。「あれはひどかった」。ヴィーゼンタールに言わせると、ＷＪＣの失態はもっと深刻だった。「彼らはオーストリアという国家全体、七百五十万人全員を脅迫した。そのなかには戦後生まれか終戦時にはまだ幼児だった五百万人が含まれていたにもかかわらず」

問題は非難の性質だけでなく、そのやり方にもあった。「先に非難をしてから、証拠を探した」とヴィーゼンタールは責めたが、それは話の単純化が過ぎる。と言うのも、宣伝活動を開始した時点でＷＪＣは重要証拠を握っていたからだ。しかし、自ら認めたように、とうてい完全とは言えない状態だった。要するに、あとからさらなる証拠をかき集めなければならなかったのだ。グロスによれば、そのせいで、見つかった証拠の衝撃度が著しく損なわれたという。「ヴァルトハイムに不利な証拠が小出しにされたせいで免疫ができてしまった」「数日おきに毒を一滴ずつ飲んでいたら、グラス一杯飲めるようになるのに似た状況だった」

そもそもなぜそれほど多くのオーストリア人がかたくなになったのかというと、大きな理由があった。終戦間もない時期に、彼らは第三帝国の最初の被害者というイメージを定着させることに成功した。実際は国民の多くが熱狂的支持者だったにもかかわらずである。国防軍を除隊になった者も含めて、最後の審判の瞬間はついぞ訪れなかった。「復員してきた彼らに、それまでの年月は失われた年月であり、あれは不当な戦争だったと言う者が一人もいなかった」とウィーン現代史研究所のエリカ・ヴァインツィアル所長は語った。

対照的にドイツ国民はホロコーストをはじめとした大量殺人という凶行の責任を含め、真実にほぼ日常的に向き合わざるをえなかった。ヴァルトハイムの件が世間を騒がせはじめたとき、わたしはボン駐在だったが、知り合いのドイツ人の多くがあからさまに他人の不幸を喜んだ。オーストリア人は犯罪者ではなく犠牲者だというまやかしが暴かれるのを見て大喜びしていた。「オーストリア人は、ベートーヴェンがオーストリア人で、ヒトラーがドイツ人だと世界に信じさせたからな」と彼らは冗談を言った。戦争末期に国防軍で兵役に就いたボンの役人はこう語った。「わたしも、オーストリア人はようやく当然の裁きを受けつつあると言わせてもらうよ」

ヴァルトハイムの件が与えたプラスの影響は、一部のオーストリア人、特に若い教師たちが自国の近代史をそれまでよりも正直に語ろうとしはじめたことだった。また外務大臣ペーター・ヤンコヴィッチは、ヴァルトハイムの勝利を受けて「新しい感性」が生まれ、人々が「内省」をするようになったと述べた。反ユダヤ主義などをテーマにした講義や会議が急増し、オーストリア人外交官はオーストリアはネオ・ナチの砦などでは決してないと諸外国を納得させる努力を強化した。当初はおもに宣伝目的だったかもしれないが、以前はほとんど無視されていた問題が議論されるようになったのは確かだ。

それでも、各方面がきわめて感情的になったままだった。ヴィーゼンタールと世界ユダヤ人会議の対立に関しては、ヴァルトハイムの大統領選勝利後に事態がさらに悪化した。

ローゼンバウムは少年時代にヴィーゼンタールを英雄と崇めていたとくり返し述べている。しかし、一九八六年の選挙期間中およびその後は彼もＷＪＣ指導部も、彼らのヴァルトハイムに対する攻撃をヴィーゼンタールがことあるごとに妨害したと考え、激怒した。ヴィーゼンタールは証拠に疑問を呈し、どれもヴァルトハイムの戦争犯罪への関与を証明はしていないと主張したからだ。しかし、WJCを特に怒らせたのは、国民党の選挙運動のなかで反ユダヤ主義があからさまになった原因はWJCだと、ヴィーゼンタールが断言したことだった。

ヴィーゼンタールへの怒りを爆発させて、ローゼンバウムはシンガーにこう言ったそうだ。「こんなことは言いたくないが、これは反ユダヤ主義者が言うように〝ユダヤ人は当然の報いを受けているだけ〟という状況だ」。シンガーも彼に劣らず頭にきていた。「いったいヴィーゼンタールはどうしたというんだ?」「誰かが思い出させてやらなければならない。反ユダヤ主義はユダヤ人が引き起こすものじゃない。反ユダヤ主義者が引き起こすものだ」。ここまで来ると、シンガーのようにヴィーゼンタールを「国民党のブタどもと寝ている」――ヴァルトハイムの味方をしているも同然だ――と非難するまではすぐだった。

ヴァルトハイムが傷だらけになりながらも勝利をおさめたとき、ローゼンバウムはたまりにたまった憤懣と非難をぶちまけたくなった。ヴィーゼンタールがウィーンのユダヤ系新聞「出口」でWJCを攻撃したとき、その記事に対する返事の草稿をシンガーの代わりにまとめた。「ドクター・ヴァルトハイムの当選を確実にしたのがミスター・ヴィーゼンタールであるのは間違いない」とし、このあとヴァルトハイムに関してどんな証拠が出てきても、「世界一有名なナチ・ハンターがまた眉唾の〝説明〟をするだろう」と続けた。

ヴィーゼンタールがWJCの遅ればせの申し出、つまりヴァルトハイムに関する疑惑が噴出したあとで、証拠を検めてはどうかという申し出を断ったことも指摘した。「クルト・ヴァルトハイムの経歴を巧みに取り繕ったことは、ヴィーゼンタールの評判に長く汚点として残るだろう」「彼は自らを辱め、ユダヤ世界を貶めた。ジーモン・ヴィーゼンタールに対して、われわれは哀れみしか感じない」。同僚が語気をやわらげてから「出口」に送ったものの、この原稿が掲載されることはついになかった。

その後出版したヴァルトハイムに関する著作で、ローゼンバウムはさらに細かく持論を展開した。内容は『裏切り――クルト・ヴァルトハイムをめぐる調査と隠蔽の語られざる真実』というタイトルを見ればわかる。ヴァルトハイムもヴィーゼンタールも隠蔽を行ったというのがローゼンバウムの主張だ――「それぞれが秘密を持ち、そうした秘密は同じ運命をたどる必要があった」。ヴィーゼンタールの秘密は一九七九年にイスラエルから調査を依頼されたときにヴァルトハイムを無罪としたことだった。「ナチ狩りの分野で背任罪というものがあるなら、これはまさにそれだ」とローゼンバウムは記している。だからこそ、ヴィーゼンタールはWJCの非難の正当性を否定しようと必死になったのだ。そうしなければ「彼自身のひどい失態」が明らかになってしまうがために。

そう結論したローゼンバウムは、ヴァルトハイムに関する本の大部分をヴィーゼンタールの経歴全般を痛烈に批判することに割いた。ヴィーゼンタールはそもそもアイヒマン逮捕を自分の手柄のように歪曲して名をあげたというモサド長官イサル・ハルエルの非難を見つけてからは、ローゼンバウムのなかである人物像ができあがっていた。自伝で「真実を曲げ」、戦時の経験と戦後の功績の両方を実際より派手に書き立てた男という人物像だ。「実際にナチ戦犯を起訴してきたわれわれからすれば、彼の神話は現実よりもずっと派手に描かれている」とローゼンバウムは記している。ヴィーゼンタールがナチ・ハンターとしては「情けないほど無能」であることはよく知られている、とも。「しかし、敢えてその事実を指摘する勇気のある――あるいはそれだけ愚かな――人物がいなかっただけだ」

ローゼンバウムは以後、自分がその人物になろうと決意したようだった。冷戦初期に「告発も追跡もされていないナチ」の存在を世間に忘れさせなかったのは、ヴィーゼンタールの大きな功績だと、彼も認めてはいる。「ジーモン・ヴィーゼンタールとトゥヴィア・フリードマンの努力なくしては、正義の追求は一九六〇年代後半に終わっていたはずだ」と、二〇一三年にわたしに語った。しかし、ヴァルトハイムの一件があってからは、ヴィーゼンタールが高く評価されて当然の優秀なナチ・ハンターと言われるたびに憤慨し、怒りがやわらぐことはなかった。

ローゼンバウムとヴィーゼンタールのあいだの軋轢（あつれき）にはさまざまな要素が存在し、なかには非常に個人的なものもあった。ローゼンバウムをOSIのインターンとして採用した弁護士マーティン・メンデルゾーンは政府の仕事を離れたあと、ナチ関連の案件を扱う際にヴィーゼンタールおよびロサンゼルスのジーモン・ヴィーゼンタール・センターと頻繁に協力した。彼はローゼンバウムの怒りを元英雄に対する幻滅が原因だと考えた。「ローゼンバウムは最初ジーモンに心酔したが、彼も欠点を持った人間であって神などではないとわかると、攻撃しはじめたんだ」と語った。別の元OSI同僚は、ヴァルトハイムを告発しようとして、その努力をヴィーゼンタールに鼻であしらわれたとき、ローゼンバウムは親に見放された息子のように感じたのではないかと述べた。「イーライはヴィーゼンタールから子供扱いされて個人的に気分を害したんじゃないかな」

二人の衝突は、アメリカ系ユダヤ人とヨーロッパ系ユダヤ人の対立というもっと大きな構図のなかで生じた出来事でもあった。私的にも公的にも、ヴィーゼンタールはWJCなどのアメリカに拠点を置くユダヤ人組織が「すべてのユダヤ人を代表しているかのような口をきく」傾向にいつも文句を言っていた。アメリカ人はヨーロッパ系ユダヤ人の不安を取るに足らないこととして片づけたがる。ヨーロッパとアメリカでは事情が大きく異なることをわかっていない。アメリカ系ユダヤ人の活動家に喧嘩好きが多いのは「アメリカ系ユダヤ人の多くが戦時中ヨーロッパで迫害を受けたユダヤ人に充分なことをできなかったという、潜在意識レベルでの罪悪感に似た感情を抱いているから」だろうと、ヴィーゼンタールは考えた。ヴァルトハイムの件は「彼らにとって示威的行動をとるいい機会になった」とも述べている。

同様の対立関係はヴィーゼンタールとジーモン・ヴィーゼンタール・センターのあいだでも鮮明になる場合があった。一九七七年にロサンゼルスに設立されたこの独立組織は、有償でヴィーゼンタールの名前を冠し、彼の名前は資金集めに際して非常に重要な意味を持った。ヴィーゼンタールとセンターはしばしば協力し合ったものの、意見が衝突することもあった。センターの設立者ラビ・マーヴィン・ハイアは、ヴィーゼンタールに電話で「よくもそんな真似ができるな！」と怒鳴られたことが一度ならずあったという。

一連の騒動のあいだ、ハイアはヴァルトハイムについてヴィーゼンタールよりもずっと批判的な意見を表明していた。ヴィーゼンタールとWJCがたがいを攻撃し合っていたとき、シンガーがハイアに「ヴィーゼンタールに黙るよう言え。もうたくさんだ」というメッセージを送ってきたのは偶然ではなかった。ハイアは実際にヴィーゼンタールを説得しようとした――ある程度は。「ジーモン、ヴァルトハイムを監禁できないなら、われわれは何か手段を講じる必要がある。彼を戒めなければ。二度と飛行機に乗せてはだめだ」。センターはヴァルトハイムをアメリカの警戒リストに載せることを支持したが、ヴィーゼンタールは反対し、その結果、両者のあいだには本格的に緊張が走った。

しかしハイアは、特定の戦争犯罪とヴァルトハイムを結びつける証拠はなかったという点でヴィーゼンタールは正しかったとも指摘した。さらに、シンガーから熱心に勧められたにもかかわらず、ヴィーゼンタールに指図をしたり――してもどのみち向こうは聞く耳を持たなかっただろうが――袂を分かつつもりはハイアになかった。ヴィーゼンタールはセンターを誇りにしており、センターもナチ戦犯を裁くことに人生を捧げた人物と提携できたことを誇りに思っていた。「彼は伝説的な人物だ」。その点については、ヴァルトハイムの一件によってハイアの考えが変わることはなかった。

ヴィーゼンタールはオーストリア新大統領の擁護派であるとローゼンバウムとWJCは主張したが、皮肉だったのはヴィーゼンタールにはオーストリア人が第三帝国において果たした役割を長年暴きつづけてきた実績があった点だ。ナチスドイツの人口の十パーセントにも満たなかったオーストリア人が、戦争犯罪の約五十パーセントについて責めを負う立場にあったことを、彼はたびたび指摘し、絶滅収容所所長の約四分の三がオーストリア人だったことも言い添えた。

社会党党首で一九七〇年から八三年まで首相を務めたブルーノ・クライスキーとくり返し衝突したことでも、ヴィーゼンタールはよく知られている。クライスキーが元ナチに対して手ぬるいという理由からだったが、イスラエルと中東に関しても両者は激しく対立した。

クライスキーは世俗的なオーストリア系ユダヤ人家庭の出身だったが、第三世界の大義の擁護者を自任しており、たびたびイスラエルを強く非難した。また、「ユダヤ人」という存在そのものを拒絶し、ヴィーゼンタールが辛辣に批判したように、自分は特にヴィーゼンタールのような東ヨーロッパ系ユダヤ人よりもすぐれていると考えていた。「あの男はわれわれと共通点を持ちたくなかったのだ」とヴィーゼンタールは述べた。「そもそもユダヤの血筋であるだけで不快なのに――われわれと同類と考えられるのは耐えられないというわけだ」。反ユダヤ主義が横行するオーストリアで育ったクライスキーは「周囲に自分は彼らとたいして違わないことを証明しようとした。（中略）（オーストリアで）ユダヤ人が完全に同化しようとすれば、彼のような反ユダヤ人的態度をとるしかなかったのだろう」とヴィーゼンタールは推し量った。

ヴィーゼンタールとクライスキーが一番激しくぶつかったのは、クライスキーが首相として行った閣僚指名や連合をめぐってだった。一九七〇年にクライスキーが首相に就任すると、ヴィーゼンタールは彼が四人の元ナチ党員を閣僚として迎えたことを厳しく非難した。のちには自由党党首フリードリヒ・ペーターと固い協調関係にあることを批判した。自由党は元ナチ党員が多数所属していることで悪評が高かった。クライスキーがペーターを副首相に据えようと考えていることがわかると、ヴィーゼンタールはペーターがユダヤ人を虐殺したアインザッツグルッペンの一員だったという情報をリークした。ペーターは部隊の一員だったことは認めざるをえなかったが、虐殺には加わらなかったと主張した。

クライスキーはヴィーゼンタールを「ユダヤ人ファシスト」「マフィア」と呼び、彼は「反動主義者だ。ユダヤ人のなかにもそういう人間は存在する、人殺しや売春をするユダヤ人がいるのと同じように」と言い足した。十年後にヴィーゼンタールがWJCを攻撃したときに使った言葉と無気味なほど似ているが、クライスキーはヴィーゼンタールが「オーストリアは反ユダヤ主義国家だと世界に宣伝する」ことで生計を立てていると非難した。ウィーンのユダヤ人迫害記録センターを閉鎖させるとヴィーゼンタールを脅迫したとも言われている。最後の仕上げに、以前ポーランド共産党が主張したヴィーゼンタールはナチの協力者だったという説を蒸し返した。のちに彼はヴィーゼンタールに名誉毀損で訴えられ、この主張を引っこめざるをえなくなった。

クライスキーと社会党に対する根深い嫌悪から、ヴィーゼンタールが国民党びいきになったのは間違いない。本人はいつも国民党びいきではないと否定したが、ローゼンバウムやベアテ・クラルスフェルトらは彼を筋金入りの支持者と見なした。ヴァルトハイムをめぐる騒動が起きると、彼を攻撃するWJC側についたのはベアテだけではなかった。「フランスのテレビで、セルジュ・クラルスフェルトはわたしを激しく非難した」とヴィーゼンタールは語った。

とはいえ、WJCがヴァルトハイムに不利な証拠を列挙したのは正しかったと考えた人々のなかにも、一九七九年にヴィーゼンタールがイスラエルからヴァルトハイムの軍歴について調査を依頼された際、隠蔽に荷担したというローゼンバウムの告発には首をかしげる向きがあった。WJCにヴァルトハイムの過去に関する調査を依頼された歴史学者ハーズスタインは、アメリカの監督下にあったベルリン資料センターがヴィーゼンタール側に提供したのはヴァルトハイムがSSやナチ党に所属したことは一度もないという報告書だったと述べている。「複数の報告書を精査した結果、ヴィーゼンタールはヴァルトハイムの有罪を示す記録はベルリン資料センターから見つからなかったとイスラエルに報告したが、それは間違いではなかった」

ヴァルトハイムがSA乗馬部とナチ学生組織の一員だったことを「ヴィーゼンタールは知りえなかった」とハーズスタインはつけ加えている。なぜならその二組織が、ベルリン資料センターの報告書のひな形に確認の必要なナチ関連組織として載っていなかったためだ。ベルリン資料センターには記録がなかったことを、七年後にヴァルトハイムの過去を掘り返した人々が確認した。彼らにとってもベルリン資料センターは空振りに終わった。

当時OSIに歴史専門家として勤務し、いまはワシントンのホロコースト記念博物館で上級歴史研究員を務めているピーター・ブラックは、ヴァルトハイムについて調査したローゼンバウムの仕事ぶりは「信頼性の高いものだった」と賞賛する。彼もヴィーゼンタールが隠蔽を試みたという考え方は否定した。「ヴィーゼンタールが共謀者だったとは思えない」「悪意はなかったはずだ」。ヴィーゼンタールはヴァルトハイムの記録を「しらみつぶし」にしたとは言えなかったかもしれない、「ヴァルトハイムのことを、現場にいたが犯罪には関わらなかった数多くの将校の一人と考えただけかもしれない」とブラックは続けた。ギリシアやユーゴスラビア、ソ連などの占領地域で「国防軍がどれだけナチ犯罪にまみれていたか」について学者たちがより詳しく調べはじめたのは一九八〇年代後半から一九九〇年代になってからのことであり、ヴァルトハイムが軍務に就いていたからといって、ヴィーゼンタールにとって当初は警戒する理由にならなかったという。

しかし、ローゼンバウムはヴィーゼンタールと彼の経歴を激しく攻撃することをいまだにやめていない。ヴァルトハイムをめぐるWJCとヴィーゼンタールの戦いが残した傷は癒えないままだ。結局ヴァルトハイム騒動は、第三帝国のために働いた者とナチ・ハンターの戦いであったと同時に、ナチ・ハンター同士の戦いでもあったのである。

第15章　亡霊を追って

この中間駅で罪のない人たちが待ってて、そんな野獣みたいな人間がやってくると、それぞれすこしばかり復讐をするんだ。神は復讐は魂の救いだとおっしゃってる。

ウィリアム・ゴールドマンの一九七四年のベストセラー小説『マラソン・マン』で主人公〝ベーブ〟・リーヴィがアウシュヴィッツ強制収容所の架空の歯科医クリスチアン・ゼルを殺す直前に言う言葉。

本に書かれていることをすべて信じるなら、ナチ・ハンターはすこしばかりどころではない復讐を果たしたことになる。たとえば、元イスラエル空軍大佐のダニー・バズが二〇〇七年にフランス語で『忘れられざる者、許されざる者――最後のナチの追跡』という回想録を出版した。続いて英語版も刊行された。

当時はまだ、戦後のナチ逃亡犯のなかで特に有名な一人、アリベルト・ハイムの捜索が続けられていた。オーストリア生まれの医師ハイムは、マウトハウゼン強制収容所で〝死の医師〟と呼ばれるにふさわしい行為をした。ユダヤ人の心臓にガソリンなどの有害な液体を注入し、殺したのである。ほかにも健康な囚人の体を切り開いて内臓を取り出し、手術台に放置して死なせたのをはじめ、きわめてサディスティックな人体実験を行った。その結果、ハイムは彼を最重要指名手配者リストのトップに据えたジーモン・ヴィーゼンタール・センターからドイツ政府まで、あらゆる方面から追われる身となっていた。ところが、バズが驚くべき主張をした。彼らは四半世紀のあいだ亡霊を追いつづけていたのだと。

バズはユダヤ人のみで構成された殺人部隊の一員として一九八二年にハイムの処刑に手を貸したという。〝フクロウ〟と呼ばれたその部隊は裕福なホロコースト生還者によって創設され、メンバーはみなアメリカもしくはイスラエルでさまざまな保安関係の仕事に就いた経験があり、高度な訓練を受けていた。「仲間は偽名を使っていたが、それはわれわれの組織の秘密性を保持するためだった。組織は最大規模の保安機関にも劣らぬ無限の予算を持っていた」「本書で語られる事実は細部まで正確である」

続いて彼はドラマチックな物語を紡ぎ出した。彼によると、〝フクロウ〟は何十人ものナチ戦犯を捕らえ、殺したという。しかし、一番困難だった仕事はハイムを見つけ出し、生け捕りにすることだった。生け捕りにしたあとは、ホロコースト生還者が裁きを加え、処刑することになっていた。「卑劣漢はあの世に送る前に犠牲者の前に引っ立ててやらないとな」。〝フクロウ〟の古株メンバーがバズにそう説明したという。ハイムはたびたび伝えられたような異国情緒溢れる土地ではなく、アメリカに潜伏していることが判明した。そこで復讐者たちは彼を追ってニューヨーク州北部へ、カナダへと向かい、モントリオールの病院からハイムを拉致した。最終的にハイムはカリフォルニア州にいる〝フクロウ〟のほかのメンバーに引き渡され、そこで裁きを受けた結果、処刑された。

有名なナチ戦犯が人知れず殺されていたというエピソードはこれだけに留まらない。ヒトラーの個人秘書として権力を握り、官房長にもなったマルティン・ボルマンはヒトラーが自殺を遂げたあと、ベルリンの地下壕から姿を消した。ニュルンベルクの国際軍事裁判所は十二名のナチ幹部に死刑を宣告したが、被告不在で有罪になったのはボルマンだけだった。行方が知れなかったために、彼の生存に関しては相反する報告があった。地下壕を出てすぐシアン化合物のカプセルで自殺した、もしくは殺されたと主張する者がいた。ハイムの場合と同じく、北イタリアやチリ、アルゼンチン、ブラジルなどから目撃情報も多数入った。しかし一九七〇年、煽情的な記事で知られるイギリスの大衆紙「ニュース・オブ・ザ・ワールド」が元英国空軍諜報員ロナルド・グレイの手記を連載し、その連載はのちに『わたしはマルティン・ボルマンを殺した』という本にまとめられた。

「ボルマンは死んだ。ステン軽機関銃で蜂の巣にされて」「引き金を引いたのはわたしだった」。グレイは戦後、デンマークとの国境に近いドイツ北部駐屯になったという。一九四六年三月、謎めいたドイツ人がある人物を密出国させてくれたら五万クローネ（当時の八千四百ドルに相当）を払うと持ちかけてきた。ナチ戦犯の逃亡を助けている一味を暴いてやろうと考え、グレイは依頼を引き受けた。軍用のヴァンに乗りこむと、ある人物とはボルマンであることがわかった。夜の遅い時間だったが、月明かりで人物確認ははっきりできたという。目的地である国境のデンマーク側に着くと、彼らを待っていた男二人の前で車を止めた。突然ボルマンが迎えの二人に向かって走り出した。グレイは即座に自分がはめられたことに気づいて発砲し、ボルマンが倒れるのを見た。待っていた二人がグレイの方向に銃弾を浴びせた。

グレイは地面に倒れ、死んだふりをした。その位置から、男たちがボルマンの死体を引きずっていくのが見えた。尾行すると、彼らは小さな手こぎボートでフィヨルドからこぎ出し、死体を海に投げこんだ。「水しぶきの量からして、ボルマンの仲間は重しとして死体に何か、たぶん鎖を巻いていた――本来はわたしに使うつもりのものだったかもしれない」

グレイの手記が発表されても、ボルマンをめぐっては新説が登場した。一九七四年には軍事史研究家でベストセラー作家のラディスラス・ファラーゴが『余波――マルティン・ボルマンと第四帝国』を出版した。ファラーゴはペルーとボリビアの国境で警備兵やさまざまなつてに多額の賄賂を使い、ボリビア南西部の病院にボルマンがいることを突きとめたという。そうした努力のおかげで、彼は短時間ボルマンに会うことができた。「五分の面会という約束で、彼の病室に入っていくと……大きなベッドに小柄な男が寝ていた。ベッドには洗濯したてのシーツがかけられ、男は大きく柔らかそうな枕三つに頭を支えられて、ぶつぶつ独り言を言いながらうつろな目でわたしを見た」とファラーゴは書いている。ボルマンは訪問者に「ふざけるな、わたしがもう年寄りなのがわからないのか？　静かに死なせてくれ」とだけ言ったという。

こうした逸話は大衆紙や、ときには堅い一般紙にもネタを提供したが、一つだけ問題があった。どれも惹句にあるような「実話」ではなく、著者の大胆な空想の産物だったという点だ。ハイムについては「ニューヨーク・タイムズ」紙とドイツのテレビ局ZDFが、〝死の医師〟は戦後カイロに移住してイスラム教に改宗し、タレク・フサイン・ファリドと改名したという確かな証拠をつかんだ。証拠はブリーフケースいっぱいの手紙、医療・財務記録、そして彼の捜索を報じた記事だった。見つかった文書にはハイムとファリドの両方の名前が記されていたうえに、一九一四年六月二十八日という生年月日はハイムと合致した。死亡証明書によると、ファリドが死んだのは一九九二年。バズら復讐者の一団に殺されたはずの年から十年後だった。

アリベルト・ハイムの息子、リュディガー・ハイムは「ニューヨーク・タイムズ」の取材に対し、父親の身元を確認した（「タレク・フサイン・ファリドは父がイスラム教に改宗したときに改名した名前だ」と答えた）ばかりでなく、父が直腸癌で亡くなった際にカイロに訪ねたと明かした。この記事を担当した記者ニコラス・クリッシュとスアド・メケネットはその後本を執筆し、ハイムが戦後ドイツで過ごした年月の詳細を明らかにした。ハイムは温泉町バーデン＝バーデンで医師として働いていたが、一九六二年、ついに当局が彼の逮捕に乗り出しそうに見えたため、エジプトへ脱出した。クリッシュらはハイムの息子と親類、そしてファリドの名で彼を知っていたエジプト人から取材協力を得ることができた。

ハイムが書き残したものには、ヴィーゼンタールの名前がたびたび出てきた。自分を追いつめようとするシオニストの陰謀の旗振り役と見ていたのだ。ヴィーゼンタールはハイムの捜索に失敗したものの、ハイム本人からすれば「ドイツ当局における絶対的支配者」に思えたようだ。少なくともハイムが――そして十中八九ほかの逃亡戦犯も――ヴィーゼンタールを恐

アリベルト・ハイム。
マウトハウゼン強制収容所の“死の医師”ハイムは追っ手から逃げ切った。1992年にカイロで死亡したのちも長きにわたって突飛な憶測の対象となり、目撃情報も寄せられた。

れ、ほぼ全能の復讐者という世間的なイメージを信じていたのは確かだった。そんなイメージは誇張にすぎなかったが、ヴィーゼンタールの大きな強みの一つだった。つまり世間の大げさなイメージに自分を合わせることで彼は自身に課した任務の一部、すなわち狩られる者に恐怖を植えつけることに成功したわけである。

ボルマンに関しては、彼を撃ち殺したというグレイの説も、ボリビアに彼を訪ねたというファラーゴの主張も事実ではないことが明らかになっている。ボルマンとされる遺骸が一九七二年にベルリンの建設現場で発見されていたのだが、このかつて権力者だったナチ党員の親戚とDNAの一致が確認されたのは一九九八年になってからだった。結論として、ボルマンはベルリンに赤軍が侵攻してきたあと、ヒトラーの地下壕を出てまもなく一九四五年五月二日に死んでいたのである。それが判明するまでのあいだ、彼を目撃したという情報がたいていは南米から寄せられつづけた。

ナチ・ハンターがときに亡霊を追っていたというのは、バズの言うとおりだ。しかしたいていは信頼できる情報の欠如と当て推量が組み合わさった結果だった。ナチ・ハンターが仇討ちのほら話をでっちあげたりしなかったことだけは確かだ。しかし大衆文化においてはそうした作り話の影響が大きく、ナチ狩りはいつもハリウッド映画さながらの冒険譚であるかのような誤解を招いた。

ふつうのナチ戦犯狩りは、政府による場合も私立探偵による場合ももっとゆっくりとした展開になる。果てしなく思える法廷闘争となった場合は特にそうだ。また、でっちあげられた〝実話〟のセールスポイントである派手な銃撃戦や暴力的な対決は起こらない。とはいえ、まれに例外はある。そうした場合は現実がフィクションを模倣したかのように、復讐者が暗がりから不意に襲ってくる。

ハワード・ブラムの一九七七年に刊行された大ベストセラー『オデッサUSA――ナチス戦犯を追跡する』の悪役の一人はツケリム・スーブゾコフだった。スーブゾコフはソ連の北コーカサスで少数民族チェルケス人として育った。ニュージャージー州パターソンで〝トム〟・スーブゾコフとして知られるようになった彼は、一見するとアメリカ的サクセスストーリーの典型に見えた。「ザ・パターソン・ニュース」紙の記事によれば、一九四二年にコーカサスがドイツの支配下に入ったとき、彼は「ルーマニアへ送られ、半強制労働に従事させられた」という。戦争が終わると、ヨルダンで亡命コーカサス人のグループに加わり、一九五五年にアメリカへ移住した。パターソンで暮らしはじめると、最初は洗車員としてスタートしたが、すぐにトラック運転手組合の運営を手伝うようになり、その次は地元民主党に加わってパサイク郡の購買責任者となった。何か成し遂げたいことがあるとき、特にコーカサス移民のあいだで頼りになる人物だった。人当たりがよく、広い人脈を持ち、どんどん羽振りがよくなっていった。

しかし、同じチェルケス人の移民のなかには彼の身の上話も、彼はみなを代弁して行動するという主張も信じない者がいた。スーブゾコフの名前はアメリカ国内にいるナチ戦犯のリストに載り、一九七〇年代初めに移民帰化局（ＩＮＳ）の調査官アンソニー・デヴィートが彼について調べることになった。パターソンの隣人たちはその理由をこぞって説明したがった。ブラムによると、チェルケス人の一人カシム・チュアコは、故郷がドイツ軍に占領されるとすぐスーブゾコフは協力を申し出たと語った。「あいつがドイツ兵と一緒に村に行き、共産主義者やユダヤ人を検挙するのを見た」「SS隊員と一緒に、あの男が村人を連行するのを見た」。ルーマニアでスーブゾコフがSSの制服を着て、SSが組織したコーカサス人部隊に難民を勧誘しようとしているのを見たと言う者もいた。

一九四五年まで武装SSにいたにもかかわらず、スーブゾコフは戦争が終わると難なく一般の戦争難民に紛れこんだ。一九四七年にはイタリアからヨルダンに移民したチェルケス人の一人として農業技術者の職に就いた。まもなく、彼には新たな雇い主がついた。CIAだ。CIAにとってスーブゾコフはソ連にスパイとして送りこめるチェルケス人を見つけるのに重宝な存在で、スーブゾコフも喜んで要請に応じた。

新たな雇い主はスーブゾコフの経歴を誤解していたわけではない。一九五三年にCIA職員が「当該人物は戦争犯罪への関わりを一貫して決然と否定したが、現時点ではわれわれに数多くの活動を隠しているのは間違いない」と報告している。それでも、何を隠しているにせよ、CIAとしては彼を最大限に利用することのほうが優先された。一九五五年にアメリカへ来てから、スーブゾコフはCIAのために非常勤の仕事を請け負ったが、彼の身の上話に大きな矛盾点を見つけた別の職員が、この男は「救いようのない嘘つき」だと判断したため、一九六〇年頃にはCIAから関係を切られた。

それでも、一九七〇年代にＩＮＳがスーブゾコフについて調査を始めると、ＣＩＡ高官が「未解決の疑問」はあるものの、スーブゾコフはアメリカに「有益な貢献」をした、彼が戦争犯罪に関係したという具体的な証拠は何一つ見つかっていないと述べた。このためＩＮＳは調査を中止した。司法省に新しく創設された特別調査部（ＯＳＩ）が一九八〇年にこの案件の調査を開始すると、スーブゾコフはアメリカのビザを申請した際、ナチ関連組織に所属していたことを申告していた事実が明らかになった。ＯＳＩは戦犯容疑者が入国の際に虚偽の申告をしたことを証明して市民権を剝奪するという戦略をとっていたため、しぶしぶながら起訴をあきらめた。中途半端とはいえスーブゾコフがナチとの関連を申告していた事実により、彼が過去を隠蔽しようとしたと主張することは不可能になった。

さまざまな議論はあったが、スーブゾコフは満身創痍ながらも勝利を手にしたように見えた。『オデッサＵＳＡ』で彼のことを取りあげたハワード・ブラムを名誉毀損で訴えさえした。ブラムは示談にする必要を感じた。ただ、本に書いたことは何一つ撤回しなかった。

一九八五年八月十五日、パターソンにあるスーブゾコフの自宅の外でパイプ爆弾が爆発した。世間を大いに騒がせた男は重傷を負い、その傷がもとで九月六日に死亡した。ＦＢＩはユダヤ防衛連盟の犯行の可能性があると述べたが、事件は解決に至らなかった。

八年後、サスペンス小説からページを切りとったような殺人事件がふたたび起きた。今回の舞台は洗練されたパリ十六区のアパートメントで、犠牲者は八十四歳のルネ・ブスケ――ドイツ占領下のフランスで多数の児童を含むユダヤ人の強制移送の指揮をとった警察長官だった。ブスケは戦後裁判にかけられたものの、レジスタンスを助けたことがあったと見なされ、執行猶予がついた。その後、事業で成功をおさめ、彼がホロコーストに積極的に荷担した事実は広く忘れられたかに見えた。ナチに協力した歴史と向き合おうとしたフランス当局がふたたび過去を掘り返し、新たに起訴される危険が出てきても、ブスケは弁解することなく、何も恐れる必要はないと自信を持っている様子だった。一日二回ブローニュの森へ犬の散歩に出かけるのもやめなかった。

一九九三年六月八日、クリスチャン・ディディエという男がブスケのアパートメントを訪ね、裁判所文書を届けに来たと告げた。ディディエがのちにフランスのテレビ局員に語ったところによれば、元警察長官がドアを開けると、ディディエは「リボルバーを取り出し、直射の距離で発砲した」という。弾が命中したにもかかわらず、ブスケは彼に向かってきた。「あの男は恐ろしい気力の持ち主だった」「もう一度撃ったが、まだこちらに向かってきた。三度目に発砲したあと、やつはよろめきだした。四発目の弾が頭か首に当たると、血をだらだら流しながら倒れた」

ディディエは逃走し、その後テレビ局員を集めて犯行を自白した。しかし、謝罪はいっさいしなかった。ブスケは「悪の化身」であり、自分が行ったことは「毒蛇を殺すに等しかった」と述べた。自分は「善を体現したのだ」とも。現実には、この自称失意の作家は、いかなる代償を払っても名声を手にしたいという欲望に突き動かされていたようだ。以前にはクラウス・バルビーを殺そうとしたり、フランス大統領官邸の庭園に侵入したり、テレビ局にも侵入しようとしていた。精神科の入院歴があり、ブスケを殺したあとは懲役十年を言い渡された。刑期の半分を務めたところで釈放された際、自身のしたことを後悔していると述べながらも、次のように言い足した。「彼を殺したのが五十年前なら、わたしは勲章をもらっていただろう」。動機に関する説明も変え、歪んだ理論を展開した。「ブスケを殺せば、自分のなかにいる悪を殺せると思ったんだ」

ブスケに再度裁判を受けさせたいと考えていたセルジュ・クラルスフェルトらにとって、この暗殺は大きな痛手だった。「ユダヤ人が望むのは正義であって復讐ではない」。一度はバルビー殺害を考えたとはいえ、セルジュがつねに重きを置いたのはバルビーを裁判にかけ、有罪判決を受けさせることだった。結果はそのとおりになり、正義が達成され、人々がホロコーストに対する理解を深める助けになった。ブスケの裁判が行われていたら、ドイツ人による戦争犯罪にフランス人協力者がいかに積極的に荷担したか、実例をまた一つ提示できたはずだった。つまり、殺し屋が悪者を撃ち殺しても、ハリウッド映画とは違って誰も拍手はしなかったのである。この場合は正義を行う機会が失われただけだった。

一九八五年、それまで中止と再開を何度もくり返していたヨーゼフ・メンゲレの追跡が急に新たな緊急性を持って復活した。アウシュヴィッツで〝死の天使〟として名を馳せたこのＳＳ医師は、小説も映画もヒットした『ブラジルから来た少年』で悪の化身としてのイメージが定着していた。

メンゲレは四半世紀前にパラグアイ国民となっていたが正確な居場所はつねに憶測の的で、西ドイツを含むヨーロッパや南米の国々で彼を見たという情報が相次いだ。国際的な圧力が強くなったために、パラグアイは一九七九年にメンゲレから市民権を剝奪したが、右派独裁者アルフレド・ストロエスネル大統領は彼について政府は何も知らないと主張した。しかし、メンゲレの追跡者たちは誰もそれを信じなかった。彼らはある重大な説に関して意見が一致していた。一九八五年四月十六日、ボンからニューヨークの「ニューズウィーク」編集主幹にメンゲレに関する初めての記事を送ったとき、わたしは次のように書いた。「メンゲレは存命であるという点については、誰も異を唱えない」

ヴィーゼンタールは、新たな手がかりやあと一歩のところでメンゲレを取り逃がしたといった話をたびたび報じた。彼はやたらと嘘を広めると責められたこともあったが、メンゲレを世間に忘れられないようにしよう、捜索の強化を正当化するために明確な証拠を提示しようと必死になったのはヴィーゼンタールだけではなかった。五月にはフランクフルトの弁護士フリッツ・シュタインアッカーがいつもの「ノーコメント」ではなく、次のように述べた。「ええ、わたしはメンゲレの代理人を務めましたし、いまもそうです」。メンゲレの息子ロルフや、バイエルン州にある故郷ギュンツブルク――そこでは農業機械を扱う同族経営の事業が相変わらず繁盛していた――の身内が否定したにもかかわらず、ヴィーゼンタールは彼らが「メンゲレの居所をずっと知っていて、いまも知っている」と確信していた。身内が「ノーコメント」をくり返しているのは、メンゲレがまだ生きて逃亡中であるからだ、とヴィーゼンタールは主張した。「彼は死んだと言えるようになったら、身内は居心地の悪さから解放されるだろう」

セルジュとベアテのクラルスフェルト夫妻も同じような考えで、ベアテはパラグアイ政府の果たしている役割を非難するために現地に飛んだ。「メンゲレはパラグアイでストロエスネル大統領の保護を受けている」とセルジュは断言した。ヴィーゼンタールとロサンゼルスのジーモン・ヴィーゼンタール・センター、クラルスフェルト夫妻、西ドイツおよびイスラエル政府などが元アウシュヴィッツの医師の逮捕に賞金をかけ、その合計金額は一九八五年五月には三百四十万ドルを超えた。西ドイツでメンゲレ捜索の責任者だったフランクフルトの検事ハンス＝エーベルハルト・クラインは、メンゲレを目撃したという人々から「情報がファイルに山ほど寄せられている」が、「いまのところ一つも当たりはなく」、西ドイツをはじめとした国々が賞金の額を引きあげているのはそのためだと説明した。五月にクラインと部下はアメリカとイスラエルの代表とフランクフルトで会い、三者の協力をはかった。

しかし一カ月後に明らかになったのは、その時点で彼らは六年間も亡霊を追っていたという事実だった。一九七九年、ブラジルのベルチオガの海水浴場で、メンゲレは溺死していた。おそらく卒中が原因だった。サンパウロ近くの墓地で遺骨が発見され、科学捜査班による検査の結果は確かな身元確認として広く受け入れられた。ロルフ・メンゲレはヴィーゼンタールらの推測が正しかったことをついに認めた。一家はメンゲレと連絡を取っていただけでなく、一九七七年にはブラジルに彼を訪ねていたのだ。さらにその二年後「死亡状況を確認するために」ふたたびブラジルを訪れたこともロルフは認めた。一九九二年、ＤＮＡ検査により最終的な確認が取れた。六十七歳で溺死したメンゲレはまんまと法の手を逃れ、死してなお追跡者たちを惑わしつづけたのである。

彼がたどった運命はこれで明らかになったが、アイヒマン以降最も注目された男がなぜ逃げおおせたのかという謎は残った。国際軍事裁判所がナチ幹部を裁いたニュルンベルク裁判のあいだにもメンゲレの名前は出た。証人として出廷したとき、アウシュヴィッツの収容所長だったルドルフ・ヘースは「ＳＳ軍医、ドクター・メンゲレによる双子の人体実験」とはっきり名前を出している。

アウシュヴィッツ生還者はのちに、殺人と拷問においてメンゲレが果たした役割の大きさを詳細に証言している。メンゲレは列車の到着を待ち受け、囚人の選別にたびたび加わり、数千人を到着後すぐガス室送りにした。たいていはまず双子を残した。双子の人体実験に執着していたからだ。赤ん坊や子供の目に染料を注入して色を変えたり、輸血をくり返したり、脊髄穿刺を行ったりした。ほかの囚人の場合、たとえばポーランド人尼僧には火傷を負うほど大量のＸ線を照射して耐性をテストした。性器に手術を行ったり、健康な囚人にチフスなどの病原菌を植えつけたり、骨髄を抽出したりもした。ある報告書では上官から「利用可能な科学材料を用いて人類学の分野に貴重な貢献をした」と賞賛されている。人体実験を生き延びた数多くの囚人はメンゲレ本人が処刑し、そうやって「科学材料」の残りは処分されたのである。

ドイツ系ユダヤ人弁護士ロバート・ケンプナーは一九三五年にドイツを脱出し、ニュルンベルク裁判の際にアメリカ検察班の一員として故国に戻ったが、彼によると、一九四七年に国際軍事裁判後初めての後継裁判として行われた〝医師裁判〟のなかでメンゲレの名前が挙がったという。「われわれはニュルンベルクでメンゲレの捜索を開始した」と彼は一九八五年に語った。「しかし、ドイツでは見つからなかった。あの男はすでに地下に潜っていた」。実は終戦直後にメンゲレは米軍に拘留されたのだが、看守らは彼が何者か気づかなかった。信じられないほどうぬぼれの強かったメンゲレはSSに、自分には隊員が通常彫る決まりのタトゥーは必要ない、体に傷をつけたくないという主張を通していたのだ。そのせいでアメリカ兵は彼の正体に気づけなかった。

メンゲレはすでに戦犯リストに載っていたが、米軍に勾留された膨大な人数のなかからあの混乱期にまんまと逃走した者がいても驚きではないとケンプナーは語った。「そういうやつらはただ姿を消した」「それほどむずかしいことではなかった。本物の犯罪者はわが国の兵士よりずる賢かった」。クラウス・バルビーと異なり、メンゲレはアメリカ側と取引をしたわけではなかったと、ケンプナーは確信している。「あの男は誰の力も借りなかった」「その他大勢とは対照的に、財力があった」

バルビーの件があったので、アメリカ司法省はメンゲレの遺骨が見つかると、アメリカとの取引の可能性をとりわけ精査した。OSIも徹底的な調査を行い、その結果は一九九二年にようやく公開された。一九四九年に南米へ向かうまで、メンゲレはアメリカ占領地域で偽名を使い、農場労働者として働いていたことがそこには記されていたが、結論は次のとおりだった。「メンゲレはアメリカに知られることなく、支援を受けることもなくヨーロッパを離れた。アメリカの諜報機関と関係があったことを示す証拠は何一つ見つかっていない」

当初メンゲレはブエノスアイレスに住み、一時はアイヒマンと同じく郊外のオリボスにいた。イスラエルがアイヒマン拉致作戦を開始した時点で、モサド長官イサル・ハルエルはメンゲレもそこに潜伏しているかもしれないと聞いていたが、未確認情報だったことを強調した。メンゲレに対する彼の心情ははっきりしていた。「ユダヤ人絶滅をはかるおぞましい企みにおいて、中心的な役割を果たした邪悪な人間は何人もいる。しかし、死の使いという役割に忌まわしい快感を覚えたメンゲレは同列には扱えない」。アイヒマン作戦の経費が問題になったとき、ハルエルはチームの一人に「この投資の価値を高めるために、メンゲレ逮捕も目指す」と言った。

メンゲレを見つけたい気持ちは強かったものの、「第一の目標であるアイヒマン作戦に累が及ぶ」ことは避けたかった。ブエノスアイレスの工作員チームは標的を尾行し、隠れ家や移送手段を手配し、拉致とその後の計画を立てることで手いっぱいだった。メンゲレも狙えることはわかっていたが、まずは第一の標的に集中するということで意見の一致を見た。チームの中心メンバーだったツヴィ・アハロニは「誰もメンゲレ作戦には熱意を見せなかった」と当時を振り返った。「勇気が足りなかったわけでは決してない。ただそんな確実性に欠けるランボー的作戦を二つ同時に行えば、〝アイヒマン作戦〟の成功が危うくなると心配しただけだ」。アハロニによれば、メンゲレ逮捕を最も熱望していたのはハルエルで、その方向に踏み出すことを最初に思いとどまらせたのは現場指揮官のラフィ・エイタンだったという。彼はユダヤのことわざ「多くを得ようとすれば、何も得ずに終わる」を引き合いに出したそうだ。

しかし、アイヒマンを逮捕するやいなや、ハルエルはアハロニに命じてメンゲレのことを尋ねさせた。アイヒマンは最初は何も明かそうとしなかったものの、ブエノスアイレスのレストランで一度メンゲレにばったり会ったと告白した。住んでいる場所は知らないが、メンゲレがドイツ女性の所有するオリボスのゲストハウスの話をしたと明かした。アハロニはその話を信じたが、ハルエルは信じなかったそうだ。「そんなのは嘘だ！」「やつはメンゲレの居場所を知っている！」アハロニには、モサド長官が「取り憑かれているように見えた」という。

実を言うと、メンゲレはその前年、西ドイツが彼の逮捕状を出したあとにアルゼンチンからパラグアイへ移っていた。ナチ戦犯にとってアルゼンチンよりもさらに安全な国へ逃げる必要性を彼がさほど感じていなかったとしても、アイヒマンが拉致されたことで幻想は消え去ったはずだ。とはいえ、パラグアイも安全とは言えなかった。アイヒマン拉致に成功したあと、ハルエルはアハロニら工作員を南米各国に送りこみ、メンゲレを捜させた。メンゲレは先に定住していた元ナチ党員の力を借り、サンパウロ近くの農場で仕事を見つけたものの、ひたすらわれとわが身を哀れんだ。西ドイツの新聞がアウシュヴィッツでの彼の残忍な所業を読者に思い出させていると知ったときには特にそうだった。

「いまの気分は最悪だ。ここ数週間、Ｂ（アウシュヴィッツ・ビルケナウ）でわたしが死体の皮を剝ごうとしたとかいうばかげた話と、気持ちの折り合いをつけなければならない日々が続いている」とメンゲレは日記に記している。「こんな気分だと太陽が燦々と輝く日も楽しくない。生きる気力を失った惨めな男になりさがる」

アハロニによれば、一九六二年にメンゲレの南米での手づるの一人に金を渡したおかげで、ヴォルフガング・ゲルハルトという元ナチがサンパウロの近くでメンゲレに隠れ家を提供していたことがわかった。「当時は自分たちが標的のかなり近くまで迫っていることに気づいていなかった」とアハロニは記している。その地域を調べまわった彼らは、振り返ってみると密林の小道でメンゲレと二人の男を見かけたことがあったかもしれないという。ところが、この件を担当させられていたアハロニらが驚いたことに、ハルエルは優先度の高い新たな案件をまかせるために彼ら工作員を急に呼び戻した。それは裁判所命令を無視した宗教過激派がイスラエルから連れ出した八歳の少年を捜索するという任務だった。工作員らは少年をニューヨークで発見し、母親の元へ連れもどした。その後、彼らが南米へ派遣されることはなかった。

メンゲレ捜索に対する関心が薄れていったのは、モサドのトップが交代したためだ。一九六三年三月、ハルエルが退職し、メイア・アミットがあとを引き継いだ。新長官は周辺アラブ諸国との次なる紛争、すなわち一九六七年に起きる六日間戦争が迫っていたため、その準備で忙しかった。「メンゲレ捜索には力が入れられず、だからあの男は見つからなかったのだ」と、アイヒマン作戦を率い、長官が交代したあともモサドで働きつづけたエイタンは説明した。ナチ狩りはふたたび優先順位がさがってしまったのである。

一九八五年にメンゲレの遺体が発見された時点で、息子のロルフは父が最後までつかまらなかった理由を説明した。「父が住んでいたのはひどくみすぼらしい小さな家だった……小さすぎて誰も父の家とは考えもしなかった」と西ドイツの雑誌「ブンテ」に語った。メンゲレは裕福な家の出であったため、追跡者たちが「捜していたのは海辺の白い邸宅に住み、ベンツを乗りまわし、ボディガードとシェパードに守られた男だった」と。つまり、『ブラジルから来た少年』でグレゴリー・ペックが演じたメンゲレを想像していたのではないかという意味だ。

ロルフは父が亡くなってからも沈黙を守ったことを謝罪しなかった。「わたしがいままで沈黙を

ヨーゼフ・メンゲレ。
アウシュヴィッツの“死の天使”として悪名高いSS医師メンゲレは南米に逃亡し、イスラエルやほかの国のナチ・ハンターたちに最後までつかまらなかった。1979年ブラジルで海水浴中に溺死したが、1985年に遺骨が発見されるまで捜索が続けられた。

守ったのは、三十年間父とやりとりのあった人々への配慮からだ」。父親も自身の犯した罪を悔いていなかった。ロルフへの手紙に「わたしの決断や活動、行動には正当化や弁解の必要などみじんもない」と記している。

ロルフも最後に認めたように、家族をはじめとして多くの人々がメンゲレの逃亡を長きにわたって助けていた事実は、フランクフルトの検事クラインが指揮した西ドイツによる調査活動に疑問を投げかける。メンゲレの親族の家や事務所に捜査令状が出されたことはなく、事情聴取もほとんどされなかった。メンゲレの甥ディーター・メンゲレによると、検事からは一度も接触がなかったという。クラインは、メンゲレの親族は一部だけが監視対象となっていたと述べているが、それがどういう意味かは不明だ。

アメリカ司法省のOSIは、一九九二年にメンゲレの死について出した報告書でわかりきったことを認めている。「アウシュヴィッツの〝死の天使〟が罪を犯しながらもブラジルで老年まで生きながらえたのは、追跡する側に手落ちがあった証である」。しかし、西ドイツ、イスラエル、そしてアメリカが遅ればせながらも「前例のない世界規模の捜索」を開始したのは、それらの国々が手落ちに満足はしていなかった証拠であると報告書は指摘している。さらに「結果的にメンゲレがブラジルで長年惨めな潜伏生活を強いられ、いつ何時イスラエル工作員につかまるかもしれないと怯えつづけたことは、不充分とはいえ、一種の手荒い〝裁き〟になったのではないか」「彼はつかまる恐怖と悪夢の囚人と化し」たことで、罪の代償を支払ったと報告書はつけ加えている。

メンゲレはナチ・ハンターから逃げおおせたが、迫り来る彼らの影からは逃れられなかった。

第16章　旅の終わり

生還という恩恵には義務が伴う。わたしはいつまでも問いつづける。生還できなかった人々のために自分は何ができるかと。

ジーモン・ヴィーゼンタール

一九九四年四月、アメリカのテレビ局ＡＢＣのカメラマンが標的の男を慎重に見張っていた。彼らがエーリヒ・プリーブケを見つけたのはアルゼンチンのサン・カルロス・デ・バリローチェ、十九世紀からドイツ系の人々がアルプスの山小屋風の家を建て、移り住んでいたアンデス山脈ふもとのリゾート地である。大量殺人に関わったナチの多くがそうしたように、元ＳＳ大尉のプリーブケも戦後にヨーロッパを脱出し、それ以降うわべはごくふつうの生活を送っていた。デリカテッセンを営み、名前も変えずにたびたびヨーロッパへ戻りもした。過去ははるか遠くに消え去ったかに見えた——ABCの喧嘩好きな記者サム・ドナルドソンにカメラの回る前で詰め寄られるまでは。

プリーブケの罪状は一九四四年三月二十四日にローマ郊外のアルディアティーネ洞窟でユダヤ人七十五人を含む三百三十五人の男性と少年の処刑を段取りしたことだった。それに先だってドイツ兵三十三人がイタリア人パルチザンに殺されており、ローマ・ゲシュタポ責任者ヘルベルト・カプラーから、ドイツ兵死者一人につきイタリア人十人を殺せという大量殺人の命令が出ていた。プリーブケと異なり、カプラーはイタリアから脱出するのが遅れ、終身刑を言い渡された。しかし一九七七年に軍病院から釈放され、翌年亡くなるまで自由の身で暮らした。プリーブケに関してはイタリア系ユダヤ人のアウシュヴィッツ強制移送に関わったとの報告もあった。

「ミスター・プリーブケ、アメリカのテレビ局のサム・ドナルドソンです」。記者は大きな声で呼びかけながら、車に乗りこもうとするプリーブケに近づいていった。「一九四四年ローマで、あなたはゲシュタポの一員でしたね？」

プリーブケは最初、過度に慌てた様子は見せず、処刑に関わったことも隠そうとしなかった。「ああ、ローマ、確かに」。訛りはあったが英語は堪能だった。「共産主義者がドイツ兵を吹き飛ばした。ドイツ兵一人につきイタリア人十人が死ななければならなかった」

ポロシャツにウィンドブレーカー、チロル帽という格好の彼は、絵のように美しい町に移住してきた、ごくふつうのドイツ人にしか見えなかった。

「一般市民も?」ドナルドソンが尋ねた。

声の調子は変えなかったが、プリーブケは不快感を露わにしはじめ、「ほとんどがテロリストだった」と答えた。

「でも、子供も殺されていますよ」。記者は引かなかった。十四歳の少年が複数殺されたことをドナルドソンが指摘しても、首を横に振り、「殺してない」とプリーブケは言い張った。

「でも、どうして彼らを射殺したんですか? 何も悪いことはしてないのに」

「命令だった。戦争ではこういうことが起きる」。プリーブケは早く話を切りあげたそうな顔になっていた。

「あなたは命令に従っていただけ?」

「ああ、もちろんだ。わたしは誰も撃たなかった」

ドナルドソンがあなたは洞窟で一般市民を殺したともう一度指摘すると、プリーブケはもう一度反論した。「わたしは殺してない」

命令について同じやりとりをもう一回くり返したあと、ドナルドソンは言った。「しかし、命令は言い訳にならない」

アメリカ人記者が当時の事情を理解できないらしいことに、プリーブケは見るからに苛立った。命令は実行しなければならなかったとくり返した。「あの時代、命令は命令だった」

「結果、一般市民が死んだ」ドナルドソンもくり返した。

「そのとおりだ」プリーブケは認めた。「世界中で多くの一般市民が死に、いまも死んでいる」。不安そうな笑みを浮かべ、頭を前後に揺すりながら続けた。「時代が違った。われわれは一九三三年に生きていた」。一九三三年はヒトラーが政権を掌握した年だ。「わかるか？　ドイツ全体が……ナチスだった。われわれは罪を犯していない。命令されたことをやった。それは罪にならない」

ドナルドソンは追及をやめず、あなたはユダヤ人を強制収容所へ移送したのではないかと尋ねた。

プリーブケはかぶりを振った。「ユダヤ人は一人も、一人もだ……ユダヤ人に反感を抱いたことはない。わたしはベルリン出身だ。ベルリンでは大勢のユダヤ人と一緒に暮らしていた。わたしは、何もしていない」

そう言うと、プリーブケは車に乗りこみ、ドアを閉めた。窓を開けて最後に言った言葉は「きみは紳士じゃない」だった。

プリーブケが走り去ると、記者はばかにしたように笑った。「わたしは紳士じゃないときたか」

一九三四年生まれのドナルドソンは第二次世界大戦で戦うには若すぎたが、昔からこの戦争に、そしてヒトラーがどのようにしてドイツ国民を魅了したかに強い関心を抱いていた。ABCでは彼が考える「本当の意味でのプロパガンダ映画第一号」を研究するために、レニ・リーフェンシュタールの『意志の勝利』をインターンと一緒に何度も観ていた。

プロデューサーのハリー・フィリップスがプリーブケの居所を突きとめ、突撃取材の段取りをする前に二週間の監視期間を設けた時点では、ドナルドソンは元ナチや彼らの犯した罪に対する世間の関心が薄れていると確信していた。しかし彼らの報道が世界中で反響を巻き起こし、その結果プリーブケに裁きを受けさせようという初めての本格的な動きが見られた。一九九五年アルゼンチンは彼をイタリアに引き渡し、注目の法廷闘争が始まった。最初、手続き上の問題を理由にプリーブケは軍事裁判所から釈放を言い渡されたが、ふたたび逮捕され、裁判にかけられ、一九九八年に終身刑の宣告を受けた。高齢のためローマで自宅軟禁となり、二〇一三年にそこで亡くなった。享年百だった。

カトリック教会はローマで彼の公葬を行うことを拒否し、アルゼンチンとドイツも葬儀を営む意思がなかった。最終的にカトリックの分派である聖ピオ十世会が、ローマの南に位置する丘の上の小さな町アルバーノ・ラツィアーレで葬儀を営むことになった。この団体は近年の教会改革に反対し、ホロコーストの真偽にも疑問を表明している。霊柩車が通りを進むなか、興奮した抗議者が車を叩き、機動隊がそれを阻もうとする事態となった。

プリーブケは最後まで傲慢なまま、自分は任務を遂行しただけだとくり返した。例外は十対一の割合に従いイタリア人を三百三十人殺したのではなく、必要とされたよりも五人多い、三百三十五人を殺したと認めたことだ。処刑リストを作成しているときにプリーブケが余分な五人の名前を加えたらしい。「ミスだった」と「南ドイツ新聞」の記者に彼は語った。しかし、それを小さな手違い——取り消しがきかなかった単なる計算間違い——と見ていたのは明らかだ。そのミスを除けば処刑は滞りなく終わった。犠牲者を後ろ手に縛って洞窟まで連れていき、そこでひざまずかせて首の後ろを撃った。

テレビ業界での長いキャリアを振り返って、ドナルドソンはプリーブケの取材を特に誇りに思っていると語った。「過去に何度も、一つだけ心に残る取材をあげるとすればどれかと訊かれた。相手はわたしがレーガンやサダトなどの名前を挙げると予想していたはずだが、わたしはプリーブケだと答えた」。彼は「わたしが行ったなかで最も重要で興味をそそる取材」という言葉を使った。

エーリッヒ・プリーブケ。1944年ローマ近郊でユダヤ人75人を含む335人の男性と少年を処刑したにもかかわらず、プリーブケは1994年までアルゼンチンで安楽に暮らしていた。しかし、米テレビ局ＡＢＣのサム・ドナルドソンがカメラの前で彼を問いつめたあと、アルゼンチンはプリーブケをイタリアへ引き渡した。プリーブケは終身刑を言い渡されたが、高齢を理由に自宅軟禁となった。

ジャーナリストはナチ・ハンターと同じとは言えないが、ナチ・ハンターの信条がドナルドソンに影響を与えたのは明らかであり、同様の取材を行った彼の同業者にもそれは言える。彼らがそうした話題を重要と考えたのは、大きなニュースになるからだけではなかった。ドナルドソンはこう述べた。「将来世代のためにこうしたことの記憶を生かしつづけなければ、サンタヤナ（訳注　スペイン生まれの米国の哲学者。一八六三－一九五二年）の箴言どおりになってしまうと、わたしは信じている――歴史を忘れたら、必ず同じことをくり返す」

ほとんどの場合、ジャーナリストが報道したのはナチ・ハンターが突きとめたことや、その後の裁判の行方などだった。しかしプリーブケに関しては、ナチ・ハンターが大発見をしたわけではなく、ジャーナリスト的探偵作業がドナルドソンの劇的な路上インタビューを生んだ。インタビューが放送された時点で元ＳＳ大尉の運命は決した。アルゼンチンにおける彼の快適な生活は終わりを告げ、イタリアへの引き渡し、有罪判決がそれに続いた。

二〇一五年はアウシュヴィッツをはじめとした強制収容所解放から、そして史上例を見ない天文学的数字の死者が出た戦争の終結から七十年という節目の年だった。発見され、裁判にかけられるナチ戦犯がどんどん減っているのも驚くに値しない。上級将校はおそらく全員が死んだだろう。一九四五年に二十歳だった収容所看守は九十歳になる計算だし、最後のナチ狩りは下級職員が対象とならざるをえない。かくしてナチ・ハンターの物語が終わりに近づくなか、残りの案件を追いつづけることにどれだけの価値があるか、当人たちのあいだでも議論が戦わされた。

皮肉なことに、きわめて下級の看守に関する非常に古い案件の一つが今世紀初頭に驚くべき展開を見せ、存命の戦争犯罪人にとってゲームのルールが変更された。数十年にわたりアメリカ、イスラエル、ドイツを舞台に繰り広げられたこの事案は、各段階で論議の的となった。そして問題の中心人物、元クリーブランドの自動車機械工で九十一歳になるジョン・デミャニュクがドイツの介護施設で二〇一二年に亡くなっても、彼の裁判をきっかけに議論されるようになった広範な争点については未解答の疑問が残った。

デミャニュクの生い立ちに関しては議論の余地がない。二十世紀の動乱に巻きこまれたその他大勢と同じように、彼が育ったのは運悪くスターリンとヒトラー双方の流血の政策に蹂躙(じゅうりん)されることになった土地だった。一九二〇年にキエフ近くの小さな村で生まれたイワン・デミャニュク（国籍をアメリカに変えた時点でファーストネームをジョンに変更している）は学校には四年通っただけで、集団農場で働きはじめた。一九三〇年代初め、強制的集団農場化に対しウクライナ全土で抵抗が起き、それをスターリンが制圧したときに飢饉が生じ、数百万の民が死んだ。デミャニュクの一家はかろうじて生き延びた。ヒトラー軍がソ連に侵攻すると、彼は赤軍に徴兵されたのち重傷を負い、回復に長い時間がかかったものの、ふたたび戦闘に復帰した。一九四二年にドイツ軍に捕らえられ、戦争捕虜の一人となったが、まわりの多くは手荒な扱いや飢餓、病のせいですぐに命を落とした。

ドイツ軍の捕虜となった兵士は「国外へ逃れた裏切り者」というのがスターリンの見方だった。帰国するとただちに罰せられ、家族も懲罰を受けた。そのような事情と戦前に耐えなければならなかったきびしいソヴィエト統治を考えると、生き延びるためにドイツに寝返る捕虜がいたのも不思議ではない。彼らは収容所看守として働く「志願者」となったり、のちにはロシア解放軍の兵士に転じたりした。ロシア解放軍を率いたのは大戦初期のソ連軍の英雄で、捕虜となってから寝返ったアンドレイ・ウラソフ将軍だった。ウラソフはスターリンを倒すことが悲願であり、ヒトラーに仕えるつもりはないと主張したが、彼がとった行動は侵略者であるドイツ軍とともに戦う意思があることを示した。

デミャニュクによれば、彼は最初武装SSのウクライナ人部隊で軍務に就き――つまり血液型のタトゥーを上腕に入れられていた――その後ウラソフのロシア解放軍に移ったという。しかし戦争末期に戦闘には一度も遭遇せず、終戦後にいたドイツの難民キャンプではうまく経歴を隠しおおせた。そのためウラソフのほかの部下たちと一緒に本国へ強制送還になるのを避けられたのである。ウラソフと部下の多くは即決処刑された。デミャニュクは難民キャンプでウクライナ人と結婚し、米軍の運転手の職に就いた。

難民認定を受ける際には、戦時中の大半をドイツが死の収容所を建設した地として悪名を馳せるようになったソビボルで農夫として働いて過ごしたという作り話をした。特にその村を選んだのはウクライナ人が多く住んでいた場所だから、それだけだとデミャニュクは述べた。一九五二年に妻と娘を連れてアメリカに移住し、子供をさらに二人もうけ、クリーブランドのウクライナ人亡命者コミュニティにうまく溶けこんだ。彼は故郷をソ連の圧制から解放することに身を捧げる、反共キリスト教信者と見られていた。

ところが、一九七五年、元アメリカ共産党員で「ウクライナ・デイリー・ニュース」紙の編集者だったミハエル・ハヌシャクがアメリカ在住のウクライナ人戦犯容疑者七十人の名簿を作成した。そのなかの一人がデミャニュクで、ソビボルのSS看守だったと記されていた。FBIとウクライナ人コミュニティはハヌシャクのレポートをソ連の偽情報に基づくきわめて疑わしい情報源と見なした。しかし、移民帰化局（INS）はアメリカ国内にいるナチ戦犯をおおかた野放しにしてきたことについて、下院議員のエリザベス・ホルツマンから圧力をかけられていたため、調査を開始した。調査官はデミャニュクら数人の戦犯容疑者の写真をイスラエルへ送った。どれも彼らが若いころに撮られた写真で、狙いはそれらの写真を見せられた収容所生還者が顔を覚えているかどうか確かめることだった。

ウクライナ生まれの捜査官でイスラエルに移民する前にソ連とポーランドで働いたことがあったミリアム・ラディカーが、収容所生還者に写真を見せた。トレブリンカからの生還者にあたったところ、一人がデミャニュクの写真を指して「イワン、トレブリンカのイワン、イワン・グロズヌイ」と叫んだ。最後の言葉は「イワン雷帝」という意味で、ガス室の担当で囚人を殴ったり打擲（ちょうちゃく）したり、撃ち殺したりすることに喜びを覚えた看守のあだ名だった。アメリカから送られてきたのはデミャニュクがトレブリンカではなくソビボルの看守だったという情報だったので、ラディカーは驚くと同時に疑念を抱いた。

ところが、トレブリンカの生還者がさらに二人、デミャニュクの写真を選んで「イワン雷帝」だと言った。一人は確信を持って、もう一人は写真がデミャニュクのトレブリンカ勤務が疑われる期間のものではなかったために絶対とは言えないと慎重につけ加えながら。彼らが語ったイワン雷帝の身体的特徴はデミャニュクとほぼ一致したが、完全ではなく、特に身長が異なった。

ラディカーは明らかになったことをアメリカに報告し、判断はアメリカ側に委ねられた。一九七七年にクリーブランドの検察局がデミャニュクをトレブリンカでイワン雷帝と呼ばれていた看守として正式に起訴し、一九七九年に発足した司法省特別調査部（ＯＳＩ）がすぐにこの案件を引き継いだ。トレブリンカの記録はドイツ軍によって破棄されていたため、調査官はソ連の捕虜がＳＳ看守となるための訓練を受けたトラヴニキのキャンプの書類を捜しはじめた。記録はソ連が持っているとにらみ、モスクワのアメリカ大使館を通じて問い合わせた。一九八〇年の初めにワシントンのソ連大使館からＯＳＩに封筒が届き、なかにはイワン・デミャニュクのＳＳ隊員身分証の写しが入っていた。生年月日と父親の名前は一致した。

ＯＳＩに副部長として加わったアラン・ライアンと部下はデミャニュクが一九五一年にアメリカのビザを申請したときの写真と身分証の写真を比べた。「同じ人物の写真であるのは間違いない」とライアンは結論を出した。身分証によれば、デミャニュクが配属されたのはソビボルで、トレブリンカとはどこにも書いてなかったが、ライアンは目的の男を見つけたと確信した。「この人でなし」と思ったのを覚えているという。「もう逃がさないぞ」

しかし、誰もが政府は正しいと確信していたわけではなかった。「ウクライナ・デイリー・ニュース」はこれより前に、ソ連で長い懲役に就き、その後もシベリアに残ったウクライナ人の元ＳＳ看守がトレブリンカではなくソビボルでデミャニュクと同僚だったと主張していると報じた。デミャニュクの件を最初から担当していた司法省弁護士ジョージ・パーカーはこの矛盾が気になり、ＯＳＩ部長のウォルター・ロックラーとライアンにせめてソビボルでの勤務を容疑に加え、さらにトレブリンカでの勤務は取りさげるなどの選択肢を検討するよう勧めた。しかし、ロックラーに代わって部長となったライアンは、デミャニュクはトレブリンカのイワン雷帝であるという起訴内容に固執した。

その後の法廷闘争で政府は勝利し、デミャニュクは市民権を剝奪された。アメリカ国内のウクライナ人コミュニティはＯＳＩがソ連からの捏造された証拠に基づき無実の人間を有罪にしたと激しく抗議した。しかし、イスラエルはデミャニュクの引き渡しを求め、一九八六年一月二十七日、デミャニュクはエル・アル航空機でテルアビブへ移送された。アイヒマン以来初めて、イスラエルはナチ戦犯容疑者を裁判にかけると決定した。

外務大臣イツハク・シャミルは「歴史的正義」を行うためと主張したが、この決断は大いに論議を呼んだ。ブエノスアイレスのアイヒマン作戦で副官を務めたアヴラハム・シャロムはこのとき国内保安機関シン・ベトの長官になっていたが、デミャニュクの引き渡しを求める前に、シモン・ペレス首相から意見を求められた。「わたしは、やめておきなさい、アイヒマンは一人だと答えた」そうで、デミャニュクは比較的小物であることを暗に指摘したという。「賞品が小さければ、効果も小さくなる」

エルサレムで行われた裁判では、トレブリンカからの生還者たちがこの男こそイワン雷帝だと感情的に証言した。「そこに座っている男がそうだ」と、ピンカス・エプシュタインが被告を指さして叫んだ。「毎晩あの男の夢を見る……彼はわたしのなかに、脳裏に鮮明に刻みこまれている」。傍聴人は拍手喝采し、デミャニュクと彼のイスラエル人弁護人ヨラム・シェフテルを大声で罵ることもあった。「嘘をつくな。おまえはわたしの父を殺した」と一人のポーランド系ユダヤ人がデミャニュクに向かって叫んだ。シェフテルは「カポ」「ナチ」「恥知らずの人でなし」と罵倒された。一九八八年四月、デミャニュクには有罪判決が下り、終身刑が言い渡された。

しかし弁護団がイスラエル最高裁に上訴したときに、本物のイワン雷帝はイワン・マルチェンコという看守だったことを示す新たな証拠が浮上してきた。CBSの『60ミニッツ』が、マルチェンコが頻繁に訪ねていたポーランド人娼婦が取材に応じたと報じた。これに先立ち、彼女の夫が妻の証言を裏づけ、さらに彼の店にウォッカを買いにきたマルチェンコがガス室の担当であることを公然と話していたとも語っていた。デミャニュクの有罪に疑問を投げかけるそのほかの情報と合わせると、検察側の大敗が予感された。

イスラエル最高裁は一九九三年六月にデミャニュクを無罪放免とし、アメリカの第六巡回区裁判所は彼にアメリカへ戻ることを許した。それればかりかデミャニュクの市民権を復活させ、OSIの訴追に違法行為が認められたと宣言した。被告側はOSIが自分たちに不利な証拠を隠していると当初から非難し、OSIの違法行為を暴くために事務所の外のごみ収集容器をあさりさえした。「調査が不適正だったと騒がれたことはいまでも響いている」。元OSI部長ライアンは二〇一五年にそうわたしに語った。しかし、一九九五年から部長を務めたイーライ・ローゼンバウムは次のように認めた。「あの件でわれわれの評判は大いに傷ついたが、それも致し方なかった」

これはデミャニュクの無実をローゼンバウムが信じたという意味ではない。「デミャニュクが嘘をついているのは明らかだった。少なくともソビボルの絶滅収容所看守だったことは間違いなかった」。言い換えるなら、SS隊員の身分証の記載どおりだったということだ。ローゼンバウムの指揮のもと、OSIは新たに調査を開始し、入念に主張を再構築していった。今回は目撃者とされる人々ではなく、身分証とドイツやソ連の文書庫から得た書類をおもな論拠とした。

明らかになったのは次の事実だった。デミャニュクは本人の主張と異なり、ウラソフのロシア解放軍に所属したことはなかった。ビザ申請に使った、ソビボルで農夫をしていたという説明と同じく作り話だった。二〇〇二年、第六巡回区裁判所はデミャニュクの市民権をふたたび剝奪した。二〇〇九年に国外追放をめぐる法廷闘争がようやく決着し、デミャニュクは裁判にかけられるためにもう一度移送された。今度の移送先はドイツである。

デミャニュクは長旅や公判を耐えるには高齢で健康状態もよくないと訴え、ミュンヘン行きの便には担架を使って搭乗した。法廷にはストレッチャーに乗って出廷し、ほとんど死人のように見えた。この時点で八十九歳になっており健康と言うにはほど遠かったが、検察側はデミャニュクが公の場に出るたび演技をしていると確信していた。ミュンヘンへ移送される直前、ジーモン・ヴィーゼンタール・センターがYouTubeにアップした映像には、彼がなんの問題も補助もなく近所を歩き、車に乗りこむ様子が映っていた。

二〇一一年五月、ソビボルの看守だったという証拠が決め手となり、裁判所はデミャニュクに有罪を言い渡した。過去にドイツで行われた裁判と異なり、それだけで二万九千六十人――デミャニュクが看守をしていたあいだに強制収容所で亡くなった囚人の合計――を殺害した共犯者として有罪判決を下すのに充分な根拠と見なしたのである。判決は五年の実刑だったが、公判前の勾留期間二年間が差し引かれた。弁護団が上訴した一方で、デミャニュクには介護施設での生活が許された。二〇一二年三月十七日、上訴未決のまま彼は死亡した。

上訴中の死亡を理由に、有罪判決は実際問題としてもはや有効ではないと、デミャニュクの息子は主張した。また、ウクライナ系アメリカ人コミュニティのなかには彼の父親を「スケープゴートとしてナチスドイツの罪をなすりつけられた無力なウクライナ人戦争捕虜」と信じる人々が多いとも述べた。コラムニストのパット・ブキャナンはデミャニュクを「アメリカのドレフュス（訳注 十九世紀末にフランスで冤罪事件に巻きこまれたユダヤ人）」と呼び、OSIによる訴追を激しく批判した。「アメリカ史上彼ほどきびしく追跡され、容赦なく訴追された人物が何人いるだろう?」

デミャニュク擁護派は当初彼がイワン雷帝と間違えられ、イスラエルで死刑判決を受けた事実を、検察も判事も重大な間違いを犯しうる証拠として挙げるだろう。しかし、三十年近くにわたる法廷闘争の結果、デミャニュクの有罪はついに立証され、つじつま合わせの作り話は嘘を暴かれた。さらに大きな意味を持ったのが、生きている戦争犯罪容疑者がますます減っていくなか、ドイツはどのように訴追を行えばいいかという点で、このミュンヘン判決が新たな先例になったことだ。ゲームのルールが突然変わったのである。

ジョン・デミャニュク。
クリーヴランドの元自動車機械工デミャニュクの案件ほど紆余曲折を経たものはなかった。彼は法廷で体調が最悪なふりをした。当初トレブリンカの悪名高い看守“イワン雷帝”と間違われ、2009年にドイツへ送られた。別の死の収容所で看守だったことが明らかになり、有罪判決を受けたのち、2012年に死亡。

デミャニュクの裁判まで、ドイツの検察にとってナチ犯罪容疑者を特定の殺人や犯罪行為について有罪と証明することはむずかしく、有罪判決率は非常に低かった。大量殺人の目撃者と補強証拠を見つけるのはむずかしくない。特定の個人に特定の殺人の責任を負わせる文書や証人を見つけるのがきわめてむずかしかったのだ。ミュンヘン現代史研究所によると、ドイツは一九四五年から二〇〇五年までのあいだに十七万二千二百九十四人について捜査を行った結果、六千六百五十六件で有罪判決が出されたが、そのうち殺人に関するものは千百四十七件だけだった。第三帝国の犠牲となった人の膨大な数を考えると、罪を償わされたのは殺人者のごく一部ということになる。

デミャニュク裁判はどこが違ったのかというと、ミュンヘン裁判所は検察側に特定の殺人行為に関して有罪であることを立証させるのではなく、被告が大量殺人の共犯であったことを系統立てて説明すればそれを認めた点である。言い換えるなら、絶滅収容所で働いていた者は、その職にあったことを理由に有罪となる。ルートヴィヒスブルクのナチ犯罪追及センター所長クルト・シュリムはすぐにこの新たな基準を採用する意向を明らかにした。二〇一三年九月、彼は元アウシュヴィッツ・ビルケナウ強制収容所看守三十人についても、殺人共犯の容疑で捜査が必要であると検事に情報を送ると述べた。「(アウシュヴィッツ・ビルケナウで) この仕事に就いていたこと自体が、個人的な容疑に関係なく、殺人共犯の罪に値すると見なされる」。八十六歳から九十七歳の元看守三十名は事実上、死亡や病気などを理由に刑を免除される。二〇一五年初めの時点で三十件全部がまだ捜査中で、起訴まで至っているのは一件だけだった。

九十三歳の元SS隊員で「アウシュヴィッツの帳簿係」だったオスカー・グレーニングは三十万人の囚人を殺した共犯として起訴され、二〇一五年四月にドイツのリューネブルクで裁判が始まると、看守として働き、ガス室へ向かう囚人から奪った金を帳簿につけたことを認めた。しかしそれまでの公判の被告たちと同じく、自分は巨大な殺人組織の小さな歯車にすぎなかったと主張した。「どうか赦してください」「道徳的に有罪なのはわかっていますが、刑法において有罪かどうかを決めるのはあなたがただ」。ここまで罪を認めたナチの被告はほとんどいなかったが、それでも法的な責任を問われる筋合いはないとほのめかしていた。

二〇一五年七月十五日に裁判所はグレーニングを有罪とし、実刑四年を命じた――検事の求刑三年半よりも重い刑だった。フランツ・コンピッシュ判事は、彼がSSに入隊し、アウシュヴィッツで「安全な事務仕事」に就いたのは自由意志によるものであり、それゆえ大量殺人の共犯と認められると指摘した。グレーニングに向かって、その決断は「時代のせいもあるかもしれないが、自由のない状態だったからではない」とも述べた。

ここで彼らが目指したのは、元看守を罰することよりも、まだ正義を行う努力がなされている事実を世間に知らしめることだったと、ナチ犯罪追及センターのシュリムは説明した。「個人的な意見だが、犯された罪の非道さを考えれば、生還者と犠牲者に対してわれわれが言うべきは〝一定の期間が過ぎたので、過去は葬り去るべきだ〟ということではない」と彼は続けた。

皮肉だったのは、デミャニュクに有罪を言い渡したミュンヘン裁判所が、ナチの殺人システムに関わった人間を有罪と断定するにはどんな証拠があれば充分かという点で、数十年前の議論をようやく受け入れたことだった。一九四五年の終わりに始まったダッハウ裁判で米軍の首席検事を務めたウィリアム・デンソンは「共謀の意図」という考え方に基づいて主張を組み立てた。個々の犯罪を証明しなくても、「それぞれの容疑者が大量殺人システムの歯車の一つであった」ことを証明できれば充分とする考え方だ。ドイツ人検事フリッツ・バウアーはドイツ国民に第三帝国時代の責任を取らせようと先頭に立って努力したが、一九六〇年代のフランクフルト・アウシュヴィッツ裁判で「このシステムの運営に関わった者は、もちろんその目的を知っていたらだが、何をしたかにかかわらず殺人の罪を犯したことになる」と同様の主張をした。

もう一つもっと大きな皮肉がある。もしドイツの裁判所が一九五〇年代か一九六〇年代からこの方法を採用していたら、裁判件数も有罪判決数もずっと増えていたはずだということだ。アウシュヴィッツ・ビルケナウ博物館の現館長ピョートル・ツヴィンスキーは次のように語った。「よくあることだ。罪を償うべき人物がほとんどいなくなって初めて、犯人が決まる」。彼に言わせれば、それまでのドイツの裁判所の説明には欠陥があった。「マフィアが人を撃ち殺したら、実行犯だったか見張り役だったかは問題にならない。その犯罪に関係していた事実に違いはない。ドイツ国民が同じように考えなかったのは衝撃だった」

ドイツの週刊誌「デア・シュピーゲル」は二〇一四年八月二十五日に「アウシュヴィッツ・ファイル――最後のSS看守はなぜ罰せられなかったのか」というトップ記事で別の説明を加えた。長い記事を書いたクラウス・ヴィーグレーフェはドイツで有罪判決が極端に少なかったのは法律の縛りが強かったからだけではないと述べた。「アウシュヴィッツで行われた犯罪が正しく罰せられなかったのは、数人の政治家や判事の妨害に遭ったからではない」「犯罪者を断固有罪にし、罰しようという人々があまりに少なかったからだ。多くのドイツ人はアウシュヴィッツで起きた大量殺人に一九四五年以降、ずっと無関心のままだった」

それでもツヴィンスキーをはじめ多くの外国人評論家はデミャニュクの判決に勇気を得た――それに基づいて行動を起こすことにしたナチ犯罪追及センターのシュリムの決断にも。ツヴィンスキーはこう述べた。「九十代の人々を有罪にするのは倫理上問題だと言う人々がいる。倫理上もっと問題なのは、審判を下さずにすますことだ。それでは不正が勝つことになる」

デミャニュクとそのほかの元ナチへの対処を見ればわかるように、アメリカの当局者はその点に関して説得を必要としなかった。二〇一四年七月二十三日、東ペンシルベニア地裁判事ティモシー・Ｒ・ライスは、元ＳＳ隊員でアウシュヴィッツの看守だった引退した工具製作者ヨハン・ブライヤー八十九歳を裁判のためにドイツへ引き渡すよう命じた。ドイツからの引き渡し要求には、デミャニュク裁判の論拠を反映した事由が記されていた。ブライヤーは「命令系統のなかで意図的に殺人命令を遂行した組織の一部」であったと述べ、所属していたＳＳ〝髑髏(どくろ)〟部隊に言及している。ブライヤーはアウシュヴィッツの職員だったことを否定しなかったが、殺人には関与しなかったと主張した。

アメリカ人判事は無味乾燥な法律用語を捨てて、この件に関する判断の根拠を述べた。「ドイツ側が述べているとおり、ブライヤーのような絶滅収容所看守が一九四四年というナチの恐怖政治の頂点においてアウシュヴィッツで働きながら、ガス室で無数の人々が惨殺され、所内で焼却されていたことを知らずにいられたはずはない」「毎日、数えきれないほど多くの男性、女性、子供が貨物列車で到着し、そのほとんどが一夜のうちに忽然といなくなった。しかし、悲鳴、におい、そして死の帳が周囲を覆っていたはずだ。ブライヤーはもはや彼と同僚がそのようなおぞましい行為の共犯であることを否定できない」。判事は「殺人者が時効によって逃げおおせることはない」とも指摘した。

しかしライスがこの決定を発表したのと同じ日に元SS看守は死んだ。他国で裁きを受けるナチの戦犯容疑者がアメリカから移送される前に死んでしまうのはこれが初めてではなかった。裁判は、たとえ始まったとしても時間がかかる。ブライヤーのようなナチの戦争犯罪容疑者を相手に長年戦ってきた人にとって、これは重要な勝利だったが、彼が死んでしまったことは苛立たしくもあった。またしてもチャンスが失われてしまった。犯罪者を罰するというよりも、ドイツの裁判所で責任と歴史に関する新たな教訓を、すなわち当時の状況でどのような命令を受けたにしろ、個人はそれぞれの行動に責任を負わなければならないという教訓を示すチャンスが。

ブライヤーが引き渡しの直前に死んだことを考えると、こうした裁判が実現するまでにどうしてこれほど時間がかかるのか、どれほどの割合で裁判まで持ちこまれているのかという疑問が生じる。一九七八年の設立から二〇一五年までにアメリカのOSIはナチ犯罪の関係者を起訴した百八件について勝利したと、部長のイーライ・ローゼンバウムは言う。八十六名から市民権を剝奪し、六十七名を強制移送、引き渡し、もしくは国外追放処分にした。

熱心なロビイ活動でOSI設立に貢献した元下院議員のエリザベス・ホルツマンは、特にこれだけ時間の経過した犯罪について、起訴を行うことのむずかしさを鑑みればこれはすばらしい成果だと考えている。「これだけの結果を出した職員を、わたしはとても誇りに思います」と彼女は述べた。「プロとして仕事をする部隊が世界中から証拠を集めてくる。彼らは大きな困難に遭遇しながらも仕事を成し遂げた。この間にわれわれよりも大きな成果をあげた国はありません」

一九八八年にOSIに復帰し、一九九五年に部長の座に就いたローゼンバウムも間違いなくこの見解に賛成だ。彼は、冷戦のせいでアメリカがナチ戦犯の追跡に長いあいだ興味を失ったことを認めた。アメリカは、場合によっては元ナチ党員を対ソ連の新たな戦いに利用さえした。とはいえ、一九四〇年代後半から一九五〇年代にかけて、アメリカはナチ戦犯の名簿を作成し、彼らの多くが入国できないようにした。他国との協力については、超大国間の対立が生死をかけた争いに思われた時代背景を考慮する必要がある。「法執行機関は昔から悪人を利用してきた」

戦争犯罪容疑者を追いつめようとするOSIのその後の努力は、ささやかすぎ、遅すぎるだろうか？　そうとも言えるだろう。しかし彼らの仕事ぶりは、アメリカは残りの戦犯たちを見て見ぬふりはしない、身元を確認し、市民権剝奪と強制送還を目指すというメッセージを送り、すでに大きなインパクトを与えている。

ＯＳＩは二〇一〇年に司法省の国内保安部門と合併して人権および特別訴追部門になったが、ローゼンバウムと部下は残るナチ案件の調査を進めている。ホルツマンは、彼らの努力が「歴史的な記録を作ると同時に、アメリカは大量殺人犯の避難所にはならないという態度の表明になっている」、さらに「将来世代にメッセージを送り」ジェノサイドのような問題にどう対応すべきかを教育する役割を果たしている、と述べる。うまくいけば、抑止力さえ期待できるかもしれない。ただしカンボジアやルワンダでジェノサイドが起きたことを考えると、そうした面では成果が見られない現実を、彼女も認めてはいる。

「法執行機関や政府の役人と、われわれのように本来なんの権限もない人間のあいだには、当然ながら緊張感がある」。ジーモン・ヴィーゼンタール・センターのイスラエル支局長エフライム・ズロフはエルサレムで取材したときにそう語った。「われわれが権限を持つのは一般市民に支持されてこそだ。投票による支持ではなく、（寄付者からの）小切手という形で」

一九四八年生まれのズロフはブルックリンで育ち、一九七〇年にイスラエルへ移住した。一九八〇年から八六年にかけては現地でＯＳＩの調査員の仕事をした。一九八六年にジーモン・ヴィーゼンタール・センターのイスラエル支局を創設し、最近はたびたび〝最後のナチ・ハンター〟と呼ばれ、その呼称を喜んで受け入れている。つねに単独で仕事をしたヴィーゼンタールの下で働いたことは一度もなかったが、部外者からは彼とのあいだに絆が存在するものと思われている。ズロフはナチ・ハンターの仕事を「探偵三分の一、歴史学者三分の一、ロビイスト三分の一」と表現し、ナチ・ハンターは起訴するのではなく、起訴を可能にするのを助ける仕事だと説明する。

ヴィーゼンタールも議論を呼ぶ人物だったが、ズロフはその上を行く。宣伝のためだけに人目を引こうとしたり、その過程で敵ばかりか事実上の味方との対立も辞さないと批判される。彼はバルト諸国が戦中ナチに協力した過去を隠し、歴史を書き換えることでホロコーストの悲惨さを控えめに見せようとしているとたびたび非難し、非難された国々のユダヤ人指導者は彼のやり方に恐怖を感じている。「現地のコミュニティはとても弱い」とズロフは言う。「自分たちだけで戦う財力も勇気もない」。自分は彼らを支援しようとしているのだと本人は語る。しかし、ヴァルトハイムをめぐる騒動の際にウィーンのユダヤ人コミュニティがそうだったように、バルト諸国のユダヤ人は根深い反ユダヤ主義が再燃するのではと危機感を抱くことがたびたびあった。

ズロフはナチ戦犯を捜す旅に出るときも派手な宣伝をした。特に注目を集めたのはマウトハウゼン強制収容所の医師アリベルト・ハイムを捜す旅で、二〇〇八年の夏に「アリベルト・ハイム追跡」と銘打ってチリとアルゼンチンへ向かった。その後まもなくハイムはカイロで一九九二年に死亡していたと報道されたとき、彼は「衝撃的な情報」だと正直に述べたが、確たる証拠が出てくるまでこの事案は未解決のままだと主張した。

もっと最近になってからは「最後のチャンス作戦」と称して新たな運動を開始した。二〇一三年にアウシュヴィッツ・ビルケナウ収容所の写真に特大の文字で「遅いが手遅れではない」という言葉が添えられたポスターが、ドイツの主要な都市に張り出された。まだ存命中でナチの犯罪に荷担した可能性がある人々について情報を寄せてほしいと求めたのである。ズロフによれば、百十一人の名前を含む情報がつぎつぎ寄せられたという。彼はそのうちの四名をドイツの検事らに通報し、検事らは二名について調査を行った。一名はダッハウの看守だったがアルツハイマー病を患っていることが判明し、もう一名は銃や弾薬も含めてナチ関連の品々を蒐集していた人物で、すでに死亡していた。

この運動の意義が疑問視されたのは、成果に問題があったからだけではない。「ホロコースト生還者が苦悩の日々を送っているなか、安穏と暮らしている元ナチがいるのは事実です」とアメリカ・ユダヤ人委員会ベルリン支局長ダイドレ・ベルガーは言う。「あまりに不公平で腹が立つほどに。問題はこういう運動が何かを攻撃しがちで、自分たちが攻撃されていると感じた社会では、数々の面で反動が起きることです」。その一方で、裁判に持ちこめる最後の案件を追及することには意味があると彼女は語る。「判決がどうなるかはあまり重要ではありません。生存する数少ない生還者が、道徳的正義が行われた、ついに証人となる機会を与えられたと感じることに比べれば」

しかし、存命の年老いた強制収容所看守を標的とすることに反対するナチ・ハンターもいる。セ

エフライム・ズロフ。
ジーモン・ヴィーゼンタール・センターのエルサレム支局長であるズロフは“最後のチャンス作戦”と称する運動を展開し、年老いたナチ戦犯を追跡しようとした。写真はドイツの都市に張り出された“遅いが手遅れではない”と呼びかけるポスターとズロフ。

ルジュ・クラルスフェルトは、当時の職務だけを理由に有罪が決まるデミャニュク裁判後の考え方を「きわめてソ連的」と呼ぶ。彼とベアテはズロフの運動だけでなく、最近のドイツ側調査官の仕事にも懐疑的だ。ルートヴィヒスブルクの職員は「センターを閉鎖したくない」だけだと言い、これは組織の延命努力だとほのめかした。

ナチ戦犯を裁く件数は減っているにもかかわらず、ナチ・ハンター同士の内部対立は収まらない。たとえばOSIのローゼンバウムは、ヴァルトハイム騒動以来の大敵ヴィーゼンタールに、そして彼に言わせると自分の役割を大げさに言い立てているだけのほかの独立系ナチ・ハンターに対しても不満を抱きつづけている。公には何も言わないが、ズロフをこのカテゴリーに分類しているのは間違いない。「ナチ戦犯が戦後たどった運命に関して、世間は自称〝ナチ・ハンター〟たちが戦犯を追いつめた、アメリカの諜報機関はもっぱら正義の追求を阻む役割しか演じてこなかったと信じているようだ」と、彼は二〇一一年にロサンゼルスのロヨラ・ロースクールで行われたアイヒマン裁判に関するシンポジウムで述べた。「実際は、どちらも明らかな間違いだ」

ズロフはそうした批判を一笑に付す。「ほかのナチ・ハンターについて、いいことを言うナチ・ハンターには一度も会ったことがない」「嫉妬や競争心、すべてそういうもののせいだ」。彼はこの種の議論を個人攻撃と受け取るタイプの人間ではないと主張する一方、クラルスフェルト夫妻については批判を口にした。「あの二人はわたしが居間に座ってナチ狩りをしているかのような悪意のある言い方をした」「フランス絡みの案件で夫妻が果たした役割はすばらしい。それについては疑問の余地はない。証拠集めの点でみごとな仕事をやってのけた。だが、彼らはナチ狩りをやめてしまった」

ルートヴィヒスブルクではナチ犯罪追及センターが二〇〇〇年に文書庫を公開した。調査対象者の数が減少していることを考えると、今後はこの方面の業務が拡大しそうだ。すでに定期的な来館者が訪れるようになっていて、特に多いのが第三帝国とホロコーストに関する教育を目的とした学校関係の団体だ。とはいえ、近いうちにルートヴィヒスブルクの調査活動に終わりが告げられることはないだろう。「まだ調べるべき書類があるし、起訴できる人間もいる」と副所長のトーマス・

ヴィルは語った。

ズロフはさらに意気盛んだ。「わたしが記者会見で、もうタオルを投げ入れることにした、もうたくさんだ、これ以上はいい、タヒチに行ってココナツの木の下でのんびりする、なんて言うことはない」「彼ら（ナチ戦犯）が死に絶えても、わたしがそれを宣言することはない」

「われわれが裁判を行うのは象徴的な意味を持たせたり、善悪の観点から何かを訴えたりするためではない」と一九八〇年代にOSIの部長を務めたアラン・ライアンは記している。「裁判にかけるのは、彼らが法を犯したからだ。人を裁判にかける理由はそれしかない」。設立初期にOSIを率いた人間として、ライアンはこう言わざるをえなかったのだろう。しかし彼は間違っている。少なくとも一つの点においては。ナチ・ハンターが目指したのは「善悪の観点から訴える」ことだった。彼らが標的としたのは、当時の法律がどうあろうと、人道や文明的な行いという基本的理念に反した者たちだった。

ナチ・ハンターとして知られる少数の人々は、そうした概念に反した者全員に償いをさせるのは不可能であることも理解していた。一九六〇年代にドイツでアウシュヴィッツ裁判を指揮したヘッセン州の検事長フリッツ・バウアーが指摘したように、被告は「スケープゴートとして選ばれたにすぎなかった」。彼らが目指したのは極悪非道の罪を犯した者の一部を罰すると同時に、社会に歴史を学ばせることだった。たとえ同程度に有罪の無数の人間が自由なままであろうとも。

教育は簡単な仕事ではない。しかし、ホロコーストの恐怖を人々に認めさせるうえで、ドイツ以上に成果をあげている国はない。これはバウアーや、終戦直後に最初のアウシュヴィッツ裁判を担当したポーランドのヤン・ゼーンらナチ・ハンターの活動に負うところが大きい。過去を償う方法を探し求めたのは彼らだった。

第三帝国の上級外交官の息子、リヒャルト・フォン・ヴァイツゼッカーは一九三九年のポーランド侵攻に従軍しており、ともに戦い、亡くなった兄を埋葬した。しかし、西ドイツの、さらには統一ドイツの大統領となった彼は、ドイツ国民に自分たちが償うべきことがどれだけ大きいかを、忘れさせまいとした。「戦争、暴力に関して過去にまったく責められるべきところがない国などないだろう」。第二次世界大戦でドイツが降伏してから四十年の節目となる一九八五年、彼は国会で演説した。「しかし、ユダヤ人ジェノサイドは史上並ぶものがない」

さらに、終戦を知ったときに自分がどう感じたかも国民に語った。「あれは解放の日だった」。大統領の任期を終えたあとのわたしとのインタビューで、彼はドイツ人の多くが当時はそう感じていなかったことを隠さなかった。誰も彼もが苦難に直面していたことを考えれば当然だろう。「しかし、いまはもう誰も真剣に異を唱えたりしない。あれは解放の日だった」と彼は述べた。これはふつう敗戦国の人間が使う言葉ではない。バウアーだったら賛成しただろう――彼が生きてこの言葉を聞くことができたなら。

ドイツ国民のなかには、自国が他国に与えた恐怖をくり返し思い出させられることに苛立つ人々もいる。有名作家のマルティン・ヴァルザーは第三帝国後にドイツ国民が自分たちの生活をどのように再建してきたかを小説やエッセイに著しているが、自身が呼ぶところの「ドイツの過去に関する儀式化した語り」に疑問を投げかけ、たびたび議論の的となってきた――ヴァイツゼッカー元年配の著名人が使う言葉に、それとなく疑問を投げかけたのだ。ヴァルザーは、特にアウシュヴィッツは政治目的で利用されるべきではないと警告した。「わたしの経験から言うと、アウシュヴィッツは他人を黙らせる論拠として使われることが多い」。自身の発言が物議をかもしていたときにわたしとのインタビューでそう語った。「アウシュヴィッツを持ち出せば、相手は何も言えなくなる」

ホロコーストについての話はもうたくさんだという意味かと尋ねると、ヴァルザーは答えた。「この章は絶対に閉じてはならない。閉じていいなどと考えるのはばかげている。しかし、ドイツ国民が国の恥とどう向き合うべきか、指図することはできない」。言い換えるなら、恥の意識が根底にあることに疑問の余地はないという意味だ。

どこで行われた裁判も――ニュルンベルク裁判も、クラクフ、エルサレム、リヨン、ミュンヘンの裁判も――その恥に関する理解の形成に貢献した。失敗に終わった多くの追跡でさえそうだ。メンゲレのような人物がなぜ死ぬまで隠れて暮らしつづけなければならなかったか、大衆が気づくきっかけになったからだ。

同様に、占領下フランスでユダヤ人強制移送などの犯罪に関わったドイツ人を暴き、裁こうとしたセルジュとベアテのクラルスフェルト夫妻のおかげで、歴史認識が正された。ユダヤ人を迫害したのは「ドイツ人だけ」という間違った思いこみはその一例だ。一九九八年、ヴィシー政権下で高官だったモーリス・パポンがフランス南西部からユダヤ人を死の収容所へ強制移送したとして有罪になったが、その証拠書類の大半はセルジュが集めたものだった。アウシュヴィッツで亡くなった祖父にちなんで名づけられた夫妻の息子アルノはこの裁判で原告側弁護人を務めた。

セルジュ・クラルスフェルトが戦時の記録をしらみつぶしに調べ、集めた書類は、終戦直後には自国の歴史からほとんど目をそむけていたフランスに態度を変えさせるきっかけとなった。オーストリア生まれのフランス系ユダヤ人クルト・ヴェルナー・シェヒターは、彼の両親を死に追いやったとしてフランスの国鉄SNCFを訴えたが、彼が隅々まで調べたのはセルジュの集めた資料だった。パリの裁判所は二〇〇三年にシェヒターの敗訴を決めたものの、これをきっかけにSNCFは遠くない歴史を認める努力を開始した。

二〇一〇年には自社が鉄道会社として戦時に果たした役割に「深い悲しみと後悔を覚える」と表明した。二〇一四年十二月にはフランスとアメリカがSNCFの列車で収容所へ送られたホロコーストのフランス人犠牲者に対し六千万ドルの賠償を行うと発表し、費用はフランス政府が負担した。同時に「一九四〇年から一九四五年の協力」と題した展覧会がパリで開かれ、ヴィシー政権の警察長官ルネ・ブスケから地方警官に送られた「外国系ユダヤ人に関する対策にそれぞれ当たるよう」命じる一九四二年の電報が展示された。ここでいう対策とは、言うまでもなくユダヤ人を強制移送するための収容所に集め、そこから絶滅収容所へ送ることだった。

ナチ戦犯の多くが罪を償わずにすんだとはいえ、危険を伴うことの多かった熾烈な戦いがほぼ終わりに近づいたいま、クラルスフェルト夫妻は内省的な気分になっている。「歴史と正義という点で、わたしは百パーセント満足している」とセルジュは述べた。「正義は本質的に無力だ。殺された人が生き返るわけではない。つまり、つねに象徴的なものだ。われわれは人類史上初めて正義が行われたと信じている」

ドイツでベアテはいまだに論議を呼ぶ存在だ。二〇一二年、左派党は彼女を大統領候補に指名した。議会投票であり、ほかの主要政党は元東ドイツ反体制派のルター派牧師ヨアヒム・ガウクを支持していたのでベアテは大敗した。しかし彼女が対立候補となったこと自体が大きな意義を持つとセルジュは指摘した。「これはドイツ社会が大きく前進したことを意味する。われわれはその前進の一部だ」「ベアテがキージンガー（首相）を平手打ちしたとき、彼女に言ったんだ。〝きみは年取ったら、ドイツ国民から感謝されることになるよ〟とね」

ベアテが当初とった攻撃的なやり方を快く思っていないドイツ人はいまだに多い。しかし現首相アンゲラ・メルケルが、投票のために召集された国会でベアテと握手を交わしたことが、すでにきわめて象徴的な意味を持っていた。そして二〇一五年七月二十日、駐仏ドイツ大使ズザンネ・ヴァズム゠ライナーが「ドイツのイメージを回復」してくれたことに感謝を表して、ドイツで最高の名誉に当たる勲章をベアテとセルジュの二人に授与した。かつて西ドイツの首相を平手打ちにしたベアテにとって、それはこのうえなく感動的な瞬間だった。

人生の終わりにヴィーゼンタールは、自分を含む何百万もの人々を強制収容所送りにしたナチの大半よりも長生きできて何よりも満足だと述べた。最後に取材したとき、彼は「わたしは過去の出来事を人々が忘れないよう努めてきた」と語った。ヴィーゼンタールが戦後の活動拠点としつつも、ナチの過去への向き合い方が甘いと何度となく強く批判したオーストリアは、二〇〇五年の彼の死後、その貢献を徐々に認めはじめている。ウィーン十九区に建つヴィーゼンタールが暮らしたセミデタッチドハウスを購入した人物は、彼の娘パウリンカに、父上を記念して銘板を張りつけてもいいか、そこに記す言葉を考えてくれないかと尋ねてきたという。銘板には次のように記されている。「ジーモン・ヴィーゼンタールが暮らした家。彼は正義と、彼を支えた妻に人生を捧げた」

ナチ・ハンターの物語はほぼ終わりを迎えたと言っていい。少なくとも存命の戦犯の追跡という意味では。しかし、彼らの遺産が消えることは決してない。

訳者あとがき

三十年以上「ニューズウィーク」誌で記者として活躍し、香港、モスクワ、ローマ、ベルリンなどで支局長も務めたアンドリュー・ナゴルスキの最新作である。前作『ヒトラーランド――ナチの台頭を目撃した人々』（作品社）は日本でも話題になったが、本書『隠れナチを探し出せ――忘却に抗ったナチ・ハンターたちの戦い（原題 The Nazi Hunters）』には本国アメリカのメディアから絶讃の言葉が寄せられている。

一九四五年に始まり、いまようやく終わりを迎えようとしている容赦なき正義の追求が、余すところなく、深みを持って描き出されている。（「ワシントン・ポスト」紙）

生き生きとして読みやすく（中略）情報が網羅されていると同時に読者を惹きつけて放さない。（「ウォール・ストリート・ジャーナル」紙）

戦後の正義について語るスリルに富んだノンフィクション（中略）詳細かつドラマティックで、読む者を夢中にさせる。（「サロン」紙）

七十年にわたって続けてこられたナチ裁判には、決して予測できる結末などなかったことをあらためて思い知らされる。（「タイム」誌）

今回ナゴルスキが取りあげたのは第二次世界大戦後、隠れナチの追跡に情熱を燃やしたナチ・ハンターたちだ。小説や映画のモデルになり、強制収容所生還者としても有名なジーモン・ヴィーゼンタールや、最近になってスポットライトが当てられ、世界的に知られるようになったドイツの検事長フリッツ・バウアー、そのバウアーと冷戦中に東西の壁を越えて協力しながらいまだに謎の部分が多いポーランドの調査判事ヤン・ゼーンなど——彼らがナチ狩りを始めた動機、功績、人物像に迫っていく。

ナチ狩りはハリウッドなどの娯楽産業にとって格好の題材で、『ブラジルから来た少年』『オデッサ・ファイル』『マラソンマン』をはじめとして世界的に大ヒットし、日本で紹介された作品も多い。そうした映画や小説を若いころから楽しみ、登場人物たちに魅了された一人だったというナゴルスキは、本書のために綿密な取材を行い、ナチ・ハンターたちの実像を立体的に浮かびあがらせることに成功した。実際のナチ・ハンターの仕事ぶりがフィクションと異なるのは想像に難くないが、本書に登場する彼らはかなり個性的であくが強いとも言っていい。そのなかにはアメリカで隠れナチのあぶり出しに多大な功績を残した司法省特別調査部の創設に貢献したエリザベス・ホルツマンや、フランスを拠点に活動しながら南米へも遠征したベアテ・クラルスフェルトら女性も含まれている。ナチ・ハンターたちは同業者の手柄にはおしなべて否定的で激しく対立するという一面を持ち、一国の首相を平手打ちにするという驚きの行動に出ることもあった。しかし、強い信念に貫かれた彼らの長年の活動があったからこそ、安穏に暮らしていた数多くの元ナチに裁きを下すことが可能になったのは間違いない。

ナチ狩りを振り返る際、絶対に忘れられない大きな出来事がホロコースト主導者の一人、アドルフ・アイヒマンの逮捕と裁判、処刑だろう。ナゴルスキはアルゼンチンでアイヒマンを拉致した工作員にもインタビューを行い、作戦にどのナチ・ハンターがどのような貢献をしたのかを検証している。「何百万もの人々を死に追いやった男の口を素手で押さえ、熱い息や唾液を肌に感じる」のが嫌だったから手袋をはめたという生々しい証言を含め、作戦中の裏話なども盛り込まれている。

アイヒマン裁判をめぐってはもちろん、ハンナ・アーレントの〝悪の凡庸さ〟という主張にもページを割いている。アーレントはなぜあのような考え方をするようになったのか。亡くなるまでに彼女の発言はどう変わっていったのか。二〇一二年に公開され、話題を呼んだ映画『ハンナ・アーレント』をご覧になった方は、本書を読むと彼女とその持論にまた違った印象を抱かれるだろう。

当然ながら、ナチ・ハンターのなかには戦時中に自身が強制収容所に入れられ、身内を亡くした人々がいる。ヴィーゼンタールが彼とは別に強制移送された母について「心臓が弱かった。せめて列車のなかで亡くなってくれたことを祈っている。裸にされ、ガス室へ歩かされることがなかったように」と振り返る部分は、ふだん強気な言動が多い彼だけに、読んでいて胸を締めつけられた。しかし、ナチ・ハンターたちが今日まで元ナチの追跡を続けてきた理由は私怨や復讐ではなかった。大量殺人の罪を犯した者を法廷に引きずり出し、裁くと同時にその記録を後世に残すことが第一の目的だった。

本書ではホロコーストという過去の惨禍を将来世代に伝えていくことの重要さがくり返し述べられている。そこで思い出されるのが、前作の日本の読者に向けた著者あとがきだ。そのなかでナゴルスキは、「かつてナチスドイツと同盟を組み、同国に劣らず、軍事力による領土の獲得と、〝劣った〟人種と国民の支配へ突き進んだ日本」について、「破滅的な被害をもたらした第二次世界大戦の悲劇から長い年月が過ぎたいま、日本社会はドイツ社会に比べて、戦時中にみずからが行なった行為の厳しい現実に向き合うことに対し、はるかに消極的だ」と指摘していた。

過去の現実との向き合い方という点でドイツと日本のあいだには今、大きな差が生まれてしまっているが、ドイツも最初から現在のような姿勢だったわけではない。同国人の過去の行いから目をそむけよう、忘れようとする人々が社会の大半を占めていた時期もあった。ナゴルスキは本書でそうした時代のドイツについて語りながら、社会的な空気がどのように変わってきたかを振り返っている。そこには検事長バウアーの努力や、四十年近く前に日本でも放映されて話題になったあるテレビドラマの影響があったという。詳しくは本文をお読みいただきたいが、本書はわたしたち日本人が第二次世界大戦中に行ったこととどう向き合っていくべきか、あらためて考えさせられるだけでなく、現在の社会的な雰囲気を変えていく参考にもなる。著者は日本のことだけを考えて本書を執筆したわけではないが、日本人としてはきびしい指摘のあとに続くフォローアップのような意味を持つ本だと感じた。ナゴルスキの文章にはさまざまな国でいまを生きる人々の今後の行動への期待がこもっている。

戦争を知る世代が身近にいる（いた）方はおわかりになると思うが、そういう人々は自らの体験をあまり語らない場合がある。本書にも著者の取材を受けるまで五十年間、家族にも悲惨な体験をひと言も語らずにきたというホロコースト生還者が登場する。戦後七十年以上がたち、第二次世界大戦を実際に知っている人々がどんどん少なくなっているなか、本書のように存命中の当事者、関係者に丹念な取材を行って書かれた本は、出版される意義がこれからますます大きくなるばかりだ。今この世に生きているわたしたち全員が、ナチ・ハンターたちがメッセージを残したいと願った将来世代と言っていい。ぜひ若い方々にも手に取っていただき、過去の惨禍をくり返さないためにわたしたちに何ができるかをみんなで一緒に考えていくきっかけになればと思う。

なお、原著にはインタビューや引用した記事の出典について詳細な註が巻末に付されているが、本書では割愛し、亜紀書房のウェブサイトで公開する形をとった。ご興味のある方はそちらもご参照願いたい。

島村浩子

二〇一七年十一月

写真クレジット

34-35頁	AP Photo
49頁	AP Photo/Max Nash
55頁	AP Photo/Ronald Zak
65頁	United States Holocaust Memorial Museum
75頁	AP Photo Hanns Jaeger
85頁	United States Holocaust Memorial Museum
89頁	United States Holocaust Memorial Museum
101頁	United States Holocaust Memorial Museum
185頁	AP Photo
199頁	Copyright Yossi Roth
203頁	Israel Government Press Office
241頁	Israel Government Press Office
245頁	United States Holocaust Memorial Museum
267頁	Israel Government Press Office
275頁	United States Holocaust Memorial Museum
279頁	Bettmann/Corbis/AP Images
321頁	AP Photo/Fritz Reiss
335頁上	AF archive/Alamy
335頁下	Pictorial Press Ltd/Alamy
363頁	U.S. Holocaust Memorial Museum courtesy of Mariam Lomaskin
367頁	Copyright Eli Rosenbaum
371頁	United States Holocaust Memorial Museum
379頁	AP Photo/Lionel Cironneau
391頁	AP Photo/W. Vollman
407頁	AP Photo/Martha Hermann
425頁	DB/picture-alliance/dpa/AP Images
439頁	The State Museum Auschwitz-Birkenau in Oswiecim
447頁	AP Photo/Gregorio Borgia
457頁	AP Photo/Oliver Lang, Pool
467頁	AP Photo/Kerstin Joensson

【著者】
アンドリュー・ナゴルスキ（Andrew Nagorski）
ニューヨーク在住のジャーナリスト。『ニューズウイーク』誌で香港、モスクワ、ローマ、ボン、ワルシャワ、ベルリンの支局長を歴任後独立。受賞歴多数。
著書に『ヒトラーランド——ナチの台頭を目撃した人々』『モスクワ攻防戦——20世紀を決した史上最大の戦闘』（ともに邦訳は作品社）がある。

【訳者】
島村浩子（しまむら　ひろこ）
英米文学翻訳家。津田塾大学学芸学部英文学科卒。訳書に『ペナンブラ氏の24時間書店』（東京創元社）、『ジョージと秘密のメリッサ』（偕成社）、『アイスマン——史上最大のサイバー犯罪はいかに行われたか』（祥伝社）など。